U1020543

青島市古籍普查登記目錄

（第一卷）

主　編：于　婧　張旭麗

副主編：胡遠珍　趙　好

編　委：黄麗群　賈曉伶　牛　泉　朱妍蕾

劉昌瑋　朱桂華（青島市圖書館）

齊曉晨　竇曉蕾（中國海洋大學圖書館）

孫　剛（青島市博物館）

李海燕（黄島區圖書館）

中國海洋大學出版社

·青島·

图书在版编目(CIP)数据

青島市古籍普查登記目錄. 第一卷 / 于婧,張旭麗主編. —青島:中國海洋大學出版社，2017.8

ISBN 978-7-5670-1561-6

Ⅰ. ①青… Ⅱ. ①于… ②张… Ⅲ. ①古籍—圖書館目录—青島 Ⅳ. ①Z838

中國版本圖書館 CIP 數據核字(2017)第 226820 號

青島市古籍普查登記目錄(第一卷)

出版发行	中國海洋大學出版社
社　　址	青島市香港東路 23 號　　**郵政編碼**　266071
網　　址	http://www.ouc-press.com
出 版 人	楊立敏
責任編輯	郭周荣
電　　話	0532—85901040
電子信箱	guozhourong@foxmail.com
印　　製	濰坊魯邦工貿有限公司
版　　次	2017 年 9 月第 1 版
印　　次	2017 年 9 月第 1 次印刷
成品尺寸	185 mm×260 mm
印　　張	29.25
字　　數	583 千
印　　數	1～1000
定　　價	86.00 元
訂購電話	0532—82032573(傳真)

發現印裝質量問題,請致電 13864613896,由印刷廠負責調換。

前　言

自2007年“中華古籍保護計劃”推進以來，國家古籍保護中心協調、指導全國各圖書館、博物館和教育、宗教、民族、文物等系統的古籍收藏單位對古籍收藏、保護狀況進行全面普查。2012年2月，國家古籍保護中心發佈《全國古籍普查登記工作方案》，全國範圍內的古籍普查登記工作全面展開。

青島市圖書館（青島市古籍保護中心）作為青島地區古籍普查的牽頭單位，負責協調、指導青島地區各古籍收藏單位的古籍普查工作，成果顯著。經過核查清點、著錄登記、修訂排序，现編制完成《青島市古籍普查登記目錄》（第一卷），作為青島地區古籍普查的階段性工作成果。以展示家底、揭示館藏。

全書共收入古籍數據6002條，其中青島市圖書館4067條，青島市博物館1000條，中國海洋大學圖書館927條，黄島區圖書館8條。

所收錄古籍時間跨度從明代至清末，版本形式包括刻本、抄本、寫本、套印本、石印本、活字印本等。其中不乏珍稀善本古籍，如被《國家珍貴古籍名錄》（第一批）收錄的明代前期内府本《周易傳義大全》（青島市圖書館藏）、明正統十年（1445）刻萬曆二十七年（1599）官印本《道藏》（青島市博物館藏）等。這些善本古籍存世量極為稀少，有的為海内外孤本，具有極其珍貴的文獻價值和文物價值。

該目錄將各收藏單位的館藏古籍按部登記在册，著錄的基本項目有：古籍普查登記編號（由古籍收藏單位代碼＋普查順序號組成）、索書號、題名卷數、著者（含著作方式）、版本、册数及存缺卷數。著錄基本要求為客觀登記、規範描述，如實反映古籍的基本信息。目錄全篇按古籍普查登記編號組織排序，并編制題名拼音、古籍普查登記編號對應索引附於書后，以便檢索。

此次普查工作由於古籍數量大，時間緊，專業人員不足等因素，編制完成的登記目錄難免有一些舛誤與遺漏，誠望專家學者與業界同仁指疵修謬，以匡不逮。

青島市古籍保護中心

2017年7月

目　錄

青島市圖書館
古籍普查登記目錄

古籍收藏單位代碼：1503

150300001 131/1015
白芙堂算學叢書二十三種/(清)丁取忠撰.--清同治十三年(1874)長沙古荷花池刻本,36册

150300002 038/8040
春在堂全書四百九十三卷/(清)俞樾撰.--清光緒二十八年(1902)刻本,160册

150300003 038/7738a1
貸園叢書初集十二種/(清)周永年輯.--清乾隆李氏刻本,16册

150300004 038/7738a2
貸園叢書初集十二種/(清)周永年輯.--清李氏刻本,16册

150300005 028/1030
二十四史策案十二卷/(清)王鎏撰.--清光緒十三年(1887)上海大同書局石印本,2册

150300006 028/2190a1
分類字錦六十四卷/(清)何焯等纂.--清刻本,64册

150300007 028/2190a2
分類字錦六十四卷/(清)何焯等纂.--清刻本,56册
存五十五卷(二至三十二、三十四至三十五、四十三至六十四)(三十二、三十四、三十五、四十四至四十八系補配)

150300008 038/1102
覆瓿集三種二十四卷/(清)張文虎撰.--清同治十三年(1874)金陵冶城賓館刻本,8册

150300009 028/0052a1
古事比五十二卷/(清)方中德撰.--清光緒二十九年(1903)上海點石齋石印本,6册

150300010 028/0052a2
古事比五十二卷/(清)方中德撰.--清光緒十三年(1887)上海文盛堂石印本,6册

150300011 038/7550a1
湖海樓叢書十三種/(清)陳春輯.--清嘉慶二十四年(1819)陳氏湖海樓刻本,36册
缺七卷(永嘉八面鋒一至七)

150300012 038/7550a2
湖海樓叢書十三種/(清)陳春輯.--清嘉慶二十四年(1819)陳氏湖海樓刻本,39册

150300013 038/1149
花雨樓叢鈔二十九種/(清)張壽榮輯.--清光緒九年(1883)蛟川張氏排印本,46册

150300014 038/2509a1
槐廬叢書初編/(清)朱記榮輯.--清光緒十三年(1887)朱氏家塾刻本,12册

150300015 028/0046
經典萃華四部/(清)方蘋野撰.--清刻本,5册
缺物部下

150300016 131/3149
九數存古九卷/(清)顧觀光撰.--清光緒十八年(1892)江蘇書局刻本,4册

150300017 038/7241
聚學軒叢書八種三十八卷/(清)劉世珩輯.--清光緒二十年(1894)劉氏刻本,20册

150300018 028/1115a1
康熙字典四十二卷/(清)張玉書等纂.--清道光七年(1827)刻本,40册
存四十卷,配本

150300019　　028/1115a2
康熙字典四十二卷/(清)張玉書等纂.--清道光七年(1827)刻本,26册
存二十六卷(等韻,子集中、下,丑集上、中、下,寅集上、下,卯集上、中、下,辰集上、中、下,巳集上、中、下,午集上、下,未集上、下,申集上、中、下,酉集上,戌集上)

150300020　　028/1115a3
康熙字典四十二卷/(清)張玉書等纂.--清道光七年(1827)刻本,40册

150300021　　028/1115a4
康熙字典四十二卷/(清)張玉書等纂.--清光緒元年(1875)湖北崇文書局刻本,40册

150300022　　010/6047
攷古圖十卷/(宋)吕大臨撰.--清亦政堂刻本,1册
存四卷(五至八)

150300023　　038/1204
孔叢伯説經五稿三十八卷/(清)孔廣林撰.--清光緒十六年(1890)山東書局刻本,9册

150300024　　028/2129
歷代政治類編十二卷/(清)柴紹炳纂.--清光緒二十七年(1901)上海自強局石印本,6册

150300025　　038/2114a1
嶺南遺書五十九種三百三十六卷/(清)伍元薇輯.--清道光十一年(1831)粵雅堂刻本,96册

150300026　　038/2114a2
嶺南遺書五十九種三百三十六卷/(清)伍元薇輯.--清道光十一年(1831)粵雅堂刻本,96册

150300027　　038/0818
敏果齋七種/(清)許乃釗輯.--清道光刻本,16册

150300028　　038/1066
牧令書五種二十三卷/(清)徐棟輯.--清同治七年(1868)江蘇書局刻本,14册

150300029　　028/1115b5
佩文韻府一百零六卷/(清)張玉書等纂.--清光緒三十四年(1908)吉川弘文館縮印本,7册

150300030　　028/1115b6
佩文韻府一百零六卷/(清)張玉書等纂.--清光緒八年(1882)石印本,9册

150300031　　028/1115b1
佩文韻府一百零六卷　韻府拾遺一百零六卷/(清)張玉書等纂.--清廣東刻本,190册
缺三卷(韻府六十四至六十六)

150300032　　028/1115b2
佩文韻府一百零六卷　韻府拾遺一百零六卷/(清)張玉書等纂.--清刻本,100册

150300033　　028/1115b3
佩文韻府一百零六卷　韻府拾遺一百零六卷/(清)張玉書等纂.--清刻本,115册

150300034　　028/1630
駢字類編二百四十卷/(清)張廷玉撰.--清光緒十三年(1887)同文書局石印本,48册

150300035　　038/1262
平津館叢書十集四十二種/(清)孫星衍

輯. --清光緒十一年(1885)朱記槐廬家塾刻本,48 册

150300036　　038/8346
潛研堂全書二百六十七卷/(清)錢大昕撰. --清光緒十年(1884)龍氏家塾重刻本,80 册

150300037　　038/2233
任釣臺先生遺書四卷/(清)任啟運撰. --清嘉慶十五年(1810)刻本,2 册

150300038　　038/2205
三十三種叢書/(清)崇文書局輯. --清光緒三年(1877)崇文書局刻本,80 册

150300039　　011/8054
師石山房書目卷數不詳/(清)姚振宗藏並撰. --清抄本,1 册
存第十六卷醫家類一卷

150300040　　028/1044
時務通攷三十一卷/(清)杞盧主人纂. --清光緒二十三年(1897)點石齋石印本,24 册

150300041　　038/8030
史學小叢書六種六卷/(清)養浩齋主人輯譯. --清光緒二十八年(1902)上海廣智書局鉛印本,6 册

150300042　　038/0017
式訓堂叢書十四種四十二卷/(清)章壽康輯. --清光緒章氏式訓堂刻本,32 册

150300043　　028/1020a1
試策便覽十六卷/(清)王統等撰. --清同治三年(1864)萃英堂刻本,6 册

150300044　　028/1020a2
試策便覽十六卷/(清)王統等撰. --清同治三年(1864)萃英堂刻本,4 册

150300045　　028/1712
試帖詩十卷/(清)鄧雲航集. --清光緒十五年(1889)石印本,9 册
存八卷(一至六、九至十)

150300046　　038/1320
授堂遺書七種六十三卷　附錄二卷/(清)武億撰. --清道光二十三年(1843)刻本,24 册

150300047　　038/7269
述古叢鈔二十四種一百四十六卷/(清)劉晚榮編輯. --清同治九年(1870)藏修書屋刻本,39 册

150300048　　028/2342a1
四書人物類典串珠四十卷/(清)臧志仁輯. --清光緒十年(1884)掃葉山房刻本,12 册

150300049　　028/2342a2
四書人物類典串珠四十卷/(清)臧志仁輯. --清光緒九年(1883)德盛堂刻本,12 册

150300050　　028/2342a3
四書人物類典串珠四十卷/(清)臧志仁輯. --清上洋珍藝書局排印本,6 册

150300051　　131/2542a2
四元玉鑑細草三卷/(元)朱世傑撰. --清道光十六年(1836)刻本,12 册

150300052　　131/2542a1
四元玉鑑細草三卷　四元釋例一卷/(元)朱世傑輯. --清石印本,4 册
存三卷(四元玉鑑細草一至二,四元釋例一卷)

150300053　　011.5/4300
遂初堂书目一卷/(宋)尤袤藏並撰.--清光緒二十二年(1896)武進盛氏刻本,1册

150300054　　122/2724
談天十八卷/(英國)侯失勒撰.--清咸豐九年(1859)刻本,4册

150300055　　038/1031
談藝珠叢四十三卷/(清)王啟原輯.--清光緒十一年(1885)玉尺山房鉛印本,12册

150300056　　037/4440
唐宋八大家文鈔一百四十三卷/(明)茅坤等輯.--清皖省聚文堂刻本,64册

150300057　　038/2470
唐宋十大家全集錄三十六卷/(清)儲欣錄.--清光緒八年(1882)江蘇書局刻本,32册

150300058　　038/1119
聽雨堂叢書六種三十九卷/(清)張承燮輯.--清光緒二十六年(1900)刻本,14册
存六種三十一卷

150300059　　038/7530
五種遺規/(清)陳宏謀編.--清光緒十九年(1893)刻本,20册

150300060　　037/4424a1
午夢堂全集十二種十二卷/(明)葉紹袁等撰.--清刻本,8册

150300061　　038/1010c1
武林掌故叢編二十六集/(清)丁丙輯.--清光緒九年(1883)丁氏嘉惠堂刻本,208册

150300062　　010/3301
西清古鑑四十卷　錢錄十六卷/(清)梁詩正等纂.--清光緒三十四年(1908)集成图书公司刻本,24册

150300063　　038/1073b1
湘綺樓全書十九種二百四十三卷/(清)王闓運撰.--清光緒三十二年(1906)刻本,86册

150300064　　038/8014
薌嶼裘書七種三十七卷/(清)曾廷枚輯.--清嘉慶十三年(1808)刻本,8册

150300065　　038/1083
小方壺齋輿地叢鈔十二秩六十四卷/(清)王錫祺輯.--清光緒排印本,64册

150300066　　028/1076a2
續廣事類賦三十卷/(清)王鳳喈撰.--清嘉慶六年(1801)三讓堂梓行刻本,12册

150300067　　028/1076a1
續廣事類賦三十卷/(清)王鳳喈撰.--清嘉慶六年(1801)三讓堂刻本,13册
缺五卷(九、十八至二十一)

150300068　　028/1076a3
續廣事類賦三十卷/(清)王鳳喈撰.--清嘉慶六年(1801)三讓堂刻本,14册

150300069　　038/1137c1
學津討原二十集/(清)張海鵬輯.--清嘉慶十一年(1806)照曠閣刻本,212册

150300070　　038/2168
雅雨堂叢書十一種/(清)盧見曾輯.--清康熙三十五年(1696)雅雨堂刻本,28册
存十種

150300071　　010/1030
亦政堂重修宣和博古圖錄三十卷/(宋)王

黼等撰. --清亦政堂刻本,10 册
存十九卷(四至五、七至十二、十七至二十七)

150300072　　028/2614
幼學求源三十三卷/(明)程登吉撰,(清)鄒聖脈增. --清道光二十二年(1842)大成堂刻本,8 册

150300073　　038/0848
榆園叢刻三十九種九十三卷/(清)許增輯. --清光緒十九年許氏刻本,16 册

150300074　　038/7164
玉函山房輯佚書三編七百零四卷/(清)馬國翰輯. --清同治十年至十三年(1871～1874)濟南皇華館書局刻本,80 册

150300075　　037/6860
喻嘉言五種五卷/(清)喻昌撰. --清刻本,5 册
存三種六卷(寓意草卷一、尚論篇卷上、尚論篇卷一至四)

150300076　　131/1630
御制數理精蘊五十三卷/(清)允祉等撰. --清光緒二十二年(1896)上海博文書局石印本,24 册

150300077　　028/1140a1
淵鑑類函四百五十卷　目録四卷/(清)張英等纂. --清光緒十三年(1887)同文書局石印本,48 册

150300078　　028/1140a2
淵鑑類函四百五十卷　目録四卷/(清)張英等纂. --清光緒十三年(1887)同文書局石印本,48 册

150300079　　028/1140a3
淵鑑類函四百五十卷　目録四卷/(清)張英等纂. --清光緒十三年(1887)同文書局石印本,48 册

150300080　　028/1140a4
淵鑑類函四百五十卷　目録四卷/(清)張英等纂. --清同治九年(1870)三元堂刻本,162 册

150300081　　028/1790
韻府約編二十四卷/(清)鄧愷輯. --清縮秀閣刻本,14 册
缺七卷(二、四至七、十、十六)

150300082　　028/2143
韻海大全五卷/(清)仁壽室主人等輯. --積山書局清光緒十三年(1887)石印本,5 册

150300083　　038/1142
澤存堂五種二十三卷/(清)張士俊輯. --清光緒十四年(1888)蜚英館石印本,8 册

150300084　　038/8064
曾文正公全集一百六十八卷/(清)曾國藩撰. --清光緒二年(1876)傳忠書局刻本,120 册

150300085　　011.5/6081
昭德先生郡齋讀書志二十卷/(宋)晁公武撰,(宋)姚應績編. --清嘉慶二十四年(1819)吳門汪氏刻本,8 册

150300086　　011.5/6081.1
昭德先生郡齋讀書志二十卷　附志一卷　攷異一卷　晁公武事略一卷　校補一卷/(宋)晁公武撰,(宋)姚應績編. --清光緒十一年(1885)刻本,9 册

150300087　　038/1367
正覺樓叢書二十九種/(清)李瀚章輯.--清道光武昌書局刻本,35 册
存二十五種

150300088　　011.5/7551
直齋書錄解題二十二卷/(宋)陳振孫撰.--清乾隆四十五年(1780)刻本,12 册

150300089　　038/1134
忠武侯諸葛孔明先生全集二十卷/(清)張澍輯.--清同治元年(1862)聚珍齋刻本,14 册

150300090　　038/8373
珠叢別錄二十八種/(清)錢熙祚校輯.--清刻本,15 册
缺二種

150300091　　028/2600
子史精華一百六十卷/(清)吳襄等纂.--清光緒二十二年(1896)寶文書局石印本,8 册

150300092　　038/7553
左海全集二集十六種九十七卷/(清)陳壽祺輯.--清道光刻本,86 册

150300093　　038/2509a2
槐廬叢書二編十五種/(清)朱記榮輯.--清光緒十三年(1887)朱氏家塾刻本,20 册

150300094　　038/2509a3
槐廬叢書三編八種/(清)朱記榮輯.--清光緒十四年(1888)朱氏家塾刻本,16 册

150300095　　038/2509a4
槐廬叢書四編九種/(清)朱記榮輯.--清光緒十五年(1889)朱氏家塾刻本,16 册

150300096　　038/2509a5
槐廬叢書五編七種/(清)朱記榮輯.--清光緒十五年(1889)朱氏槐廬刻本,16 册

150300097　　131/4444a1
行素軒算學五種十九卷/(清)華衡芳撰.--清光緒二十二年(1896)上海文瑞樓石印本,5 册

150300098　　038/2509b1
校經山房叢書二十六種/(清)朱記榮編.--清光緒十三年(1887)校經山房刻本,32 册

150300099　　131/4444b1
算法須知一卷/(清)華衡芳輯.--清光緒十三年(1887)刻本,1 册

150300100　　038/2530a1
結一廬賸馀叢書四种/(清)朱澂輯.--清光緒三十一年(1905)刻本,10 册
存三種

150300101　　038/2530a2
結一廬賸馀叢書四种/(清)朱澂輯.--清光緒三十至三十一年(1904～1905)刻本,20 册

150300102　　028/2622a1
掄秀堂重訂幼學須知句解四卷/(清)程允升撰.--清掄秀堂刻本,4 册

150300103　　131/4806
梅氏歷算全書二十九種七十卷/(清)梅文鼎撰.--清雍正兼濟堂刻本,20 册

150300104　　038/2650
畿輔河道水利叢書十四卷/(清)吳邦慶輯.--清道光四年(1824)刻本,10 册

150300105　　131/6034
代微積拾級十八卷/(美國)羅密士撰.--清咸豐九年(1859)刻本,3册

150300106　　131/6730
割圜密率捷法四卷/(清)明安圖撰.--清道光梁岑氏刻本,3册

150300107　　038/2706a1
古逸叢書二十六種二百卷/(清)黎庶昌輯.--清光緒十年(1884)黎氏刻本,49册

150300108　　028/2622a2
書業德重訂幼學須知句解四卷/(清)程允升撰.--清乾隆二十二年(1757)書業德記刻本,4册

150300109　　038/2712
後知不足齋叢書二十五種七十七卷/(清)鮑廷爵編.--清光緒十年(1884)鮑氏刻本,32册

150300110　　038/2741
對雨樓叢書三種二十四卷/(清)繆荃孫編.--清光緒三十一年(1905)陶子麟刻本,4册

150300111　　131/7540
算法大成上編十卷/(清)陳杰撰.--清光緒二十四年(1898)浙江官書局刻本,10册

150300112　　028/2622a3
育正堂重訂幼學須知句解四卷/(清)程允升撰.--清育正堂刻本,4册

150300113　　028/2622a4
掃葉山房訂幼學須知句解四卷/(清)程允升撰.--清光緒十七年(1891)掃葉山房刻本,4册

150300114　　132/3626
八線拾級一卷/(美國)溫德鄂輯,(清)劉光照譯.--清光緒三十年(1904)上海美華書館鉛印本,1册

150300115　　132/3804
三角數理十二卷/(英國)海麻士輯.--清刻本,6册

150300116　　132/4461a1
代數術二十五卷　首一卷/(英國)華里司輯.--清同治刻本,6册

150300117　　132/4461b1
微積溯源二十五卷/(英國)華里司輯.--清同治刻本,8册

150300118　　038/2803
臨文便覽科場條例録要一卷/(清)徐文祥輯.--清同治十三年(1874)刻本,2册

150300119　　038/4504
數學理九卷/(英國)棣麼甘撰.--清刻本,4册

150300120　　038/2816a1
積學齋叢書六十一卷/(清)徐乃昌輯.--清光緒十九年(1893)刻本,16册

150300121　　038/2816b1
小檀欒室彙刻閨秀詞十集一百卷/(清)徐乃昌輯.--清光緒二十一年至二十二年(1895～1896)刻本,20册

150300122　　028/2640a1
廣廣事類賦三十二卷/(清)吴世旃注.--清嘉慶十三年(1808)文光堂刻本,6册

150300123　　028/2640a2
廣廣事類賦三十二卷/(清)吴世旃撰註.--

清嘉慶元年(1796)敬堂刻本,10 册

150300124　　028/2699a1
吾學錄初編二十四卷/(清)吳榮光撰.--清道光二十九年(1849)吳氏筠清館刻本,8 册

150300125　　028/2699a2
吾學錄初編二十四卷/(清)吳榮光撰.--清光緒十年(1884)刻本,6 册

150300126　　038/2816c1
鄦齋叢書四十四卷/(清)徐乃昌輯.--清刻本,16 册

150300127　　410/1217
孔子三朝記一卷/(清)馬國瀚輯.--清刻本,1 册

150300128　　028/2828
中西新學大全八卷/(清)徐繼畬輯.--清石印本,6 册
存五卷(四至八)

150300129　　038/3130a1
小石山房叢書四十一種六十一卷/(清)顧湘輯.--清同治十三年(1874)顧氏刻本,16 册

150300130　　038/3130a2
小石山房叢書四十一種六十一卷/(清)顧湘輯.--清同治十三年(1874)顧氏刻本,20 册

150300131　　028/2947a1
詩料集錦詳註六卷/(清)伴鶴居士輯.--清道光十五年(1835)刻本,6 册

150300132　　028/2947a2
詩料集錦詳註六卷/(清)伴鶴居士輯.--清道光二十六年(1846)成文堂刻本,6 册

150300133　　028/2947a3
詩料集錦詳註六卷/(清)伴鶴居士輯.--清道光二十六年(1846)成文堂刻本,5 册
存五卷(一至四、八)

150300134　　011.8/0024
京師大學堂暫定各學堂應用書目一卷/(清)京師大學堂編.--清光緒二十九年(1903)時中書局排印本,1 册

150300135　　038/3130a3
小石山房叢書四十一種六十一卷/(清)顧湘輯.--清同治十三年(1874)顧氏刻本,16 册

150300136　　038/3130b1
賜硯堂叢書四集四十卷/(清)顧沅輯.--清道光十年顧氏刻本,12 册

150300137　　011.8/1007
大學堂圖書館漢文圖書草目不分卷/(清)王誦熙輯.--清宣统二年(1910)油印本,4 册

150300138　　011.8/1133a1
書目答問四卷/(清)張之洞撰.--清光緒排印本,3 册
存三卷(二至四)

150300139　　038/3130c1
乾坤正氣集一百零一種五百七十四卷/(清)潘錫恩輯.--清光緒七年(1881)刻本,160 册

150300140　　011.8/1133a2
書目答問四卷/(清)張之洞撰.--清光緒四年(1878)淞隱閣刻本,4 册

150300141　　028/3022
策學備纂續集四卷　首一卷/(清)宋徵獻輯.--清光緒二十年(1894)點石齋刻本,12册

150300142　　028/3042a1
讀書紀數略五十四卷/(清)宮夢仁撰.--清康熙五十年(1711)刻本,16 册

150300143　　011.8/1133a3
書目答問四卷/(清)張之洞撰.--清光緒二十一年(1895)蜚英館石印本,4 册

150300144　　011.8/1133a3
書目答問不分卷/(清)張之洞撰.--清光緒二十一年(1895)蜚英館石印本,4 册

150300145　　028/3042a2
讀書紀數略五十四卷/(清)宮夢仁撰.--清光緒六年(1880)刻本,16 册

150300146　　028/3130
韻府拾遺一百零六卷/(清)汪灝等纂.--清康熙刻本,12 册

150300147　　028/3130a1
四書典林三十卷　四書古人典林十二卷/(清)江永撰.--清崇德書院刻本,45 册

150300148　　028/3130a1
四書典林三十卷　四書古人典林十二卷/(清)江永撰.--清崇德書院刻本,45 册

150300149　　028/3130a1
四書典林三十卷　四書古人典林十二卷/(清)江永編.--清崇德書院刻本,45 册

150300150　　028/3130a2
四書典林三十卷　四書古人典林十二卷/(清)江永編.--清光緒十六年(1890)鴻寶齋石印本,4 册

150300151　　028/3148
經濟類考約編二卷/(清)顧九錫撰.--清慶槐堂排印本,4 册

150300152　　028/3420
各國時事類編十八卷/(清)沈純輯.--清光緒二十一年(1895)上海書局石印本,4 册

150300153　　038/3136
篆學瑣著三十種四十八卷/(清)顧湘編.--清道光二十年(1840)刻本,8 册

150300154　　038/3149
武陵山人遺書十二種/(清)顧觀光撰.--清光緒九年(1883)刻本,8 册

150300155　　811.38/4010a1
批點小題正鵠三卷/(清)李元度輯.--清光緒圖書集成局刻本,6 册

150300156　　038/3191
亭林遺書十種二十七卷/(清)顧炎武撰.--清光緒十四年(1888)刻本,24 册

150300157　　028/3422
西學時務總纂大成九十一卷/(清)凌佩卿撰.--清光緒二十三年(1897)鴻文書局刻本,42 册

150300158　　028/3422
西學時務總纂大成九十一卷/(清)凌佩卿撰.--清光緒二十三年(1897)鴻文書局刻本,42 册

150300159　　038/3225
海山仙館叢書五十六種/(清)潘仕成輯.--清道光二十九年(1849)海山仙館刻本,160册

150300160　　038/3204
滂喜齋叢書四集九十五卷/(清)潘祖蔭輯.--清同治十一年(1872)潘氏八喜齋刻本,32册

150300161　　028/3491
唐詩金粉十卷/(清)沈炳震輯.--清光緒七年(1881)八杉齋刻本,4册

150300162　　011.8/1234
福省重刻武英殿聚珍版書目一卷/(清)鄧廷枏撰.--清同治十年(1871)刻本,1册

150300163　　028/3700
分韻詩賦題解統編一百零六卷/(清)鴻文主人編.--清光緒十四年(1888)石印本,6册

150300164　　028/4030a1
資治新書十四卷　首一卷/(清)李漁輯.--清同治五年(1866)福文堂刻本,20册

150300165　　038/3130c2
乾坤正氣集一百零一種/(清)潘錫恩輯.--清道光二十八年(1848)刻本,1册
存二百七十七卷(卷首一、二,一至二百三十七、二百五十至二百八十七)

150300166　　811.38/4010a2
批點小題正鵠三卷/(清)李元度編.--清光緒二十三年(1897)圖書集成局刻本,6册

150300167　　038/3404
北江遺書十四卷/(清)洪亮吉撰.--清道光二十二年(1842)刻本,4册

150300168　　038/3423a1
五朝詩別裁集八十卷/(清)沈德潛選.--清刻本,34册

150300169　　038/3423a2
五朝詩別裁集八十卷/(清)沈德潛選.--清刻本,32册
存六十卷(唐詩一至六、八至十,宋詩一至八,元詩一至八,明詩一至十,國朝詩十八至三十二)

150300170　　028/4030a2
資治新書十四卷　首一卷/(清)李漁輯.--清光緒二十年(1894)圖書集成印書局排印本,12册

150300171　　028/4237
類林新詠三十六卷/(清)姚之駰撰.--清康熙四十六年(1707)刻本,16册

150300172　　028/4240a1
角山樓增補類腋六十七卷/(清)姚培謙輯.--清光緒十二年(1886)同文書局石印本,5册
存五十二卷(天部一至八,地部一至二十四,物部一至二十)

150300173　　028/4240a3
類腋五十五卷　補遺一卷/(清)姚培謙輯.--清乾隆七年(1742)瞻云閣刻本,16册

150300174　　028/4403a1
福惠全書三十二卷/(清)黄六鴻撰.--清康熙三十三年(1694)濂溪書屋刻本,8册

150300175　　028/4403a2
福惠全書三十二卷/(清)黄六鴻撰.--清光緒十九年(1893)京都沙土園書行文昌會館刻本,12册

150300176　　811.38/4010a3
小題正鵠三卷/(清)李元度編.--清光緒八

年(1882)務本書局刻本,6 册

150300177　　028/4409a2
廣治平畧三十六卷/(清)蔡方炳編.--清刻本,8 册

150300178　　811.38/4024a1
皇朝經世文新編三十卷　首三卷/(清)麥仲華輯.--清光緒二十八年(1902)上海鍊石書局石印本,16 册
存二十四卷(卷首一至三,一至二十一)

150300179　　811.38/4024a2
皇朝經世文新編二十一卷/(清)麥仲華輯.--清光緒二十四年(1898)上海譯書局石印本,24 册

150300180　　028/4409a1
廣治平畧三十六卷/(清)蔡方炳編.--清光緒十三年(1887)廣百宋齋排印本,18 册

150300181　　028/4409a1
廣治平畧三十六卷/(清)蔡方炳編.--清光緒十三年(1887)廣百宋齋排印本,18 册

150300182　　028/4409a1
廣治平畧三十六卷/(清)蔡方炳編.--清光緒十三年(1887)廣百宋齋排印本,18 册

150300183　　811.38/4033
駢體文鈔三十一卷/(清)李兆洛編.--清光緒八年(1882)刻本,8 册

150300184　　028/4430a1
錦字箋四卷/(清)黄维觀纂.--清康熙書業堂刻本,4 册

150300185　　028/4430a2
錦字箋增補錦字箋四卷/(清)黄維觀纂.--清光緒六年(1880)掃葉山房刻本,8 册

150300186　　028/4430a2
錦字箋增補錦字箋四卷/(清)黄維觀纂.--清光緒六年(1880)掃葉山房刻本,8 册

150300187　　811.38/4037a2
國朝文録四十種八十二卷/(清)李祖陶評選.--清刻本,42 册

150300188　　811.38/4037b1
國朝文録續編四十種六十七卷/(清)李祖陶評選.--清同治七年(1868)刻本,32 册
存二十八種

150300189　　028/4435a1
策學備纂三十二卷　首一卷/(清)吳穎炎等纂.--清光緒二十年(1894)同文書局石印本,48 册

150300190　　811.38/4037c1
金元明八大家文選八種五十三卷/(清)李祖陶評點.--清道光二十五年(1845)刻本,33 册

150300191　　811.38/4060a1
國朝名文春霆集不分卷/(清)李鳴謙輯.--清道光九年(1829)刻本,6 册

150300192　　811.38/4060a2
近科制藝春霆集不分卷/(清)李鳴謙輯.--清光緒十八年(1892)金陵詞源書局刻本,8 册

150300193　　811.38/4062
山左古文鈔八卷/(清)李景嶧輯.--清道光八年(1828)張鱸香刻本,8 册

150300194　　811.38/4081
考卷約選四集十四卷/(清)李錫瓚編.--清同治九年(1870)經綸堂刻本,9 册

存十一卷(初集四,二集一至四,三集卷一至四,四集一、二)

150300195　　811.38/4210a7

古文辭類纂十五卷　續古文辭類纂十卷/(清)姚鼐纂.--清光緒二十年(1984)上海圖書集成印書局排印本,9册

存二十三卷(古文辭類纂三至十五,續古文辭類纂存一至十)

150300196　　811.38/4210a8

古文辭類纂七十四卷/(清)姚鼐纂.--清合河康氏刻本,12册

150300197　　811.38/4210a9

古文辭類纂七十四卷/(清)姚鼐纂集.--清合河康氏刻本,12册

150300198　　811.38/4240a1

古文斲十八卷/(清)姚培謙評注.--清雍正元年(1723)刻本,8册

150300199　　811.38/4240b1

國朝文錄八十二卷/(清)姚椿撰.--清咸豐元年(1851)終南山館刻本,32册

150300200　　028/4435a2

策學備纂三十二卷　首一卷/(清)蔡啟盛輯.--清光緒十九年(1893)點石齋石印本,46册

150300201　　028/4435a3

策學備纂三十二卷　首一卷/(清)蔡啟盛輯.--清光緒十四年(1888)點石齋石印本,48册

150300202　　811.38/4290

皇朝駢文類苑十四卷　首一卷/(清)姚燮選.--清光緒九年(1883)張壽榮刻本,12册

150300203　　811.38/4418a1

古文析義十四卷/(清)林雲銘評注.--清宣统元年(1909)石印本,10册

150300204　　028/4436

增注四六類腋十九卷/(清)葉祺昌撰.--清光緒十六年(1890)石印本,6册

150300205　　038/3436a1

晨風閣叢書(甲集)/(清)沈宗畸編.--清宣統元年(1909)石印本,1册

存五種

150300206　　038/3436a2

晨風閣叢書二十二種/(清)沈宗畸編.--清宣統元年(1909)沈氏刻本,16册

150300207　　028/4443

文物盈科四十六卷/(清)荷花灣上居士輯.--清光緒七年(1881)湘西荷花灣上書屋刻本,10册

150300208　　028/4444a1

增補事類統編九十三卷　首一卷/(清)黄葆真輯.--清光緒十一年(1885)文奎堂刻本,40册

150300209　　811.38/4418a2

古文析義十六卷/(清)林雲銘評注.--清光緒二十七年(1901)刻本,8册

存八卷(一至八)

150300210　　811.38/4418a3

古文析義十四卷/(清)林雲銘評注.--清乾隆五十年(1785)刻本,4册

150300211　　811.38/4418a4

古文析義十四卷/(清)林雲銘評注.--清乾隆五十年(1785)刻本,6册

150300212　　811.38/4418a5
古文析義十六卷/(清)林雲銘評注.--清光緒二十七年(1901)刻本,16 册
卷六系配本

150300213　　811.38/4425
策問新編六卷/(清)荷香書屋輯.--日本京都琉璃廠刻本,6 册

150300214　　811.38/4427
新選時文備格不分卷/(清)蕓香閣主人選.--清光緒六年(1880)金陵蕓香閣刻本,4 册
卷六系配本

150300215　　028/4444a2
增補事類統編九十三卷　首一卷/(清)黄葆真編.--清光緒八年(1882)愉古山房刻本,40 册

150300216　　028/4444a4
增補事類統編九十三卷　首一卷/(清)黄葆真編.--清道光二十六年(1846)丹陽黄氏刻本,32 册

150300217　　811.38/4435
論文集要四卷/(清)薛福成撰.--清光緒二十八年(1902)農學報館石印本,2 册

150300218　　811.38/4443a1
皇朝經世文續編一百二十卷/(清)葛士濬輯.--清光緒十四年(1888)石印本,17 册
存八十六卷(六至七、十二至二十四、四十至四十四、五十至八十八、九十四至一百二十)

150300219　　811.38/4443a2
皇朝經世文續編一百二十卷　皇朝經世文新增時務續編四十卷　皇朝經世文新增洋務策論八卷/(清)葛士濬輯.--清光緒二十三年(1897)上海圖書集成印書局鉛印本,30 册

150300220　　811.38/4443a2
皇朝經世文續編一百二十卷　皇朝經世文新增時務續編四十卷　皇朝經世文新增洋務策論八卷/(清)葛士濬輯.--清光緒二十三年(1897)上海圖書集成印書局鉛印本,30 册

150300221　　028/7262a1
策府統宗六十五卷/(清)劉昌齡輯.--清光緒十九年(1893)積山書局石印本,18 册
存六十二卷(一至二、四至十、十三至六十五)

150300222　　028/7262a1
策府統宗六十五卷/(清)劉昌齡輯.--清光緒十九年(1893)積山書局石印本,20 册
存六十二卷(一至二、四至十、十三至六十五)

150300223　　811.38/4443a3
皇朝經世文續編一百二十卷/(清)葛士濬輯.--清光緒十七年(1891)鉛印本,25 册
第九至十二册、十四至十七册系配本

150300224　　028/7262a3
策府統宗六十五卷/(清)劉昌齡輯.--清光緒十五年(1889)珍藝書局石印本,24 册

150300225　　811.38/4464
江左校士錄六卷/(清)黄體芳彙.--清光緒二十一年(1895)上海書局石印本,4 册

150300226　　028/4447a1
重訂廣事類賦四十卷/(清)華希閔撰.--清

乾隆二十九年(1764)三讓堂刻本,8 册

150300227　　028/4447a2
重訂廣事類賦四十卷/(清)華希閔撰.--清三讓堂刻本,10 册

150300228　　028/5040
干支集錦二十四卷/(清)秦嘉謨集.--清嘉慶二十年(1815)琳琅仙館刻本,4 册

150300229　　811.38/4470
翼教叢編六卷/(清)蘇輿撰.--清光緒二十四年(1898)刻本,3 册

150300230　　811.38/4490
蓋黄合稿一卷/(清)蓋範撰.--清刻本,1 册

150300231　　028/5570a2
分韻子史題解二十卷/(清)費卿庭輯.--清嘉慶十九年(1814)山淵堂刻本,6 册

150300232　　028/5570a1
分韻子史題解二十卷/(清)費卿庭輯.--清道光十四年(1834)掃葉山房刻本,6 册

150300233　　811.38/4672a1
皇朝經世文編一百二十卷/(清)賀長齡輯.--清刻本,4 册
存四卷(五十一、五十三至五十四、七十七)

150300234　　811.38/4672a2
皇朝經世文編一百二十卷/(清)賀長齡輯.--清道光七年(1827)刻本,80 册

150300235　　811.38/4672a3
皇朝經世文編一百二十卷/(清)賀長齡辑.--清道光七年(1827)刻本,64 册

150300236　　028/7510a1
格致鏡原一百卷/(清)陳元龍撰.--清雍正刻本,36 册

150300237　　811.38/4672a4
皇朝經世文編一百二十卷/(清)賀長齡輯.--清道光七年(1827)刻本,64 册

150300238　　028/7510a2
格致鏡原一百卷/(清)陳元龍撰.--清刻本,30 册
存九十二卷(一至十一、十六至九十六)

150300239　　811.38/4672a5
皇朝經世文編一百二十卷/(清)賀長齡輯.--清道光七年(1827)刻本,80 册

150300240　　028/7510b1
策學淵海統纂大成五十卷/(清)陳登龍撰.--清光緒十四年(1888)琉璃廠刻本,12 册

150300241　　011.8/1700
杭州藏書樓書目一卷/(清)邵章編.--清光緒二十八年(1902)刻本,1 册

150300242　　028/7530a1
庸書四卷/(清)陳次亮撰.--清光緒二十四年(1898)慎記書莊排印本,8 册

150300243　　028/7530a2
庸書四卷/(清)陳次亮撰.--清光緒二十三年(1897)慎記書莊排印本,8 册

150300244　　028/7578
增補萬寶全書二十卷/(清)陳眉公纂輯.--清光緒十七年(1891)聚寶齋刻本,6 册

150300245　　811.38/4672a6
皇朝經世文編一百二十卷/(清)賀長齡輯.--清光緒十二年(1886)思補樓石印本,50 册

150300246　　811.38/4672a6
皇朝經世文編一百二十卷/(清)賀長齡輯.--清光緒十二年(1886)思補樓石印本,60册

150300247　　811.38/4672a7
皇朝經世文編一百二十卷/(清)賀長齡輯.--清光緒二十二年(1896)掃葉山房刻本,24册

150300248　　811.38/4847
皇朝文典一百卷/(清)李兆洛輯.--清刻本,32册

150300249　　028/7705
增廣詩句題解彙編四卷/(清)同文書局撰.--清光緒十年(1884)同文書局石印本,4册

150300250　　028/8054a1
比喻精華録四卷/(□)□□撰.--清廣益書局石印本,1册

150300251　　811.38/5300
皇朝經世文續編一百二十卷/(清)盛康輯.--清光緒二十三年(1897)武進盛氏思補樓刻本,80册

150300252　　811.38/5551
本朝小題文盧峰集不分卷/(清)費揚武編.--清乾隆二十九年(1764)文盛堂刻本,5册

150300253　　811.38/5742a1
四書義經正篇續篇二卷/(清)掃葉山房輯.--清光緒二十七年(1901)掃葉山房石印本,4册

150300254　　811.38/5742a2
四書義經正篇續篇二卷/(清)掃葉山房輯.--清光緒二十七年(1901)掃葉山房石印本,4册

150300255　　811.38/6002
詁經精舍文續集六卷/(清)羅文俊訂.--清刻本,4册

150300256　　028/8054b1
試帖玉芙蓉四卷/(□)□□撰.--清光緒十三年(1887)上海書局縮印本,4册

150300257　　028/8054c1
詩賦類聯采新十二卷/(□)□□撰.--清光緒十二年(1886)積山書局石印本,6册

150300258　　028/8054d1
西學通考三十六卷　目録二卷/(清)胡兆鸞輯.--清光緒二十四年(1898)刻本,14册

150300259　　028/8143
新增廣廣策府統宗七十九卷/(清)頌芬室主人校補.--清光緒二十年(1894)鴻文書局石印本,45册
缺二十四卷(周易類二至三、書經類一至二、別集類七至二十六)

150300260　　811.38/7414
韻蘭集賦鈔六卷/(清)陸雲槎撰.--清道光刻本,6册

150300261　　811.38/7490
切問齋文鈔三十卷/(清)陸燿輯.--清同治切問齋刻本,10册

150300262　　028/8320
萬國分類時務大全四十卷　首一卷/(清)錢豐輯.--清光緒二十三年(1897)袖海山房

石印本,24 冊

150300263　　028/8740a1
盛世危言五卷/(清)鄭觀應纂.--清光緒二十四年(1898)石印本,8 冊

150300264　　811.35/4022
續文章正宗復刻十二卷/(宋)真德秀撰.--清乾隆三十三年(1768)刻本,8 冊

150300265　　028/8740a2
盛世危言五卷/(清)鄭觀應纂.--清光緒二十一年(1895)古香閣重印排印本,5 冊

150300266　　811.35/4422
南宋文錄錄二十四卷/(清)董兆熊輯.--清光緒十七年年(1891)蘇州書局刻本,6 冊

150300267　　028/8740a3
盛世危言十四卷/(清)鄭觀應纂.--清光緒二十二年(1896)上海書局石印刻本,10 冊
缺盛世危言外編上編

150300268　　811.38/7532
制義體要十九卷/(清)陳句山原本.--清光緒三年(1877)崇文書局刻本,4 冊

150300269　　811.35/6030a2
東萊先生古文關鍵二卷/(宋)呂祖謙評.--清刻本,2 冊

150300270　　028/9404
增廣詩句題解彙編十七卷/(清)慎記莊編.--清光緒二十二年(1896)慎記莊石印本,4 冊

150300271　　811.37/0040a1
欽定明朝四書文不分卷/(清)方苞等輯.--清乾隆五年(1740)刻本,24 冊

150300272　　811.38/7552a1
皇朝經世文三編八十卷/(清)陳忠倚輯.--清光緒二十七年(1901)上海書局石印本,12 冊
存六十卷(一至二十五、三十一至四十、五十一至五十五、六十一至八十)

150300273　　030/2816a1
懷幽雜俎叢書十二種/(清)徐乃昌輯.--清宣統二年(1910)刻本,10 冊

150300274　　811.38/7552a2
皇朝經世文三編八十卷/(清)陳忠倚輯.--清光緒寶文書局刻本,16 冊

150300275　　030/2816b1
張家口至烏里雅蘇臺竹枝詞不分卷/(清)志銳撰.--清宣統二年(1910)懷幽園刻本,8 冊

150300276　　034/1020a1
唐三家詩集九卷/(唐)王維等撰.--清排印本,4 冊

150300277　　811.38/7705a1
經藝宏括不分卷/(清)同文書局主人輯.--清光緒十一年(1885)上海同文書局石印本,16 冊

150300278　　811.38/7705b1
五經文府不分卷/(清)同文書局主人編.--清光緒十四年(1888)上海同文書局石印本,16 冊

150300279　　034/1020b1
唐四家集二十八卷/(唐)王維等撰.--清光緒十年(1884)同文書局石印本,8 冊

150300280　　811.38/7786
制義靈樞初編一卷　制義靈樞二編一卷　制義靈樞三編一卷　制義靈樞四編一卷/(清)周銘恩評選.--清光緒八年(1882)刻本,4册

150300281　　034/2010d1
三唐人集三十三卷/(明)毛晉輯.--清光緒元年(1875)讀有用書齋刻本,6册

150300282　　811.38/8000a1
重訂古文釋義新編八卷/(清)余誠評注.--清光緒二十四年(1898)刻本,7册
存七卷(一至六、八)

150300283　　811.38/8000a2
重訂古文釋義新編八卷/(清)余誠評注.--清刻本,8册
第一册前部缺頁至目次卷三

150300284　　811.37/0040a2
欽定明朝四書文不分卷/(清)方苞等輯.--清光緒二年(1876)崇文書局刻本,16册

150300285　　811.37/0040a2
欽定明朝四書文不分卷/(清)方苞等輯.--清光緒二年(1876)崇文書局刻本,16册

150300286　　811.38/8000a3
書業堂重訂古文釋義新編八卷/(清)余誠評注.--清光緒十五年(1889)上海掃葉山房刻本,8册

150300287　　035/0015
三宋人集四十五卷/(清)方功惠輯.--清光緒七年(1881)碧琳瑯館刻本,6册

150300288　　035/4428
山谷全書五十六卷/(宋)黄山谷撰.--清光緒二十年(1894)義甯州署刻本,28册

150300289　　037/1130a1
漢魏六朝百三名家集不分卷/(明)張溥撰.--光緒十八年(1892)章經濟堂刻本,100册

150300290　　037/1130a2
漢魏六朝百三名家集不分卷/(明)張溥撰.--光緒三年(1877)滇南唐氏刻本,72册
存第一至七十、七十三、七十八册

150300291　　811.37/0040a3
欽定明清朝四書文不分卷/(清)方苞等輯.--清乾隆刻本,24册

150300292　　811.37/0040a4
欽定明朝四書文不分卷/(清)方苞等輯.--清乾隆五年(1740)寶仁堂刻本,12册

150300293　　037/3130
叢睦汪氏遺書二十種/(明)汪汝謙等撰.--清光緒十二年(1886)錢塘汪氏刻本,25册
存七十九卷(第一至十四種七十九卷)

150300294　　811.37/6720a1
重訂明文明讀本四卷/(清)路潤生輯.--清同治十二年(1873)黔陽官署刻本,4册

150300295　　811.37/6720a2
明文明四卷/(清)路潤生輯.--清同治十二年(1873)刻本,4册

150300296　　038/3436b1
拜鴛樓四種/(清)沈宗畸輯.--清光緒二十六年(1900)刻本,4册

150300297　　038/3470
果堂全集十八卷/(清)沈彤撰.--清乾隆十九年(1754)刻本,14册

150300298　038/3603
湯文正公全集三十九卷/(清)湯斌撰.--清康熙二十九年(1690)刻本,22 册

150300299　038/4023
李氏五種合刊二十七卷/(清)李兆洛撰.--清光緒十四年(1888)掃葉山房刻本,12 册

150300300　038/4030
漸西村舍叢書/(清)袁昶輯.--清光緒袁氏刻本,77 册

150300301　038/4039
正誼堂全書六十三種/(清)張伯行輯.--清同治刻本,160 册

150300302　811.37/6720a4
明文明三十篇四卷/(清)路潤生輯.--清光緒六年(1880)劉華邦刻本,4 册

150300303　038/4072
木犀軒叢書二十六種一百二十九卷/(清)李盛鐸撰.--清光緒十一年(1885)刻本,32 册

150300304　812.1/7730
靖節先生集十卷　靖節先生集諸本序錄一卷　諸本評陶彙集一卷　靖節先生年譜考異二卷/(清)陶澍集注.--清道光二十年(1840)刻本,4 册

150300305　038/4206a1
邃雅堂全書七種五十五卷/(清)姚文田撰.--清嘉慶八年至同治十三年(1803～1874)刻本,32 册

150300306　038/4206b1
邃雅堂學古錄七種七卷/(清)姚文田輯.--清道光七年(1827)刻本,6 册

150300307　038/4241
咫進齋叢書三十五種九十卷/(清)姚覲元輯.--清光緒九年(1883)歸安姚氏刻本,24 册

150300308　811.38/8000a4
重訂古文釋義新編八卷/(清)余誠評注.--清光緒十七年(1891)刻本,4 册

150300309　812.11/0440
汉丞相諸葛忠武侯集二十卷/(漢)諸葛亮撰.--明崇禎五年(1632)刻本,6 册

150300310　811.38/8000a5
古文釋義新編八卷/(清)余誠評注.--清乾隆五十一年刻本(1786),8 册

150300311　812.12/0020a1
庾開府全集十六卷　注釋庾集題辭一卷　庾子山年譜一卷　庾信本傳一卷　庾集總釋十六卷/(南朝梁)庾信撰.--清同治八年(1869)刻本,12 册

150300312　038/4290
中復堂五種三十七卷/(清)姚瑩撰.--清刻本,16 册

150300313　038/4424
修本堂叢書九十二卷/(清)林伯桐撰.--清道光二十四年(1844)番禺林氏刻本,13 册

150300314　811.38/8000a6
重訂古文釋義新編八卷/(清)余誠評注.--清光緒二十四年(1898)成文信刻本,8 册

150300315　038/4427
春暉堂叢書三十七卷/(清)徐渭仁撰.--清道光二十一年(1841)刻本,12 册

150300316　　812.12/0020a2
庾子山集十六卷/(南朝梁)庾信撰　**庾子山年譜一卷　庾信本傳一卷**/(唐)李延壽撰.--清刻本,12 册

150300317　　812.12/0020a3
庾子山集十六卷/(南朝梁)庾信撰　**庾子山年譜一卷　庾信本傳一卷**/(唐)李延壽撰.--清道光十九年(1839)刻本,12 册

150300318　　812.12/0020a4
庾子山全集十卷/(南朝梁)庾信撰　**庾子山年譜一卷　庾信本傳一卷**/(唐)李延壽撰.--清儒雅堂刻本,6 册

150300319　　812.12/0020a5
庾子山集十六卷/(南朝梁)庾信撰　**庾子山年譜一卷　庾信本傳一卷**/(唐)李延壽撰.--清光緒二十年(1894)儒雅堂刻本,12 册

150300320　　811.38/8000a7
重訂古文釋義新編八卷/(清)余誠評注.--清光緒二十四年(1901)刻本,8 册

150300321　　812.12/2870a1
徐孝穆全集六卷/(南朝陳)徐陵撰.--清善化經濟書堂刻本,6 册

150300322　　038/4429a1
雙梅景闇叢書十四卷/(清)葉德輝輯.--清光緒二十九年(1903)葉氏郎園刻本,5 册

150300323　　038/4429b1
觀古堂所著書三十四卷/(清)葉德輝撰.--清光緒二十八年(1902)刻本,16 册

150300324　　038/4430
長恩書室叢書二十種五十八卷/(清)莊肇麟輯.--清咸豐四年(1854)過客軒刻本,15 册

150300325　　812.12/2870a2
徐孝穆全集六卷/(南朝陳)徐陵撰.--清光緒二年(1876)翰墨園刻本,4 册

150300326　　812.12/7440
陸士衡集十卷/(晉)陸機撰.--清光緒四年(1878)寄生草堂刻本,2 册

150300327　　812.12/7730
陶淵明文集十卷/(晉)陶淵明撰.--清宣統元年(1909)影印本,4 册

150300328　　812.14/1040a1
王子安集注二十卷　首一卷　末一卷/(唐)王勃撰.--清光緒九年(1883)蔣氏雙唐碑館刻本,8 册

150300329　　812.14/1040a2
王子安集注二十卷　首一卷　末一卷/(唐)王勃撰.--清光緒九年(1883)蔣氏雙唐碑館刻本,8 册

150300330　　812.14/1040a3
王子安集注二十卷　首一卷　末一卷/(唐)王勃撰.--清光緒九年(1883)蔣氏雙唐碑館刻本,8 册

150300331　　038/4434
十種古逸書十七卷/(清)茆泮林輯.--清道光十四年(1834)梅瑞軒刻本,12 册

150300332　　038/4435
袖海樓雜著十二卷/(清)黄汝成撰.--清道光十八年(1838)西谿草廬刻本,4 册

150300333　　038/4440
漢學堂叢書三部二百一十五種/(清)黄奭

編.--清刻本,80 册

150300334 038/4447
味經齋遺書八種二十一卷/(清)莊存與輯.--清乾隆五十八年至道光七年(1792～1827)味經齋刻本,8 册

150300335 038/4453a1
竹柏山房十五種一百九十四卷/(清)林春溥輯.--清嘉慶二十一年至咸豐四年(1816～1854)竹柏山房刻本,32 册

150300336 811.38/0023
古文翼八卷/(清)唐德宜編.--清同治十二年(1873)黄氏藝文堂刻本,8 册

150300337 811.38/0044
康南海文集一卷/(清)康有為撰.--清末石印本,1 册

150300338 811.38/0089
豫園賦鈔不分卷/(清)章第槃編.--清道光二十二年(1842)刻本,6 册

150300339 812.14/4007a1
玉谿生詩詳注三卷 首一卷 樊南文集詳注八卷 首一卷/(唐)李商隱撰.--清乾隆四十五年(1780)德聚堂刻本,12 册

150300340 812.14/4007a2
玉谿生詩詳注三卷 首一卷 樊南文集詳注八卷 首一卷/(唐)李商隱撰.--清乾隆三十年(1765)德聚堂刻本,8 册

150300341 812.14/4020
李太白文集三十卷/(唐)李白撰.--清末棋盤街中江左書林影印本,8 册

150300342 811.38/0105
大題文府六卷/(清)龍文書局主人撰.--清光緒十四年(1888)上海龍文書局石印本,16 册

150300343 812.14/4420
樊川文集二十卷 外集一卷 別集一卷/(唐)杜牧撰.--清光緒二十二年(1896)景蘇園影印本,6 册

150300344 811.38/0393
國朝論策類編二十四卷/(清)識小社編.--清光緒二十四年(1898)識小社刻本,2 册

150300345 812.14/4060a1
文藪十卷/(唐)皮日休撰.--清光緒八年(1882)于氏影宋本刻本,2 册

150300346 811.38/0480a1
蓬山童試錄四刻四種/(清)諸菊塍鑒定.--清光緒十一年(1885)四寶堂刻本,4 册

150300347 812.14/4062a2
文藪十卷/(唐)皮日休撰.--清光緒二十一年(1895)李氏蘭雪堂影宋刻本,2 册

150300348 812.14/4450
杜工部集二十卷/(唐)杜甫撰.--清玉勾草堂刻本,5 册
存十八卷(三至二十)

150300349 812.14/4480a2
重刊五百家注音辯昌黎先生文集四十卷/(唐)韓愈撰.--清乾隆刻本,16 册

150300350 811.38/8000a8
重訂古文釋義新編八卷/(清)余誠評注.--清光緒二十七年(1901)刻本,8 册

150300351 811.38/0480a2
蓬山童試錄四刻四種/(清)諸菊塍鑒定.--清同治十一年(1872)文會成刻本,8 册

150300352　　811.38/8000a9
經綸堂重訂古文釋義新編八卷/(清)余誠評注.--清刻本,4 册

150300353　　811.38/8000a10
善成堂重訂古文釋義新編八卷/(清)余誠評注.--清光緒八年(1882)刻本,8 册

150300354　　811.38/1020a3
續古文辭類纂三十四卷/(清)王先謙纂.--清光緒十年(1884)行素草堂刻本,8 册

150300355　　038/4453a2
竹柏山房二十三種一百九十四卷/(清)林春溥輯.--清嘉慶二十一年至咸豐四年(1816～1854)竹柏山房刻本,34 册
存二十二種

150300356　　038/4474a1
心矩齋叢書二十卷/(清)蔣鳳藻撰.--清光緒九年至十三年(1883～1887)刻本,18 册

150300357　　811.38/8040
詁經精舍四集十六卷/(清)俞樾編.--清光緒二十一年(1895)刻本,6 册

150300358　　038/4474b1
鐵華館叢書六種四十五卷/(清)蔣鳳藻輯.--清光緒九年至十年(1883～1884)蔣氏刻本,6 册

150300359　　811.38/8054
湖南試牘不分卷/(□)□□撰.--清刻本,6 册

150300360　　811.38/8064a3
經史百家雜鈔二十六卷/(清)曾國藩纂.--清光緒三十二年(1906)上海商務印書館鉛印本,11 册
存十卷(一至十)

150300361　　812.14/4480a3
重刊五百家注音辯昌黎先生文集四十卷/(唐)韓愈撰.--清乾隆兩儀堂刻本,16 册

150300362　　812.14/4480a6
昌黎先生集四十卷　外集十卷　遺文一卷　韓集點勘四卷/(唐)韓愈撰.--清同治八年(1869)江蘇書局刻本,11 册

150300363　　812.14/4731
唐柳河東集四十五卷　本傳一卷　諸家評語一卷/(唐)柳宗元撰.--清道光四年(1824)楊廷理刻本,16 册

150300364　　038/4491
省吾堂四種二十五卷/(清)蔣光弼輯.--清乾隆刻本,10 册

150300365　　038/4690
連筠簃叢書十二種一百一十一卷/(清)楊尚文編.--清道光二十八年(1848)靈石楊氏刻本,36 册

150300366　　812.14/7516
陳伯玉全集五卷附錄一卷/(唐)陳子昂撰.--清道光二十八年(1848)刻本,4 册

150300367　　812.14/7731a1
駱侍御全集四卷考異一卷/(唐)駱賓王撰.--清道光二十九年(1849)駱景誼刻本,4 册

150300368　　038/4742a1
郝氏遺書一百一十四卷/(清)郝懿行編.--清光緒八年(1882)東路廳署刻本,36 册

150300369　　812.15/0013
廬陵宋丞相信國公文忠烈先生全集十六

卷/(宋)文天祥撰.--清乾隆五十五年(1790)刻本,8册

150300370　　812.15/1031a1

王臨川全集一百卷　本傳一卷/(宋)王安石撰.--清光绪九年(1883)刻本,16册

150300371　　812.15/1047

元遺山先生集四十卷　首一卷　附錄一卷　補載一卷　年譜三種　新樂府四卷　續夷堅志四卷/(金)元好問撰.--清光緒八年(1882)翰文齋書坊刻本,16册

150300372　　812.15/1080

徂徠先生文集二卷/(宋)石介撰.--清刻本,1册

150300373　　812.15/1700

擊壤集十卷/(宋)邵雍撰.--清刻本,6册

150300374　　812.15/2540a1

朱子大全集一百卷　續集五卷　別集七卷/(宋)朱熹撰.--清康熙二十七年(1688)刻本,62册

存一百零一(一至九十七,續集二至五)

150300375　　812.15/2540a2

朱子文集大全類編一百一十七卷/(宋)朱熹撰.--清刻本,40册

存五十九卷(政績經筵表疏一至四、六至十一,書劄一至十四,問答一、八至十五,雜著一至八,雜文一至十八)

150300376　　812.15/2540a3

朱子大全集一百卷　續集五卷　別集七卷/(宋)朱熹撰.--清同治十二年(1873)關中書館刻本,64册

150300377　　812.15/2540a4

朱子文集大全類編一百一十七卷/(宋)朱熹撰.--清刻本,33册

存八十七卷(詩賦詞調一至十,封事奏劄一、二卷,政績經筵表疏一至四、六至十一卷,書劄一至三、七至十四,問答一至九、十二、十三、十八至三十五,雜著六至十五,附補遺一,雜文六至十九)

150300378　　812.15/2880a1

徐騎省集三十卷/(宋)徐鉉撰.--清光緒十七年(1891)夏黟李氏刻本,6册

150300379　　812.15/2880a2

徐騎省集三十卷/(宋)徐鉉撰.--清光緒十九年(1893)刻本,8册

150300380　　811.38/1025

小題初集啓蒙續編八集/(清)王步青評,(清)王士龍編.--清乾隆五十八年(1793)刻本,1册

150300381　　038/4742a2

郝氏遺書一百零四卷/(清)郝懿行編.--清同治四年(1865)沛上刻本,64册

150300382　　038/4748a1

宜稼堂叢書七種二百五十四卷/(清)郁松年編.--清道光二十一年(1841)刻本,64册

150300383　　038/4748a1

宜稼堂叢書七種二百五十四卷/(清)郁松年編.--清道光二十一年(1841)刻本,58册

150300384　　038/4764

問影樓輿地叢書十五種四十四卷/(清)胡思敬編.--清光緒三十四年(1908)刻本,2册

150300385　811.38/1030
湖海文傳七十五卷/(清)王昶撰.--清同治五年(1866)經訓堂刻本,16 册

150300386　038/4777
六朝四家全集二十卷/(清)胡鳳丹校.--清同治九年(1870)刻本,8 册

150300387　811.38/1040a1
格致書院課藝十一卷/(清)王韜撰.--清光緒二十三年(1897)上海書局石印本,11 册

150300388　038/4910
甌北全集一百五十四卷/(清)趙翼撰.--清光緒三年(1877)刻本,56 册

150300389　811.38/1040a2
格致書院課藝十一卷/(清)王韜撰.--清光緒十三年(1887)刻本,11 册

150300390　038/4930
仰視千七百二十九鶴齋叢書十九卷/(清)趙之謙編.--清光緒六年(1880)刻本,6 册

150300391　812.15/3432
盤洲文集八十卷　首一卷　末一卷/(宋)洪适撰.--清藤谿洪氏刻本,12 册

150300392　812.15/4020
梁谿全集一百八十卷/(宋)李綱撰.--清刻本,32 册

150300393　812.15/4022
西山先生真文忠公文集五十五卷　目録二卷/(宋)真德秀撰.--清刻本,25 册
存四十八卷(一至二十五、二十八至四十八、五十四至五十五)

150300394　812.15/4027
莊靖先生遺集十卷/(金)李俊民撰.--清光緒十六年(1890)吳氏刻本,4 册

150300395　811.38/1046
沅湘采風録二卷/(清)醉古墨室主人撰.--清光緒二十八年(1902)湖南書局刻本,2 册

150300396　811.38/1046
沅湘采風録二卷/(清)醉古墨室主人撰.--清光緒二十八年(1902)湖南書局刻本,2 册

150300397　811.38/1049
時務新策大成初二集/(清)王萬懷撰.--清光緒二十四年(1898)上海點石介記石印本,12 册

150300398　811.38/1117
成均課士録十六卷/(清)張百熙撰.--清光緒二十三年(1897)國子監刻本,8 册

150300399　812.15/4050
盱江全集三十七卷　年譜三卷　建昌府重修李泰伯先生藁記一卷　外集三卷　門人録一卷/(宋)李覯撰.--清雍正刻本,8 册

150300400　812.15/4407
重刻黄文節山谷先生文集三十卷/(宋)黄庭堅撰.--明萬曆刻本,8 册

150300401　812.15/4410
安陽集五十卷/(宋)韓琦撰.--清乾隆三十七年(1752)刻本,10 册

150300402　811.38/1124a1
分類賦學雞跖集三十卷　附録一卷/(清)張維城輯.--清光緒八年(1882)鉛印本,8 册

150300403　812.15/4450
三蘇全集七種二百零四卷/(宋)蘇軾等

撰. --清道光十二年(1832)刻本,60 册

150300404　　811.38/1124a2
分類賦學雞跖集三十卷/(清)張維城輯. --清道光十二年(1832)刻本,8 册

150300405　　811.38/1132
花樣集錦四卷/(清)張補山輯. --清道光二十一年(1840)文錦堂刻本,4 册

150300406　　812.15/4480
杜清獻公集十九卷　首一卷　末一卷　附錄一卷/(宋)杜範撰. --清同治九年(1870)吳縣孫氏刻本,4 册

150300407　　811.38/1133a1
江漢炳靈集二卷/(清)張之洞輯. --清同治九年(1870)刻本,4 册

150300408　　811.38/1133a1
江漢炳靈集二卷/(清)張之洞輯. --清同治九年(1870)刻本,4 册

150300409　　812.15/4646
楊文節公文集四十二卷　首一卷　附錄一卷/(宋)楊萬里撰. --清乾隆六十年(1795)刻本,8 册

150300410　　038/4995
湖北叢書二百八十一卷/(清)趙尚輔校. --清光緒十七年(1891)刻本,100 册

150300411　　038/6030a1
經訓堂叢書二十二種一百五十一卷/(清)畢沅輯. --清乾隆四十八年(1783)刻本,24 册
缺四册

150300412　　038/6030a2
經訓堂叢書二十二種一百五十一卷/(清)畢沅輯. --清乾隆四十八年(1783)刻本,32 册

150300413　　038/6030a3
經訓堂叢書二十一種一百四十七卷/(清)畢沅輯. --清光緒十二年(1886)大同書局石印本,16 册

150300414　　038/6051
國學叢刊十五卷/(清)羅振玉編. --清宣統三年(1911)刻本,2 册

150300415　　038/6075
古今說部叢書十集/王文濡輯. --清宣統二年(1910)國學扶輪社鉛印本,60 册

150300416　　811.38/1188
鐵網珊瑚初二三編三編六卷/(清)張金鏞輯. --清光緒八年(1882)泰和裕刻本,6 册

150300417　　038/6614
全上古三代秦漢三國六朝文十四種/(清)嚴可均輯. --清光緒二十年(1894)黄岡王氏刻本,100 册

150300418　　811.38/1233
竹笑軒賦鈔二集/(清)孫清達編. --清道光九年(1829)刻本,6 册

150300419　　811.38/1286
近九科同館賦鈔四卷/(清)孫欽昂撰. --清光緒二年(1876)刻本,2 册

150300420　　811.38/1707
文苑菁華二集續編六卷/(清)孟廣居集. --清光緒二年(1876)中國圖書公司刻本,6 册

150300421　　811.38/1782a1
齊魯講學編四卷/(清)尹銘綬撰. --清光緒二十九年(1903)刻本,4 册

150300422　　811.38/1782a2
齊魯講學編四卷/(清)尹銘綬撰.--清宣統三年(1911)成文信鉛印本,4册

150300423　　812.15/6000
東萊呂太史文集十五卷　東萊呂太史别集十六卷　東萊呂太史外集五卷/(宋)呂祖謙撰.--清同治三年(1846)胡宗楙刻本,10册

150300424　　811.38/2134
皇朝經世文四編五十二卷/(清)何良棟輯.--清光緒二十八年(1902)鉛印本,10册
存四十五卷(一至三十二、三十七至四十九)

150300425　　811.38/2321
吴柳堂先生誺文正續合編/(清)傅巖霖編.--清光绪九年(1883)榮錄堂刻本,4册

150300426　　812.18/2680b1
程月川先生遺集十五卷/(清)程含章撰.--清道光元年(1821)刻本,10册

150300427　　812.38/2704
壯悔堂集十卷/(清)侯方域撰.--清光緒四年(1878)刻本,8册

150300428　　812.18/2706
賜綺堂集十五卷/(清)詹應甲撰.--清嘉慶十年(1805)讀我書齋刻本,6册

150300429　　812.15/7210a3
岳忠武王文集八卷　首一卷　末一卷/(宋)岳飛撰.--清乾隆三十五年(1770)刻本,4册

150300430　　811.38/2341
格致課藝全編十三卷/(清)王滔編.--清光緒二十九年(1903)上海書局石印本,9册
存九卷(一至九)

150300431　　812.15/7210a2
宋岳忠武王集八卷　末一卷/(宋)岳飛撰.--清同治四年(1865)刻本,2册

150300432　　811.38/2470
重訂七種古文選四十六卷/(清)儲欣選.--清乾隆四十九年(1784)金閶書業堂刻本,25册
缺二卷(西漢選一至二)

150300433　　811.38/2632
桐城吴氏古文讀本/(清)吳汝綸選.--清鉛印本,2册

150300434　　812.18/2800
詩賦全集一卷　經言拾遺十四卷/(清)徐文靖撰.--清乾隆二十年(1755)志甯堂刻本,3册

150300435　　811.38/2640
八家四六/(清)吳鼒等編.--清較經堂刻本,8册

150300436　　812.18/2820
居易堂集二十卷/(清)徐枋撰.--清刻本,8册

150300437　　811.38/2641a1
八銘塾鈔二集/(清)吳懋政編.--清乾隆五十八年(1793)成文信刻本,10册

150300438　　812.18/2847
儈園集三十六卷/(清)徐乾學撰.--清光緒九年(1883)刻本,16册

150300439　　812.18/3010a1
安雅堂未刻稿八卷　入蜀集二卷/(清)宋

琬撰.--清乾隆三十一年(1766)刻本,8冊

150300440　　812.18/3010a3
安雅堂全集二十卷/(清)宋琬撰.--清乾隆三十一年(1766)安雅堂刻本,17冊

150300441　　811.38/2641a2
八銘塾鈔八卷/(清)吳懋政編.--清光绪十三年(1887)文成泰書坊刻本,8冊

150300442　　812.18/3010b1
安雅堂全集二十卷/(清)宋琬撰.--清康熙五年(1666)安雅堂刻本,15冊

150300443　　812.18/3010b2
安雅堂全集二十卷/(清)宋琬撰.--清康熙五年(1666)安雅堂刻本,12冊

150300444　　811.38/2641a3
八銘塾鈔二集/(清)吳懋政編.--清光绪十年(1884)泰和裕記刻本,5冊
存第二集

150300445　　812.18/3010b3
安雅堂全集二十卷/(清)宋琬撰.--清乾隆三十一年(1766)安雅堂刻本,16冊

150300446　　811.38/2641a4
八銘塾鈔八卷/(清)吳懋政編.--清光绪十六年(1890)務本書局刻本,8冊

150300447　　812.15/7734
周益國文忠公集二百卷　首一卷　附錄五卷　年譜一卷/(宋)周必大撰.--清道光二十八年(1848)歐陽棨刻本,40冊

150300448　　811.38/2673a2
古文觀止十二卷/(清)吳乘權輯.--清光緒二十年(1894)味經堂刻本,6冊

150300449　　811.38/2673a3
古文觀止十二卷/(清)吳乘權輯.--清康熙三十四年(1695)狀元閣刻本,6冊

150300450　　811.38/2673a4
古文觀止十二卷/(清)吳乘權輯.--宣統元年(1909)文瑞樓石印本,6冊

150300451　　812.15/7772
歐陽文忠公全集一百五十三卷　首一卷　附錄五卷/(宋)歐陽修撰.--清嘉慶二十四年(1819)刻本,24冊

150300452　　811.38/2673a5
古文觀止六卷/(清)吳乘權輯.--清光緒三十年(1904)翰文齋刻本,6冊

150300453　　812.16/4430
重刊黃文獻公文集十卷/(元)黃溍撰.--清乾隆八年(1743)曰損齋刻本,10冊

150300454　　811.38/2673a6
古文觀止十二卷/(清)吳乘權輯.--清康熙三十四年(1695)承文信刻本,6冊

150300455　　811.38/2673a7
古文觀止九卷/(清)吳乘權輯.--清光绪三十年(1904)成和堂刻本,9冊

150300456　　811.38/2673a9
古文觀止十二卷/(清)吳乘權輯.--清康熙三十四年(1695)狀元閣刻本,6冊

150300457　　812.16/8750
貞素齋集八卷　詩餘一卷　附錄一卷/(元)舒頔撰.--清道光十八年(1838)猶雅軒刻本,4冊

150300458　　812.17/0026
甫田集三十六卷　附錄一卷/(明)文徵明

撰.--明末刻本,7 册
存二十卷(一至十九)

150300459　　812.17/0041a2
方正學先生遜志齋集十三卷　首一卷/(明)方孝孺撰.--清同治三年(1869)刻本,7册

150300460　　811.38/2673a10
古文觀止十二卷/(清)吳乘權輯.--清光绪三十一年(1905)文勝坊刻本,6 册

150300461　　812.17/1032a1
王文成公全集三十八卷/(明)王守仁撰.--清刻本,24 册

150300462　　811.38/2772
普天忠憤集十四卷/(清)魯陽生編.--清光緒二十一年(1895)石印本,12 册

150300463　　812.17/1032a2
王陽明先生全集二十二卷/(明)王守仁撰.--清康熙刻本,24 册

150300464　　812.17/1032a3
王文成公全書三十八卷/(明)王守仁撰.--清末鉛印本,1 册
存第三十七卷

150300465　　812.17/1092
蒼谷全集十三卷/(明)王尚絅撰.--清乾隆二十三年(1758)刻本,6 册

150300466　　811.38/2812
國朝二十四家文鈔二十四卷/(清)徐斐然輯評.--清道光十年(1830)文光堂刻本,8册

150300467　　811.38/2840a1
目耕齋讀本六卷/(清)徐楷注.--清道光十年(1830)學庫山房刻本,6 册

150300468　　811.38/2840a2
目耕齋讀本六卷/(清)徐楷注.--清道光十八年(1838)崇文堂刻本,6 册

150300469　　812.17/2111
熊襄愍公集十卷　首一卷　末一卷　各家文及詩一卷/(明)熊廷弼撰.--清同治二年(1863)刻本,10 册

150300470　　812.17/2126
明大司馬盧公奏議十二卷　首一卷/(明)盧象昇撰.--清光緒元年(1875)刻本,5 册
存十卷(卷首一卷、一至二卷、六至十二卷)

150300471　　812.17/2166
何大復先生集三十八卷　附錄一卷/(明)何景明撰.--清刻本,4 册
存二十一卷,十九至三十八卷、附錄一卷

150300472　　812.17/2700
倪文僖公集三十二卷/(明)倪謙撰.--清光緒二十六年(1900)錢塘丁氏重雕刻本,6 册

150300473　　812.17/3330
新喻梁石門先生集十一卷　首一卷/(明)梁寅撰.--清乾隆十五年(1750)刻本,4 册

150300474　　812.17/3626
枝山文集四卷　野記二卷/(明)祝允明撰.--清同治十三年(1874)祝氏刻本,4 册

150300475　　811.38/2840b1
嶽麓書館課藝四卷/(清)徐棻編.--清光緒十八年(1892)半學齋刻本,4 册

150300476　　811.38/2847a1
古文淵鑒六十四卷/(清)徐乾學編注.--清刻本,28 册

缺六卷(一至二、四十八至四十九、六十三至六十四),配入二十至二十五、二十八至三十五

150300477　　811.38/2847a2
古文淵鑒六十四卷/(清)徐乾學編注.--清同治十二年(1873)浙江書局刻本,32 册

150300478　　812.17/4040
滄溟先生集三十卷　附録一卷/(明)李攀龍撰.--清道光二十七年(1847)刻本,8 册

150300479　　812.17/4044
李氏焚書六卷/(明)李贄撰.--清光緒三十四年(1908)國學保存會鉛印本,2 册

150300480　　811.38/3080
皇朝經世文統編一百零七卷/(清)寳善齋輯.--清光緒二十七年(1901)上海寳善齋石印本,50 册
存一百零四卷(一至三十四、三十七至九十八、一百至一百零七)

150300481　　811.38/3111
經藝璆琳不分卷/(清)汪承元輯.--清咸豐二年(1852)刻本,4 册

150300482　　811.38/3144
晦鳴録一卷/(清)顧壽楨撰.--清光緒刻本,1 册

150300483　　811.38/3145
應試三場鴻寶八卷/(清)汪蔚夫輯.--清光緒二十八年(1902)珍碧書屋刻本,6 册
存六卷(一至六)

150300484　　811.38/3430
松陵文録二十四卷/(清)凌淦輯.--清同治十三年(1874)刻本,12 册

150300485　　812.17/4048a1
蘿石山房文鈔四卷　首一卷/(明)左懋第撰.--清乾隆四十六年(1781)刻本,5 册

150300486　　812.17/4048b1
左忠貞公剩稿四卷/(明)左懋第撰.--清刻本,2 册
存二卷(三至四)

150300487　　812.17/4048b1
左忠貞公剩稿四卷/(明)左懋第撰.--清刻本,2 册
存二卷(三至四)

150300488　　812.17/4057a1
懷麓堂集一百卷　本傳一卷　年譜一卷/(明)李東陽撰.--清嘉慶八年(1803)刻本,20 册

150300489　　812.17/4057a2
懷麓堂集一百卷　本傳一卷　年譜一卷/(明)李東陽撰.--清嘉慶八年(1803)刻本,20 册

150300490　　812.17/4062
謚忠文古廉文集十一卷/(明)李時勉撰.--清光緒刻本,10 册

150300491　　812.17/4625a1
楊忠愍公全集四卷/(明)楊繼盛撰.--清光緒十九年(1893)刻本,2 册

150300492　　812.17/4625a2
楊椒山先生集四卷/(明)楊繼盛撰.--清同治五年(1866)張景賢刻本,4 册

150300493　　812.17/5013
史忠正公集四卷　首一卷　末一卷/(明)史可法撰.--清同治七年(1868)楚醴景萊書

室刻本,2 册

150300494　　812.17/5329
止止堂集五卷/(明)戚繼光撰.--清光緒十四年(1888)山東書局刻本,4 册

150300495　　812.17/7240
太師誠意伯劉文成公集二十卷　首一卷/(明)劉基撰.--清乾隆十一年(1746)刻本,10 册

150300496　　812.17/7510a1
陳忠裕公全集三十卷　首一卷　末一卷　年譜三卷/(明)陳子龍撰.--清嘉慶八年(1803)簳山草堂刻本,10 册

150300497　　812.17/7510a2
陳忠裕公全集三十卷　首一卷　末一卷　年譜三卷/(明)陳子龍撰.--清嘉慶八年(1803)簳山草堂刻本,10 册

150300498　　812.17/7520
白沙子全集六卷　首一卷/(明)陳獻章撰.--清康熙刻本,6 册

150300499　　812.17/7714b1
白耷山人集十二卷/(明)閻爾梅撰.--清刻本,8 册

150300500　　812.18/3013
安静子集十五卷/(清)安致遠撰.--清同治二年(1863)自鉏園刻本,6 册

150300501　　812.18/3166
世澤堂遺稿不分卷/(清)多羅果敏撰.--清光緒十五年(1889)刻本,3 册

150300502　　812.17/8040a1
敬亭集十卷　補遺一卷　附録一卷　自著年譜一卷　年譜續編一卷/(明)姜埰撰.--清光緒十五年(1889)山東書局刻本,4 册

150300503　　812.17/8040a2
敬亭集十卷　補遺一卷　附録一卷　自著年譜一卷　年譜續編一卷/(明)姜埰撰.--清光緒十五年(1889)山東書局刻本,4 册

150300504　　812.17/8211
崇雅堂集十五卷/(明)鍾羽正撰.--清光緒三十三年(1907)鍾氏家塾刻本,4 册

150300505　　812.18/0021
棲雲閣集三十四卷/(清)高珩撰.--清乾隆四十一年(1776)刻本,12 册

150300506　　812.18/0040
望溪先生文集三十二卷/(清)方苞撰.--清咸豐元年(1851)戴鈞衡刻本,16 册

150300507　　812.18/0121a2
定盦文集三卷　定盦續集四卷　定盦文集補編六卷/(清)龔自珍撰.--清同治七年(1868)刻本,5 册
存十一卷(定盦文集一至三、定盦續集一至四、定盦文集補編一至四)

150300508　　812.18/0121a3
定盦文集三卷　定盦續集四卷　定盦文集補編六卷/(清)龔自珍撰.--清光绪二十三年(1897)萬本書堂刻本,6 册

150300509　　812.18/0121a3
定盦文集三卷　定盦續集四卷　定盦文集補編六卷/(清)龔自珍撰.--清光绪二十三年(1897)萬本書堂刻本,5 册

存十一卷(定盦文集一至三、定盦續集一至四、定盦文集補編一至四)

150300510　　811.38/3654
湖南試牘不分卷/(清)溫忠翰編.--清同治九年(1870)長沙提學署刻本,4册

150300511　　812.18/3227
養一齋全集四十卷　首一卷/(清)潘德輿撰.--清道光二十九年(1849)譚祖同署刻本,10册

150300512　　812.18/4030a2
笠翁一家言全集十卷/(清)李漁撰.--清雍正八年(1730)世德堂刻本,7册
存七卷(一至二、四至八)

150300513　　812.25/4450e1
東坡先生詩集註三十二卷/(宋)蘇軾撰.--清刻本,12册

150300514　　812.25/4646a1
杨文節公詩集四十二卷　錦繡策二卷/(宋)楊萬里撰.--清乾隆六十年(1795)刻本,8册

150300515　　812.25/4847
宛陵先生集六十卷　拾遺一卷　年譜一卷　附録三卷/(宋)梅堯臣撰.--清道光十年(1830)夜吟樓刻本,12册

150300516　　812.25/4646b1
誠齋詩集十六卷/(宋)楊萬里撰.--清嘉慶七年(1802)刻本,6册

150300517　　818.18/4030a3
笠翁一家言全集十六卷/(清)李漁撰.--清雍正八年(1729)世德堂刻本,12册

150300518　　818.18/4030b1
曾文正公文集四卷/(清)曾國藩撰,(清)李瀚章編.--清同治十三年(1874)傳忠書局刻本,4册

150300519　　812.28/4290
復莊詩問三十四卷/(清)姚燮撰.--清刻本,7册
存二十五卷(十至三十四卷)

150300520　　818.12/4033
養一齋集二十四卷/(清)李兆洛撰.--清光緒四年(1878)刻本,10册

150300521　　812.18/4047
道古堂全集七十七卷/(清)杭世駿撰.--清光緒十四年(1888)刻本,24册

150300522　　812.28/5042
蒼峴山人集五卷　微雲集一卷/(清)秦松齡撰.--清康熙五十七年(1718)刻本,2册

150300523　　812.28/5044
敦艮齋詩存三卷/(清)秦茂林撰.--清光緒十三年(1887)刻本,1册

150300524　　812.25/7430a1
劍南詩鈔六卷/(宋)陸游撰.--清宣統二年(1910)掃葉山房刻本,6册

150300525　　812.25/7430a3
劍南詩鈔六卷/(宋)陸游撰.--清康熙二十四年(1685)刻本,6册

150300526　　812.26/1030
梧溪集七卷/(元)王逢撰.--清同治十三年(1874)思補樓刻本,8册

150300527　　818.18/4092
敬業堂集五十卷/(清)查慎行撰.--清刻

本,12 册

150300528　　812.18/4210
惜抱軒全集十六卷/(清)姚鼐撰.--清同治五年(1866)省心閣刻本,20 册

150300529　　812.18/4220
秋士先生遺集六卷/(清)彭績撰.--清刻本,1 册
存三卷(三至六)

150300530　　812.18/4234
小謨觴館全集二十卷/(清)彭兆蓀撰.--清同治十三年(1874)刻本,6 册

150300531　　812.26/1047a1
元遺山詩集箋注十四卷　附錄一卷　補載一卷/(金)元好問撰,(清)施國祁箋注.--清道光七年(1827)吳氏醉六堂刻本,4 册

150300532　　812.26/1047a2
遺山先生詩集二十卷/(金)元好問撰.--明汲古閣刻本,4 册

150300533　　812.26/1060
竹齋詩集四卷/(元)王冕撰.--清嘉慶三年(1798)徐氏刻本,2 册

150300534　　812.26/4623
鐵崖詩集三種二十六卷　首一卷　附錄一卷/(元)楊維禎撰.--清光緒十四年(1888)崇德堂刻本,6 册

150300535　　812.27/0030
青邱高季迪先生詩集十八卷/(明)高啟撰.--清刻本,9 册
存十六卷(二至十四、十六至十八)

150300536　　812.27/0440
四溟山人詩集十卷/(明)謝榛撰.--清宣統元年(1909)問影樓鉛印本,6 册

150300537　　812.27/1760
石臼集十六卷/(明)邢昉撰.--清光緒十八年(1892)刻本,6 册

150300538　　812.27/4040
滄溟詩集十四卷/(明)李攀龍撰.--清光緒二十一年(1895)湘雨樓刻本,4 册

150300539　　812.27/4047
空同詩鈔十六卷/(明)李夢陽撰.--清乾隆十五年(1750)刻本,8 册

150300540　　812.27/4048
梅花屋詩草一卷/(明)左懋第撰.--清乾隆十六年(1751)刻本,1 册

150300541　　812.27/7742
周工部什一草一卷/(明)周如綸撰.--清光緒十一年(1885)刻本,1 册

150300542　　812.27/8040
流覽堂六卷　補遺一卷/(明)姜垓撰.--清宣統二年(1900)石印本,3 册

150300543　　812.27/8040
流覽堂六卷　補遺一卷/(明)姜垓撰.--清宣統二年(1900)石印本,3 册

150300544　　812.28/0010
秋柳詩釋一卷/(清)高丙謀注.--清光緒十四年(1888)古費王氏刻本,1 册

150300545　　812.28/0012
鑄鐵齋詩遺稿八卷/(清)廖可受撰.--清光緒五年(1879)刻本,2 册

150300546　　812.28/0019
味靈華館詩六卷/(清)商廷煥撰.--清宣統

二年(1910)刻本,1 册

150300547　　812.28/0028b1
伯羣詩艸一卷/(清)高倫撰.--抄本,1 册

150300548　　812.18/4290a1
大梅山館集五十一卷/(清)姚燮撰.--清道光二十六年(1846)大梅山館刻本,20 册

150300549　　812.18/4290a2
大梅山館集四十三卷/(清)姚燮撰.--清咸豐四年(1854)大梅山館刻本,11 册

150300550　　812.28/0030a1
御製圓明園詩二卷/(清)高宗弘曆撰.--清刻本,1 册
存下卷

150300551　　812.28/0030b1
御製詩初集四十四卷/(清)高宗弘曆撰.--清乾隆十四年(1749)刻本,12 册

150300552　　812.28/0041
得一山房詩集二卷　請纓日記十卷/(清)唐懋功撰.--清光緒十九年(1893)布政使署刻本,5 册

150300553　　812.18/4320a1
西堂全集六十一卷/(清)尤侗撰.--清順治刻本,16 册

150300554　　812.28/0122
九曾先生詩二集四卷　補存初集詩一卷/(清)龔紹仁撰.--清同治十二年(1873)楊氏韞美樓刻本,2 册

150300555　　812.28/0198
樂圃集七卷　補遺一卷/(清)顏光敏撰.--清刻本,4 册

150300556　　812.28/0490
綠雲堂稿四卷/(清)謝焜撰.--清嘉慶二十五年(1820)刻本,1 册

150300557　　812.28/0723
滄江詩集十卷/(清)郭綏之撰.--清刻本,4 册

150300558　　812.28/0762
果園詩鈔十卷/(清)郭恩孚撰.--清光緒三十三年(1907)京都松華齋刻本,2 册

150300559　　812.28/0830
桐華竹實之軒試帖詩鈔二卷/(清)謙福撰.--清刻本,1 册
存下卷

150300560　　812.28/1004a1
柳南詩鈔十卷/(清)王應奎撰.--清刻本,3 册

150300561　　812.28/6010
香葉草堂詩存一卷/(清)羅聘撰.--道光十四年(1834)刻本,1 册

150300562　　812.28/6019
眠琴閣詩抄十二卷/(清)呂廷輝撰.--清同治二年(1863)黔中刻本,4 册

150300563　　812.28/6020
禪定集詩草四卷/(清)釋昌和撰.--清光緒十四年(1888)習靜軒刻本,1 册

150300564　　812.28/1023
飣餖吟十二卷/(清)石贊清集.--清咸豐八年(1858)刻本,4 册

150300565　　812.28/1028
檗隖詩存一卷/(清)王以敏撰.--清刻本,1 册

150300566　　812.28/1034b1
水明樓集一卷　朝隱巵衍二卷/(清)西溪老漚撰.--清宣統元年(1909)中國圖書公司鉛印本,1册

150300567　　812.28/1039
直菴詩稿二卷/(清)王寧□撰.--清刻本,1册

150300568　　812.28/1040a1
樓山詩集一卷/(清)王恕撰.--清光緒十七年(1890)刻本,1册

150300569　　812.28/1041
淵雅堂編年詩藁十六卷/(清)王芑孫撰.--清嘉慶八年(1803)刻本,4册

150300570　　812.28/1043a1
漁洋山人精華錄會心偶筆六卷/(清)王士禛撰.--清乾隆二十四年(1759)刻本,4册

150300571　　812.28/1043a2
漁洋山人精華錄會心偶筆六卷/(清)王士禛撰.--清光緒四年(1878)刻本,2册
存兩卷(一、二)

150300572　　812.28/1043a3
漁洋山人精華錄會心偶筆六卷/(清)王士禛撰.--清乾隆二十四年(1759)刻本,4册

150300573　　812.28/1043b1
漁洋山人精華錄訓纂十卷　附錄一卷/(清)王士禛撰.--清刻本,6册
存六卷(五至十)

150300574　　812.28/1043b2
漁洋山人精華錄訓纂十卷　目錄一卷　年譜一卷/(清)王士禛撰.--清紅豆齋刻本,12册

150300575　　812.18/4320a2
西堂全集五十卷/(清)尤侗撰.--清刻本,23册

150300576　　812.18/4320a2
西堂全集五十卷/(清)尤侗撰.--清刻本,16册

150300577　　812.28/1043b3
漁洋山人精華錄訓纂十卷　總目二卷　金氏精華錄箋注辯訛一卷　漁洋山人自撰年譜二卷　漁洋山人精華錄訓纂補一卷　漁洋山人本傳一卷/(清)王士禛撰.--清光緒十七年(1891)徐氏述史樓刻本,16册

150300578　　812.18/4320a3
西堂全集五十九卷/(清)尤侗撰.--清刻本,24册

150300579　　812.28/1043c1
漁洋山人精華箋注十二卷　補一卷　神道碑一卷　漁洋山人年譜一卷/(清)王士禛撰.--清康熙五十一年(1712)刻本,10册

150300580　　812.28/1043c2
漁洋山人精華錄箋注十二卷　附錄一卷　墓誌一卷　神道碑一卷　漁洋山人年譜一卷/(清)王士禛撰.--清康熙五十一年(1712)刻本,10册
存十一卷(漁洋山人精華錄箋注一至十、附錄一)

150300581　　818.18/4401
樂道堂文鈔五卷　樂道堂古體詩鈔二卷　正誼書屋試帖詩存二卷　岵屺懷音一卷　賡獻集一卷　廣四時讀書樂詩試帖一卷　豳風詠一卷/(清)恭親王奕訢撰.--

清同治六年(1867)刻本,13 册

150300582　　818.18/4427
醉山草堂詩集二卷　文集二卷/(清)黄仲騏撰.--清光緒六年(1880)爲寧學署刻本,4 册

150300583　　812.28/1043c3
漁洋山人精華錄箋注十二卷　漁洋山人精華錄箋注補七卷/(清)王士禛撰.--清光緒九年(1883)刻本,6 册

150300584　　812.28/1044
蓼村集四卷/(清)王蘋撰.--清乾隆三十八年(1773)刻本,1 册

150300585　　812.28/1083a1
六齋詩存二卷/(清)丁善寶撰.--清光緒九年(1883)刻本,2 册

150300586　　812.28/1083a1
六齋詩存二卷/(清)丁善寶撰.--清光緒九年(1883)刻本,2 册

150300587　　812.28/1083a2
六齋詩存二卷/(清)丁善寶撰.--清光緒九年(1883)刻本,1 册
存一卷(二)

150300588　　812.28/1133
關中集一卷/(清)張祥河撰.--清刻本,1 册

150300589　　812.28/1140
存誠堂詩集二十五卷/(清)張英撰.--清康熙四十三年(1704)刻本,2 册
存十卷(一至十)

150300590　　812.28/1167
得天居士集六卷/(清)張照撰.--清道光二十八年(1848)刻本,2 册

150300591　　812.28/1177a1
船山詩草二十卷/(清)張問陶撰.--清嘉慶十三年(1808)刻本,4 册

150300592　　812.28/1177a2
船山詩草二十卷/(清)張問陶撰.--清道光二年(1822)刻本,6 册

150300593　　812.28/6073
硯思集六卷/(清)田同之撰.--清乾隆十三年(1748)刻本,1 册
存三卷(一至三)

150300594　　812.28/1177a3
船山詩草二十卷/(清)張問陶撰.--清宣統二年(1910)刻本,6 册

150300595　　812.28/1177a4
船山詩草二十卷/(清)張問陶撰.--清嘉慶二十年(1815)刻本,4 册
存十三卷(一至六、十四至二十)

150300596　　812.28/6085
峋嶁删餘詩草一卷/(清)曠敏本撰.--清乾隆二十六年(1761)定性山房刻本,1 册

150300597　　818.18/4442
味雪堂遺集二卷/(清)林賀峒撰.--清宣統三年(1911)刻本,1 册

150300598　　818.18/4448
忠雅堂詩詞全集二十七卷　補遺二卷　銅弦詞二卷/(清)蔣士銓撰.--清乾隆二十七年(1762)敬書堂刻本,6 册

150300599　　812.28/1174
寄獄雲齋試體詩選詳注四卷/(清)聶銑敏撰,(清)張學蘇箋.--清道光二十二年(1842)刻本,4 册

150300600　812.28/1200
鶴侶齋詩一卷/(清)孫勷撰.--清道光二十三年(1843)刻本,1册

150300601　812.28/1202
勿二三齋詩集一卷/(清)孔廣牧撰.--清咸豐十一年(1861)刻本,1册

150300602　812.28/1208
鐵山園詩集八卷/(清)孔慶鎔撰.--清光緒二十五年(1899)刻本,2册

150300603　812.28/1228
補閑集二卷/(清)孔傳鋕撰.--清刻本,1册

150300604　812.28/1244
游大澤詩稿一卷/(清)孫梅坡撰.--清抄本,1册

150300605　812.28/2104
四憶堂詩集六卷/(清)侯方域撰.--清刻本,2册

150300606　812.28/2112
詞苑珠塵一卷/(清)何震彝撰.--清光緒三十三年(1907)鉛印本,1册

150300607　812.28/2112.01
退學詩齋詩集五卷/(清)何耿繩撰.--清同治十二年(1873)刻本,1册

150300608　812.18/4480
惜餘軒全集六卷/(清)董錦章撰.--清光緒三十年(1904)刻本,4册

150300609　812.28/2294
雲簷山房詩稿今吾集四卷　首一卷　末一卷/(清)黎光地撰.--清同治十二年(1873)刻本,2册

150300610　812.28/2343
鴻雪山房詩集六卷/(清)傅培源撰.--清光緒二十五年(1899)刻本,2册

150300611　812.28/2343
鴻雪山房詩集六卷/(清)傅培源撰.--清光緒二十五年(1899)刻本,2册

150300612　812.18/4672
耐菴文存六卷　首一卷　耐菴詩存三卷/(清)賀長齡撰.--清咸豐十一年(1861)刻本,4册

150300613　812.28/2362
光裕堂詩集二卷/(清)傅日嶙撰.--清光緒二十五年(1899)光裕堂刻本,1册

150300614　812.28/2362
光裕堂詩集二卷/(清)傅日嶙撰.--清光緒二十五年(1899)光裕堂刻本,1册

150300615　812.18/4713
石笥山房集六卷　補遺一卷　詩集十二卷　補遺二卷　續補遺二卷/(清)胡天游撰.--清咸豐二年(1852)刻本,10册

150300616　812.18/4730
中山郝中丞全集十四卷　首一卷/(清)郝浴撰.--清刻本,8册

150300617　812.28/2531
尺雲軒詩集四卷　尺雲軒秋窗疊韻詩一卷/(清)朱實發撰.--清刻本,1册
缺二卷(一至二)

150300618　812.28/2563
紅蕉館詩鈔續一卷/(清)朱畹撰.--清道光十七年(1837)刻本,1册

150300619　　812.28/2578
騰笑集八卷/(清)朱彝尊撰.--清康熙二十五年(1686)刻本,1册

150300620　　812.28/2588
笥河先生詩集二十卷/(清)朱筠撰.--清嘉慶九年(1804)刻本,8册

150300621　　812.28/2601
柳洲遺稿三卷/(清)魏之琇撰.--清同治十一年(1872)錢塘丁氏刻本,1册

150300622　　812.28/2603
南野堂詩集七卷　首一卷　南野堂筆記十二卷/(清)吴文溥撰.--清嘉慶元年(1796)刻本,8册

150300623　　812.28/2621
定羌吟二卷/(清)吴名琅撰.--清乾隆四十四年(1779)養雲書屋刻本,1册
存第一卷

150300624　　812.28/2623a2
梅村詩集箋注十八卷/(清)吴偉業撰,(清)吴翌鳳箋注.--清嘉慶十九年(1814)滄浪吟榭刻本,12册
存十五卷(一至十五)

150300625　　812.18/4741
胡文忠公遺集十卷　首一卷/(清)胡林翼撰.--清同治三年(1864)武昌刻本,8册

150300626　　812.28/2623a3
梅村詩集箋注十八卷/(清)吴偉業撰,(清)吴翌鳳箋注.--清嘉慶十九年(1814)滄浪吟榭刻本,12册

150300627　　812.18/4742
曬書堂文集十二卷　曬書堂外集二卷　曬書堂別集一卷　曬書堂筆記二卷　曬書堂時文一卷　曬書堂試帖詩餘附和鳴集祭財神詩一卷　曬書堂詩鈔二卷　曬書堂筆錄六卷/(清)郝懿行撰.--清光緒十年(1884)東路廳署刻本,16册

150300628　　812.28/2623a4
梅村詩集箋注十八卷/(清)吴偉業撰,(清)吴翌鳳箋注.--清嘉慶十九年(1814)滄浪吟榭刻本,10册

150300629　　812.28/2623a5
梅村詩集箋注十八卷/(清)吴偉業撰,(清)吴翌鳳箋注.--清光緒十年(1884)湖北官書處刻本,12册
存十五卷(一至十五)

150300630　　812.28/2623b1
吴詩集覽二十卷/(清)吴偉業撰.--清乾隆四十年(1775)凌雲亭刻本,8册

150300631　　812.28/2623b2
吴詩集覽二十卷/(清)吴偉業撰.--清乾隆四十年(1775)凌雲亭刻本,14册

150300632　　812.28/2623c1
香蘇山館詩鈔三十六卷/(清)吴嵩梁撰.--清刻本,10册

150300633　　812.28/2642a1
陋軒詩集十二卷　陋軒詩續二卷/(清)吴嘉紀撰.--清道光二十年(1840)泰州夏氏刻本,5册

150300634　　812.28/2644
浙使紀程詩錄一卷/(清)吴樹梅撰.--清光緒二十五年(1899 長沙督學使署刻本,1册

150300635　　812.28/2655
漁洋山人精華錄訓纂十卷　目錄二卷　附錄一卷/(清)惠棟撰.--清刻本,12 册

150300636　　812.28/2684
柈湖詩錄六卷　首一卷/(清)吳敏樹撰.--清同治八年(1869)刻本,4 册

150300637　　812.28/2744
蛩音集四卷/(清)侯相芝撰.--清光緒十九年(1893)刻本,1 册
存二卷(三至四)

150300638　　812.28/2746
覺生詩鈔十卷　詠物詩鈔四卷　詠史詩鈔三卷　感舊詩鈔二卷　覺生詩續鈔四卷　年譜一卷/(清)鮑桂星撰.--清同治四年(1865)退一步齋刻本,10 册

150300639　　812.28/2760a1
我法集二卷/(清)紀昀撰.--清嘉慶二年(1797)刻本,2 册

150300640　　812.28/2760a2
我法集二卷/(清)紀昀撰.--清乾隆六十年(1795)河間紀氏閱微草堂刻本,2 册

150300641　　812.28/2784
小巢壺詩二卷/(清)鮑善基撰.--清嘉慶二十一年(1816)刻本,1 册

150300642　　812.28/2810
花磚重影集二卷/(清)徐琪撰.--清光緒二十九年(1903)刻本,1 册

150300643　　812.28/2871
經稼堂詩六卷/(清)徐長發撰.--清刻本,1 册

150300644　　812.28/3040
佩蘅詩鈔十二卷/(清)寶鋆撰.--清咸豐九年(1859)刻本,4 册

150300645　　812.28/3060
念雨堂詩鈔一卷/(清)宮昱撰.--清光緒二十八年(1902)刻本,1 册

150300646　　812.28/3070
海外竹枝詞一卷/(清)寄所讬齋編.--清光緒二十一年(1895)石印本,1 册

150300647　　812.28/3100
子良詩存十卷　子良試帖一卷/(清)馮詢撰.--清刻本,5 册

150300648　　812.28/3110
鈍吟集三卷/(清)馮班撰.--清光緒三十四年(1908)北京問影樓鉛印本,1 册

150300649　　812.28/3116
燼餘詩草二卷/(清)汪承煦撰.--清道光二十九年(1849)寶觀山房刻本,1 册

150300650　　812.28/3117
松聲池館詩存四卷/(清)汪璐撰.--清光緒十五年(1889)振綺堂重刻本,1 册

150300651　　812.28/3140
幻影軒遺草一卷　幻影軒詞鈔一卷/(清)汪栻撰.--清同治八年(1869)刻本,1 册

150300652　　812.28/3145
篁韻盦詩稿三卷/(清)顧森書撰.--清光緒三十二年(1906)刻本,1 册

150300653　　812.28/3322
古春軒詩鈔二卷/(清)梁德繩撰.--清咸豐二年(1852)鳳城重刻本,1 册

150300654　　812.28/7144
馬子琴詩一卷/(清)馬桐芳撰.--清道光四年(1824)刻本,1冊

150300655　　812.28/3404
更生齋詩八卷　更生齋詩續集十卷　更生齋詩餘二卷/(清)洪亮吉撰.--清光绪四年(1878)刻本,10冊

150300656　　812.28/7201
石村詩集二卷/(清)岳賡廷撰.--清道光二十四年(1844)刻本,1冊

150300657　　812.28/3446
鶴農遺稿一卷/(清)沈芝田撰.--清光緒十七年(1891)刻本,1冊

150300658　　812.28/7211
小蒼翠軒詩集八卷/(清)劉元璜撰.--清同治五年(1866)寶善堂刻本,3冊
缺二卷(五至六)

150300659　　812.28/3751
蓬莊唐詩小識十卷/(清)沈虹箋註.--清刻本,4冊

150300660　　812.28/4020
澗南吟草四卷首一卷/(清)李獎撰.--清同治九年(1870)刻本,4冊

150300661　　812.28/4030
春閨雜詠一卷/(清)袁昶撰.--清光緒十八年(1892)刻本,1冊

150300662　　812.28/4031a1
石桐先生詩鈔一卷/(清)李懷民撰.--清光緒十二年(1886)西安郡齋刻本,1冊

150300663　　812.28/4031a1
石桐先生詩鈔一卷/(清)李懷民撰.--清光緒十二年(1886)西安郡齋刻本,1冊

150300664　　812.28/4031b1
著花庵集八卷/(清)李黼平撰.--清刻本,1冊
存四卷(五至八)

150300665　　812.28/4031c1
吴門集八卷/(清)李黼平撰.--清刻本,1冊
存四卷(五至八)

150300666　　812.28/7244
行腳集一卷　懷州集一卷/(清)劉大觀撰.--清道光元年(1821)刻本,1冊

150300667　　812.28/4041
雁影齋詩存一卷/(清)李希聖撰.--清光緒三十一年(1905)刻本,1冊

150300668　　812.28/4061
查浦詩鈔十二卷/(清)查嗣瑮撰.--清刻本,4冊

150300669　　812.28/7482
篁村集十二卷/(清)陸錫熊撰.--清道光二十九年(1849)成沅刻本,4冊

150300670　　812.28/4062
攬青閣詩鈔二卷/(清)李貽德撰.--清同治五年(1866)刻本,1冊

150300671　　812.28/7503
碧城仙館詩鈔十卷/(清)陳文述撰.--清嘉慶十一年(1806)刻本,6冊

150300672　　812.28/7530
孤圓山莊詩賸四卷/(清)陳瀏撰.--清宣統二年(1910)刻本,1冊

150300673　　812.28/7534a1
松鶴亭詩鈔二卷/(清)陳祖基撰.--清宣統

三年(1911)刻本,2 册

150300674　　812.28/7534b1
種榆仙館詩鈔二卷/(清)陳鴻壽撰.--清道光十三年(1833)刻本,2 册

150300675　　812.28/4222a1
觀河集四卷/(清)彭紹升撰.--清道光三年(1823)刻本,1 册

150300676　　812.28/4222b1
測海集六卷/(清)彭紹升撰.--清嘉慶二十四年(1819)刻本,1 册

150300677　　812.28/4284
怡柯草堂詩鈔六卷/(清)姚錫華撰.--清同治八年(1869)刻本,2 册

150300678　　812.38/3723a2
歸愚文鈔二十卷/(清)沈德潛撰.--清乾隆二十四年(1759)刻本,8 册

150300679　　812.38/4018a1
退一步軒課草一卷/(清)李元善撰.--清光緒六年(1880)沅陵官舍刻本,1 册

150300680　　812.38/4018a2
續刻退一步軒課草一卷/(清)李元善撰.--清光緒十八年(1892)長沙官舍刻本,1 册

150300681　　812.38/4040a1
袁文箋正十六卷/(清)袁枚撰.--清癸卯刻本,4 册

150300682　　812.38/4040a2
袁文箋正十六卷/(清)袁枚撰.--清癸卯刻本,6 册

150300683　　812.38/4040a3
袁文箋正十六卷/(清)袁枚撰.--清己巳掃葉山房刻本,8 册

150300684　　812.38/4040a4
袁文箋正十六卷　增訂袁文箋正四卷/(清)袁枚撰.--清光緒十四年(1888)上海蜚英館石印本,5 册

150300685　　812.38/4040a5
補校袁文箋正八卷　首一卷/(清)袁枚撰.--清嶺南叢雅居刻本,8 册

150300686　　812.38/4040b1
註釋小倉山房文集三十五卷/(清)袁枚撰.--清掃葉山房石印本,8 册
存十七卷(十九至三十五)

150300687　　812.38/4040b2
小倉山房文集三十五卷/(清)袁枚撰.--清刻本,10 册

150300688　　812.38/4040c1
燼餘集古文一卷/(清)李培撰.--清光緒二年(1876)有斐堂刻本,1 册

150300689　　812.38/4040d1
采真彙藁四卷/(清)檀萃撰.--清乾隆四十二年(1777)致和堂刻本,4 册

150300690　　812.38/4290
復莊駢儷文榷八卷/(清)姚燮撰.--清咸豐四年(1854)大梅山館刻本,4 册

150300691　　812.38/4310
戴東原集十二卷　首一卷/(清)戴震撰.--清光緒十年(1884)秋樹根齋刻本,10 册
經韵樓集存十卷(一至十)

150300692　　812.38/4423
岳忠武王文集八卷　首一卷　末一卷/(宋)岳飛撰,(清)黃邦寧纂.--清刻本,4 册

150300693　　812.38/4435a1

庸庵文集庸庵文編四卷　續編二卷　外編四卷　海外文編四卷　籌洋芻義一卷　出使英法義比四國日記/(清)薛福成編.--清光緒二十七年(1901)上海書局印本,12 册

150300694　　812.38/4435a2

庸盦海外文編四卷　籌洋芻議一卷/(清)薛福成撰.--清光緒二十三年(1897)湖南新學書局刻本,4 册

第一至二卷系殘卷

150300695　　812.38/4600

碧山堂全稿二卷/(清)柏謙撰.--清乾隆四十八年(1783)綠蔭堂刻本,2 册

150300696　　812.38/4635

賀松坡先生文鈔一卷/(清)賀濤撰.--清鈔本,1 册

150300697　　812.38/4730

綠蘿山莊文集二十四卷/(清)胡浚撰注.--清乾隆二十一年(1756)尺木堂刻本,24 册

150300698　　812.38/4741a1

胡文忠公遺集八十六卷　首一卷/(清)胡林翼撰.--清同治六年(1867)黃鶴樓刻本,32 册

150300699　　812.38/4741a2

胡文忠公遺集十卷　首一卷/(清)胡林翼撰.--清同治五年(1866)刻本,8 册

150300700　　812.38/4741a3

胡文忠公遺集八十六卷　首一卷/(清)胡林翼撰.--清同治六年(1867)刻本,32 册

150300701　　812.38/4741a4

胡文忠公遺集八十六卷　首一卷/(清)胡林翼撰.--清同治六年(1867)刻本,32 册

150300702　　812.38/4741a5

胡文忠公遺集八十六卷　首一卷/(清)胡林翼撰.--光緒二十七年(1901)上海圖書集成印書局鉛印本,8 册

150300703　　812.38/4741a5

胡文忠公遺集八十六卷　首一卷/(清)胡林翼撰.--光緒二十七年(1901)上海圖書集成印書局鉛印本,8 册

150300704　　812.38/4741a7

胡文忠公遺集十卷　首一卷/(清)胡林翼撰.--清同治七年(1868)醉六堂刻本,8 册

150300705　　812.38/4741a7

胡文忠公遺集十卷　首一卷/(清)胡林翼撰.--清同治七年(1868)醉六堂刻本,8 册

150300706　　812.38/4964

青草堂文約鈔二卷/(清)趙國華撰.--清光緒二十二年(1896)刻本,1 册

150300707　　812.38/5030

小峴山人文集六卷/(清)秦瀛撰.--清嘉慶五年(1800)世恩堂刻本,4 册

150300708　　812.38/6000

九水山房文存二卷/(清)畢亨撰.--清咸豐二年(1852)海源閣刻本,2 册

150300709　　812.38/6064

鳶魚堂文集十四卷/(清)羅鳴鶴撰.--清同治十年(1871)刻本,5 册

150300710　　812.38/6073

呂晚村先生文集八卷/(清)呂留良撰.--清

刻本，4 册

150300711　　812.38/6638
奉萱草堂文續集一卷/(清)單為鏓撰.--清同治十一年(1872)刻本，1 册

150300712　　812.38/7233
蓬山塾課九卷/(清)劉清源撰.--清道光二十二年(1842)桐蔭書屋刻本，9 册

150300713　　812.38/7272
劉武慎公全集二十六卷/(清)劉長佑撰.--清刻本，19 册
存二十二卷(奏議四至六、八至二十一)

150300714　　812.38/7283
劉光禄遺稿二卷/(清)劉錫鴻撰.--清刻本，2 册

150300715　　812.38/7433a1
儀顧堂集十六卷　儀顧堂題跋十六卷/(清)陸心源撰.--清同治十三年(1874)刻本，8 册

150300716　　812.38/7433a2
儀顧堂题跋十六卷　儀顧堂續跋十六卷/(清)陸心源撰.--清光緒十八年(1892)刻本，8 册
存二十五卷(儀顧堂题跋八至十六，續跋一至十六)

150300717　　812.38/7433
儀顧堂集二十卷/(清)陸心源撰.--清光緒二十四年(1898)刻本，6 册

150300718　　812.38/7474a2
三魚堂文集十二卷　外集六卷/(清)陸隴其撰.--清刻本，8 册

150300719　　812.38/7481
善卷堂四六十卷/(清)陸繁弨撰.--清光緒元年(1875)刻本，5 册

150300720　　812.38/7522
陳檢討集二十卷/(清)陳維崧撰.--清康熙三十三年(1694)刻本，4 册

150300721　　812.38/7532a1
寶綸堂集十卷　拾遺一卷/(清)陳洪綬撰.--清光緒十四年(1888)刻本，8 册

150300722　　812.38/7532b1
陳勾山文稿四卷/(清)陳兆崙撰.--清光緒刻本，2 册

150300723　　812.38/7535
東塾集六卷/(清)陳澧撰.--清光緒十八年(1892)刻本，4 册

150300724　　812.38/7572
道榮堂文集六卷　首一卷/(清)陳鵬年撰.--清乾隆二十七年(1762)刻本，6 册

150300725　　812.38/7720
二南文集二卷/(清)周樂撰.--清道光二十二年(1842)刻本，2 册

150300726　　812.38/7730
張太史塾課四卷/(清)周汝調編.--清乾隆四十七年(1782)刻本，4 册

150300727　　812.38/7737
春酒堂文集一卷/(清)周容撰.--清宣統二年(1910)上海國學扶輪社印本，1 册

150300728　　812.38/7744
翁山詩外二十卷/(清)屈大均撰.--清宣統二年(1910)鉛印本，12 册

150300729　　812.38/8002a1
復初齋文集三十五卷/(清)翁方綱撰.--清光緒三年(1877)刻本,12册

150300730　　812.38/8002a2
復初齋文集三十五卷/(清)翁方綱撰.--清光緒三年(1877)刻本,10册

150300731　　812.38/8030a1
鮚埼亭集外編五十卷/(清)全祖望撰.--清刻本,10册
存四十卷(六至九、十五至五十)

150300732　　812.38/8030b1
全謝山文鈔十六卷/(清)全祖望撰.--清宣統二年(1910)鉛印本,8册

150300733　　812.38/8054
豈有此理四卷/(清)空空主人撰.--清嘉慶四年(1799)刻本,4册

150300734　　812.38/8062
尹人文存一卷/(清)姜國伊撰.--清刻本,1册

150300735　　812.38/8240
道生堂小題制藝初集四卷　二集四卷/(清)鐘聲撰.--清道光三十年(1850)刻本,4册

150300736　　812.38/8324
衎石齋記事稿十六卷/(清)錢儀吉撰.--清道光十四年(1834)刻本,12册

150300737　　812.38/8848a1
韞山堂時文六卷/(清)管世銘撰.--清光緒十五年(1889)刻本,4册

150300738　　812.38/8848a2
韞山堂時文四卷/(清)管世銘撰.--清光緒六年(1880)刻本,4册

150300739　　812.38/8848a2
韞山堂時文四卷/(清)管世銘撰.--清光緒六年(1880)刻本,4册

150300740　　812.38/8848b1
管緘若時文全集三集/(清)管世銘撰.--清道光三年(1823)刻本,4册

150300741　　812.38/8877
因寄軒文初集十卷　二集六卷　補遺一卷/(清)管同撰.--清光緒五年(1879)重刻本,4册

150300742　　812.38/9740a1
大雲山房文稿初集八卷/(清)惲敬撰.--清嘉慶二十年(1815)刻本,6册

150300743　　812.38/9740a2
大雲山房文稿初集四卷　二集四卷　言事二卷/(清)惲敬撰.--清嘉慶二十年(1815)刻本,10册

150300744　　812.38/9740a3
大雲山房文稿初集四卷二集四卷/(清)惲敬撰.--清嘉慶二十年(1815)刻本,8册

150300745　　812.44/2640
玉茗堂南柯記二卷/(明)湯顯祖撰,(清)吳梅校訂.--清暖紅室刻本,2册

150300746　　812.45/7730
草窗詞二卷/(宋)周密撰.--清咸豐十一年(1861)刻本,1册

150300747　　812.46/1035
貫華堂第六才子書八卷/(元)王實甫撰.--清刻本,6册

150300748　　812.47/3644
邯鄲夢傳奇四卷/(明)湯顯祖撰.--清刻本,2 册

150300749　　812.47/3663
湯義仍先生還魂記二卷/(明)湯顯祖撰.--清刻本,3 册

150300750　　812.47/7148
燕子箋四卷/(明)阮大鋮撰.--清刻本,4 册

150300751　　812.48/1045
新著紅書劍全本一卷/(清)王賀成校刊.--清刻本,1 册

150300752　　812.48/1138
梅花夢二卷/(清)張道撰.--清光緒二十年(1894)刻本,2 册

150300753　　812.48/1223
斲冰詞二卷/(清)孔繼涵撰.--清刻本,1 册

150300754　　812.48/1292a1
桃花扇四卷/(清)孔尚任撰.--清刻本,3 册
存三卷(二至四)

150300755　　812.48/1292a2
桃花扇四卷/(清)孔尚任撰.--清光緒二十一年(1895)刻本,5 册

150300756　　812.48/2115
紅樓夢傳奇五卷/(清)紅豆邨樵撰.--清同治十二年(1873)刻本,2 册

150300757　　812.48/2528
曝書亭集詞注七卷/(清)朱彝尊撰,(清)李富孫注.--清嘉慶十九年(1814)刻本,4 册

150300758　　812.48/2616
惆悵詞一卷/(清)吳弢園撰.--清宣統二年(1910)抄本,1 册

150300759　　812.48/2664
聽秋聲館詞一卷/(清)吳恩埰撰.--清光緒三十四年(1908)刻本,1 册

150300760　　812.48/2671
蕢華屋蜕稿六卷/(清)吳卿弼撰.--清光緒十六年(1890)刻本,1 册

150300761　　812.48/3010a1
祭皋陶一卷/(清)宋琬撰.--清康熙十一年(1672)刻本,1 册

150300762　　812.48/3010a1
祭皋陶一卷/(清)宋琬撰.--清康熙十一年(1672)刻本,1 册

150300763　　812.48/3010b1
二鄉亭詞一卷/(清)宋琬撰.--清康熙八年(1669)刻本,1 册

150300764　　812.48/3023
耆英會記二卷/(清)晝川逸叟撰.--清道光十年(1830)刻本,2 册

150300765　　812.48/3432
潭影軒詞稿二卷/(清)沈宗約撰.--清道光十九年(1839)刻本,1 册

150300766　　812.48/4030a1
笠翁十二種曲/(清)李漁編.--清道光七年(1827)刻本,6 册

150300767　　812.48/4033
雙辛夷樓詞一卷/(清)李宗禕撰.--清光緒二十三年(1897)鉛印本,1 册

150300768　　812.48/4062
夢春盧詞一卷/(清)李貽德撰　**早花集一**

卷/(清)吳筠撰. --清同治六年(1867)刻本,1册

150300769　　812.48/4448b1
藏園九種曲十三卷/(清)蔣士銓填詞. --清乾隆四十六年(1781)刻本,12册

150300770　　812.48/4493
倚晴樓七種曲十二卷/(清)黄燮清填詞. --清刻本,6册
存六種十一卷(茂陵絃一、二,鴛鴦鏡一,脊令原一、二,桃谿雪一、二,居官鑒一、二,帝女花一、二)

150300771　　812.48/4888
繡像十美圖四十卷/(清)松筠撰. --清同治七年(1868)刻本,6册

150300772　　812.48/4934
鶴茗詞鈔一卷/(清)吳敏樹撰. --清同治十一年(1872)刻本,1册

150300773　　812.48/6073
晚香詞一卷/(清)田同之撰. --清刻本,1册

150300774　　812.48/7776
繡像鳳凰圖六卷/(清)佚名. --清刻本,6册

150300775　　812.48/8591
補天石傳奇八種八卷/(清)周樂清撰. --清末刻本,2册
存四卷(三至六)

150300776　　812.58/0810a1
養雲山館試帖四卷/(清)許球撰. --清光緒二年(1876)刻本,4册

150300777　　812.58/0810a2
養雲山館試帖四卷/(清)許球撰. --清刻,4册

150300778　　812.58/1124
時晴齋館賦二卷/(清)張集馨撰. --清同治三年(1864)刻本,1册

150300779　　812.58/2510
佩弦齋試帖存一卷/(清)朱一新撰. --清刻本,1册

150300780　　812.58/2636
如不及齋制藝四卷/(清)吳鴻恩撰. --清光緒十三年(1887)刻本,4册

150300781　　812.58/4420
卜魁城賦一卷/(清)英和撰. --清光緒九年(1883)刻本,1册

150300782　　812.58/4460
香巖賦鈔四卷　香巖試帖一卷/(清)藍昺撰. --清光緒二十一年(1895)刻本,2册

150300783　　812.58/5343
註釋水竹居賦不分卷/(清)盛觀潮撰. --清光緒六年(1880)刻本,2册

150300784　　812.8/4030
昌黎先生集四十卷/(唐)韓愈撰. --清宣統二年(1911)石印本,12册

150300785　　812.8/4628
杜詩鏡銓二十卷/(唐)杜甫撰,(清)楊倫輯. --清同治十一年(1872)刻本,12册

150300786　　812.8/4628
杜詩鏡銓二十卷/(唐)杜甫撰,(清)楊倫輯. --清同治十一年(1872)刻本,10册

150300787　　813.1/2666
史記論文一百三十卷/(漢)司馬遷撰,(清)吳見思評點. --清康熙二十六年(1687)刻本,20册

150300788　　813.2/7240a5
文心雕龍十卷/(南朝梁)劉勰撰.--清道光十三年(1833)刻本,4 册

150300789　　813.2/7240a6
文心雕龍十卷/(南朝梁)劉勰撰.--清道光十三年(1833)刻本,4 册

150300790　　813.38/3632
度曲須知二卷/(清)沈寵綏撰.--清刻本,4 册

150300791　　813.38/3632
度曲須知二卷/(清)沈寵綏撰.--清刻本,4 册

150300792　　813.38/4024
詞學全書十四卷/(清)查繼超輯.--清刻本,6 册

150300793　　813.38/4060
軍樂稿四卷/(清)李映庚訂.--清宣統元年(1909)石印本,2 册

150300794　　813.38/4440a1
詞律二十卷/(清)萬樹撰.--清光緒二年(1876)石印本,12 册

150300795　　813.38/4440a1
詞律二十卷/(清)萬樹撰.--清光緒二年(1876)石印本,12 册

150300796　　813.38/4440a2
詞律二十卷/(清)萬樹撰.--清光緒二年(1876)刻本,12 册

150300797　　813.38/4440a3
詞律二十卷/(清)萬樹撰.--清康熙刻本,10 册

150300798　　813.38/4440a4
詞律二十卷/(清)萬樹撰.--清康熙刻本,12 册

150300799　　813.38/4665
詞餘叢話三卷/(清)楊恩壽撰.--清刻本,2 册

150300800　　813.38/5028
九宫譜定卷數不詳/(清)東山釣史等輯.--清刻本,3 册
存五卷

150300801　　813.38/8054
填詞圖譜二卷/(清)賴以邠撰.--清抄本,2 册

150300802　　813.4/2760a1
唐人試律說一卷/(清)紀昀撰.--清乾隆二十七年(1762)刻本,1 册

150300803　　813.4/2760a2
唐人試律說一卷/(清)紀昀撰.--清乾隆二十七年(1762)刻本,1 册

150300804　　813.4/2840a1
而菴說唐詩九卷/(清)徐增撰.--清乾隆二十三年(1758)刻本,6 册

150300805　　813.4/2840a2
而菴說唐詩二十二卷　首一卷/(清)徐增撰.--清乾隆二十三年(1758)刻本,7 册
存二十一卷(卷首一卷,一至十三、十七至二十二)

150300806　　813.4/7534
全唐文紀事一百二十二卷/(清)陳鴻墀纂.--清刻本,29 册
存一百一十八卷(五至一百二十二卷)

150300807　813.5/0442
文章軌範七卷/(宋)謝枋得輯.--清光緒八年(1882)刻本,4册

150300808　813.5/3227
養一齋詩話十卷/(清)潘德輿撰.--清道光十六年(1836)刻本,4册

150300809　813.5/4720a2
漁隱叢話一百卷/(宋)胡仔輯.--清乾隆六年(1741)刻本,10册

150300810　813.5/6030
東萊先生古文關鍵二卷/(宋)吕祖謙評.--清同治九年(1870)刻本,2册

150300811　011.8/2214
山西大學堂藏書樓書籍目録一卷/(清)山西大學堂編.--清鉛印本,1册

150300812　813.7/7560
明詩紀事甲乙兩籤五十二卷/(清)陳田輯.--清光緒三十年(1904)刻本,10册

150300813　813.8/1030
文章練要十卷/(清)王源評.--清刻本,9册
存九卷(一至三、五至十卷)

150300814　813.8/1043
王文簡公七古平仄論一卷/(清)王士禛撰.--清乾隆五十七年(1792)刻本,1册

150300815　813.8/1043
王文簡公七古平仄論一卷/(清)王士禛撰.--清乾隆五十七年(1792)刻本,1册

150300816　813.8/1043a1
漁洋詩話二卷/(清)王士禛撰.--清上海文瑞樓石印本,1册

150300817　813.8/1043a3
漁洋詩話二卷/(清)王士禛撰.--清乾隆二十三年(1758)刻本,1册

150300818　813.8/1043a4
五代詩話十卷/(清)王士禛撰.--清乾隆十三年(1748)刻本,6册

150300819　813.8/1240a1
四六叢話三十三卷　選詩叢話一卷/(清)孫梅輯.--清光緒七年(1881)刻本,9册
存二十四卷(一至九、十四至十六、二十一至三十、三十三、選詩叢話一卷)

150300820　813.8/1240a2
四六叢話三十三卷　選詩叢話一卷/(清)孫梅輯.--清光緒七年(1881)刻本,12册

150300821　813.8/2109
歷代詩話/(清)何文焕輯.--清乾隆三十五年(1770)刻本,16册

150300822　813.8/2646
午橋詩話一卷/(清)程夢星輯.--清刻本,1册

150300823　813.8/2810
南齋紀事詩一卷/(清)徐琪撰.--清光緒二十四年(1898)刻本,1册

150300824　813.8/2828
詩體明辯十卷/(清)徐師曾撰.--清刻本,4册

150300825　813.8/3227
養一齋詩話十卷　李杜詩話三卷/(清)潘德輿撰.--清道光刻本,4册

150300826　813.8/3308a1
製義叢話二十五卷/(清)梁章鉅撰.--清道

光知足知不足齋刻本,10 册

150300827　　813.8/3308a2
製義叢話二十四卷/(清)梁章鉅撰.--清咸豐九年(1859)刻本,8 册

150300828　　813.8/3308b1
楹聯叢話十二卷/(清)梁章鉅輯.--清道光二十年(1840)桂林署齋刻本,4 册

150300829　　813.8/3308b2
楹聯叢話十二卷　楹聯續話四卷/(清)梁章鉅輯.--清道光二十五年(1845)刻本,5 册
缺二卷(楹聯續話三至四)

150300830　　813.8/3404
北江詩話六卷/(清)洪亮吉撰.--清宣統元年(1909)上海掃葉山房石印本,2 册

150300831　　813.8/4010
蘭言詩鈔四卷/(清)李瑞輯.--清光緒十二年(1886)掃葉山房刻本,4 册

150300832　　813.8/4031
律詩拗體四卷　古韻圖說一卷/(清)李兆元撰.--清道光二年(1822)刻本,1 册

150300833　　813.8/4040a1
隨園詩話十六卷　補遺十卷/(清)袁枚撰.--清刻本,8 册

150300834　　813.8/4040a3
隨園詩話十六卷　補遺十卷/(清)袁枚撰.--清末上海文明書局石印本,6 册

150300835　　813.8/4040a4
隨園詩法叢話八卷/(清)袁枚撰.--清碧梧山莊石印本,4 册

150300836　　813.8/4044
詩訣三卷/(清)李其彭輯.--清刻本,3 册

150300837　　813.8/4073
聯經四卷/(清)李學禮述.--清乾隆五十五年(1790)補過堂刻本,4 册

150300838　　813.8/4080
詩法易簡錄十四卷　律詩拗體四卷/(清)李鍈撰.--清嘉慶刻本,4 册
缺四卷(律詩拗體一至四)

150300839　　813.8/4414
睿吾樓文話十六卷/(清)葉元塏輯.--清道光十三年(1833)刻本,4 册

150300840　　813.8/4444
香石詩話四卷/(清)黄培芳撰.--清嘉慶刻本,1 册
存二卷(一至二)

150300841　　813.8/7115
馬氏文通十卷/(清)馬建忠撰.--清光緒二十四年(1898)上海商務印書館石印本,10 册

150300842　　813.8/7750
遼詩話二卷/(清)周春輯.--清嘉慶二年(1797)刻本,2 册

150300843　　813.8/7784
度鍼篇一卷/(清)聞人均評選.--清光緒十三年(1887)刻本,1 册

150300844　　813.8/8016
賦學指南十六卷/(清)余丙照編.--清道光二十八年(1848)文質堂刻本,8 册

150300845　　813.8/8064b2
鳴原堂論文二卷/(清)曾國藩撰.--清同治

十二年(1873)勵志齋刻本,1册

150300846　　813.8/8783a1

分體利試詩法入門十九卷/(清)鄭錫瀛撰.--清光緒十二年(1886)成文信記刻本,6册

150300847　　813.8/8783a2

分體利試詩法入門十九卷/(清)鄭錫瀛撰.--清光緒十九年(1893)成文信記刻本,5册

存十六卷(一至八、十二至十九)

150300848　　814.08/1043

繪圖野叟曝言一百五十四回二十卷/(清)夏敬渠撰.--清刻本,4册

150300849　　814.11/4460a1

東周列國全志一百零八回/(清)蔡昇評點.--清同治十一年(1872)小西山房刻本,12册

存五十二回(一至五十二回)

150300850　　814.11/4460a2

東周列國志一百零八回/(清)蔡昇評點.--清刻本,7册

存十二卷(十四至十七、二十一至二十八)

150300851　　011.8/2509a1

國朝未刊遺書志略一卷/(清)朱記榮輯.--清光緒十八年(1892)觀自得齋刻本,1册

150300852　　814.11/8290

繡像封神演義一百回/(明)許仲琳撰,(明)鍾惺評.--清光緒十七年(1891)刻本,10册

150300853　　011.8/2509b1

行素堂目睹書録十一卷/(清)朱記榮輯.--清光緒十年(1884)刻本,10册

150300854　　814.12/0710a1

山海經十八卷　山海經圖讃一卷　山海經訂譌一卷/(晋)郭璞傳,(清)郝懿行注.--清光緒十八年(1892)上海中和書局石印本,6册

150300855　　812.18/5083

俞俞齋文稿初集六卷/(清)史念祖撰.--清光緒十八年(1892)刻本,6册

150300856　　812.18/5522

寫韻軒小稿二卷/(清)曹貞秀撰.--清嘉慶九年(1804)刻本,1册

150300857　　011.8/2528

潛采堂宋元人集目録一卷/(清)朱彝尊编.--清宣统三年(1911)刻本,1册

150300858　　812.18/5532

曹寅谷制藝不分卷　曹寅谷制藝續集不分卷/(清)曹之升撰.--清刻本,4册

150300859　　011.8/2655

山東圖書館辛亥年藏書目録一卷/(清)保鼇東編.--清宣統三年(1911)石印本,1册

150300860　　814.12/0710a3

山海經十八卷　圖贊一卷　訂譌一卷　敘録一卷/(晋)郭璞傳,(清)郝懿行注.--清光緒二十年(1894)上海書局石印本,6册

150300861　　011.8/2760a1

欽定四庫全書簡明目録二十卷/(清)紀昀等纂.--清同治七年(1868)廣東書局刻本,13册

存十六卷(三至十一、十四至二十,卷十九至二十系配入)

150300862　　814.12/2260
述異記二卷/(南朝梁)任昉撰.--明刻本,1册

150300863　　011.8/2760a2
欽定四庫全書簡明目錄二十卷/(清)紀昀等纂.--清乾隆四十七年(1782)刻本,13册

150300864　　011.8/2760a4
欽定四庫全書簡明目錄二十卷/(清)紀昀等纂.--清經韻樓刻本,12册

150300865　　814.14/7540a1
增像全圖加批西遊記一百回八卷/(明)陳士斌詮解.--清光绪二十六年(1900)源記書莊石印本,8册

150300866　　814.14/7540a2
新說西遊記圖像五十回/(明)陳士斌詮解.--清上海校經山房石印本,6册
存四十回(五至三十六、四十三至五十回)

150300867　　814.16/1035a1
懷人堂繪像第六才子書八卷/(元)王實甫撰.--清光緒十三年(1887)刻本,6册

150300868　　814.16/1035a2
繪圖第六才子書五卷/(元)王實甫撰.--清宣統二年(1910)上海書局刻本,6册

150300869　　011.8/2760b1
欽定四庫全書總目二百卷/(清)紀昀等纂.--清廣東萃文堂刻本,68册
存一百一十七卷(五十一至八十三、八十六至一百四十三、一百七十四至一百八十八、一百九十至二百)

150300870　　011.8/2760b2
欽定四庫全書總目二百卷/(清)紀昀等纂.--清同治七年(1868)廣東書局刻本,108册

150300871　　011.8/2760b3
欽定四庫全書總目二百卷/(清)紀昀等纂.--清刻本,128册

150300872　　814.16/3814
評論出像水滸傳二十卷/(元)施耐菴撰.--清順治十四年(1657)刻本,19册
缺第五卷

150300873　　814.17/1072
繡像醒世姻緣傳一百回/(清)西周生輯.--清光緒二十年(1894)上海書局刻本,12册

150300874　　814.17/7440
古今說海一百四十二卷/(明)陸楫輯.--清宣統元年(1909)集成圖書公司刻本,12册

150300875　　814.17/8054a2
大字足本繡像海公小紅袍四十二回四卷/(清)□□撰.--清光緒二十七年(1901)上海廣益書局石印本,4册

150300876　　814.17/8296
封神演義一百回十九卷/(明)許仲琳撰(明)鍾惺評.--清康熙三十四年(1695)刻本,20册

150300877　　814.18/0000
繡像繪圖兒女英雄傳八卷/(清)文康撰.--清上海廣益書局石印本,8册

150300878　　814.18/0086
繡像六美圖三十卷/(清)□□撰.--清同治九年(1870)刻本,6册

150300879　　814.18/0089a1
定國全志二十卷/(清)□□撰.--清文會堂

印本,20 册

150300880　　814.18/0089b1
安邦全志二十卷/(清)□□撰.--清文會堂刻本,20 册

150300881　　011.8/2760b3
欽定四庫全書總目二百卷/(清)紀昀等纂.--清刻本,128 册

150300882　　011.8/3120
彙刻書目/(清)顧修輯.--清刻本,12 册
缺第一册

150300883　　814.18/1041
續紅樓夢十六卷/(清)雪塢編.--清嘉慶四年(1799)刻本,15 册
缺第十六卷

150300884　　814.18/2680
情天寶鑑二十四卷/(明)馮夢龍撰.--清光緒二十四年(1898)上海石印本,6 册

150300885　　812.28/7545
撼山草堂遺稿三卷　補錄一卷/(清)陳起書撰.--清同治五年(1866)刻本,1 册

150300886　　812.18/6025
蘇溪全集十二卷/(清)羅繞典撰.--清道光二十六年(1846)五鳳樓刻本,6 册

150300887　　814.18/2714
岳武穆精忠傳六卷/(清)鄒元標編.--清玉茗堂刻本,6 册

150300888　　812.18/6040
尊聞居士集八卷/(清)羅有高撰.--清光緒七年(1881)刻本,4 册

150300889　　814.18/2927
綉像雙帥印十四卷/(清)□□撰.--清刻本,2 册

150300890　　812.28/7563
大篪吟草六卷/(清)陳昌沂撰.--清光緒六年(1880)橘陰軒刻本,1 册
存三卷(一至三)

150300891　　814.18/3460
長生殿傳奇四卷/(清)洪昇填詞.--清光緒十六年(1890)上海文瑞樓石印本,2 册

150300892　　814.18/3822
巴黎茶花女遺事一卷/(法國)小仲馬撰,(清)冷紅生記.--清光緒元年(1875)素隱書屋托昌言報館鉛印本,1 册

150300893　　812.28/7721
是程堂集十四卷/(清)屠倬撰.--清嘉慶十九年(1814)刻本,4 册

150300894　　814.18/3875
鳳凰山七十二卷/(清)□□撰.--清海陵軒刻本,36 册

150300895　　812.28/8034
葦間詩集五卷/(清)姜宸英撰.--清道光四年(1824)刻本,2 册

150300896　　814.18/4007
繡像九龍陣十六卷/(清)□□撰.--清刻本,4 册

150300897　　814.18/4428
刪訂二奇合傳四十四回十六卷/(清)芝香館居士刪訂.--清光緒四年(1878)刻本,8 册

150300898　　814.18/4828
青泥蓮花記十三卷/(明)梅鼎祚撰.--清宣統二年(1910)京都自強書局石印本,1冊

150300899　　814.18/5098
十粒金丹六十六回/(清)□□撰.--清光緒十四年(1888)申報館仿聚珍板印本,12冊

150300900　　814.18/5258
希夷夢四十卷/(清)汪寄撰.--清光緒四年(1878)刻本,20冊

150300901　　814.18/5514a3
增評補圖石頭記一百二十回　首一卷/(清)曹雪芹撰,(清)高鶚續撰(□)護花主人評.--石印本,16冊

150300902　　814.18/5514a1
紅樓夢一百二十回/(清)曹雪芹撰,(清)高鶚續撰.--清道光十二年(1832)刻本,35冊
缺四回(六十七至七十)

150300903　　812.18/6614a1
鐵橋漫稿八卷/(清)嚴可均撰.--清光緒十一年(1885)刻本,4冊

150300904　　812.18/6614a2
鐵橋漫稿八卷/(清)嚴可均撰.--清光緒十一年(1885)刻本,4冊

150300905　　812.18/6638
奉萱草堂詩鈔二卷　奉萱草堂文鈔一卷/(清)單為鏓撰.--清刻本,2冊

150300906　　814.18/5514a6
增評補圖石頭記一百二十回十六卷　首一卷/(清)曹雪芹撰,(清)高鶚續撰,(清)王希廉評.--清末上海章福記書局石印本,15冊
缺第九卷

150300907　　814.18/5514a8
增評加批金玉緣圖說一百二十回十六卷　首一卷/(清)曹雪芹撰,(清)高鶚續撰(清)蝶薌仙史評定.--清刻本,16冊

150300908　　814.18/5514a9
增評補像全圖金玉緣一百二十回/(清)曹雪芹撰,(清)高鶚續撰.--清刻本,15冊

150300909　　814.18/6075
四大奇書第一種一百二十回十九卷　首一卷/(明)羅貫中撰,(清)毛宗崗評定.--清順治元年(1644)刻本,20冊

150300910　　814.18/7421
林蘭香八卷六十四回/(清)隨緣下士撰.--清光緒二十年(1894)維新堂刻本,8冊

150300911　　814.18/7534
繡像芙蓉洞全傳十卷/(清)陳遇乾撰.--清道光十六年(1836)重刻本,10冊

150300912　　814.18/7540
西遊真詮一百回/(清)陳士斌詮解.--清刻本,12冊

150300913　　814.18/7719
天雨花三十回/(清)陶貞懷撰.--清光緒十七年(1891)學庫山房刻本,32冊

150300914　　814.18/7724
繡像鬧盧莊十六卷/(清)□□撰.--清刻本,4冊

150300915　　812.18/7110a1
揅經室集六十二卷/(清)阮元撰.--清道光三年(1823)文選樓刻本,32冊

150300916　　812.18/7110a1
揅經室集六十二卷/(清)阮元撰.--清道光三年(1823)文選樓刻本,24 册

150300917　　812.18/7110a1
揅經室集六十二卷/(清)阮元撰.--清道光三年(1823)文選樓刻本,23 册

150300918　　812.18/7110a1
揅經室集六十二卷/(清)阮元撰.--清道光三年(1823)文選樓刻本,30 册

150300919　　812.18/7167
樊榭山房全集三十五卷/(清)厲鶚撰.--清光緒十年(1884)汪氏振綺堂刻本,12 册

150300920　　814.18/8045a1
蕩寇志七十卷　末一卷/(清)俞萬春撰.--清咸豐三年(1853)刻本,12 册

150300921　　814.18/8054a1
繡像增圖綠野僊蹤六十回/(清)□□撰.--清末石印本,8 册

150300922　　814.18/8054b1
繪圖施公案十集一百二十卷/(清)□□撰.--清末石印本,9 册
存十五卷(新出五續施公案清烈傳三至四,繡像六續施公案清烈傳一至四,繪像七續施公案清烈傳一至四,繡像八續施公案清烈傳一至三,繡像九續施公案清烈傳一、二)

150300923　　814.18/8417
繡像雙鳳奇緣八十回二十卷/(清)饒雪鳳編.--清道光二十三年(1843)刻本,8 册

150300924　　814.19/0114
繪圖情史二十四卷/(明)馮夢龍評輯.--石印本,4 册

150300925　　814.28/1021
歷代史略鼓詞一卷/(清)賈凫西撰.--清光緒三十四年(1908)鉛印本,1 册

150300926　　814.31/7200a1
西京雜記二卷/(漢)劉歆撰.--清乾隆五十二年(1787)抱經堂叢書刻本,1 册

150300927　　814.31/7200a2
西京雜記六卷/(晉)葛洪撰,(明)毛晉訂.--清汲古閣刻本,1 册

150300928　　814.32/7280
世說新語六卷/(南朝宋)劉義慶撰.--清石印本,6 册

150300929　　812.18/7232
綠野齋前後合集六卷　綠野齋太湖詩草一卷　綠野齋制藝一卷/(清)劉鴻翱撰.--清道光二十四年(1844)刻本,8 册

150300930　　814.35/2680
能改齋漫錄十八卷/(宋)吳曾撰.--清光緒二十年(1894)刻本,8 册

150300931　　812.18/7244
海峯先生文集十卷　海峯制藝四卷　海峯先生詩集八卷　海峯先生文集補遺一卷/(清)劉大櫆撰.--清光緒十四年(1888)吳氏大有堂鉛印本,8 册

150300932　　814.35/3434
容齋隨筆七十四卷　首一卷/(宋)洪邁撰.--清光緒九年(1883)刻本,14 册

150300933　　814.36/7213
錢塘遺事十卷/(元)劉一清撰.--清嘉慶四

年(1799)刻本,4 册

150300934　　814.36/7230
歸潛志十四卷　首一卷/(元)劉祁撰.--清乾隆四十四年(1779)湘遠堂刻本,4 册

150300935　　812.18/7251
凌寒齋詩文存:詩四卷　文四卷/(清)劉春元撰.--清抄稿本,6 册

150300936　　814.37/3428
野獲編三十卷　補遺四卷　首一卷/(明)沈德符撰.--清同治八年(1869)刻本,20 册

150300937　　812.18/7270a2
劉孟塗集四十四卷/(清)劉開撰.--清道光六年(1826)姚氏檗山草堂刻本,7 册
存三十九卷(前集一至五,後集一至二十二,文集一至十,駢體文一、二)

150300938　　814.38/0032
蕉軒隨録十二卷　續録二卷/(清)方濬師撰.--清同治十一年(1872)退一步齋刻本,14 册

150300939　　812.18/7270a3
劉孟塗集四十四卷/(清)劉開撰.--清道光六年(1826)姚氏檗山草堂刻本,8 册

150300940　　814.38/0931
棗林雜俎六卷/(清)談遷撰.--清宣統三年(1911)上海國學扶輪社鉛印本,6 册

150300941　　814.38/1004
柳南隨筆六卷/(清)王應奎撰.--清刻本,2 册

150300942　　814.38/1042
三續聊齋志異十卷/(清)王韜撰.--清光緒二十年(1894)上海寶善書局石印本,5 册

150300943　　814.38/1044
聽雨樓隨筆六卷/(清)王培荀輯.--清道光二十六年(1846)刻本,6 册

150300944　　814.38/1063
中西聞見録選編三十六號/(美)丁韙良撰.--清光緒三年(1877)刻本,4 册

150300945　　814.38/1090
中西紀事二十四卷/(清)夏燮輯.--清光緒七年(1881)鉛印本,6 册
存二十卷(三至五、六至二十四)

150300946　　814.38/1157a1
遣愁集十二卷/(清)張貴勝輯.--清刻本,12 册

150300947　　814.38/1157a2
遣愁集十二卷/(清)張貴勝輯.--清刻本,6 册

150300948　　823/1100
國朝畫徵續録二卷/(清)張庚撰.--清石印本,1 册

150300949　　814.38/2260
行素齋雜記二卷/(清)繼昌撰.--清光緒二十七年(1901)湖南臬署刻本,2 册

150300950　　823/1262
平津館鑒藏書畫記一卷/(清)孫星衍撰.--清鉛印本,1 册

150300951　　823/1810a1
紅樓夢圖詠不分卷/(清)改琦撰.--清石印本,4 册

150300952　　823/2644
吳友如畫寶十二集/(清)吳友如撰.--清宣統元年(1909)石印本,24 册

150300953　　823/4241
歷代畫史彙傳七十二卷　附錄二卷/(清)彭蘊璨編.--清宣統二年(1910)上海文瑞樓書局石印本,12册

150300954　　823/4241a2
歷代畫史彙傳七十二卷　附錄二卷/(清)彭蘊璨編.--清光緒八年(1882)掃葉山房刻本,19册
存五十四卷(一至三十三、三十七至五十、六十六至七十二)

150300955　　823/4432
墨林今話十八卷　續編一卷/(清)蔣寶齡撰.--清宣統三年(1911)掃葉山房石印本,6册

150300956　　823/5033a1
桐蔭論畫二卷　首一卷　附錄一卷/(清)秦祖永撰.--清同治三年(1864)刻本,4册

150300957　　823/7113
虛齋名畫錄十六卷/(清)龐元濟撰.--清宣統元年(1909)烏程龐氏刻本,16册

150300958　　812.18/7482
寶奎堂文集十二卷/(清)陸錫熊撰.--清道光二十九年(1849)刻本,4册

150300959　　812.18/7514
午亭文編五十卷/(清)陳廷敬撰.--清康熙四十七年(1708)刻本,16册

150300960　　823.8/6110
點石齋畫報十集/(清)點石齋編.--清光緒十年(1884)點石齋石印本,10册

150300961　　823.8/8025
無聲詩史七卷/(清)姜紹書輯.--清觀妙齋刻本,2册

150300962　　824/0759
續齊魯古印攈不分卷/(清)郭申堂辑.--清光緒鈐印本,8册
存八册(九至十六)

150300963　　824/2610
兩罍軒印攷漫存九卷/(清)吳雲撰.--清光緒七年(1881)刻本,4册

150300964　　814.8/1140
印學正衡一卷/(清)張在辛撰.--清抄本,1册

150300965　　825/2841
歷代帝王法帖釋文/(清)徐朝弼集釋.--清嘉慶十七年(1812)刻本,1册

150300966　　814.38/2696
客窗閒話八卷/(清)吳熾昌撰.--清光緒元年(1875)刻本,6册

150300967　　825/3100
木刻畫譜一卷/(清)任伯年等作.--清末刻本,1册

150300968　　826/0334
諸家法帖不分卷/(□)□□撰.--清影印本,3册

150300969　　826/1000
石庵精楷一卷/(清)劉墉書.--清影印本,1册

150300970　　826/1118
漢碑範八卷/(清)張祖翼輯.--清宣統三年(1911)上海文明書局石印本,2册

150300971　　826/7770a1
宋拓九成宮一卷/(唐)歐陽詢書.--清光緒

三十四年(1908)上海碧梧山莊影印本,1 册

150300972　　814.38/2762a2
閱微草堂筆記二十四卷/(清)紀昀撰.--清光緒十五年(1889)北平盛氏刻本,10 册

150300973　　826/8002
蘇米齋蘭亭考八卷/(清)翁方綱撰.--清光緒十五年(1889)後知不足齋刻本,2 册

150300974　　826/8709
鄭文焯先生書牘墨寶一卷/(清)鄭文焯書.--清刻本,1 册

150300975　　814.38/2802
玉芝堂談薈三十六卷/(清)徐應秋撰.--清康熙四十二年(1703)衢州靳氏刻本,20 册

150300976　　826/8819
隸法彙纂十卷/(清)項懷述撰.--清乾隆四十五年(1780)項坤刻本,2 册

150300977　　827/7310
臥聽齋琴譜二卷/(□)□□撰.--清抄本,1 册
存一卷(上)

150300978　　829.8/7530
甸雅三卷/(清)陳瀏撰.--清宣統二年(1910)鉛印本,2 册
存二卷(上、中)

150300979　　900/1002
地理問答二卷/(清)王亨統撰.--清光緒二十七年(1901)山東官印書局校印本,1 册
存一卷(上)

150300980　　812.18/7578
滄州近詩十卷　道榮堂文集六卷　首一卷/(清)陳鵬年撰.--清乾隆二十七年(1762)刻本,14 册

150300981　　812.18/7583
趣園初集五種/(清)陳鍾祥撰.--清咸豐十年(1860)刻本,9 册

150300982　　900/1143a1
地球韻言四卷/(清)張士瀛撰.--清光緒三十二年(1906)上海商務印書館鉛印本,2 册

150300983　　900/1143b1
蒙學讀本輿地歌韻四卷/(清)張士瀛撰.--清光緒二十七年(1901)藻文書局石印本,2 册

150300984　　814.38/2864
煙嶼樓筆記八卷/(清)徐時棟撰.--清光緒三十四年(1908)寧波均和鉛印本,2 册

150300985　　814.38/3308
退菴隨筆二十卷/(清)梁章鉅編.--清光緒二十六年(1900)刻本,6 册

150300986　　814.38/4040
隨園隨筆二十八卷/(清)袁枚撰.--清刻本,9 册

150300987　　900/7242a1
新輯山東地理問答十六章一卷/(清)劉樹德編.--清光緒三十三年(1907)上海美華書館鉛印本,1 册

150300988　　900/7242a1
新輯山東地理問答十六章一卷/(清)劉樹德編.--清光緒三十三年(1907)上海美華書館鉛印本,1 册

150300989　　910/1040
元豐九域志十卷/(宋)王存撰.--清武英殿聚珍本,8 册

150300990　　910/1130
通鑑綱目釋地補注六卷/(清)張庚撰.--清刻本,1 册

150300991　　910/2141
禹貢古今注通釋六卷/(清)侯楨纂.--清咸豐刻本,2 册

150300992　　910/2250
太平寰宇記二百卷/(宋)樂史撰.--清光緒十八年(1892)金陵書局刻本,36 册

150300993　　814.38/4432
雞窗叢話一卷/(清)蔡澄撰.--清光緒十二年(1886)新陽趙氏刻本,1 册

150300994　　910/2528
日下舊聞四十二卷/(清)朱彝尊輯.--清刻本,13 册
存三十九(一至十二、十六至四十二)

150300995　　910/2674a1
資治通鑑地理今釋十六卷/(清)吳熙載撰.--清刻本,3 册

150300996　　910/2674a2
資治通鑑地理今釋十六卷/(清)吳熙載撰.--清光緒八年(1882)江蘇書局刻本,3 册

150300997　　910/3091
欽定日下舊聞考一百六十卷/(清)竇光鼐總纂.--清乾隆五十三年(1788)武英殿刻本,48 册

150300998　　910/3132a1
讀史方輿紀要一百三十卷　輿圖要覽四卷/(清)顧祖禹撰.--清刻本,78 册

150300999　　910/3132a2
讀史方輿紀要一百三十卷　輿圖要覽四卷/(清)顧祖禹撰.--清光緒五年(1879)桐華書屋薛氏家塾刻本,64 册

150301000　　812.18/7724
西澗草堂文集四卷　西澗草堂詩集四卷/(清)閻循觀撰.--清乾隆三十八年(1773)刻本,2 册

150301001　　812.18/7730a2
陶文毅公全集六十四卷　首一卷　末一卷/(清)陶澍撰.--清道光二十年(1840)兩淮淮北士民公刻本,24 册

150301002　　812.18/7270
自泉文稿一卷　詩賦鈔一卷/(清)歐陽謀撰.--清光緒八年(1882)江華學署刻本,2 册

150301003　　812.18/8023a1
曾惠敏公全集十七卷/(清)曾紀澤撰.--清光緒二十年(1894)石印本,4 册

150301004　　812.18/8023a1
曾惠敏公全集十七卷/(清)曾紀澤撰.--清光緒二十年(1894)石印本,4 册

150301005　　910/3132a3
讀史方輿紀要一百三十卷　輿圖要覽四卷/(清)顧祖禹撰.--清光緒五年(1879)桐華書屋薛氏家塾刻本,50 册

150301006　　910/3132a4
讀史方與紀要一百三十卷　輿圖要覽四卷/(清)顧祖禹撰.--清敷文閣刻本,72 册

150301007　　910/3132a5
讀史方與紀要一百三十卷　方與全圖總

說五卷/(清)顧祖禹撰.--清光緒二十七年(1901)圖書集成局鉛印本,31 册
存一百二十六卷(五至一百三十)

150301008　　910/3132a6
讀史方與紀要一百三十卷　方與全圖總說五卷/(清)顧祖禹撰.--清光緒二十七年(1901)鉛印本,32 册

150301009　　814.38/6063
保華全書四卷　續編一卷/(英國)貝思福撰,(美國)林樂知譯.--清光緒二十五年(1899)廣學會石印本,4 册

150301010　　910/3191
山東考古錄一卷/(清)顧炎武纂　**續山東考古錄三十二卷**/(清)葉圭綬撰.--清光緒八年(1882)刻本,7 册

150301011　　812.18/8030a1
鮚埼亭集三十八卷　經史問答十卷/(清)全祖望撰　**年譜一卷**/(清)董秉純撰.--清同治十一年(1872)刻本,16 册

150301012　　812.18/8030a2
鮚埼亭集三十八卷　首一卷　經史問答十卷　外編五十卷/(清)全祖望撰.--清同治十一年(1872)刻本,24 册

150301013　　812.28/8071
絢華室詩憶一卷/(清)俞陛雲撰.--清光緒二十年(1894)刻本,1 册

150301014　　812.28/8421
明宮雜詠二十卷/(清)饒智元撰.--清湘淥館刻本,6 册

150301015　　812.28/8710
海紅華館詩鈔十卷/(清)鄭璜撰.--清道光十五年(1835)刻本,1 册
存五卷(一至五)

150301016　　812.28/8873
祗可軒删餘稿二卷/(清)管學洛撰.--清同治十一年(1872)刻本,1 册

150301017　　812.28/9328
嬉笑集一卷/(清)懺綺龕主人撰.--清同治三年(1864)刻本,1 册

150301018　　812.28/9360
鬱華閣遺集四卷/(清)盛昱撰.--清光緒三十一年(1905)刻本,1 册

150301019　　910/3404a1
乾隆府廳州縣圖志五十卷/(清)洪亮吉撰.--清光緒五年(1879)授經堂刻本,16 册

150301020　　815.8/7110a1
定香亭筆談四卷/(清)阮元撰,(清)吳文溥錄.--清光緒二十五年(1899)浙江書局刻本,4 册

150301021　　910/3404b1
十六國疆域志十六卷/(清)洪亮吉撰.--清嘉慶三年(1798)刻本,4 册
存十四卷(一至十四)

150301022　　910/4033
皇朝與地韻編二卷/(清)李兆洛輯.--清道光十七年(1837)刻本,1 册

150301023　　910/4045
元和郡縣圖志四十卷　補志九卷/(唐)李吉甫撰,(清)孫星衍輯,(清)嚴觀補.--清光緒六年(1880)金陵書局刻本,10 册

150301024　　910/4409
廣輿記二十四卷/(清)陸應陽輯.--清康熙

二十五年(1686)寶翰樓刻本,12 册

150301025　　910/4730
禹貢錐指二十卷/(清)胡渭輯.--清康熙四十四年(1705)漱六軒刻本,10 册

150301026　　910/6236
皇輿表十六卷/(清)喇沙里等修,(清)揆敘等增修.--清康熙四十三年(1704)内府刻本,24 册

150301027　　910/7542
歷代地理沿革表四十七卷/(清)陳芳績撰.--清光緒二十一年(1895)廣雅書局刻本,16 册

150301028　　910/8054
皇朝輿地略一卷/(清)□□撰.--清刻本,1 册

150301029　　910/8340
新斠注地理志十六卷/(清)錢坫撰.--清同治十三年(1874)會稽章氏刻本,8 册

150301030　　921/1051
[光緒]山西通志一百八十四卷/(清)王軒總纂.--清光绪十八年(1892)刻本,96 册

150301031　　921/1130
蜀典十二卷/(清)張澍纂.--清光緒二年(1876)尊經書院刻本,4 册

150301032　　921/2633
重纂福建通志二百七十八卷　首六卷　續採列女志一卷/(清)孫爾準等修,(清)陳壽祺等纂.--清同治七年(1868)正誼書院刻本,48 册
存七十三卷(卷首一至六卷,一至十二、五十五至一百一十五)

150301033　　812.18/8030a3
鮚埼亭集三十八卷　首一卷　經史問答十卷　外編五十卷/(清)全祖望撰.--清同治十一年(1872)刻本,24 册
缺六卷(外編一至六)

150301034　　812.18/8064
曾忠襄公全集六十七卷/(清)曾國荃撰.--清光緒二十九年(1903)許寅軒刻本,64 册

150301035　　812.18/8090
賞雨茅屋詩集二十二卷　賞雨茅屋外集一卷/(清)曾燠撰.--清嘉慶二十四年(1819)刻本,6 册

150301036　　921/2640
[乾隆]盛京通志四十八卷/(清)魏樞總纂.--清乾隆元年(1736)刻咸豐二年(1852)重修本,20 册

150301037　　921/2800
[光緒]黑龍江述略六卷/(清)徐宗亮纂修.--清光緒十七年(1891)刻本,2 册

150301038　　921/4044
[光緒]吉林通志一百二十二卷/(清)李桂林等纂.--清光绪刻本,49 册

150301039　　921/4412
[康熙]雲南通志三十卷/(清)范承勳等纂.--清康熙三十年(1691)刻本,28 册

150301040　　921/4649
[嘉慶]四川通志二百零四卷　首二十二卷/(清)楊芳燦等纂.--清嘉慶二十年(1815)刻本,160 册

150301041　　921/7761
[雍正]山西通志二百三十卷/(清)觉罗石

麟纂修. --清雍正十二年(1734)刻本,90 册
存二百一十六卷(一至二百一十六)

150301042　　922/8064
[光緒]湖南通志二百八十八卷　首八卷　末十九卷/(清)曾國荃,(清)郭嵩燾等總纂. --清光緒十一年(1895)刻本,124 册
存一百四十二卷(卷首一至二、四至五、八,一至九十、九十八至一百三十四、一百四十三、一百四十八至一百五十一、一百五十四至一百五十七、一百五十九)

150301043　　922/0133
[光緒]再續高郵州志八卷/(清)龔定瀛總修. --清光緒九年(1883)刻本,6 册

150301044　　922/0870
[順治]登州府志二十二卷/(清)施閏章,(清)劉昌臣總纂. --清順治十七年(1660)刻本,7 册
缺三卷(四至六)

150301045　　922/1040
[乾隆]紹興府志八十卷/(清)平恕等修. --清乾隆五十七年(1792)刻本,46 册

150301046　　922/1143
[嘉慶]重修揚州府志七十二卷/(清)張世浣等纂. --清嘉慶十五年(1810)刻本,48 册

150301047　　922/1172
[道光]瓊州府志四十四卷/(清)張岳崧等纂. --清刻本,15 册
缺十五卷(十四至二十八)

150301048　　922/1740
[康熙]沂州志八卷/(清)邵士修,(清)王墳等纂. --清康熙十一年(1672)刻本,8 册

150301049　　922/2120
[光緒]東平州志二十七卷　首一卷/(清)盧崟等纂. --清光緒七年(1881)刻本,20 册

150301050　　812.18/8324
衎石齋記事稾十卷　衎石齋續記事稾十卷　旅逸小稾二卷　刻楮集一卷/(清)錢儀吉撰. --清道光十四年(1834)刻本,12 册

150301051　　812.18/8330
南園詩存二卷　南園文存二卷/(清)钱灃撰. --清光緒七年(1881)刻本,4 册

150301052　　922/2430
[乾隆]續修台灣府志二十六卷　首一卷/(清)劉良璧等纂輯. --清刻本,16 册

150301053　　922/2741
[光緒]順天府志一百三十卷/(清)繆荃孫纂. --清光緒十年(1884)刻本,64 册

150301054　　922/3144a1
[光緒]蘇州府志一百五十卷　首三卷/(清)馮桂芬等纂. --清光緒九年(1883)江蘇書局刻本,80 册

150301055　　922/3144b1
[光緒]荊州府志八十卷　首一卷/(清)顧嘉蘅纂. --清光緒六年(1880)刻本,32 册

150301056　　922/4046a1
[康熙]平度州志十二卷/(清)李世昌等纂. --清康熙二年(1663)刻本,4 册

150301057　　922/4060b1
[道光]重修平度州志二十七卷/(清)李圖總纂. --清道光二十九年(1849)刻本,8 册

150301058　　922/4060b1
[道光]重修平度州志二十七卷/(清)李圖

總纂.--清道光二十九年(1849)刻本,8 册

150301059　　922/4060b1
[道光]重修平度州志二十七卷/(清)李圖總纂.--清道光二十九年(1849)刻本,8 册

150301060　　922/4060b1
[道光]重修平度州志二十七卷/(清)李圖總纂.--清道光二十九年(1849)刻本,8 册

150301061　　922/4060b1
[道光]重修平度州志二十七卷/(清)李圖總纂.--清道光二十九年(1849)刻本,8 册

150301062　　922/4060b1
[道光]重修平度州志二十七卷/(清)李圖總纂.--清道光二十九年(1849)刻本,8 册

150301063　　922/4060c1
[咸豐]青州府志六十四卷/(清)李圖等纂.--清咸豐九年(1859)刻本,32 册

150301064　　922/4060d1
[道光]重修膠州志四十卷/(清)李圖總纂.--清道光二十五年(1845)刻本,8 册

150301065　　922/4410
[嘉慶]松江府志八十四卷　首二卷/(清)莫晉等纂.--清嘉慶二十四年(1819)刻本,39 册

150301066　　922/4435
[乾隆]續登州府志十二卷/(清)韓永泰纂.--清乾隆七年(1742)刻本,4 册

150301067　　814.38/7110a2
定香亭筆談四卷/(清)阮元撰.--清光緒二十五年(1899)浙江書局刻本,4 册

150301068　　922/4474
[同治]九江府志五十四卷　首一卷　末一卷/(清)黄鳳樓等纂.--清同治十三年(1874)刻本,24 册

150301069　　922/4613a1
[康熙]寧海州志十卷/(清)楊引祚等撰.--清康熙十一年(1672)刻本,1 册

150301070　　922/4742
[康熙]衛輝府志十九卷/(清)胡蔚先纂修.--清康熙刻本,5 册
存十五卷(三至九、十二至十九)

150301071　　814.38/7142
茶餘客話十二卷/(清)阮葵生撰.--清光緒五年(1879)千頃堂刻本,4 册

150301072　　922/4948
[光緒]陝州直隸州志十五卷　首一卷/(清)趙希曾重修.--清光緒十七年(1891)刻本,13 册

150301073　　814.38/7423a1
冷廬雜識八卷/(清)陸以湉撰.--清咸豐六年(1856)刻本,8 册

150301074　　814.38/7541
庸閑齋筆記九卷　自敘一卷/(清)陳其元撰.--清光緒十五年(1889)上海檢古齋石印本,5 册

150301075　　812.18/8790a1
板橋全集六卷/(清)鄭燮撰.--清光緒十八年(1892)積山書局石印本,4 册

150301076　　812.18/8790a2
鄭板橋全集六卷/(清)鄭燮撰.--清宣統元年(1909)席氏掃葉山房石印本,4 册

150301077　　812.18/9030
樂道堂文鈔五卷　文續鈔一卷　诗鈔十

卷/（清）恭親王奕䜣撰.--清同治六年(1867)刻本,16册

150301078　　922/4990a2
[萬曆]萊州府志八卷/（明）趙燿纂修.--抄本,8册

150301079　　922/6005
[同治]續纂揚州府志二十四卷/（清）晏端書總纂.--清同治十三年(1874)刻本,8册

150301080　　922/6643a1
[乾隆]萊州府志十六卷　首一卷/（清）嚴有禧纂.--清乾隆五年(1740)刻本,8册

150301081　　922/6643a2
[乾隆]萊州府志十六卷　首一卷/（清）嚴有禧纂.--清乾隆五年(1740)刻本,8册

150301082　　812.23/7731
箋注陶淵明集十卷/（晉）陶潛撰.--刻本,1册
存第九卷

150301083　　812.23/8097
賞雨茅屋詩集二十二卷　賞雨茅屋外集一卷/（清）曾燠撰.--清嘉慶二十四年(1819)刻本,8册

150301084　　812.24/1020
王摩詰六卷/（唐）王維撰.--清光緒十年(1884)上海同文書局石印本,4册

150301085　　812.24/2676b1
白香山詩後集十七卷　別集一卷　補遺二卷/（唐）白居易撰.--刻本,5册

150301086　　812.24/4002
韋蘇州詩集二卷/（唐）韋應物撰.--刻本(下卷後十頁抄配),1册
存第一卷

150301087　　922/7712
[光緒]潮州府志四十二卷　卷首一卷　抄存舊志一卷/（清）周碩勳輯.--清光緒十九年(1893)刻本,25册

150301088　　922/7730
[光緒]高唐州鄉土志一卷/（清）周家齊纂.--清光緒三十二年(1906)刻本,1册

150301089　　922/7790a1
[光緒]增修登州府志六十九卷/（清）周悦讓總纂.--清光緒七年(1877)刻本,20册

150301090　　922/7790a1
[光緒]增修登州府志六十九卷/（清）周悦讓總纂.--清光緒七年(1877)刻本,20册

150301091　　812.24/4007a2
重訂李義山詩集箋注三卷　詩話一卷　年譜一卷　重訂李義山集外詩箋注一卷/（唐）李商隱撰.--清乾隆九年(1744)紅杏山房刻本,6册

150301092　　812.24/4007a1
重訂李義山詩集箋注三卷　重訂李義山集外詩箋注一卷/（唐）李商隱撰.--清乾隆九年(1744)東柯草堂刻本,4册

150301093　　812.24/4007a3
李義山詩集十六卷/（唐）李商隱撰.--清乾隆五年(1740)松桂讀書堂刻本,4册

150301094　　812.24/4007a4
李義山詩集十六卷/（唐）李商隱撰.--清乾隆五年(1740)松桂讀書堂刻本,2册
存九卷(八至十六)

150301095　812.24/4007a5
李義山詩集三卷/(唐)李商隱撰.--清乾隆五十八年(1793)三多齋刻本,4 册

150301096　922/7790a2
[光緒]增修登州府志六十九卷/(清)周悅讓總纂.--清光緒七年(1881)刻本,22 册

150301097　922/7790a2
[光緒]增修登州府志六十九卷/(清)周悅讓總纂.--清光緒七年(1881)刻本,24 册

150301098　922/8713a1
[同治]重修甯海州志二十八卷/(清)舒孔安總修.--清同治三年(1864)刻本,8 册

150301099　922/8713a2
[同治]重修甯海州志二十六卷/(清)舒孔安總修.--清同治三年(1864)刻本,6 册

150301100　922/8713a3
[同治]重修甯海州志二十六卷/(清)舒孔安總修.--清同治三年(1864)刻本,8 册

150301101　922/8725
[同治]象州志二卷/(清)鄭獻甫撰.--清同治九年(1870)鴻文堂楊雲達刻本,2 册

150301102　923/0004
[光緒]嘉祥縣志四卷　首一卷/(清)章文華纂修.--清光緒三十四年(1908)刻本,4 册

150301103　923/0013b
光緒井研志四十二卷　首一卷/(清)高承瀛等纂.--清光緒二十六年(1900)刻本,12 册

150301104　923/1023
[乾隆]陽信縣志八卷/(清)王允深等纂.--清乾隆二十四年(1759)刻本,8 册

150301105　923/0038
[光緒]武功縣志四卷/(明)康海纂.--清光緒二十年(1894)許氏刻本,1 册

150301106　923/0065
[光緒]上虞縣志四十八卷　首一卷　末一卷/(清)唐煦春等纂.--清光緒十七年(1891)刻本,20 册

150301107　923/0884
[光緒]永川縣志十卷　首一卷/(清)許曾蔭等纂.--清光緒二十年(1894)刻本,10 册

150301108　923/1024
[光緒]三續掖縣志四卷　首一卷/(清)魏起鵬纂.--清光緒十九年(1893)刻本,4 册

150301109　942/1111
[康熙]天台山全志十八卷/(清)張聯元纂.--清康熙六十年(1721)刻本,4 册

150301110　942/1218
顏山雜記四卷/(清)孫廷銓纂.--清康熙四年(1665)刻本,2 册

150301111　942/2610
[同治]焦山志二十六卷　首一卷/(清)吳雲輯.--清同治四年(1865)刻本,10 册

150301112　942/2610
[同治]焦山志二十六卷　首一卷/(清)吳雲輯.--清同治四年(1865)刻本,10 册

150301113　942/4047
岱史十八卷/(明)查志隆輯.--明萬曆十四年(1535)刻本,7 册

150301114　923/1031a1
[乾隆]汲縣志十四卷　首一卷　末一卷/

(清)徐汝瓚纂修.--清乾隆二十年(1894)刻本,6 册

150301115　　942/4411

[道光]武夷山志二十四卷/(清)董天工纂.--清道光二十七年(1847)刻本,8 册

150301116　　942/4436a1

[嘉慶]嶗山名勝志略一卷/(明)黄宗昌撰.--清嘉慶十三年(1808)刻本,1 册

150301117　　942/4436b1

[嘉慶]嶗山名勝志略一卷/(明)黄宗昌撰.--清嘉慶十三年(1808)刻本,1 册

150301118　　942/4728

石鐘山志十六卷　首一卷/(清)李成謀等纂.--清光緒九年(1883)刻本,8 册

150301119　　942/8030a1

[嘉慶]泰山志二十卷/(清)金棨纂.--清嘉庆十三年(1808)刻本,10 册

150301120　　942/8030a2

[嘉慶]泰山志二十卷/(清)金棨纂.--清嘉庆十五年(1810)刻本,10 册

150301121　　814.38/7701

書影十卷/(清)周亮工撰.--清乾隆六年(1741)懷德堂刻本,6 册

150301122　　923/1032

[順治]封邱縣志九卷　首一卷/(清)余縉修.--清順治十六年(1659)刻本,3 册

存六卷(一至四、八至九)

150301123　　923/1033a1

[光緒]江都縣續志十二卷　首一卷/(清)王逢源纂.--清光緒七年(1881)刻本,4 册

150301124　　942/8038a3

[嘉慶]泰山志二十卷/(清)金棨纂.--清光緒刻本,9 册

存十六卷(一至二、五至九、十二至二十)

150301125　　942/8038a4

[嘉慶]泰山志二十卷/(清)金棨纂.--清嘉慶六年(1801)刻本,3 册

150301126　　943/0900

鴻雪因緣圖記六卷/(清)麟慶撰.--清光緒二十二年(1896)石印本,6 册

150301127　　943/1127

花甲閒談十六卷　首一卷/(清)張維屏撰.--清道光二十年(1840)城西湖街富文齋刻本,4 册

150301128　　814.38/8025

小豆棚十六卷/(清)曾衍東撰.--清末上海申報館鉛印本,6 册

150301129　　814.38/8043a1

茶香室叢鈔二十三卷/(清)俞樾撰.--清光緒九年(1883)春在堂刻本,6 册

150301130　　943/1213

古香齋鑒賞袖珍春明夢餘錄七十卷/(清)孫承澤撰.--清光緒九年(1883)惜分陰館刻本,24 册

150301131　　943/2311

西湖志四十八卷/(清)傅玉露等修.--清雍正九年(1731)刻本,20 册

150301132　　923/1033d1

[光緒]禹城縣鄉土志一卷/(清)王汝漢纂.--清光緒三十四年(1908)石印本,1 册

150301133　943/2646
甯古塔記略一卷/(清)吳振臣撰.--清漸西村舍刻本,1冊

150301134　812.34/1240a1
可之先生文集二卷/(唐)孫樵撰.--清宣統二年(1910)上海會文堂粹記刻本,1冊

150301135　814.38/8043b1
茶香室續鈔二十五卷/(清)俞樾撰.--清春在堂刻本,6冊

150301136　943/2671a1
宸垣識略十六卷　城池全圖十一卷/(清)吳長元輯.--清光緒二年(1876)刻本,8冊

150301137　943/2671a2
宸桓識略十六卷/(清)吳長元輯.--清同治二年(1863)文英堂刻本,5冊
存十三卷(一、二、六至十六)

150301138　943/2833
徐霞客遊記二十卷/(明)徐霞客撰.--清嘉慶十三年(1808)刻本,10冊

150301139　943/3522
潭柘山岫雲寺志二卷/(清)神穆德纂.--清光绪十一年(1885)刻本,2冊

150301140　943/4040
環遊地球新錄四卷/(清)李圭撰.--清光緒四年(1878)刻本,4冊

150301141　943/4444
遊歷芻言二卷/(清)黃楙裁撰.--清光緒十年(1884)饒玉成刻本,1冊

150301142　943/4937
平山堂圖志四卷　圖一卷/(清)趙之壁撰.--清光緒九年(1883)歐陽利見刻本,2冊

150301143　943/6035
西湖志八卷/(明)田汝成輯撰.--清康熙二十八年(1689)刻本,5冊

150301144　943/7720
辛卯侍行記六卷/(清)陶葆廉撰.--清光緒二十三年(1897)養樹山房刻本,6冊

150301145　944/2632
深州風土記二十二卷/(清)吳汝綸撰.--清光緒二十六年(1900)文瑞書院刻本,4冊
存十一卷(一至十一)

150301146　944/4457
湖南方物志八卷/(清)黃本驥編輯.--清道光二十六年(1846)刻本,2冊

150301147　945/4880
西招紀行詩一卷　西招圖略一卷　圖說一卷　秋閲吟一卷　綏服紀略一卷/(清)松筠撰.--清道光三年(1823)刻本,4冊

150301148　946/0017
上海指南九卷/(清)商務印書館編.--清宣統元年(1909)商務印書館鉛印本,1冊

150301149　946/1043
蜀道驛程記二卷/(清)王士禎撰.--清刻本,1冊

150301150　946/1107
六朝事迹編類十四卷/(宋)張敦頤纂.--清光緒十三年(1887)李濱刻本,2冊

150301151　946/1142
采風類記十卷/(清)張大純編.--清康熙四十九年(1710)刻本,8冊

150301152　　946/1223
闕里誌二十四卷/(明)陳鎬撰,(明)孔胤植重纂.--日本寶永六年(1709)河内屋喜兵衛刻本,5 册
存六卷(一至三、十至十二)

150301153　　946/1224
闕里誌二十四卷/(明)陳鎬撰,(明)孔胤植重纂.--清雍正刻本,10 册

150301154　　946/2510
京師坊巷志稿二卷/(清)朱一新撰.--清光緒二十三年(1897)葆真堂刻本,2 册

150301155　　946/3067
欽定國子監志八十二卷　首二卷/(清)富明阿等纂.--清道光刻本,32 册

150301156　　814.38/8043c1
茶香室三鈔二十九卷/(清)俞樾撰.--清春在堂刻本,6 册

150301157　　946/3107
士鄉書院志一卷/(清)尹继美辑.--清同治十一年(1872)刻本,1 册

150301158　　946/3107
士鄉書院志一卷/(清)尹继美辑.--清同治十一年(1872)刻本,1 册

150301159　　814.38/8057
客窻偶筆四卷　二筆一卷/(清)金捧閶撰.--清刻本,4 册

150301160　　814.38/8328
屑玉叢談一卷/(清)錢徵輯.--清石印本,6 册

150301161　　946/3120
仲里志六卷/(清)顧彩修.--清刻本,5 册

150301162　　946/3440
滬城備考六卷/(清)褚華撰.--清申報館鉛印本,1 册
存三卷(一至三)

150301163　　946/4967
新鐫天下水陸路程全圖備覧六卷/(清)妙因居士輯.--清刻本,6 册

150301164　　946/6087
峽江救生船志一卷　行川必要一卷/(清)羅笏臣撰.--清光緒三年(1877)水師新副中營刻本,1 册

150301165　　946/8054a1
江蘇至粵省水陸路程一卷/(□)□□撰.--清道光二十九年(1849)抄本,1 册

150301166　　946/8240
岳陽慎修書院志一卷/(清)白鐘英撰.--清光緒二十二年(1896)刻本,1 册

150301167　　950/1190a2
東西洋考十二卷/(明)張燮撰.--清道光李錫齡刻本,4 册

150301168　　950/2621a1
希臘志略七卷/(□)□□撰.--清光緒十二年(1886)刻本,1 册

150301169　　950/2621b1
羅馬志略十三卷/(□)□□撰.--清光緒十二年(1886)刻本,1 册

150301170　　950/2630a1
海國圖志五十卷/(清)魏源撰.--清道光二十二年(1842)刻本,19 册

150301171　　950/2630a2
海國圖志一百卷/(清)魏源撰.--清同治七

年(1868)陳氏刻本,24 册

150301172　　950/2630a3
海國圖志一百卷/(清)魏源撰.--清咸豐二年(1852)古微堂刻本,24 册

150301173　　814.4/4001
一笠菴北詞廣正譜不分卷/(清)徐于室撰,(清)李玄玉更訂.--清文靖書院刻本,6 册

150301174　　950/2828
瀛環志略十卷/(清)徐繼畬撰.--清光緒二十一年(1895)石印本,4 册

150301175　　950/3402
英法俄德四國志略一卷/沈敦和輯譯.--清光緒十八年(1892)鉛印本,1 册

150301176　　923/1046
[乾隆]掖縣志六卷　首一卷/(清)于始瞻等纂.--清乾隆二十六年(1761)刻本,6 册

150301177　　950/4404
五洲述略四卷/(清)蕭應椿撰.--清光緒二十八年(1902)紫藤花館刻本,6 册

150301178　　950/4428
地理全志五卷/(英國)慕維廉撰.--日本安政六年(1859)刻本,10 册

150301179　　950/4433
日本國志四十卷　首一卷/(清)黄遵憲編.--清光緒二十四年(1898)浙江書局刻本,10 册

150301180　　950/4433
日本國志四十卷　首一卷/(清)黄遵憲編.--清光緒二十四年(1898)浙江書局刻本,10 册

150301181　　950/7790
琉球國志略十六卷/(清)周煌輯.--清刻本,5 册
存十四卷(三至十六)

150301182　　950/9010
華陽國志十二卷/(晉)常璩撰.--清嘉慶九年(1804)刻本,4 册

150301183　　962/0120
五洲圖考不分卷/(清)龔柴撰.--清光緒二十八年(1902)徐家滙印書館刻本,2 册

150301184　　963/6644
大清一統輿圖三十卷　首一卷　中一卷/(清)嚴樹森修.--清同治二年(1863)撫署景桓樓刻本,12 册

150301185　　963/6644
大清一統輿圖三十卷　首一卷　中一卷/(清)嚴樹森修.--清同治二年(1863)撫署景桓樓刻本,10 册

150301186　　963/6644
大清一統輿圖三十卷　首一卷　中一卷/(清)嚴樹森修.--清同治二年(1863)撫署景桓樓刻本,8 册
存十六卷(首一卷,中一卷,北三至六、十一至十三,南六至十)

150301187　　964/2754
貴州郡邑道里圖一卷/(清)鮑中楷撰.--清刻本,1 册

150301188　　964/8054
江西全省輿圖十四卷/(清)曾國藩纂.--清石印本,12 册
存十二卷(二至五、七至十四)

150301189 964/8064
江西全省輿圖十四卷/(清)曾國藩等纂.--清同治七年(1868)刻本,15 册

150301190 L05449
春秋經傳集解十三卷/(晉)杜預註.--明刻本,30 册

150301191 812.17/4625
楊忠愍公集不分卷/(明)楊繼盛撰.--明萬曆三十年(1602)吳氏刻本,2 册

150301192 822.7/4972
墨苑九卷/(明)程大約撰.--明萬曆刻本,11 册

150301193 L04574
[萬曆]諸城縣志十六卷/(明)王之臣總修.--清抄本,1 册

150301194 L04158
宋名家詞三十種四十五卷/(明)毛晉輯.--明刻本,36 册

150301195 L00834
楚辭十七卷/(漢)劉向集.--清刻本,6 册

150301196 L00751
袁中郎全集四十卷/(明)袁宏道撰.--明末刻本,16 册

150301197 L00749
空同先生集六十六卷/(明)李夢陽撰.--明萬曆六年(1578)刻本,12 册
存四十六卷(六至十、十六至二十三、二十七至四十六、五十一至六十三)

150301198 811.27/7510
皇明詩選十三卷/(明)陳子龍等撰.--明崇禎刻本,5 册

150301199 L04194
南華真經副墨八卷/(明)陸西星撰.--明萬曆十三年(1585)刻本,8 册

150301200 L00244
范忠宣公文集二十卷/(宋)范純仁撰.--明嘉靖刻本,4 册

150301201 L04472
漁洋山人精華錄箋注十二卷　漁洋山人精華錄箋注補一卷　附錄一卷　年譜一卷/(清)金榮箋注.--清乾隆二年(1737)刻本,14 册

150301202 923/7772
[康熙]郯縣志四卷/(清)金世純修.--清康熙三十三年(1694)刻本,5 册

150301203 L01790
逋齋詩八卷/(清)劉正宗撰.--清順治六年(1649)刻本,2 册

150301204 L01790
逋齋詩一卷/(清)劉正宗撰.--清刻本,1 册

150301205 L01547
水西記畧一卷/(清)王鉞撰.--清康熙二十一年(1682)刻本,1 册

150301206 L04462
珂雪詞二卷　補遺一卷/(清)曹貞吉撰.--清康熙刻本,2 册

150301207 L02961
宋書一百卷/(南朝梁)沈約撰.--明萬曆二十二年(1594)刻本,24 册

150301208 L03367
新編簪纓必用翰苑新書前集十卷　後集

五卷　續集八卷/(□)□□撰.--明萬曆十九年(1591)刻本,40 册

150301209　　L04422

周易傳義大全二十四卷/(明)胡廣等輯.--明永樂刻本,12 册

150301210　　L05252

宋李忠定公文集選二十九卷　首四卷　奏議選十五卷　目録二卷/(宋)李綱撰.--清雍正五年(1727)刻本,15 册

存四十六卷(宋李忠定公文集選一至十、十五至二十九,卷首一至四,奏議選一至十五,目録一、二卷)

150301211　　L02965

梁書五十六卷/(唐)姚思廉撰.--明萬曆五年(1577)刻本,8 册

150301212　　L02965

梁書五十六卷/(唐)姚思廉撰.--明萬曆五年(1577)刻本,8 册

150301213　　L05426

歷代史纂左編八卷/(明)唐順之編輯.--明刻本,2 册

存四卷(一、二、七、八)

150301214　　L04590

艮齋筆記八卷/(清)李澄中撰.--清初刻本,2 册

150301215　　L04132

老學菴筆記十卷/(宋)陸游撰.--明天啟三年(1623)刻本,4 册

150301216　　L04978

笠翁一家言全集十六卷/(清)李漁撰.--清雍正八年(1730)刻本,8 册

存八卷(一至八)

150301217　　L00738

邵子全書二十四卷/(宋)卲雍撰.--明萬曆三十四年(1606)刻本,16 册

150301218　　L03539

樂府詩集一百卷　目録二卷/(宋)郭茂倩輯.--明末刻本,10 册

150301219　　L03556

陸象山全集三十六卷/(宋)陸九淵撰.--明嘉靖三十八年(1557)刻本,20 册

150301220　　L04457

銓部王先生文集一卷　銓部王先生詩集一卷/(明)王教撰.--明萬曆四十四年(1616)刻本,3 册

150301221　　L03372

漢隸字源五卷　碑目一卷/(宋)婁機撰.--明崇禎刻本,6 册

150301222　　L00339

六書正譌不分卷/(元)周伯琦撰.--明影元鈔本,5 册

150301223　　L04434

夢山存家詩稿八卷/(明)楊巍撰.--明萬曆三十年(1602)刻本,1 册

存四卷(一至四)

150301224　　L03015

弦雪居重訂遵生八牋十九卷　總目一卷/(明)高濂撰.--明刻本,20 册

150301225　　L03040

牧齋初學集一百一十卷　目録二卷/(清)錢謙益撰.--明崇禎十六年(1643)刻本,21 册

存一百零五卷(牧齋初學集一至四十六、四十八至一百零四,目錄上下)

150301226　　L03084

金聲玉振集五十種六十一卷/(明)袁褧編.--明嘉靖二十九年至三十年(1550～1551)刻本,8册

150301227　　L00757

白沙先生文编六卷/(明)陳獻章撰,(明)唐伯元輯　**年譜一卷**/(明)王弘誨撰.--明萬曆十一年(1583)刻本,4册

150301228　　680/4694

丹鉛餘錄十三卷/(明)楊慎撰.--明刻本,4册

150301229　　L00875

刪補古今文致十卷/(明)劉士鏻輯(明)王宇增刪.--明天啟三年(1623)刻本,4册

150301230　　L03555

新刻張太嶽先生詩文集四十七卷/(明)張居正撰,(明)雷思霈等校.--明萬曆四十年(1612)刻本,16册

150301231　　L04119

爾雅三卷/(清)丁耀亢註.--清抄本,3册

150301232　　L02973

隋書八十五卷/(唐)魏徵撰.--明萬曆二十二年(1594)刻本,2册

存八卷(一至八)

150301233　　L00750

升菴外集一百卷/(明)楊慎撰,(明)焦竑輯.--明萬曆四十五年(1617)刻本,16册

150301234　　L02390

教乘法數十二卷/(明)釋圓瀞集.--明嘉靖刻本,6册

150301235　　261/1183

類經三十二卷/(明)張景岳撰,(明)張介賓註　**圖翼十一卷　附翼四卷**/(明)張介賓撰.--明天啟四年(1624)謝應魁自刻本,30册

150301236　　L04428

呻吟語六卷/(明)呂坤撰.--明萬曆二十一年(1593)刻本,6册

150301237　　L03495

古今萬姓統譜一百四十卷　歷代帝王姓系統譜六卷　氏族博考十四卷/(明)凌迪知編.--明萬曆七年(1579)刻本,22册

150301238　　L05427

淮海易談四卷/(明)孫應鰲撰.--明隆慶二年(1568)刻本,3册

存三卷(一至三)

150301239　　L04429

唐世說新語十三卷/(唐)劉肅撰.--明刻本,4册

150301240　　L04111

帝京景物略八卷/(明)劉侗修.--明崇禎八年(1635)刻本,8册

150301241　　L02968

陳書三十六卷/(唐)姚思廉撰.--明萬曆十六年(1588)刻本,4册

150301242　　L03603

尚白齋鐫陳眉公訂正秘笈二十一種四十九卷/(明)陳繼儒編,(明)沈士龍等校.--明萬曆三十四年(1606)沈氏尚白齋刻本,16册

150301243　　815.8/7743
賴古堂尺牘三選結隣集十六卷/(清)周在浚等鈔.--清乾隆十九年(1754)周氏賴古堂刻本,8册

150301244　　L00854
晚邨先生八家古文精選不分卷/(清)吕留良輯,(清)吕葆中批點.--清康熙四十三年(1704)吕氏家塾刻本,6册

150301245　　812.14/4480.6
韓文四十卷　外集十卷　遺集一卷　集傳一卷/(唐)韓愈撰.--明嘉靖十六年(1537)游居敬刻本,6册

150301246　　L02956
鹿門先生批點漢書九十三卷/(明)茅坤輯.--明崇禎八年(1635)茅琛徵刻本,24册

150301247　　L04456
穀城山館詩集二十卷/(明)于慎行撰.--明萬曆三十二年(1595)刻本,6册

150301248　　814.48/1043a1
池北偶談二十六卷/(清)王士禛撰.--清光緒二十二年(1896)石印本,6册

150301249　　259/3100
月令廣義二十四卷　首一卷/(明)馮應京纂輯,(明)戴任增釋.--明萬曆三十年(1602)梅墅石渠閣刻本,10册

150301250　　450.1/6030
路史四十七卷/(宋)羅泌纂.--明萬曆三十九年(1611)刻本,20册

150301251　　L00728
羅昭諫集八卷/(唐)羅隱撰,(清)張瓚訂.--清康熙九年(1670)刻本,4册

150301252　　037/2617
六子全書五十四卷/(明)吳勉學等輯.--明萬曆刻本,10册

150301253　　811.2/8590
古詩歸十五卷/(明)鍾惺輯,(明)譚元春輯.--明萬四十五年(1617)曆閔氏刻本,8册

150301254　　491.37/2644
泊如齋重修宣和博古圖錄三十卷/(宋)王黼等撰.--明萬曆十六年(1588)泊如齋刻本,16册

150301255　　L01558
二如亭群芳譜二十九卷　首一卷/(明)王象晉纂輯.--明天啟元年(1621)刻本,20册

150301256　　L04465
但吟草八卷　恭紀詩一卷/(清)蕭惟豫撰.--清康熙五十年(1711)自刻本,4册

150301257　　812.27/7222
劉槎翁先生詩選十二卷/(明)劉崧撰.--明萬曆二十五年(1597)張應泰刻本,4册

150301258　　811.38/7548
憑山閣增輯留青新集三十卷/(清)陳枚選.--清康熙四十七年(1708)積秀堂刻本,24册

150301259　　L04376
傳鶉觚集不分卷/(晉)傅玄撰,(明)張傳輯.--明刻本,2册

150301260　　950/1190.1
東西洋考十二卷/(明)張燮撰.--明萬曆四十六年(1618)王起宗刻本,4册

150301261　　L04133
茅亭客話十卷　貴耳錄三卷　避暑錄話二卷/(宋)黃休復集.--明刻本,12 册

150301262　　L05433
豫章黃先生別集十卷/(宋)黃庭堅撰,(宋)黃子耕輯.--元刻本,1 册
存三卷(八至十)

150301263　　L02145
漁洋山人自撰年譜二卷/(清)王士禛撰,(清)惠棟註補.--清紅豆齋刻本,1 册

150301264　　323/0028
通雅五十二卷　首三卷/(明)方以智撰.--清康熙五年(1666)立教館刻本,16 册

150301265　　L00559
西翁教子言二卷　正篇六卷　副篇一卷　廣篇三卷　遺記一卷/(明)李梓撰.--明天啟五年(1625)刻本,8 册

150301266　　L03035
淮海集四十卷　淮海後集六卷　長短句三卷/(宋)秦觀撰,(明)李之藻校.--明萬曆四十六年(1618)刻本,4 册
存二十五卷(淮海集一至四、十七至二十四、三十四至四十,淮海後集一至六)

150301267　　L05579
金史一百三十五卷/(元)脫脫等撰.--明嘉靖八年(1529)刻本,20 册

150301268　　L04455
宗伯集八十一卷/(明)馮琦撰.--明萬曆三十五年(1607)刻本,10 册
存二十七卷(五十五至八十一)

150301269　　L04455
宗伯集目錄一卷/(明)馮琦撰.--明萬曆三十五年(1607)刻本,1 册

150301270　　L02654
宗伯集八十一卷/(明)馮琦撰.--明萬曆三十五年(1607)刻本,10 册
存二十九卷(一至二十九)

150301271　　L02261
法書要錄十卷/(唐)張彥遠撰.--明刻本,4 册

150301272　　L04136
運氣易覽三卷/(明)汪機撰.--明嘉靖七年(1528)刻本,2 册

150301273　　L05425
春秋左傳注疏六十卷/(晉)杜預注,(唐)陸德明釋文.--明嘉靖刻本,5 册
存十卷(一至十)

150301274　　L03061
古文苑二十一卷/(宋)章樵註.--明萬曆二十一年(1593)張象賢刻本,4 册

150301275　　322/2613
六書正義十二卷/(明)吳元滿撰.--明萬曆三十三年(1605)刻本,12 册

150301276　　L00949
虞初新志二十卷/(清)張潮輯.--清康熙二十二年(1683)刻本,10 册

150301277　　450.1/2720
戰國策十卷/(漢)劉向校,(宋)鮑彪校.--明萬曆刻本,4 册

150301278　　L04433
四素山房集十九卷　皇華集一卷/(明)劉

鴻訓撰. --明崇禎刻清雍正印本,16 册

150301279　811.27/8308

列朝詩集八十一卷/(清)錢謙益輯. --清順治九年(1652)毛氏汲古閣刻本,30 册

150301280　L05460

唐類函二百卷　目錄二卷/(明)俞安期輯,(明)徐顯卿校訂. --明萬曆三十一年(1603)刻本,40 册

150301281　430.7/0404

明季南畧十八卷　明季北畧二十四卷/(清)計六奇輯. --清道光琉璃廠半松居士刻本,23 册

150301282　028/2600

子史精華一百六十卷/(清)吳士玉總裁. --清雍正五年(1727)武英殿刻本,48 册

缺第一百六十卷

150301283　L04426

石墨鐫華八卷　附錄二卷/(明)趙崡撰. --明萬曆四十六年(1618)自刻本(P 十為鈔配),4 册

150301284　L03610

佩文韻府一百零六卷/(清)張玉書等輯. --清康熙五十年(1711)內府刻本,95 册

150301285　L04134

史記一百三十卷/(漢)司馬遷撰,(明)鐘惺評. --明末大來堂刻本,22 册

存一百二十五卷(六至一百三十)

150301286　L02709

津逮秘書十五集一百四十一種七百四十八卷/(明)毛晉輯. --明崇禎毛氏汲古閣刻本,188 册

150301287　L04162

文獻通考三百四十八卷/(元)馬端臨撰. --明嘉靖三年(1524)司禮監刻本,100 册

150301288　L00857

古詩歸十五卷　唐詩歸三十六卷/(明)鍾惺選定. --明崇禎刻本,20 册

150301289　814.48/1043a2

池北偶談二十六卷/(清)王士禛撰. --清康熙四十年(1701)刻本,8 册

150301290　L05442

景德傳燈錄三十卷/(宋)釋道原撰. --明萬曆三十四年(1606)刻本,20 册

存二十卷(一至二十)

150301291　814.48/1043a3

池北偶談二十六卷/(清)王士禛撰. --清光緒二十二年(1896)慎記書莊石印本,6 册

150301292　L05422

漢魏叢書三十八種二百五十卷/(明)程榮輯. --明萬曆二十年(1592)刻本,55 册

150301293　815.7/1012c2

歸潛志十四卷/(元)劉祁撰. --清刻本,4 册

150301294　811.45/7730.1

絕妙好詞箋七卷　續鈔一卷/(宋)周密輯. --清乾隆十五年(1750)刻本,4 册

150301295　812.27/0030.1

青邱高季迪先生詩集十八卷　首一卷　補遺一卷　詩餘一卷　附錄一卷　青邱高季迪先生藻集五卷/(明)高啓撰,(清)金檀輯注. --清雍正文瑞樓刻本,7 册

存二十四卷(詩集一至十八,首一卷,鳧藻集一至五)

150301296 811.27/2528
明詩綜一百卷/(清)朱彝尊輯.--清乾隆吳氏清來堂刻本,40册

150301297 L01559
二酉彙刪二十四卷/(清)王訓纂.--清康熙三年(1664)擇雅堂刻本,12册

150301298 038/8333
田間全集五種七十卷/(清)錢澄之撰.--清康熙二十八年(1689)斟雉堂刻本,20册

150301299 L02191
盤山志十卷 補遺四卷/(清)智樸撰.--清同治十一年(1872)刻本,4册

150301300 L01941
荏邑三先生合刻二十一卷/(明)張後覺等撰.--清道光六年(1826)刻本,6册

150301300 L01941
荏邑三先生合刻二十一卷/(清)張後覺等撰.--清道光六年(1826)刻本,6册

150301301 037/7522
陳眉公家藏秘笈續函五十種九十七卷/(明)陳繼儒輯.--明萬曆周綉水沈氏刻本(册一系抄配),15册

150301302 812.27/2649
松圓浪淘集十八卷/(明)程嘉燧撰.--明刻本,8册

150301303 815.7/1012c2
明人尺牘選四卷/(清)王元勳輯.--清末潄芳齋刻本,4册

150301304 815.7/2620
昭代名人尺牘十二卷 昭代名人尺牘小傳十二卷/(清)吳修審定.--清末南洋官書局石印本,6册
存六卷(昭代名人尺牘小傳一至六)

150301305 815.8/0043
寫信必讀十卷/(清)唐芸洲撰.--清光緒二十五年(1899)掃葉山房石印本,5册
存八卷(一至二,五至十)

150301306 815.8/0704a2
名賢手札不分卷/(清)郭慶藩輯.--清光緒十一年(1885)同文書局石印本,2册

150301307 691/1041
道孔雀經三卷/(明)□□撰.--明崇禎元年(1628)刻本,3册

150301308 815.8/0863b1
管注秋水軒尺牘四卷 補注秋水軒續刊不分卷/(清)許思湄撰.--清光緒十二年(1886)刻本,5册

150301309 L05445
續傳燈録十一卷/(明)釋居頂撰.--明刻本,11册

150301310 815.8/0863b2
管注秋水軒尺牘四卷 補注秋水軒續刊一卷/(清)許思湄撰.--清光緒十一年(1885)刻本,5册

150301311 815.8/1012a1
明人尺牘選四卷/(清)王元勳編.--清末刻本,2册

150301312 815.8/1012a2
明人尺牘選四卷/(清)王元勳編.--清末潄芳齋刻本,4册

150301313　　815.8/1024a1
分類尺牘備覧三十卷/(清)王虎榜輯.--清光緒寶善書局石印本,8 册

150301314　　815.8/1024a2
分類尺牘備覧三十卷/(清)王虎榜輯.--清光緒十六年(1890)上洋珍藝局鉛印本,6 册

150301315　　815.8/2135
詳注三百六十行尺牘六卷　婚喪帖式一卷　鷹洋精論一卷/(清)上海書局編.--清光緒二十年(1894)上海書局石印本,6 册

150301316　　923/1061
[康熙]茌平縣志四卷/(清)王國弼等纂.--清康熙四十九年(1710)刻本,4 册

150301317　　815.8/2770
詳注嚶求集二卷/(清)繆艮撰.--清光緒十六年(1890)積山書局石印本,2 册

150301318　　815.8/2797
尺牘味新四卷/(清)紉裳居士編.--清刻本,4 册

150301319　　815.8/2842
孫注適軒尺牘四卷/(清)徐菊生撰.--清光緒十五年(1889)上洋珍藝書局鉛印本,1 册

150301320　　815.8/3176
官商普通尺牘不分卷/江鳳鳴編.--清光緒三十四年(1908)石印本,2 册

150301321　　815.8/3800
尺牘初桄二卷　附卷二卷　彙注一卷/(清)涂謙撰.--清光緒十二年(1886)慈母堂鉛印本,2 册

150301322　　815.8/4010
昭代名人尺牘二十四卷/(清)吳修審定.--清光緒三十四年(1908)西泠書社刻本,24 册

150301323　　815.8/4027
隨園同人尺牘四卷/(清)袁枚輯.--清嘉慶元年(1796)刻本,4 册

150301324　　812.24/4060
李長吉歌詩四首一卷/(唐)李賀撰.--清宣統元年(1909)掃葉山房石印本,4 册

150301325　　815.8/4039a1
左文襄公書牘節要二十六卷/(清)左宗堂撰.--清光緒二十八年(1902)刻本,12 册

150301326　　812.24/4420a1
樊川詩集四卷　樊川詩外集一卷　樊川詩補遺一卷　本傳一卷/(唐)杜牧撰.--清嘉慶三年(1798),4 册

150301327　　923/1080
[萬曆]汶上縣志八卷/(明)栗可仕等修
[乾隆]續修汶上縣志六卷/(清)聞元炅等修.--清康熙刻本,4 册

150301328　　923/1080
[萬曆]汶上縣志八卷/(明)栗可仕等修
[乾隆]續修汶上縣志六卷/(清)聞元炅等修.--清康熙刻本,4 册

150301329　　812.24/4420a2
樊川集六卷/(唐)杜牧撰.--清刻本,1 册
存三卷(一至三)

150301330　　815.8/4039c1
史氏家藏左文襄公手劄一卷/(清)左宗棠撰.--清光緒三十三年(1907)石印本,1 册

150301331　　815.8/4040a1
隨園尺牘八卷/(清)袁枚撰.--清刻本,4 册

150301332　　923/1134
[乾隆]祥符縣志二十二卷/(清)張淑載纂修.--清乾隆四年(1739)刻本,6册
存十卷(一、二、五、八至十二、十五、十六)

150301333　　815.8/4040c1
音注小倉山房尺牘八卷/(清)袁枚撰.--清宣統三年(1911)石印本,4册

150301334　　812.24/4450b1
杜工部詩二十卷　首一卷/(唐)杜甫撰.--清光緒二年(1876)粤東翰墨園六色套印本,10册

150301335　　815.8/4210a1
惜抱先生尺牘八卷/(清)姚鼐撰.--清同治二年(1863)刻本,4册

150301336　　812.24/4450c1
杜詩論文五十六卷/(唐)杜甫撰.--清刻本,13册
存三十二卷(二、三、六至八、十一至二十一、二十五至三十、四十一至四十五、四十九至五十三)

150301337　　923/1171a1
[順治]招遠縣志十二卷/(清)張鳳羽纂修.--清道光二十六年(1846)刻本,4册

150301338　　923/1171a1
[順治]招遠縣志十二卷/(清)張鳳羽纂修.--清道光二十六年(1846)刻本,4册

150301339　　815.8.4210a3
惜抱先生尺牘八卷/(清)姚鼐撰.--清咸豐五年(1855)刻本,2册

150301340　　923/1172
[康熙]萊陽縣志十卷/(清)萬邦維,(清)衛元爵修(清)張重潤等纂.--清康熙十七年(1678),4册

150301341　　923/1174a1
長白徵存錄八卷/(清)張鳳臺等纂.--清宣統二年(1910)鉛印本,3册
存五卷(一、五至八)

150301342　　923/1174a1
長白山存錄八卷/(清)張鳳臺等纂.--清宣統二年(1910)鉛印本,4册
存五卷(一、五至八)

150301343　　923/1197
[乾隆]高苑縣志十卷/(清)張耀壁纂.--清乾隆二十三年(1758)刻本,6册

150301344　　812.24/4450d1
杜詩詳注二十五卷　首卷一卷　附編二卷/(唐)杜甫撰.--清康熙刻本,20册

150301345　　812.24/4450e1
杜律通解四卷/(唐)杜甫撰.--清刻本,6册

150301346　　812.24/4450e2
杜律通解四卷/(唐)杜甫撰.--清刻本,4册

150301347　　812.24/4480a1
韓昌黎詩集編年箋注十二卷/(唐)韓愈撰.--清乾隆二十三年(1758)雅雨堂刻本,6册

150301348　　812.24/4480a1
韓昌黎詩集編年箋注十二卷/(唐)韓愈撰.--清乾隆二十三年(1758)雅雨堂刻本,6册

150301349　　812.25/4407a1
山谷詩集注二十卷　外集詩注十七卷

別集注二卷/(宋)黄庭堅撰.--清光緒二十五年(1899)雙井祠堂刻本,20 册

150301350　　812.25/4407b1
黄詩全集五十八卷/(宋)黄庭堅撰.--清樹經堂刻本,20 册

150301351　　923/1720
[乾隆]肅寧縣志十一卷/(清)尹侃等纂.--清乾隆十九年(1754)刻本,4 册
存十卷(一至九、十上)

150301352　　923/1728
[同治]黄縣志十四卷/(清)尹繼美等修.--清刻本,4 册

150301353　　923/1728
[同治]黄縣志十四卷/(清)尹繼美等修.--清刻本,4 册

150301354　　923/1784
[道光]重修寶應縣志二十八卷　首一卷/(清)喬載繇等纂.--清道光二十一年(1841)湯氏沐華堂刻本,10 册

150301355　　923/1923
[康熙]封邱縣續志五卷/(清)耿紘祚等纂.--清康熙三十六年(1697)刻本,2 册

150301356　　923/2111
[康熙]堂邑縣志二十卷/(清)盧承琰等纂.--清光緒十八年(1892)刻本,2 册
存十四卷(一至十四)

150301357　　812.25/4450a3
施注蘇詩四十二卷　目錄二卷　蘇軾續補遺二卷/(宋)蘇軾撰.--清刻本,10 册
存二十卷(目錄一、二,一至十四、二十六至二十八、三十三至三十五)

150301358　　812.25/4450a3
施注蘇詩四十二卷　目錄二卷　蘇軾續補遺二卷/(宋)蘇軾撰.--清刻本,10 册
存二十卷(目錄一、二,一至十四、二十六至二十八、三十三至三十五)

150301359　　812.25/4450a3
施注蘇詩四十二卷　目錄二卷　蘇軾續補遺二卷/(宋)蘇軾撰.--清刻本,16 册
存二十卷(目錄一、二,一至十四、二十六至二十八、三十三至三十五)

150301360　　812.25/4450c1
蘇文忠公詩編注集成四十六卷　首一卷　識馀四卷　總案四十五卷/(宋)蘇軾撰.--清嘉慶二十四年(1819)刻本,25 册

150301361　　923/2163
濟陽縣志十四卷/(清)何明禮等纂.--清乾隆三十九年(1765)刻本,8 册

150301362　　815.8/4460
胭脂牡丹六卷/(清)韓鄂撰.--清道光二十七年(1847)刻本,6 册

150301363　　815.8/4483
雨亭尺牘六卷/(清)林欽潤撰.--清道光二十六年(1846)文德堂刻本,6 册

150301364　　815.8/6062
依樣葫蘆四卷/(清)畏壘山人撰.--清嘉慶十二年(1799)集義堂刻本,4 册

150301365　　815.8/7530
培遠堂手札節存三卷/(清)陳宏謀撰.--清同治十一年(1872)江蘇書局刻本,1 册

150301366　　812.38/7474a1(善)
三魚堂文集十二卷　外集六卷/(清)陸隴

其撰. --清康熙四十年(1701)琴川書屋刻本,8 册

150301367　　L00863(善一)
本事詩一卷/(唐)孟啟傳. --明刻本,1 册

150301368　　L03700(善二)
澠水燕談録十卷/(宋)王闢之撰. --明末刻本,1 册

150301369　　259/3100(善)
月令廣義二十四卷/(明)馮應京纂輯. --明萬暦刻本,2 册
存八卷(七至十四)

150301370　　814.12/1040(善)
王子年拾遺記十卷/(晉)王嘉撰. --明刻本,1 册

150301371　　814.34/1023(善)
摭言十五卷/(五代)王定保撰. --明刻本,1 册

150301372　　814.34/4451(善)
雲溪友議十二卷/(唐)范攄撰. --明刻本,1 册

150301373　　815.8/7583
簠齋尺牘不分卷/(清)陳介祺書. --清光緒十七年(1891)石印本,5 册

150301374　　814.7/0031(善)
獨異志三卷/(唐)李冗撰. --明石印本,1 册

150301375　　815.8/7736
昭代名人尺牘續集不分卷/陶湘編. --清宣統二年(1910)石印本,24 册

150301376　　812.25/4450d1
蘇文忠詩合注五十首二卷/(宋)蘇軾撰. --清乾隆五十八年(1793)踵息齋刻本,20 册

150301377　　815.8/7743
重刻賴古堂尺牘新鈔三選結鄰集十五卷/(清)周在浚等鈔. --清光緒十二年(1886)刻本,5 册
存十二卷(一、五至十六)

150301378　　812.25/4450d2
蘇東坡詩集注三十二卷/(宋)蘇軾撰. --清掃葉山房石印本,10 册
存二十一卷(三至四、十二、十五至三十二)

150301379　　923/2240a1
[康熙]新城縣志十四卷　首一卷/(清)崔懋总纂. --清康熙三十二年(1693)刻本,6 册

150301380　　923/2240a1
[康熙]新城縣志十四卷　首一卷/(清)崔懋总纂. --清康熙三十二年(1693)刻本,6 册

150301381　　923/2341a1
[光緒]高密縣志十卷　首一卷　末一卷/(清)傅賫予等纂. --清光緒二十二年(1896)刻本,7 册

150301382　　923/2341a1
[光緒]高密縣志十卷　首一卷　末一卷/(清)傅賫予等纂. --清光緒二十二年(1896)刻本,8 册

150301383　　L02939(善)
韓詩外傳十卷/(漢)韓嬰撰. --明刻本,3 册

150301384　　923/2341a2
[光緒]高密縣志十卷　首一卷　末一卷/(清)傅賫予纂. --清光緒二十二年(1896)刻

本,8 册

150301385　　L02940(善)
春秋繁露十七卷/(漢)董仲舒撰.--明刻本,3 册

150301386　　923/2573
[道光]續修諸城縣志二十三卷/(清)朱學海等纂.--清道光十四年(1834)刻本,4 册

150301387　　923/2640
[康熙]新修蒲圻縣志十五卷/(清)張圻隆修.--清乾隆四年(1739)刻本,10 册

150301388　　923/2740a1
[乾隆]海陽縣志八卷/(清)包桂等纂.--清乾隆七年(1742)刻本,4 册

150301389　　923/2740a2
[乾隆]海陽縣志八卷/(清)包桂等纂.--清乾隆七年(1742)刻本,4 册

150301390　　923/2740a3
[乾隆]海陽縣志八卷/(清)包桂等纂.--清乾隆七年(1742)刻本,3 册
存三卷(一至三)

150301391　　923/2740b1
[光緒]聊城縣鄉土志一卷/(清)向植纂.--清光緒三十四年(1908)刻本,1 册

150301392　　815.8/8064a1
曾文正公家書十卷　家訓二卷　大事記二卷　榮哀錄一卷/(清)曾國藩撰.--清光緒十七年(1891)刻本,6 册

150301393　　815.8/8064a2
曾文正公家書十卷　曾文正公家訓二卷　曾文正公大事記四卷　曾文正公榮哀錄一卷/(清)曾國藩撰.--清光緒十三年(1887)鴻文書局鉛印本,8 册

150301394　　815.8/8064a3
曾文正公家書十卷　曾文正公家訓二卷　曾文正公大事記四卷　曾文正公榮哀錄一卷/(清)曾國藩撰.--清光緒二十九年(1903)锦章書局石印本,6 册

150301395　　815.8/8064a6
曾文正公家書十卷　曾文正公家訓二卷/(清)曾國藩撰.--清光緒十二年(1886)著易堂鉛印本,12 册

150301396　　815.8/8064a7
曾文正公家書六卷/(清)曾國藩撰.--清光緒二年(1876)刻本,6 册

150301397　　923/2855
[光緒]增修甘泉縣志二十四卷/(清)徐成敟增訂.--清光緒七年(1881)刻本,12 册
存十四(三至七、九、十一、十二、十六、十七、十九、二十二至二十四)

150301398　　923/3040
[乾隆]諸城縣志四十六卷/(清)宮懋讓等纂.--清乾隆二十九年(1764)刻本,8 册

150301399　　923/3044
[乾隆]濰縣鄉土志一卷/(清)宋朝楨等纂.--清乾隆三十三年(1907)刻本,1 册

150301400　　816/4435
出使英法義比四國日記六卷/(清)薛福成撰.--清光緒二十三年(1897)刻本,6 册

150301401　　816/2266
出使美日秘崔日記十四卷/(清)崔國因撰.--清光緒二十年(1894)刻本,9 册

存十卷(一至十)

150301402　923/3240
[乾隆]曲阜縣志一百卷/(清)潘相纂.--清乾隆三十九年(1774)刻本,9册
存七十四卷(一至三十五、六十二至一百)

150301403　923/3240
[乾隆]曲阜縣志一百卷/(清)潘相纂.--清乾隆三十九年(1774)刻本,6册
存七十四卷(一至三十五、六十二至一百)

150301404　923/3294
[道光]南海縣志四十四卷　末一卷/(清)潘尚楫等修.--清同治八年(1869)刻本,13册
存二十九卷(十三至三十八、四十二至四十四、末)

150301405　923/3429
[光緒]益都縣圖志五十四卷　首一卷/(清)法偉堂纂.--清光緒三十三年(1907)刻本,16册

150301406　923/3483
[光緒]德平縣志十二卷　首一卷/(清)凌錫祺纂輯.--清光緒十九年(1893)刻本,6册

150301407　923/3640
[道光]封川縣志十卷/(清)溫恭等纂.--清道光十五年(1835)刻本,4册

150301408　923/4004
[乾隆]歷城縣志五十卷/(清)李文藻等纂輯.--清乾隆三十七年(1772)刻本,16册

150301409　816/5020
書舶庸譚九卷/(清)董康撰.--清刻本,1册
存三卷(五至七)

150301410　923/4014
[光緒]海陽縣續志十卷/(清)李爾梅等纂.--清光緒六年(1880)刻本,6册

150301411　923/4014
[光緒]海陽縣續志十卷/(清)李爾梅等纂.--清光緒六年(1880)刻本,6册

150301412　923/4017
[道光]榮成縣志十卷/(清)李天騭等纂.--清道光二十年(1840)刻本,4册

150301413　923/4017
[道光]榮成縣志十卷/(清)李天騭等纂.--清道光二十年(1840)刻本,4册

150301414　923/4017
[道光]榮成縣志十卷/(清)李天騭等纂.--清道光二十年(1840)刻本,4册

150301415　923/4042a1
[光緒]甯陽縣鄉土志一卷/(清)李椿齡等纂.--清光緒三十三年(1907)石印本,1册

150301416　923/4050
[乾隆]黄縣志十二卷/(清)袁中立等纂.--清乾隆二十一年(1755)敬慎堂刻本,3册
存九卷(四至十二)

150301417　923/4060
[咸豐]金鄉縣志十二卷/(清)李壘纂修.--清同治元年(1862)刻本,4册

150301418　923/4415a1
[光緒]棲霞縣志十卷/(清)黄麗中主修.--清光緒五年(1879)刻本,5册
存七卷(一至四、八至十)

150301419　923/4415a2
[光緒]棲霞縣志十卷/(清)黄麗中主修.--清光緒五年(1879)刻本,8册

150301420　816.8/1243
日譜録存三十六卷/(清)孫奇逢撰.--清刻本,1册
存三卷(三十至三十二)

150301421　816.8/4034
恩平程記一卷/(清)李文藻撰.--清刻本,1册

150301422　923/4424
[正德]朝邑縣志二卷/(明)王道修.--清刻本,1册

150301423　817/1028
湘煙閣詩鐘彙鈔二卷/(清)王以敏輯.--清光緒十八年(1892)刻本,1册

150301424　923/4427
[光緒]滋陽縣志十四卷/(清)黄師誾總纂.--清光緒十四年(1888)刻本,10册

150301425　817/1070
記事珠不分卷/(清)張以謙撰.--清嘉慶二十一年(1816)刻本,10册

150301426　923/4430a1
[同治]即墨縣志十二卷/(清)林溥纂修.--清同治十二年(1873)刻本,8册

150301427　923/4430a1
[同治]即墨縣志十二卷/(清)林溥纂修.--清同治十二年(1873)刻本,8册

150301428　923/4430a2
[同治]即墨縣志十二卷/(清)林溥纂修.--清同治十二年(1873)刻本,7册
存十一卷(一至八、十至十二)

150301429　923/4434
[同治]上江兩縣志二十九卷　首一卷/(清)莫祥芝纂.--清同治十三年(1874)刻本,12册

150301430　923/4474b1
[康熙]費縣志十卷/(清)黄學懃等纂.--清康熙二十八年(1689)刻本,4册

150301431　923/4493
[乾隆]平原縣志十卷　首一卷/(清)黄懷祖撰.--清乾隆十四年(1749)刻本,4册

150301432　923/4646
[嘉慶]昌樂縣志三十二卷/(清)魏禮焯等纂.--清嘉慶十四年(1809)刻本,6册

150301433　923/4943
[光緒]魚臺縣志四卷　首一卷　末一卷/(清)趙英祚纂.--清光緒十五年(1889)刻本,4册

150301434　923/5383
[同治]重修城步縣志十卷/(清)盛鎰源等纂.--清同治七年(1868)文友堂刻本,10册

150301435　923/5327
[光緒]利津縣志十卷/(清)盛讃熙纂.--清光緒九年(1883)刻本,4册

150301436　923/6448
[康熙]續修清苑縣志十二卷/(清)時來敏等纂.--清康熙十六年(1677)刻本,4册

150301437　923/6854
[嘉慶]平陰縣志四卷/(清)喻春林纂,(清)朱續孜纂.--清嘉慶十三年(1808)刻本,4册

存三卷(二至四)

150301438　　923/7425
[嘉慶]續修郯城縣志十卷/(清)陸繼輅纂修.--清嘉慶十五年(1810)鉛印本,4册

150301439　　923/7544
[光緒]湘潭縣志十二卷/(清)陳嘉榆纂.--清光緒十五年(1889)刻本,10册

150301440　　923/7563
[光緒]曹州府曹縣志十八卷/(清)陳嗣良纂.--清光緒十年(1884)刻本,6册
存十三卷(一至十三)

150301441　　923/7566
[道光]招遠縣續志四卷/(清)陳國器纂.--清道光二十六年(1846)刻本,4册

150301442　　923/7566
[道光]招遠縣續志四卷/(清)陳國器纂.--清道光二十六年(1846)刻本,4册

150301443　　923/7566
[道光]招遠縣續志四卷/(清)陳國器纂.--清道光二十六年(1846)刻本,2册

150301444　　923/7584
益都縣志十四卷/(清)陳食花等纂.--清康熙十二年(1673)刻本,6册

150301445　　923/7700a1
[道光]文登縣志十卷/(清)歐文等纂.--清道光十九年(1839)刻本(卷八至十為配本),4册

150301446　　923/7700a2
[道光]文登縣志十卷/(清)歐文等纂.--清道光十九年(1839)刻本,4册

150301447　　923/7720
[道光]廈門志十六卷/(清)周凱纂.--清道光十九年(1839)刻本,12册

150301448　　923/7742
[乾隆]昌邑縣志八卷/(清)周來邰纂.--清乾隆七年(1742)刻本,4册

150301449　　923/8027a1
[光緒]泗水縣鄉土志一卷/(清)□□撰.--清光緒二十八年(1902)石印本,1册

150301450　　923/8027b1
[光緒]齊河縣鄉土志一卷/(清)□□撰.--清光緒石印本,1册

150301451　　923/8040
[同治]上海縣志三十二卷　圖説一卷　敘録一卷　首一卷/(清)俞樾纂.--清光緒八年(1882)刻本,16册

150301452　　923/8040
[同治]上海縣志三十二卷　圖説一卷　敘録一卷　首一卷/(清)俞樾纂.--清光緒八年(1882)刻本,14册

150301453　　923/8054b1
[同治]靈壽縣志十卷/(清)傅維橒纂.--清同治十二年(1873)刻本,3册
存七卷(四至十)

150301454　　923/8244
[光緒]肥城縣鄉土志九卷/(清)鍾樹森續修.--清光緒三十四年(1908)石印本,1册

150301455　　923/8306
[光緒]陵縣鄉土志一卷/(清)錢應顯撰.--清光緒三十三年(1907)刻本,1册

150301456　　923/8312a1

[乾隆]高密縣志十卷　首一卷　末一卷　志餘補一卷/(清)錢廷熊等纂.--清乾隆十九年(1754)刻本,4 册

150301457　　923/8312a2

[乾隆]高密縣志十卷　首一卷　末一卷　志餘補一卷/(清)錢廷熊等纂.--清乾隆十九年(1754)刻本,4 册

150301458　　923.8/4433

[光緒]新修菏澤縣志十八卷/(清)葉道源纂修.--清光緒十年(1884)刻本,6 册

150301459　　930/0863

帕米爾圖說一卷/(清)許景澄撰.--清光緒二十三年(1897)石印本,1 册

150301460　　930/1035

黑龍江外記八卷/(清)西清撰.--清光緒二十年(1894)刻本,2 册

150301461　　930/2123

北徼彙編不分卷/(清)何秋濤編錄.--清同治四年(1865)刻本,3 册

150301462　　812.34/4007

樊南文集補編十二卷/(唐)李商隱撰,(清)錢振倫箋,(清)錢振常註.--清同治五年(1866)刻本,4 册

150301463　　930/2123a1

朔方備承六十八卷　首十二卷/(清)何秋濤撰.--清光緒七年(1881)石印本,8 册

150301464　　930/2123a2

朔方備乘六十八卷　首十二卷　凡例目錄一卷/(清)何秋濤撰.--清光緒七年(1881)刻本,25 册

150301465　　930/2123a2

朔方備乘六十八卷　首十二卷　凡例目錄一卷/(清)何秋濤撰.--清光緒七年(1881)刻本,24 册

150301466　　817/3443

迂齋學古編四卷/(清)法坤宏撰.--清乾隆三十九年(1774)刻本,2 册

150301467　　817/4408

雨堂偶筆四卷　首一卷/(清)蔣慶竁撰.--清光緒二十三年(1897)刻本,2 册

150301468　　817/4531

姓字聯一卷　姓字聯增補一卷/(清)擁書樓書.--清抄本,1 册

150301469　　817/4964

鵲華行館詩鐘錄一卷/(清)趙國華選輯.--清同治九年(1870)刻本,1 册

150301470　　817/5037

詩鐘鳴雪集初編一卷/(清)撰沟吟社選輯.--清宣統元年(1909)豐源印書局刻本,1 册

150301471　　817/5543

新增官鄉要則不分卷/(清)味蘭室主人輯.--清光緒十一年(1885)刻本,4 册

150301472　　817/8054a1

新增應酬彙選五卷/(清)陸九如纂.--清光緒十七年(1891)圖書集成局石印本,4 册

150301473　　817/8054a1

新增應酬彙選五卷/(清)陆九如纂.--清石印本,2 册

存二卷(二至三)

150301474　　817/8054
慎獨處公牘一卷/(清)□□撰.--清刻本,1册

150301475　　817/8346
十駕齋養新錄二十卷　餘錄三卷/(清)錢大昕撰.--清光緒二年(1876)浙江書局刻本,8册

150301476　　817/8423a1
奏摺譜一卷/(清)饒旬宣纂.--清光緒九年(1883)京都刻本,1册

150301477　　817/8423a2
奏摺譜一卷/(清)饒旬宣纂.--清光緒九年(1883)刻本,1册

150301478　　821.5/4450a1
東坡題跋二卷/(宋)蘇軾撰,(清)温一貞錄　**山谷題跋三卷**/(宋)黃庭堅撰,(清)温一貞錄.--清同治十一年(1872)又賞齋刻本,5册

150301479　　817.8/4030
曾文正公雜著四卷/(清)曾國藩撰,(清)李瀚章編--清同治十三年(1874)刻本,4册

150301480　　821.8/1100
清朝畫徵續錄二卷/(清)張庚撰.--清石印本,1册

150301481　　821.8/4014a2
甌缽羅室書畫過目考四卷　首一卷　附卷一卷/(清)李玉棻輯.--清宣統三年(1911)北京晉華書局石印本,4册

150301482　　821.8/4014a3
甌缽羅室書畫過目考四卷　首一卷　附卷一卷/(清)李玉棻輯.--清光緒二十三年(1897)刻本,4册

150301483　　822/1030
草字彙一卷/(清)石梁集.--清乾隆五十二年(1787)刻本,1册

150301484　　822/1714
尹琅若先生楷书六朝唐赋一卷/(清)尹琅若書.--清中華書局石印本,1册

150301485　　822/4211
十三經集字摹本不分卷/(清)彭玉雯纂.--清道光二十九年(1849)彭玉雯雲墀氏刻本,8册

150301486　　822/4463
草字便覽摘要一卷/(清)黃思永錄.--清光绪懿文齋石印本,1册

150301487　　822/8043
翁松禪手札不分卷/(清)翁同龢書.--清光緒三十四年(1908)刻本,10册

150301488　　811.38/8074
可儀堂名家制義四十八卷/(清)俞長城論次.--清乾隆三年(1738)文盛堂 懷德堂刻本,41册
存四十二卷(一、三、六至二十、二十二至三十五、三十七至四十二、四十四至四十八)

150301489　　811.38/8081
評注才子古文十七卷　歷朝名文九卷/(清)金聖嘆選.--清文成堂刻本,12册

150301490　　811.38/8090a2
國朝駢體正宗十二卷/(清)曾燠選.--清光緒十九年(1893)章氏鴻運樓刻本,6册

150301491　　811.44/4460
花菴絕妙詞選十卷　中興絕妙詞十卷/

(宋)黄昇編.--清乾隆十七年(1752)因樹樓刻本,8册

150301492　　823/1013b1

麓臺題畫藁一卷/(清)王原祁撰.--清末有正書局铅印本,1册

150301493　　823/1034

治梅石譜不分卷/(清)王治梅纂.--清末朝記書莊石印本,2册

150301494　　812.34/4480a1

韓文起十二卷/(唐)韓愈撰.--清康熙32年(1693)挹奎樓刻本,8册

150301495　　812.34/4480a1

韓文起十二卷/(唐)韓愈撰.--清康熙32年(1693)挹奎樓刻本,12册

150301496　　812.34/4480a1

韓文起十二卷/(唐)韓愈撰.--清康熙32年(1693)挹奎樓刻本,6册

150301497　　823/1040a1

芥子園畫傳四卷　二集四卷　三集四卷　四集五卷/(清)王安節摹古.--清康熙四十年(1701)刻本,16册

150301498　　823/1040b1

芥子園畫傳四卷/(清)王安節摹古.--清光緒九年(1883)石印本,4册

150301499　　811.44/4923a2

花間集十卷/(五代)趙崇祚集.--清光緒十五年(1889)刻本,2册

150301500　　811.45/2530

宋詞三百首不分卷/(清)朱祖謀編.--清刻本,1册

150301501　　811.45/4644

樂府新編陽春白雪五卷/(元)楊朝英選集.--清刻本,1册

150301502　　811.48/1003

御選歷代詩餘一百二十卷/(清)王奕清校.--清康熙四十六年(1707)刻本,32册

150301503　　822.5/2510

墨池編二十卷/(宋)朱長文纂.--清雍正十一年(1733)寶硯山房刻本,8册

150301504　　811.48/1012

霓裳續譜八卷/(清)王楷堂撰.--清集賢堂刻本,6册

150301505　　811.48/1020

名家詞鈔不分卷/(清)聶先撰.--清汲古閣刻本,20册

150301506　　811.48/2730

褉劇三集三十四卷/(清)鄒漪撰.--清光緒二十八年(1901)刻本,8册

150301507　　812.34/4480b1

韓文百篇編年三卷/(唐)韓愈撰,(清)劉成忠選.--清光緒二十六年(1900)刻本,3册

150301508　　812.34/4731a3

河東先生文集六卷/(唐)柳宗元撰,(唐)劉禹錫編.--清宣統二年(1910)上海會文堂刻本,6册

150301509　　812.34/4731a3

河東先生文集六卷/(唐)柳宗元撰,(唐)劉禹錫編.--清宣統二年(1910)上海會文堂刻本,6册

150301510　　811.48/4429

昭代詞選三十八卷/(清)蔣重光輯.--清乾

隆五十二年(1787)刻本,12册

150301511　811.48/4493a1
國朝詞綜續編二十四卷/(清)黄燮清纂.--清同治十二年(1873)宗景藩刻本,6册

150301512　811.48/8324a1
綴白裘合集十二集四十八卷/(清)錢德蒼輯.--清乾隆四十七年(1782)金閶學耕堂刻本,35册
缺三集卷一,四至六集

150301513　811.48/8324a3
綴白裘合集十二集四十八卷/(清)錢德蒼輯.--清道光三年(1823)共賞齋刻本,24册

150301514　811.48/8324a4
繪圖綴白裘十二集四十八卷/(清)錢德蒼輯.--清光緒二十一年(1897)上海書局石印本,5册
存五集(七、九至十二)

150301515　811.48/8324a5
繪圖綴白裘十二集四十八卷/(清)錢德蒼輯.--清上海廣雅書局石印本,4册
存四集(一至四)

150301516　811.48/8324a6
綴白裘全編十二集四十八卷/(清)錢德蒼輯.--清乾隆四十六年(1781)四教堂刻本,12册
存四卷

150301517　811.55/2540a2
楚辭後語八卷/(宋)朱熹輯.--明刻本,4册

150301518　811.6/3140
律賦必以集二卷/(清)顧南雅評選.--清光緒十四年(1888)刻本,2册

150301519　811.6/4010
賦學正鵠集釋十一卷/(清)李元度撰.--清光緒十三年(1887)刻本,8册

150301520　811.62/4420
選賦六卷　選賦名人世次爵里一卷/(南朝梁)蕭統選.--明朱墨套印本,6册

150301521　811.62/7120
六朝唐賦讀本不分卷/(清)馬傳庚撰.--清京都王燕書巢馬氏刻本,2册

150301522　811.68/2634a2
東湖草堂賦鈔四集十四卷/(清)程祥棟編輯.--清同治六年(1867)抱樸山房刻本,12册

150301523　811.68/2634a2
東湖草堂賦鈔四集十四卷/(清)程祥棟編輯.--清同治六年(1867)抱樸山房刻本,10册

150301524　811.68/4006
律賦麟角集四卷/(清)李應圖等撰.--清道光十九年(1839)金鎾堂刻本,4册

150301525　811.68/4010a1
賦學正鵠十一卷/(清)李元慶編.--清光緒十一年(1885)文昌書局刻本,6册

150301526　811.68/4010a2
賦學正鵠十一卷/(清)李元慶撰.--清光緒十八年(1892)茹古山房刻本,8册

150301527　811.68/4436
詳批律賦標準初二合刻八卷/(清)葉祺昌評選.--清光緒十三年(1887)登文會成梓刻本,8册

150301528　　811.68/7240
國朝試帖風雅四卷/(清)劉芬輯.--清嘉慶十年(1805)刻本,4册

150301529　　811.7/2284
文苑春秋不分卷/(明)崔銑輯.--明刻本,8册

150301530　　811.8/4042
袁氏家集六卷　母德録一卷　文誠公函牘二卷　閣學公詩稿拾遺一卷　雪鴻吟社詩鍾二卷　閣學公書札四卷　閣學公書札録遺一卷　閣學公集公牘八卷/(清)袁世傳編.--清宣統三年(1911)清芬閣鉛印本,23册

150301531　　930/2840
西域水道記五卷　新疆賦一卷　漢書西域傳補注二卷/(清)徐松纂.--清道光九年(1829)刻本,4册

150301532　　930/3704
皇朝藩部要略十八卷　皇朝藩部世系表四卷/(清)祁韻士纂.--清光緒十年(1884)浙江書局刻本,8册

150301533　　930/4880
欽定新疆識略十二卷　首一卷/(清)松筠纂.--清道光元年(1821)刻本,10册

150301534　　812/8064a2
曾文正公大事记四卷　曾文正公家書十卷　曾文正公榮哀録二卷/(清)王定安撰.--清末著易堂書局石印本,8册

150301535　　812.1/2142
何大復先生集三十八卷/(明)何景明撰.--清乾隆十五年(1750)刻本,1册

150301536　　812.1/5536
校經堂初集四卷　校經堂二集九卷/(清)曹鴻勛訂.--清刻本,3册
初集存二卷(三至四)二集存五卷(一至二、七至九)

150301537　　814.38/4944
寄園寄所寄十二卷/(清)趙吉士輯.--清刻本,12册

150301538　　941/0014a1
水道提綱二十八卷/(清)齊召南編録.--清乾隆二十六年(1761)刻本,16册

150301539　　941/0014a2
水道提綱二十八卷/(清)齊召南編録.--清光緒四年(1878)刻本,8册

150301540　　941/1731a2
水經注四十卷　水經注附録二卷/(北魏)酈道元撰.--清光緒二十三年(1897)三味書室刻本,20册

150301541　　941/1731a1
水經注四十卷　水經注補遺一卷　水經注附録二卷/(北魏)酈道元撰.--清光緒十四年(1888)薛福成刻本,16册

150301542　　941/1731a3
水經注匯校四十卷　水經注卷首一卷　水經注附録二卷/(北魏)酈道元撰.--清光緒七年(1881)刻本,12册

150301543　　941/1731a4
水經注匯校四十卷　水經注首一卷　水經注附録二卷/(北魏)酈道元纂.--清光緒七年(1881)刻本,12册

150301544　　941/2614
漢書地理志水道圖説補正二卷/(清)吳承志纂.--清光緒二十一年(1895)南林劉氏求恕齋刻本,2册

150301545　　941/3148
水經注圖一卷　水經注附録一卷/(清)汪士鐸纂.--清咸豐十一年(1861)張偉夫刻本,1册

150301546　　941/3191a1
天下郡國利病書一百二十卷/(清)顧炎武辑.--清光緒二十七年(1901)圖書集成局鉛印本,28册

150301547　　941/3191a2
天下郡國利病書一百二十卷/(清)顧炎武輯.--清道光十年(1830)刻本,60册
存一百一十四卷(一至二十八、三十二至一百零四、一百零八至一百二十)

150301548　　941/3191a2
天下郡國利病書一百二十卷/(清)顧炎武輯.--清道光十年(1830)刻本,65册
存114卷:1～28、32～104、108～120

150301549　　941/3191a3
天下郡國利病書一百二十卷/(清)顧炎武輯.--清光緒五年(1879)刻本,50册

150301550　　941/4943a2
水經注釋四十卷　首一卷　附兩卷　刊誤十二卷/(清)趙一清錄.--清光緒六年(1880)刻本,20册

150301551　　941/7146
莫愁湖志六卷　首一卷/(清)馬士圖輯撰.--清光緒十七年(1891)刻本,2册

150301552　　941/8024
海道圖説一卷/(英國)金約翰辑.--清刻本,10册

150301553　　942/0026
岱覽三十二卷/(清)唐仲冕輯.--清嘉慶十二年(1807)刻本,16册

150301554　　942/1087a1
泰山道里記一卷/(清)聶劍光撰.--清道光六年(1826)刻本,1册

150301555　　942/1087a2
泰山道里記一卷/(清)聶劍光撰.--清光緒四年(1878)刻本,1册

150301556　　011.8/3146
江南圖書館書目不分卷/(清)江南圖書館輯.--清江南圖書館鉛印本,8册

150301557　　011.8/3430
浙江採集遺書總目十一卷/(清)沈初等纂.--清乾隆三十九年(1774)内府刻本,10册
存十卷(一至十)

150301558　　011.8/4006
南京圖書局閱覽室檢查書目二編不分卷/(清)南京圖書局編.--清南京圖書局鉛印本,2册

150301559　　011.8/4030
河南圖書館書目六卷　首一卷/(清)李濱編.--清宣統元年(1909)學務公所印刷處排印本,1册

150301560　　011.8/4444b1
宋元舊本書經眼錄三卷　附録二卷/(清)莫友芝撰.--清同治十二年(1873)刻本,1册

150301561　　011.8/4444b2
宋元舊本書經眼錄三卷　附錄二卷/(清)莫友芝撰.--清同治十二年(1873)刻本,2册

150301562　　011.8/5540
四庫書目略二十卷　首一卷/(清)費莫文良編.--清刻本,12册

150301563　　011.8/6680
鐵琴銅劍樓藏書目錄二十四卷/(清)瞿鏞纂.--清光緒二十三年(1897)誦芬室刻本,10册

150301564　　011.8/7720
書目舉要一卷/(清)周貞亮等編.--清同治十一年(1872)宜秋館刻本,1册

150301565　　011.8/8054b1
端溪書庫藏書目錄一卷/(清)□□撰.--清光緒朱印本,1册

150301566　　011.8/8054c1
江左采訪錄一卷/(清)□□撰.--清光緒刻本,2册

150301567　　011.8/8080
欽定武英殿聚珍版程式目錄一卷/(清)金簡编.--清乾隆四十一年(1771)鉛印本,1册

150301568　　012/2564
授經圖二十卷/(清)朱睦撰.--清道光十九年(1839)惜陰軒刻本,2册

150301569　　012/2741
藝風藏書記八卷/(清)繆荃孫撰.--清光緒二十七年(1901)刻本,2册

150301570　　012/4444
宋元舊本書經眼錄三卷　附錄二卷/(清)莫友芝撰.--清刻本,1册

150301571　　014/7274
歷代同姓名錄二十三卷/(清)劉長華纂輯.--清光緒五年(1879)刻本,6册

150301572　　014/8054a1
[同治癸酉科]同年齒錄一卷/(清)□□撰.--清同治刻本,4册

150301573　　014/8054a1
[咸豐辛酉]山東拔貢同年錄一卷/(清)□□撰.--清刻本,1册

150301574　　014/8054c1
[光緒丙子]直省選優貢同年齒錄一卷/(清)□□撰.--清光緒元年(1874)琉璃廠精華齋刻本,1册

150301575　　014/8054d1
[光緒丁丑]會試同年齒錄一卷/(清)□□撰.--清光緒三年(1877)刻本,4册

150301576　　014/8054e1
[光緒庚子辛丑]會試同年齒錄一卷/(清)□□撰.--清光緒刻本,3册

150301577　　014/8054f1
[光緒丁丑科]同年官职錄一卷/(清)□□撰.--清光緒三年(1877)刻本,1册

150301578　　015/0045
御題棉花圖不分卷/(清)方觀承編.--清乾隆木刻本經折裝,2册

150301579　　015/0041c1
棉花圖一卷/(清)方觀承編.--清乾隆三十年(1765)拓印本,1册

150301580　　015/0712
爾雅音圖四卷/(晉)郭璞注.--清光緒藝學軒刻本,3 册

150301581　　015/2643
植物名實圖考三十八卷/(清)吳其濬撰.--清光緒六(1880)山西濬文書局刻本,60 册

150301582　　015/4060
重訂宣和譜牙牌彙集二卷/(清)杏園輯.--清光緒十二年(1886)刻本,2 册

150301583　　015/7154
事物異名錄四十卷/(清)厲荃輯.--清乾隆五十三年(1788)刻本,12 册

150301584　　015/7231
佩文齋廣羣芳譜一百卷/(清)劉灝編.--清同治七年(1868)刻本,32 册

150301585　　023/2144
北堂書鈔一百六十卷　首一卷/(唐)虞世南撰.--清光緒十四年(1883)南海孔氏三十有三萬卷堂刻本,20 册

150301586　　025/0010
事物紀原十卷/(宋)高承撰.--清刻本,10 册

150301587　　025/1000a1
玉海二百零四卷/(宋)王應麟撰.--清光緒九年(1883)浙江書局刻本,120 册

150301588　　025/1000b1
玉海附刻十三種不分卷/(宋)王應麟編.--清浙江書局刻本,20 册

150301589　　025/2630a1
事類賦三十卷/(宋)吳淑撰注.--清乾隆四十二年(1777)劍光閣刻本,6 册

150301590　　025/2630a2
事類賦三十卷/(宋)吳淑撰注.--清道光七年(1827)文德堂刻本,4 册

150301591　　025/2630b1
事類賦三十卷/(宋)吳淑撰注.--清嘉慶十六年(1811)三馀堂刻本,10 册

150301592　　025/4060
太平廣記五百卷/(宋)李昉編.--清道光二十六年(1846)文光裕記刻本,64 册

150301593　　025/4060b1
太平御覽一千卷/(宋)李昉等纂.--清嘉慶十七年(1812)歙鮑氏刻本,91 册

150301594　　026/7865a1
韻府群玉二十卷/(元)陰時夫編輯.--清康熙五十五年(1716)文盛天德堂刻本,20 册

150301595　　026/7865a2
新增說文韻府群玉二十卷/(元)陰時夫編輯.--清經綸堂刻本,10 册

150301596　　026/7865a3
新增說文韻府群玉二十卷/(元)陰時夫編輯.--清三讓堂刻本,20 册

150301597　　026/7865a4
新增說文韻府群玉二十卷/(元)陰時夫編輯.--明萬曆十八年(1590)刻本,7 册
存十八卷(卷一至十八)

150301598　　027/1042a2
新刻校正圓機活法詩學全書二十四卷/(明)王世貞校正.--清刻本,23 册
存二十三卷(二至二十四)

150301599　　027/1042a3
圓機活法十二卷/(明)王世貞校正.--清嘉

慶二十一年(1816)刻本,16 册

150301600　　027/3710
七修類藁五十一卷/(明)郎瑛撰.--清乾隆刻本,16 册

150301601　　027/4040
群書備考四卷/(明)袁黄撰.--清刻本,4 册

150301602　　027/4241
山堂肆考二百四十卷/(明)彭大翼撰.--清文錦堂刻本,80 册

150301603　　027/4434a3
龍文鞭影四卷/(明)蕭良有纂輯.--清光緒十一年(1885)刻本,4 册

150301604　　027/4434a4
龍文鞭影四卷/(明)蕭良有纂輯.--清光緒十一年(1885)刻本,4 册

150301605　　027/4434a5
龍文鞭影四卷/(明)蕭良有纂輯.--清光緒十一年(1885)刻本,4 册

150301606　　027/4434a6
龍文鞭影四卷/(明)蕭良有纂輯.--清光緒十一年(1885)刻本,4 册

150301607　　027/4803a1
玉堂字彙四卷/(明)梅膺祚音釋.--清光緒十二年(1886)江左書林刻本,4 册

150301608　　027/4803a2
玉堂字彙四卷/(明)梅膺祚音釋.--清光緒十四年(1888)蘇垣崇德公刻本,4 册

150301609　　027/7590
天中計六十卷/(明)陳耀文撰.--清光緒四年(1878)聽雨山房刻本,60 册

150301610　　027/8034
唐類函二百卷　目錄二卷/(明)俞安期彙纂.--明萬曆三十一年(1603)刻本,60 册

150301611　　020/0020
子史輯要詩賦題解後集四卷/(清)方維新輯.--清道光八年(1828)聚錦堂刻本,4 册

150301612　　012.8/4469
藏書紀事詩六卷　補遺一卷/葉昌熾撰.--清光緒二十三年(1897)長沙學使署刻本,12 册

150301613　　012.8/7433
皕宋樓藏書志一百二十卷/(清)陸心源編.--清光緒八年(1882)刻本,40 册

150301614　　013/7433
儀顧堂續跋十六卷/(清)陸心源撰.--清光緒十八年(1892)刻本,6 册

150301615　　011.8/8034
倉氏行篋書目一卷/(清)倉兆彬編.--清抄本,1 册

150301616　　011.8/8054a1
翠雲草堂藏書目錄一卷/(清)蔡鼎編.--清抄本,1 册

150301617　　014/0038
增廣尚友錄統編二十二卷/(清)應祖錫編.--清光緒二十八年(1902)鴻寶齋石印本,12 册

150301618　　014/0038
增廣尚友錄統編二十二卷/(清)應祖錫編.--清光緒二十八年(1902)鴻寶齋石印本,12 册

150301619　　014/1042
[山東黃縣]丁氏族譜十二卷/(清)丁世佳等纂.--清宣統元年(1909)刻本,6 册

150301620　　011.9/7241
徵訪明季遺書目一卷/劉世瑗編.--清宣統二年(1910)北京鉛印本,1 册

150301621　　014/1110
外國尚友錄十卷/(清)張元輯.--清光緒二十八年(1902)刻本,4 册

150301622　　012/4469
藏書紀事詩七卷/葉昌熾撰.--清宣統二年(1910)刻本,6 册

150301623　　014/2844
膠西徐氏族譜二卷　首一卷/(清)徐莅編.--清光緒二十四年(1898)刻本,4 册

150301624　　014/3052
浙江鄉試題名錄一卷/(清)廖壽豐輯.--清光緒二十三年(1897)抄本,1 册

150301625　　014/3193
史姓韻編六十四卷/(清)汪輝祖編.--清光緒十年(1884)上海耕餘樓書局排印本,16 册

150301626　　014/3193
史姓韻編六十四卷/(清)汪輝祖編.--清光緒十年(1884)上海耕餘樓書局排印本,14 册
缺七卷(四至十)

150301627　　012.7/2232
真賞齋賦一卷/(明)豐道生撰.--清光緒三十四年(1908)刻本,1 册

150301628　　014/4099
[光緒]山東鄉試題名錄一卷/(清)支恒榮輯.--清光緒二十八年(1902)刻本,1 册

150301629　　012.8/1144
賁園書庫目錄輯略一卷/(清)張森楷撰.--清渭南嚴氏孝義家塾刻本,1 册

150301630　　020/2706
琱玉集二卷/(□)□□撰(清)黎庶昌校.--清影刻本,1 册
存二卷(十二、十四)

150301631　　038/1010a1
翰苑分書臨文正宗六卷/(清)王珊等纂輯.--清光緒十六年(1890)刻本,6 册

150301632　　038/1010b1
武林往哲遺著前後編五十五種/(清)丁丙校.--清光緒二十三年(1897)丁氏嘉惠堂刻本,90 册

150301633　　012.8/2764
皕宋樓藏書源流攷一卷/(日本)島田翰撰.--清光緒三十年(1904)武進董康京師刻本,1 册

150301634　　038/1053a1
船山遺書二百九十卷/(清)王夫之撰.--清同治四年(1865)湘鄉曾氏刻本,120 册

150301635　　038/1053a3
船山遺書二百九十卷/(清)王夫之撰.--清同治四年(1865)湘鄉曾氏刻本,110 册

150301636　　038/1053a4
船山遺書二百九十卷/(清)王夫之撰.--清同治四年(1865)湘鄉曾氏刻本,119 册
缺一册(第六十四册)

150301637　　038/1060
頤志齋叢書四十卷/(清)丁晏輯.--清同治元年(1862)閩高均儒署檢刻本,16 册

150301638　　012.8/3104
百宋一廛赋一卷/(清)顧廣圻撰.--清嘉庆十年(1805)刻本,1 册

150301639　　038/1073a1
四印齋所刻詞/(清)王鵬運輯.--清光緒十四年(1888)王氏家塾刻本,17 册

150301640　　038/1081a2
王氏四種/(清)王念孫等撰.--清刻本,60 册

150301641　　038/1081a2
王氏四種/(清)王念孫等撰.--清刻本,36 册

150301642　　133/0015
詳圖細解算學實在易四卷/(清)唐再豐撰.--清石印本,3 册
存三卷(二至四)

150301643　　133/1086
勾股演代五卷/(清)王錫恩編.--清光緒二十九年(1903)美華書館鉛印本,1 册

150301644　　140/1130
地理辨正疏六卷　首一卷/(清)張心言撰.--清光緒三十三年(1907)上海校經山房石印本,4 册

150301645　　140/1160
欽定協紀辨方書三十六卷　首一卷/(清)允祿等纂.--清光緒二十四年(1898)常熟天祿閣石印本,8 册

150301646　　141/3130
河洛精蘊九卷/(清)江永撰.--清乾隆三十九年(1774)蘊真書屋刻本,4 册

150301647　　142/8022
奇門遁甲十二卷/(□)□□撰.--清上海廣益書局石印本,4 册

150301648　　144/1140
新鐫神峯張先生通考闢謬命理正宗大全六卷/(明)張楠撰.--清同人堂刻本,4 册
存四卷(一至四)

150301649　　144/7550
飛星紫微門數六卷/(宋)陳希夷撰.--清上洋江左書林刻本,6 册

150301650　　145/1022
卜筮正宗十四卷/(清)王維德輯.--清光緒二十一年(1895)成文堂刻本,5 册
缺二卷(十三至十四)

150301651　　145/1126
大六壬尋原四卷/(清)張純照纂.--清道光二十六年(1846)文德堂刻本,4 册

150301652　　145/7202
增訂牙牌神數不分卷/(□)岳慶山樵撰.--清光緒十八年(1892)刻本,2 册

150301653　　146/0000
陽宅淺說一卷/(□)□□撰.--清雍正六年(1728)抄本,1 册

150301654　　146/0044
一貫堪輿四卷/(明)唐世友撰.--清三讓堂刻本,6 册

150301655　　038/1130
昭代叢書/(清)張潮等輯.--清道光十三年

(1833)世楷堂刻本,67 册

150301656　　142/3373
諏吉便覽寶鏡圖不分卷/(清)梁學禮輯.--清石印本,6 册

150301657　　146/3112
重鐫官板地理天機會元正篇體用括要三十五卷/(唐)卜則巍撰,(唐)顧乃德輯.--清大文堂刻本,24 册

150301658　　038/123
問經堂叢書一百三十三卷/(清)孫馮翼輯.--清嘉慶承德刻本,14 册

150301659　　146/4007a1
入地眼全書十卷/(宋)釋靜道撰.--清光緒三十二年(1906)上海校經山房石印本,3 册

150301660　　146/4007a3
入地眼全書十卷/(宋)釋靜道撰.--清道光元年(1821)善成堂刻本(卷三、卷六系配本),8 册

150301661　　146/4212
陽宅集成八卷/(清)姚廷鑾纂輯.--清乾隆十六年(1751)刻本,8 册

150301662　　146/4403
三白寶海三卷/(元)釋幕講撰.--清乾隆五十五年(1790)樂真堂刻本,1 册

150301663　　146/4433
乾坤法竅三卷/(清)范宜賓評注.--清乾隆三十一年(1766)佛山翰寶樓刻本,3 册

150301664　　146/4460
地理正宗十二卷/(清)蔣國編.--清嘉慶十九年(1814)刻本,4 册

150301665　　146/4914
地理五訣八卷/(清)趙廷棟撰.--清光緒二十二年(1896)寶書堂刻本,2 册

150301666　　146/4914
地理五訣八卷/(清)趙廷棟撰.--清光緒二十二年(1896)寶書堂刻本,2 册

150301667　　146/7720
陽宅大全圖說十卷/(明)周繼等撰.--清光緒三十二年(1906)石印本,4 册

150301668　　146/7761
山洋指迷四卷/(明)周景一撰.--清乾隆五十二年(1787)文淵堂刻本,4 册

150301669　　149/5031
宅譜修方催生五卷/(清)青江子編.--清刻本,6 册
缺五卷下

150301670　　146/4694
重鐫官板地理天機會元正篇體用括要三十五卷/(唐)楊筠松撰.--明萬曆四十三年(1615)刻本,10 册
缺三卷(一至三)

150301671　　211/1063a1
增訂格物入門七卷/(美國)丁韙良撰.--清光緒十五年(1889)上海同文館鉛印本,7 册

150301672　　211/1063a2
格物入門七卷/(美國)丁韙良撰.--清光緒二十四年(1898)上海書局石印本,7 册

150301673　　211/1063a3
格物入門七卷/(美國)丁韙良撰.--清光緒二十二年(1896)上海寶善書局石印本,7 册

150301674　　212/8729

鏡鏡詅癡五卷/(清)鄭復光撰.--清道光二十七年(1847)楊氏刻本,2册

150301675　　211/6044

格致啟蒙四卷/(英國)羅斯古纂.--清刻本,4册

150301676　　214/0744

海錯百一錄五卷/(清)郭柏蒼輯.--清光緒十二年(1886)刻本,3册

150301677　　230/8090

魯班經匠家鏡四卷/(明)午榮彙編.--清宣統元年(1909)上海掃葉山房石印本,1册

150301678　　240/0900

河工器具圖説四卷/(清)麟慶纂輯.--清道光十六年(1836)刻本,4册

150301679　　240/1122

居濟一得八卷/(清)張伯行撰.--清康熙四十七年(1708)刻本,4册

150301680　　240/1227

河防紀略四卷/(清)孫鼎臣撰.--清咸豐九年(1859)刻本,2册

150301681　　240/2333

行水金鑑一百七十卷/(清)傅澤洪撰.--清刻本,21册

存一百一十七卷(一至六、十二至六十二、六十八至七十三、八十五至九十、一百一十五至一百五十七、一百六十六至一百七十)

150301682　　240/2740

續行水金鑑一百五十六卷　首一卷　圖一卷/(清)黎世序等撰.--清道光十二年(1832)河庫道署刻本,80册

150301683　　240/2800

安瀾紀要二卷/(清)徐端撰.--清河庫道署刻本,2册

150301684　　240/2800b1

迴瀾紀要二卷/(清)徐端撰.--清嘉慶十二年(1807)河庫道署刻本,2册

150301685　　240/3130

淮揚水利圖説一卷/(清)馮道立撰.--清道光十九年(1839)刻本,1册

150301686　　240/4714

海塘輯要十卷　首一卷/(英國)韋更斯撰,(清)趙元益筆述.--清同治六年(1867)刻本,2册

150301687　　241/4472

畿輔水利議一卷/(清)林則徐輯.--清光緒二年(1876)三山林氏刻本,1册

150301688　　242/3132a1

南河成案五十四卷/(清)河道總署輯.--清乾隆刻本,32册

150301689　　242/3132b1

南河成案續編一百零六卷　首一卷/(清)□□編.--清刻本,64册

150301690　　242/4250

治河方略十卷　首一卷/(清)靳輔撰.--清嘉慶四年(1799)安瀾堂刻本,11册

150301691　　038/1712

五經歲徧齋校書三種/(清)翟雲昇纂.--清刻本,10册

150301692　　242/7213

山東直隸河南三省黃河全圖/(清)劉瑞祺等纂.--清光緒十六年(1890)上海鴻文書局

石印本,5 册

150301693　　242/7213

山東直隸河南三省黃河全圖/(清)劉瑞祺等纂.--清光緒十六年(1890)上海鴻文書局石印本,5 册

150301694　　243/2530

鶴陽新河紀略一卷/(清)朱洪章撰.--清光緒十八年(1892)梓文閣刻本,1 册

150301695　　243/7490a1

山東運河備覽十二卷/(清)陸燿纂.--清乾隆四十一年(1776)刻本,6 册

150301696　　243/7490a2

山東運河備覽十二卷/(清)陸燿纂.--清同治十年(1871)運河道庫刻本,6 册

150301697　　250/1030

農書二十二卷/(元)王禎撰.--清刻本,2 册

150301698　　038/2020a1

焦氏叢書六十五卷/(清)焦循撰.--清光緒二年(1875)衡陽魏氏刻本,40 册

150301699　　250/1751

農桑輯要七卷/(元)司農司撰.--清光緒二十一年(1895)中江榷署刻本,2 册

150301700　　250/5574a1

農學報不分卷/(清)農學報館編.--清光緒二十三年(1897)印本,6 册

150301701　　250/5574a2

農學報四十八卷/(清)農學報館編.--清光緒二十三年(1897)印本,35 册

一至四册、五至八册系合訂,缺十七至十九、二十六、三十四至三十五卷,十至十一卷有殘缺

150301702　　250/7550

農書三卷/(宋)陳旉撰.--清刻本,1 册

150301703　　251/2893a2

農政全書六十卷/(明)徐光啟纂輯.--清同治元年(1862)山東書局刻本,20 册

150301704　　038/2020a1

焦氏叢書/(清)焦循撰.--清光緒二年(1876)刻本,40 册

150301705　　038/2531

空山堂全集一百三十七卷/(清)牛運震撰.--清嘉慶二十三年(1818)刻本,48 册

150301706　　251/8565

濟荒要畧不分卷/(清)顧蘇齋撰.--清光緒十一年(1885)刻本,1 册

150301707　　252/2761

欽定康濟錄四卷/(清)倪國璉撰.--清同治三年重刊(1864)刻本,3 册

150301708　　252/3142

荒政輯要九卷　首一卷/(清)汪志伊纂.--清道光二十九年(1849)尚義堂刻本,3 册

缺二卷(三至四)

150301709　　038/2613

傳硯齋叢書二十六卷/(清)吳丙湘輯.--清光緒十一年(1884)刻本,8 册

150301710　　252/4314

救荒舉要遺編三卷/(清)戴百壽撰.--清光緒二十年(1894)刻本,3 册

150301711　　252/4662

籌濟編三十二卷/(清)楊景仁輯.--清光緒五年(1879)山東書局刻本,8 册

150301712　　252.78/3033
救荒六十策不分卷/(清)寄湘漁父輯.--清光緒五年(1879)刻本,1册

150301713　　253/2140
蠶桑萃編十五卷　首一卷/(清)衛杰編.--清光緒二十六年(1900)刻本,8册

150301714　　253/3423
廣蠶桑説一卷/(清)沈練撰.--清咸豐四年(1854)刻本,1册

150301715　　254/0041
棉花圖冊一卷/(清)方觀承製.--清乾隆三十年(1765)刻本,1册

150301716　　254/5100
棉業圖説八卷　首一卷/(清)農工商部輯.--清宣統三年(1911)京師農工商部鉛印本,2册

150301717　　258/4454
山東草辮業四章/葉春墀撰.--清宣統三年(1911)上海商文印刷公司石印本,1册

150301718　　259/0820
燕京歲時記一卷/(清)富察敦崇編.--清光緒三十二年(1906)刻本,1册

150301719　　259/4423
月日紀古十二卷/(清)蕭智漢輯.--清道光二十八年(1848)經元堂刻本,12册

150301720　　259/5064
月令粹編二十四卷/(清)秦嘉謨輯.--清嘉慶十七年(1812)琳琅仙館刻本,8册

150301721　　259/6028
七十二候表一卷/(清)羅以智纂.--清光緒八年(1882)汝昌畢氏刻本,1册

150301722　　259/8054
摘月令廣義占候一卷/(□)□□撰.--清刻本,1册

150301723　　259/7207
三統歷譜三卷/(漢)劉歆撰.--清刻本,1册

150301724　　260/0033
中西匯通醫書五種二十八卷/(清)唐宗海輯.--清光緒三十四年(1908)上海千頃堂石印本,12册

150301725　　260/0033
中西匯通醫書五種二十八卷/(清)唐宗海輯.--清光緒三十四年(1908)上海千頃堂石印本,12册

150301726　　260/1029
證治準繩一百二十卷/(明)王肯堂輯 (清)程永培校.--清乾隆五十八年(1793)金氏修敬堂刻本,64册

150301727　　260/6027
嵩厓尊生書十五卷/(清)景日昣撰.--清刻本,8册

150301728　　260/7583a1
陳修園醫書七十二卷/(清)陳念祖等撰.--清掃葉山房刻本,34册

150301729　　260/7583b1
南雅堂醫書全集/(清)陳念祖撰.--清抄本,32册

150301730　　261/1032a2
醫林改錯二卷/(清)王清任撰.--清光緒五年(1897)掃葉山房刻本,2册

150301731　　261/1044a1
溫熱經緯五卷/(清)王士雄纂.--清光緒十

一年(1885)松韻閣刻本,4 册

150301732　　261/1044c1
陰證略例一卷/(元)王好古撰.--清光緒五年(1879)陸氏十萬卷樓刻本,1 册

150301733　　262/4445
醫案存真三卷/(清)葉萬青校刊.--清光緒十二年(1886)刻本,3 册

150301734　　261/1044d1
隨息居重訂霍亂論二卷/(清)王士雄撰.--清光緒十八年(1892)上海醉六堂刻本,2 册

150301735　　261/1127
傷寒緒論二卷　附二卷/(清)張璐撰.--清刻本,4 册

150301736　　263/0117
新刊醫林狀元壽世保元十卷/(明)龔廷賢編.--清光緒十二年(1886)上洋江左書林刻本,7 册
缺三卷(二、八至九)

150301737　　261/1183a2
景岳全書六十四卷/(明)張介賓撰.--清刻本,32 册

150301738　　261/2502
格致餘論不分卷/(元)朱震亨撰.--清刻本,2 册

150301739　　261/2608
御纂醫宗金鑑九十卷　首一卷/(清)吳謙等纂.--清乾隆七年(1742)刻本,56 册

150301740　　263/0830a2
東醫寶鑑十六卷/(朝鮮)許浚撰.--清刻本,5 册

150301741　　263/0830b1
療飢良方一卷/(清)□□撰.--清光緒二十二年(1896)藏珍閣刻本,1 册

150301742　　261/4417a1
韓氏醫通二卷/(明)韓懋撰.--清刻本,2 册

150301743　　261/5048
圖注難經九卷/(明)張世賢註.--清光緒三十二年(1906)上海福記書局石印本,5 册

150301744　　263/1029
衛濟餘編十八卷/(清)王纕堂集.--清道光二十一年(1841)海陵懷德堂刻本,8 册

150301745　　261/5524
醫醇賸義四卷/(清)費伯雄撰.--清光緒三年(1877)刻本,4 册

150301746　　261/7548b1
石室秘錄六卷/(清)陳士鐸輯.--清江陰寶文堂刻本,6 册

150301747　　261/7744
傷寒六書六卷/(明)陶華撰.--清尊德堂刻本,4 册

150301748　　261/7752
溫熱暑疫全書四卷/(清)周揚俊輯.--清光緒十五年(1889)掃葉山房刻本,2 册

150301749　　261/7752
溫熱暑疫全書四卷/(清)周揚俊輯.--清光緒十五年(1889)掃葉山房刻本,2 册

150301750　　263/3022
普濟應驗良方十一卷/(清)德軒氏纂輯.--清咸豐七年(1857)折甯生人刻本,1 册

150301751　263/3084
吳門治驗録四卷/(清)顧金壽撰.--清光緒十二年(1886)刻本,4册

150301752　263/3114
名醫類案十二卷/(明)江瓘集.--清乾隆三十五年(1770)知不足齋刻本,24册

150301753　263/3160
增評童氏醫方集解二十三卷/(清)汪昂撰.--清光緒二十二年(1896)上海圖書集成印書局印本,4册

150301754　263/4054
醫宗必讀八卷/(明)李中梓撰.--清光緒三十年(1904)鴻文堂書局石印本,3册
存六卷(一、二、五至八)

150301755　263/4414
醫宗說約六卷/(清)蔣示吉纂.--清善成堂刻本,6册

150301756　263/4440
臨證指南醫案十卷　續四卷/(清)葉桂撰.--清道光二十四年(1844)蘇州經鉏堂刻本,12册

150301757　263/5520
古今名醫萬方類編三十二卷/(清)曹繩彥集.--清光緒三十年(1904)南洋中西醫學會社印本,30册
存二十八卷(一至二十七、三十二)

150301758　263/6860a1
喻氏醫書三種三十二卷　首一卷/(清)喻昌撰.--清乾隆三十年(1765)嵩秀堂刻本,16册

150301759　263/6860b
尚論篇四卷　首一卷/(清)喻昌撰.--清光緒二十八年(1902)上海掃葉山房石印本,1册

150301760　263/6860c1
醫門法律六卷/(清)喻昌撰.--清光緒二十六年(1900)上海掃葉山房石印本,3册

150301761　263/7703
醫方襍抄一卷/(□)□□撰.--清抄本,1册

150301762　263/8022
痘疹金鏡録四卷/(清)翁仲仁輯撰.--清康熙二十九年(1690)刻本,2册

150301763　264/0731c1
本草三家合註六卷/(清)郭汝聰集注.--清兩儀堂刻本,6册

150301764　264/1071
草木春秋三十二回五卷/(清)雲間子撰.--清大文堂刻本,4册

150301765　264/2623
本草從新十八卷/(清)吳儀洛撰.--清乾隆五十三年(1788)書業堂刻本,6册

150301766　264/4050
本草原始十二卷/(明)李中立纂輯.--清翠筠山房刻本,8册

150301767　264/4054
雷公炮製藥性賦解八卷/(金)李東垣撰(明)李中梓輯.--清光緒六年(1880)掃葉山房刻本,4册

150301768　264/4061a1
本草綱目五十二卷　附图三卷　萬方針

線八卷/(明)李時珍撰.--清刻本,26 册
存四十一卷(本草綱目一、二、十二至三十九、四十八至五十,圖一至三,萬方針線一至五)

150301769　　264/4665
本草述鉤元三十二卷/(清)楊時泰輯.--清同治十一年(1872)刻本,10 册

150301770　　265/2323a2
傅氏眼科審視瑤函六卷/(明)傅仁宇纂輯.--清掃葉山房刻本,4 册
存三卷(二、四、六)

150301771　　265/2600a1
醫宗金鑑(外科)十六卷/(清)吳謙等撰.--清上海文華書局石印本,4 册

150301772　　265/2600a2
御纂醫宗金鑑(外科)十卷　首一卷/(清)吳謙等撰.--清乾隆七年(1742)刻本,10 册

150301773　　265/7162
馬氏痔漏科七十二種/(清)馬國傑撰.--清同治十二年(1873)石印本,1 册

150301774　　265/7531
重訂外科正宗十二卷/(明)陳實功撰.--清光緒十四年(1888)上海掃葉山房刻本,6 册

150301775　　265/8054
急救應驗良方一卷/(清)□□撰.--清光緒十年(1884)刻本,1 册

150301776　　266/1330a1
濟陰綱目十四卷/(明)武之望撰.--清雍正六年(1728)紫文閣刻本,8 册

150301777　　266/1330a2
濟陰綱目十四卷/(清)武之望撰.--清雍正六年(1728)宏道堂刻本,10 册

150301778　　267/1154
幼科新書六卷/(清)張振鋆纂輯.--清光緒十八年(1892)上海思求闕齋刻本,6 册

150301779　　267/2104a2
推拿廣義二卷/(清)熊應雄,(清)陳世凱輯.--清光緒十四年(1888)刻本,2 册

150301780　　267/2104a3
推拿廣義二卷/(清)熊應雄,(清)陳世凱輯.--清光緒十四年(1888)刻本,2 册

150301781　　267/2633
保嬰易知錄二卷/(清)吳甯瀾撰.--清嘉慶十七年(1812)刻本,2 册

150301782　　267/4418
驚風辨證必讀書一卷/(清)莊一夔撰.--清光緒二十七年(1901)刻本,1 册

150301783　　267/7511
幼幼集成六卷/(清)陳復正輯.--清乾隆十六年(1751)刻本,6 册

150301784　　812.35/1031
王臨川文集四卷/(宋)王安石撰.--清宣統2年(1910)上海會文堂石印本,4 册

150301785　　268/6851
新刊纂圖元亨療馬集九卷/(明)喻仁等撰.--清同治九年(1870)京都文成堂刻本,6 册

150301786　　812.35/1042
滹南遺老先生文集四十卷/(金)王若虛撰.--清刻本,6 册

150301787　　269/0743
痧脹玉衡書三卷/(清)郭志邃撰.--清嘉慶

九年(1804)抄本,4 册

150301788　　269/1122

時疫白喉捷要一卷/(清)張紹修撰.--清光緒二十六年(1900)衡山聶氏刻本,1 册

150301789　　812.35/3438

平齋文集三十卷/(宋)洪咨夔撰.--清同治十一年(1872)杉直櫰清之館刻本,4 册

150301790　　269/4078

備急灸法不分卷/(宋)聞人耆年撰.--清光緒十六年(1890)刻本,2 册

150301791　　812.35/4041

李忠愍公集四卷/(宋)李若水撰.--清末刻本,1 册

150301792　　269/4623

鍼灸大成十卷/(明)楊繼洲撰.--清光緒十二年(1886)上洋江左書林刻本,10 册

150301793　　812.35/4423a1

范馬文集/(宋)范仲淹撰,(宋)司馬光撰.--清同治 8 年(1869)正誼堂刻本,1 册

存十一卷(范文正公文集一至五,司馬溫公文集九至十四)

150301794　　812.35/4423b1

范文正公文集十卷/(宋)范仲淹撰.--清光緒元年(1875)存愚山房刻本,4 册

150301795　　310/0436

小學考五十卷/(清)謝啟昆撰.--清光緒十四年(1888)浙江書局刻本,20 册

150301796　　310/1142a1

大宋重修廣韻五卷　大廣益會玉篇三十卷/(宋)陳彭年等修.--清康熙四十三年(1704)澤存堂刻本,6 册

150301797　　310/1142b1

大廣益會玉篇三十卷　大宋重修廣韻五卷/(宋)陳彭年等修.--清道光三十年(1850)新化鄧氏刻本,12 册

150301798　　310/2244

小學鉤沈十九卷/(清)任大椿撰.--清光緒十年(1884)龍氏刻本,2 册

150301799　　812.35/4430a1

三蘇策論十二卷/(宋)蘇洵等撰,(清)張紹齡輯.--清光緒二十七年(1901)上海漢讀樓書局刻本,4 册

150301800　　812.35/4430a2

三蘇策論十二卷/(宋)蘇洵等撰,(清)張紹齡輯.--清光緒二十七年(1901)煥文書局石印本,6 册

150301801　　812.35/4430a2

三蘇策論十二卷/(宋)蘇洵等撰,(清)張紹齡輯.--清光緒二十七年(1901)煥文書局石印本,6 册

150301802　　310/4010

塾課小題正鵠三卷/(清)李元度輯.--清光緒五年(1879)二友堂刻本,7 册

150301803　　310/4030

小學類編三十一卷/(清)李祖望輯.--清咸豐二年(1852)刻本,10 册

150301804　　310/8208

小學彙函一百一十九卷/(清)鐘謙鈞輯.--清同治十三年(1874)粵東書局刻本,30 册

150301805　　310/9092

小學集注六卷/(明)陳選撰.--清光緒三十二年(1906)鴻寶齋石印本,4 册

150301806　　320/0030
欽定清漢對音字式一卷/(清)高宗弘曆敕撰.--清刻本,1册

150301807　　320/0231
字學舉隅一卷/(清)龍啟瑞編撰.--清光緒九年(1883)琉璃廠刻本,1册

150301808　　320/1080a1
文字蒙求四卷/(清)王筠撰.--清光緒十三年(1887)梁谿浦氏刻本,2册

150301809　　812.37/0011
方孩未先生集十六卷/(明)方震孺撰.--清嘉庆二十二年(1817)刻本,6册

150301810　　320/1080a2
文字蒙求四卷/(清)王筠輯.--清刻本,1册

150301811　　812.37/0023
唐荊川先生傳稿不分卷/(明)唐順之撰.--清刻本,2册

150301812　　320/1080a4
文字蒙求四卷/(清)王筠撰.--清光緒五年(1879)虞山後知不足齋鮑氏刻本,1册

150301813　　812.37/0082
鹿忠節公集三十一卷/(明)鹿善繼撰.--清刻本,6册

150301814　　812.37/2749a2
震川先生集三十卷　震川先生別集十卷/(明)歸有光撰.--清光緒六年(1880)常熟歸氏刻本,12册

150301815　　812.37/2749a2
震川先生集三十卷　震川先生別集十卷/(明)歸有光撰.--清光緒六年(1880)常熟歸氏刻本,8册

150301816　　812.37/2749a2
震川先生集三十卷　震川先生別集十卷/(明)歸有光撰.--清光緒六年(1880)常熟歸氏刻本,6册

150301817　　320/1080b1
禹貢正字一卷/(清)王筠撰.--清刻本,1册

150301818　　812.37/2749b1
歸震川先生全稿三十卷　震川先生別集十卷/(明)歸有光撰.--清刻本,4册

150301819　　320/1080c1
正字畧定本一卷/(清)王筠撰.--清刻本,1册

150301820　　812.37/3030
宋文憲公全集五十三卷/(明)宋濂撰.--清嘉慶十五年(1810)刻本,24册

150301821　　320/2312
增定臨文便覽不分卷/(□)□□撰.--清光緒二年(1876)怡雲僊館刻本,4册

150301822　　812.37/4048
蘿石山房文鈔四卷　首一卷　梅花屋詩稿一卷/(明)左懋第撰.--清刻本,5册

150301823　　812.38/0030
毋不敬齋全書三十一卷/(清)方濬撰.--清光緒十五年(1889)濟南刻本,17册

150301824　　321/0875
許學叢書三集/(清)陶方琦等撰.--清光緒九年(1883)長洲张氏仪鄦庐刻本,12册

150301825　　812.38/0040
望溪先生文集十八卷　集外文十卷　集外文補遺二卷　年譜二卷/(清)方苞撰.--

清戴鈞衡刻本,10 册
存二十卷(正文一至二、七至十三、十八,集外文一至十,集外文補遺一、二,年譜一、二)

150301826　　321/0890a2
說文解字十五卷/(漢)許慎撰.--清商務印書館摹印本,3 册

150301827　　321/0890a3
說文解字十五卷/(漢)許慎撰.--清同治十二年(1873)容城儒林堂刻本,10 册

150301828　　812.38/0041a1
思綺堂文集十卷/(清)章藻功撰.--清康熙六十一年(1722)刻本,10 册

150301829　　321/1080a1
說文釋例二十卷/(清)王筠撰.--清同治四年(1865)刻本,28 册

150301830　　321/1080a2
說文釋例二十卷/(清)王筠撰.--清同治四年(1865)刻本,11 册

150301831　　321/1080a3
說文釋例二十卷/(清)王筠撰.--清同治四年(1865)刻本,10 册

150301832　　321/1080b1
檢說文難字一卷/(清)王筠撰.--清道光十四年(1834)刻本,1 册

150301833　　321/1080b2
檢說文難字一卷/(清)王筠撰.--清道光十四年(1834)刻本,1 册

150301834　　812.38/0041a2
思綺堂文集十卷/(清)章藻功撰.--清康熙元年(1662)刻本,10 册

150301835　　812.38/0041a3
思綺堂文集十卷/(清)章藻功撰.--清康熙元年(1662)刻本,12 册
存五卷(一至五)

150301836　　321/1080c1
王氏說文六十五卷/(清)王筠撰.--清同治四年(1865)刻本,27 册

150301837　　321/1080c2
王氏說文一百三十四卷/(清)王筠撰.--清同治四年(1865)刻本,32 册

150301838　　812.38/0041a4
思綺堂文集十卷/(清)章藻功撰.--清康熙61 年(1722)聚錦堂刻本,15 册

150301839　　812.38/0041a5
思綺堂文集十卷/(清)章藻功撰.--清康熙61 年(1722)三餘堂刻本,6 册
存五卷(一至五)

150301840　　321/1080d1
說文句讀三十卷/(清)王筠撰集.--清同治四年(1865)刻本,28 册

150301841　　321/1080d2
說文句讀三十卷/(清)王筠撰集.--清同治四年(1865)刻本,16 册

150301842　　321/1080d3
說文句讀三十卷/(清)王筠撰集.--清同治四年(1865)刻本,15 册

150301843　　321/1080e
說文韻譜校五卷/(清)王筠撰.--清光緒十六年(1890)濰縣素心琴室劉氏刻本,2 册

150301844　　321/1080e
說文韻譜校五卷/(清)王筠撰.--清光緒十

六年(1890)濰縣素心琴室劉氏刻本,2 册

150301845　　321/1122f

說文楬原二卷/(清)張行孚撰.--清光緒十年(1884)後知不足齋刻本,2 册

150301846　　321/1140

復古編二卷/(宋)張有撰.--清光緒八年(1882)淮南書局刻本,3 册

150301847　　321/2574

說文通訓定聲十八部/(清)朱駿聲錄.--清咸豐元年(1851)臨嘯閣刻本,24 册

150301848　　321/2734a2

說文通檢二卷　首一卷　末一卷/(清)黎永椿編.--清光緒二年(1876)崇文書局刻本,2 册

150301849　　321/2880a2

說文解字通釋四十卷/(南唐)徐鍇傳釋.--清光緒九年(1883)江蘇書局刻本,8 册

150301850　　321/2880a2

說文解字通釋四十卷/(南唐)徐鍇傳釋.--清光緒九年(1883)江蘇書局刻本,8 册

150301851　　321/2880a3

說文解字通釋四十卷/(南唐)徐鍇傳釋.--清道光十九年(1839)壽陽祁氏刻本,8 册

150301852　　321/4420

說文解字義證五十卷/(清)桂馥撰.--清同治九年(1870)湖北崇文書局刻本,32 册

150301853　　321/4480

苗氏說文十七卷/(清)苗夔撰.--清咸豐元年(1851)漢磚亭刻本,8 册

150301854　　321/6043

說文古籀補不分卷/(清)吳大澂撰.--清光緒石印本,8 册

150301855　　321/7510

說文引經考證八卷/(清)陳瑑撰.--清同治十三年(1874)湖北崇文書局刻本,2 册

150301856　　321/7510

說文引經考證八卷/(清)陳瑑撰.--清同治十三年(1874)湖北崇文書局刻本,2 册

150301857　　321/7512

說文提要一卷/(清)陳建侯撰.--清光緒元年(1875)湖北崇文書局刻本,1 册

150301858　　321/7714a1

說文解字注三十二卷/(清)段玉裁注.--清光緒十二年(1886)上海點石齋石印本,8 册

150301859　　321/7714a2

說文解字注三十二卷/(清)段玉裁注.--清同治十一年(1872)湖北崇文書局刻本,20 册

150301860　　321/8040

兒笘錄四卷/(清)俞樾撰.--清同治元年(1862)宏達堂刻本,1 册

150301861　　321/8340a1

說文解字斠詮十四卷/(清)錢坫撰.--清光緒九年(1883)淮南書局刻本,6 册

150301862　　321/8340a2

說文解字斠詮十四卷/(清)錢坫撰.--清光緒九年(1883)淮南書局刻本,6 册

150301863　　321/8710

說文逸字二卷　附錄一卷/(清)鄭珍撰.--清咸豐八年(1858)湖南經濟書堂刻本,2 册

150301864　　321/8741a

段氏說文注訂八卷/(清)鈕樹玉撰.--清同

治十三年(1874)湖北崇文書局刻本,2 册

150301865　　321/8741a
段氏說文注訂八卷/(清)鈕樹玉撰.--清同治十三年(1874)湖北崇文書局刻本,2 册

150301866　　321/8741b
說文新附攷六卷　說文續攷一卷/(清)鈕樹玉撰.--清同治十三年(1874)湖北崇文書局刻本,2 册

150301867　　321/8741c
說文解字校錄十五卷/(清)鈕樹玉撰.--清光緒十一年(1885)江蘇書局刻本,14 册

150301868　　322/0131
字學舉隅一卷/(清)龍啟瑞輯.--清刻本,1 册

150301869　　322/1712a1
隸篇十五卷　續十五卷　再續十五卷/(清)翟雲昇撰.--清道光十七年(1837)五經歲編齋刻本,10 册

150301870　　322/1712a2
隸篇十五卷　續十五卷　再續十五卷/(清)翟雲昇撰.--清道光十七年(1837)五經歲徧齋刻本,10 册

150301871　　322/2344a1
六書分類十二卷　首一卷/(清)傅世垚撰.--清寶仁堂刻本,13 册

150301872　　322/2344a2
六書分類十二卷　首一卷/(清)傅世垚撰.--清康熙三十八年(1699)寶仁堂刻本,14 册

150301873　　322/2640
六書精薀六卷/(明)魏校撰.--明嘉靖十九年(1540)刻本,12 册

150301874　　322/4211
十三經集字摹本不分卷/(清)彭玉雯輯.--清道光二十九年(1849)刻本,6 册

150301875　　322/6033
六書通十卷/(清)畢弘述篆訂.--清乾隆六十年(1795)刻本,8 册

150301876　　322/7721
六書正譌五卷/(元)周伯琦編注.--清十竹齋刻本,4 册
存四卷(二至五)

150301877　　322/8054
四庫全書辨正通俗文字一卷/(清)□□撰.--清抄本,1 册

150301878　　323/0028
通雅五十二卷/(清)方以智撰.--清立教館刻本,20 册

150301879　　323/0710b
爾雅注疏十一卷/(晉)郭璞注,(宋)邢昺疏.--清乾隆五十一年(1786)書業堂刻本,6 册

150301880　　323/1069
拾雅二十卷/(清)夏味堂撰.--清嘉慶二十四年(1819)遂園刻本,8 册

150301881　　323/1081
廣雅疏證十卷/(清)王念孫撰.--清光緒五年(1879)淮南書局刻本,8 册

150301882　　323/1262
倉頡篇三卷　續一卷　補本二卷/(清)孫星衍等輯.--清光緒十六年(1890)江蘇書局刻本,2 册

150301883　　323/2504
駢雅訓纂七卷　首一卷/(明)朱謀訓纂.--清光緒十二年(1886)後知不足齋刻本,8册

150301884　　323/4742a3
爾雅郭注義疏二十卷/(清)郝懿行撰.--清同治四年(1865)歷城中和堂刻本,7册
缺二卷(三至四)

150301885　　323/6070
爾雅翼三十二卷/(宋)羅願撰.--清光緒十年(1884)刻本,6册

150301886　　323/7110a1
經籍纂詁一百零六卷　首一卷/(清)阮元撰.--清光緒六年(1880)淮南書局刻本,34册
缺十七卷(二至四、八至十、三十四下、三十八至三十九、五十五至六十二)

150301887　　323/7110a2
經籍纂詁一百一十六卷/(清)阮元撰.--清光緒九年(1883)上海點石齋印本,5册

150301888　　323/7110a3
經籍纂詁五卷/(清)阮元撰.--清光緒九年(1883)上海點石齋印本,10册

150301889　　323/7110a4
經籍纂詁一百六十卷/(清)阮元撰.--清光緒十四年(1888)鴻文石印本,16册

150301890　　323/7110b1
經籍纂詁并補遺一百零六卷　首一卷/(清)阮元撰.--清光緒二十年(1894)上海鴻寶齋石印本,12册

150301891　　324/2244
字林考逸八卷　補一卷/(清)任大椿輯.--清光緒十六年(1890)江蘇書局刻本,4册

150301892　　324/4401
普通百科新大詞典十二集/(清)黄摩西輯.--清宣統三年(1911)上海中國詞典公司印本,9册
缺五集(丑、己、壬、申、戊)

150301893　　324/6075
文科大詞典十二集/(清)國學扶輪社編輯.--清宣統三年(1911)中國詞典公司鉛印本,11册
缺第六集

150301894　　330/4094
音韻闡微十八卷/(清)李光地撰.--清光緒七年(1881)淮南書局刻本,6册

150301895　　331/1712
切法撮要一卷/(清)翟雲昇撰.--清抄本,1册

150301896　　331/3130
空谷傳聲一卷/(清)汪鎏纂.--清光緒八年(1882)李光明莊印本,1册

150301897　　331/3191
音學五書三十八卷/(清)顧炎武撰.--清刻本,16册

150301898　　331/4031
李氏音鑑六卷/(清)李汝珍撰.--清嘉慶十五年(1810)寶善堂刻本,4册

150301899　　331/4944
剔弊廣增分韻五方元音二卷/(清)趙培梓編.--清光緒三十年(1904)書業德刻本,1册

150301900　　331/7540

屈宋古音義三卷/(明)陳第撰.--清光緒六年(1880)武昌張氏刻本,2 册

150301901　　332/0131

古韻通說二十卷/(清)龍啟瑞撰.--清光緒九年(1883)四川尊經書局刻本,3 册

150301902　　332/1064

切韻指掌圖一卷/(宋)司馬光撰.--清宣統二年(1910)豐城熊氏舊補史堂刻本,1 册

150301903　　332/0600

韻詁五卷/(清)方濬頤輯.--抄本,5 册

150301904　　332/1000a

禮部韻略五卷/(宋)丁度撰.--清光緒二年(1876)姚覲元刻本,4 册

150301905　　332/1098

韻法本俗一卷/(清)丁愷曾撰.--清刻本,1 册

150301906　　332/2129

古韻通八卷/(清)柴紹炳撰.--清乾隆四十一年(1776)刻本,8 册

150301907　　332/2207

洪武正韻十六卷/(明)樂韶鳳等撰.--明洪武八年(1375)肅府刻本,5 册

150301908　　332/2640

韻補五卷/(宋)吳棫撰　**韻補正一卷**(清)顧炎武撰.--清光緒九年(1883)邵武徐氏刻本,2 册

150301909　　332/2760

沈氏四聲考二卷/(清)紀昀輯.--清乾隆二十四年(1759)刻本,1 册

150301910　　332/4020

六書系韻二十四卷　首一卷/(清)李貞輯.--清光緒十六年(1890)刻本,26 册

150301911　　332/6023

同文鐸三十卷/(明)呂維祺撰.--明崇禎六年(1633)刻本,8 册

150301912　　334/1727

韻海鴛鴦十六卷/(清)尋樂居士輯.--清道光二十五年(1845)尋樂軒刻本,4 册

150301913　　334/3605

詩韻合璧六卷/(清)湯文潞編.--清同治九年(1870)西泠還讀書齋刻本,6 册

150301914　　334/4013

佩文廣韻匯編五卷/(清)李元祺輯.--清同治十一年(1872)金陵書局刻本,2 册

150301915　　334/1042

新刊校正增補圓機詩韻活法全書十四卷/(明)王世貞增校.--清刻本,8 册

150301916　　334/4469

考證增廣詩韻合璧五卷　附檢韻一卷/(清)著易堂主人撰.--清光緒十八年(1892)上海著易堂書局鉛印本,6 册

150301917　　334/5695

詩韻合璧五卷/(清)暢懷書屋編.--清光緒十七年(1891)上海錦章圖書局石印本,6 册

150301918　　334/7430

佩文詩韻釋要五卷/(清)陸潤庠重校.--清宣統三年(1911)商務印書館印本,2 册

150301919　　334/8060a1

詩韻集成十卷/(清)余照輯.--清刻本,4 册

150301920　334/8060a2
詩韻集成十卷/(清)余照輯.--清光緒二十六年(1900)成文堂刻本,4册

150301921　334/8060a3
詩韻集成十卷/(清)余照輯.--清光緒二十五年(1899)修文堂刻本,4册

150301922　334/8060a4
詩韻集成十卷/(清)余照輯.--清光緒七年(1881)成文堂刻本,4册

150301923　334/8060a5
詩韻集成十卷/(清)余照輯.--清道光二十六年(1846)會文堂刻本,4册

150301924　411/1773a2
二十四史/(漢)司馬遷等撰.--清光緒三十三年(1907)上海華商集成圖書公司鉛印本,336册

150301925　411/1773a3
二十四史/(漢)司馬遷等撰.--清光緒三十四年(1908)上海集成圖書公司鉛印本,385册
缺十五册

150301926　411/1773a5
二十四史/(漢)司馬遷等撰.--清光緒十年(1884)上海同文書局石印本,711册

150301927　411/1773a6
二十四史/(漢)司馬遷等撰.--清光緒二十年(1894)上海同文書局石印本,711册

150301928　411/1773a8
二十四史/(漢)司馬遷等撰.--清同治金陵書局刻本,210册

150301929　412.1/1160a1
前漢書一百卷/(漢)班固撰.--清光緒九年(1883)上海點石齋石印本,6册

150301930　412.1/1160a3
前漢書一百二十卷/(漢)班固撰.--清同治八年(1869)金陵書局刻本,16册

150301931　412.1/1160a4
前漢書一百卷/(漢)班固撰.--清光緒十三年(1887)金陵書局刻本,16册

150301932　412.1/1160a5
前漢書一百卷/(漢)班固撰.--清光緒二十六年(1900)煥文書局石印本,10册
缺十四卷(一至十、十七至二十)

150301933　412.1/1160a6
前漢書一百二十卷/(漢)班固撰.--清光緒十年(1884)上海同文書局石印本,28册
缺七卷(十七至十九、二十一至二十四)

150301934　412.1/1160a7
前漢書一百卷/(漢)班固撰.--清光緒十三年(1887)金陵書局刻本,16册

150301935　412.1/1160a8
前漢書一百卷/(漢)班固撰.--清光緒十三年(1887)金陵書局刻本,16册

150301936　412.1/1160a9
前漢書一百二十卷/(漢)班固撰.--明崇禎十五年(1642)汲古閣刻本,26册

150301937　412.1/1160a10
前漢書一百二十卷/(漢)班固撰.--清光緒十四年(1888)上海圖書集成印書局鉛印本,20册

150301938　　412.1/1160a11
前漢書一百卷/(漢)班固撰.--清石印本,6冊

150301939　　412.1/1160a12
前漢書一百卷/(漢)班固撰.--清光緒十四年(1888)上海圖書集成局鉛印本,15冊
缺十九卷(一至十九)

150301940　　412.1/1160b1
漢書補注一百二十卷/(漢)班固撰(清)王先謙補注.--清光緒二十六年(1900)長沙王氏刻本,24冊
缺二十二卷(二至二十三)

150301941　　412.1/1773a1
史記一百三十卷　首一卷/(漢)司馬遷撰.--清掃葉山房仁記刻本,32冊

150301942　　412.1/1773a2
史記一百三十卷/(漢)司馬遷撰.--清光緒十四年(1888)上海圖書集成印書局鉛印本,12冊

150301943　　412.1/1773a3
史記一百三十卷/(漢)司馬遷撰.--清光緒十年(1884)同文書局石印本,26冊

150301944　　412.1/1773a3
史記一百三十卷/(漢)司馬遷撰.--清光緒二十八年(1902)上海文瀾書局石印本,4冊

150301945　　412.1/1773a6
史記一百三十卷/(漢)司馬遷撰.--清光緒二年(1876)武昌張氏刻本,16冊

150301946　　412.1/1773a6
史記一百三十卷/(漢)司馬遷撰.--清光緒二年(1876)武昌張氏刻本,17冊
缺十四卷(三十五至四十、四十六至五十三)

150301947　　412.1/1773a6
史記一百三十卷/(漢)司馬遷撰.--清光緒二年(1876)武昌張氏刻本,6冊
存四十六卷(五十六至七十六、八十七至一百零七、一百一十七至一百三十)

150301948　　412.1/1773a7
史記集解索隱正義合刻本一百三十卷札記五卷/(漢)司馬遷撰,(南朝宋)裴駰集解,(唐)司馬貞索隱,(唐)張守節正義,(清)張文虎編.--清同治五年(1866)金陵書局刻本,20冊

150301949　　412.1/1773a8
史記一百三十卷/(漢)司馬遷撰.--清光緒十年(1884)同文書局石印本,27冊

150301950　　412.1/1773a9
史記一百三十卷/(漢)司馬遷撰.--清光緒二十九年(1903)上海點石齋石印本,6冊

150301951　　412.1/1773a14
史記一百三十卷/(漢)司馬遷撰.--清光緒十四年(1888)上海圖書集成印書局鉛印本,16冊

150301952　　412.1/1773a16
史記一百三十卷/(漢)司馬遷撰.--清同治九年(1870)崇文書局刻本,23冊
缺七卷(一百零三至一百零九)

150301953　　412.2/2620.1
魏書一百一十四卷/(北齊)魏收撰.--清光緒十四年(1888)圖書集成局鉛印本,16冊

150301954　　412.1/4080
尚史七十卷/(清)李鍇纂.--清乾隆三十八年(1773)悦道樓刻本,28册

150301955　　412.1/3312
史記志疑三十六卷/(清)梁玉繩撰.--清光緒十三年(1887)廣雅書局刻本,14册

150301956　　412.1/4460a1
後漢書九十卷　續漢書志三十卷/(南朝宋)范曄撰.--清光緒十三年(1887)金陵書局刻本(卷四十二至七十配清毛氏汲古閣刻本),18册
缺八卷(三十二至三十九)

150301957　　412.1/4460a2
後漢書九十卷　續漢書志三十卷/(南朝宋)范曄撰.--清光緒十三年(1887)金陵書局刻本,16册

150301958　　412.1/4460a3
後漢書九十卷　續漢書志三十卷/(南朝宋)范曄撰.--清光緒十三年(1887)金陵書局刻本,16册

150301959　　412.1/4460a4(善)
後漢書一百二十卷/(南朝宋)范曄撰.--明崇禎十六年(1643)琴川毛氏刻本,22册

150301960　　412.1/4460a5
後漢書九十卷　續漢書志三十卷/(南朝宋)范曄撰.--清同治八年(1869)金陵書局刻本,16册

150301961　　412.1/4460a7
後漢書一百二十卷/(南朝宋)范曄撰.--清光緒十四年(1888)上海圖書集成印書局鉛印本,16册

150301962　　412.1/4460a8
後漢書一百二十卷/(南朝宋)范曄撰.--清光緒十年(1884)上海同文書局石印本,28册

150301963　　412.1/4460a10
後漢書九十卷　續漢書志三十卷/(南朝宋)范曄撰.--清光緒九年(1883)上海點石齋石印本,4册

150301964　　412.1/7540a6
三國志六十五卷/(晉)陳壽撰.--清刻本,10册
缺十三卷(魏志一至十三)

150301965　　412.1/7540a3
三國志六十五卷/(晉)陳壽撰.--清光緒十四年(1888)上海圖書集成印書局鉛印本,7册
缺八卷(蜀志一至八)

150301966　　412.1/7540a4
三國志六十五卷/(晉)陳壽撰.--清上海圖書集成印書局鉛印本(卷一至六配清縮印本),8册

150301967　　412.2/0043a1
晉書一百三十卷　音義三卷/(唐)房玄齡等撰.--清同治十年(1871)金陵書局刻本,20册

150301968　　412.2/0043a2
晉書一百三十卷/(唐)房玄齡等撰.--清光緒十四年(1888)上海圖書集成印書局鉛印本,16册

150301969　　412.2/0043a4
晉書一百三十卷/(唐)房玄齡等撰.--清光

緒二十八年(1902)上海文瀾書局石印本,6册

150301970　　412.2/0043a7
晉書一百三十卷　音義三卷/(唐)房玄齡等撰.--清同治十年(1871)金陵書局刻本,20册

150301971　　412.2/0043a8
晉書一百三十卷/(唐)房玄齡等撰.--清金陵書局刻本,16册
缺五十三卷(一至四、十一至十七、二十一至二十五、三十四至四十二、五十九至六十二。一百零一至一百零四、一百一十一至一百三十)

150301972　　412.2/2620a1
魏書一百一十四卷/(北齊)魏收撰.--清光緒二十八年(1902)上海文瀾書局石印本,6册

150301973　　412.2/3420a1
宋書一百卷/(南朝梁)沈約撰.--清同治十一年(1872)金陵書局刻本,16册

150301974　　412.2/3420a2
宋書一百卷/(南朝梁)沈約撰.--清同治十一年(1872)金陵書局刻本,16册

150301975　　412.2/3420a4
宋書一百卷/(南朝梁)沈約撰.--清光緒十四年(1888)上海圖書集成印書局鉛印本,12册

150301976　　412.2/3420a5
宋書一百卷/(南朝梁)沈約撰.--清石印本,4册

150301977　　412.2/4014a1
南史八十卷/(唐)李延壽撰.--清同治十一年(1872)金陵書局刻本,12册

150301978　　412.2/4014a2
南史八十卷/(唐)李延壽撰.--清同治十一年(1872)金陵書局刻本,12册

150301979　　412.2/4014a3
南史八十卷/(唐)李延壽撰.--清同治十一年(1872)金陵書局刻本(卷二十五至三十二配清毛氏汲古閣刻本),12册

150301980　　412.2/4014a4
南史八十卷/(唐)李延壽撰.--清同治十一年(1872)金陵書局刻本,12册

150301981　　412.2/4014a5
南史八十卷/(唐)李延壽撰.--清光緒上海文瀾書局石印本,4册

150301982　　412.2/4014a6
南史八十卷/(唐)李延壽撰.--清光緒十四年(1888)上海圖書集成印書局鉛印本,12册

150301983　　412.2/4014b1
北史一百卷/(唐)李延壽撰.--清光緒二十八年(1902)上海文瀾書局石印本,6册

150301984　　412.2/4014b3
北史一百卷/(唐)李延壽撰.--清光緒十四年(1872)上海圖書集成印書局鉛印本,16册

150301985　　412.2/4014b4
北史一百卷/(唐)李延壽撰.--清同治十一年(1872)金陵書局刻本,22册
缺五卷(四十一至四十五)

150301986　　412.2/4014b5
北史一百卷/(唐)李延壽撰.--清同治十一年(1872)金陵書局刻本,20 册

150301987　　412.2/4014c1
北齊書五十卷/(唐)李百藥撰.--清光緒三十三年(1907)上海華商集成圖書公司鉛印本(卷十二至三十九配清中華書局聚珍本),6 册

150301988　　412.2/4014c3
北齊書五十卷/(唐)李百藥撰.--清光緒二十八年(1902)上海文瀾書局石印本,1 册

150301989　　412.2/4014c4
北齊書五十卷/(唐)李百藥撰.--清光緒十四年(1888)上海圖書集成印書局鉛印本,6 册

150301990　　412.2/4260a1
梁書五十六卷/(唐)姚思廉撰.--清光緒十四年(1888)上海圖書集成印書局鉛印本,4 册

150301991　　412.2/4260b3
陳書三十六卷/(唐)姚思廉撰.--清光緒二十八年(1902)上海文瀾書局石印本,1 册

150301992　　412.2/4260a3
梁書五十六卷/(唐)姚思廉撰.--清光緒二十八年(1902)上海文瀾書局石印本,1 册

150301993　　412.2/4260b4
陳書三十六卷/(唐)姚思廉撰.--清光緒三十三年(1907)上海集成圖書鉛印本,4 册

150301994　　412.2/4260b6
陳書三十六卷/(唐)姚思廉撰.--清同治十一年(1872)金陵書局刻本,4 册

150301995　　412.2/4260b1
陳書三十六卷/(唐)姚思廉撰.--明崇禎四年(1631)琴川毛氏刻本,4 册

150301996　　412.2/4416a1
南齊書五十九卷/(南朝梁)蕭子顯撰.--清光緒二十八年(1902)上海文瀾書局石印本,2 册

150301997　　412.2/4416a3
南齊書五十九卷/(南朝梁)蕭子顯撰.--清光緒十四年(1888)上海圖書集成印書局鉛印本,6 册

150301998　　412.2/4416a4
南齊書五十九卷/(南朝梁)蕭子顯撰.--清光緒十四年(1888)上海圖書集成印書局鉛印本,6 册

150301999　　412.2/8042a1
周書五十卷/(唐)令狐德棻撰.--清金陵書局刻本,7 册
缺六卷(一至六)

150302000　　412.2/8042a2
周書五十卷/(唐)令狐德棻等撰.--清光緒十四年(1888)上海圖書集成印書局鉛印本,4 册

150302001　　412.2/8042a3
周書五十卷/(唐)令狐德棻等撰.--清光緒二十八年(1902)上海文瀾書局石印本,1 册

150302002　　412.3/2620a2
隋書八十五卷/(唐)魏徵等撰.--清光緒十四年(1888)上海圖書集成印書局鉛印本,12 册

150302003　　412.4/4471a2
舊五代史一百五十卷/(宋)薛居正等撰.--清光緒二十八年(1902)上海文瀾書局石印本,4册

150302004　　412.4/4471a4
舊五代史一百五十卷/(宋)薛居正等撰.--清光緒十四年(1888)上海圖書集成印書局鉛印本,12册

150302005　　412.4/4471a5
舊五代史一百五十卷/(宋)薛居正等撰.--清同治十一年(1872)湖北崇文書局刻本,16册

150302006　　412.4/4471a6
舊五代史一百五十卷/(宋)薛居正等撰.--清同治十一年(1872)湖北崇文書局刻本,16册

150302007　　412.4/4471a7
舊五代史一百五十卷/(宋)薛居正等撰.--清同治八年(1869)嶺南葄古堂刻本,25册

150302008　　412.4/7260a1
舊唐書二百卷/(五代)劉昫撰.--清光緒三十三年(1907)上海華商集成圖書公司鉛印本(卷二十八至三十八配清刻本),32册

150302009　　412.4/7260a4
舊唐書二百卷/(五代)劉昫撰.--清光緒二十八年(1902)上海史學會社石印本,16册

150302010　　412.4/7260a5
舊唐書二百卷/(五代)劉昫撰.--清光緒十四年(1888)上海圖書集成印書局鉛印本,26册
缺十八卷(一至十八)

150302011　　412.4/7430
南唐書合刻四十八卷/(宋)陸游撰,(宋)馬令撰,(清)蔣國祥輯.--清同治十三年(1874)盱南三餘書屋刻本,6册

150302012　　412.4/7772a4
新唐書二百二十五卷　釋音二十五卷/(宋)歐陽修等撰,(宋)董衝釋音.--清光緒三十三年(1907)上海華商集成圖書公司鉛印本,32册

150302013　　412.4/7772a5
新唐書二百二十五卷　釋音二十五卷/(宋)歐陽修撰.--清光緒十四年(1888)上海圖書集成印書局鉛印本,32册

150302014　　412.4/7772a6
唐書二百二十五卷　釋音二十五卷/(宋)歐陽修撰.--清光緒二十八年(1902)上海史學會社石印本,16册

150302015　　412.4/7772a7
新唐書二百二十五卷　釋音二十五卷/(宋)歐陽修撰.--清同治十二年(1873)浙江書局刻本,40册

150302016　　412.4/7772b1
五代史七十四卷/(宋)歐陽修撰.--清光緒二十八年(1902)上海文瀾書局石印本,2册

150302017　　412.4/7772b2
五代史七十四卷/(宋)歐陽修撰.--清光緒十四年(1888)上海圖書集成印書局鉛印本,6册

150302018　　412.4/7772b4
五代史七十四卷/(宋)歐陽修撰.--清同治八年(1869)嶺南葄古堂刻本,11册

缺八卷(六十七至七十四)

150302019　　412.4/7772b5
五代史七十四卷/(宋)歐陽修撰.--清同治十一年(1872)湖北崇文書局刻本,8册

150302020　　412.4/7772b6
五代史七十四卷/(宋)歐陽修撰.--清嘉慶二十年(1815)雲甡書屋刻本,31册
缺十二卷(六十三至七十、七十一下至七十四)

150302021　　412.4/7772b7
五代史七十四卷/(宋)歐陽修撰.--清光緒十五年(1889)湖南大同書局刻本,9册
缺八卷(二十八至三十五)

150302022　　412.5/7870a1
宋史四百九十六卷/(元)脱脱等撰.--清光緒元年(1875)浙江書局刻本,100册

150302023　　412.5/7870a2
宋史四百九十六卷/(元)脱脱等撰.--清同治八年(1869)嶺南葄古堂刻本,128册
缺四十二卷(七十四至一百零七、二百一十五至二百一十八、二百二十三至二百二十六)

150302024　　412.5/7870a3
宋史四百九十六卷/(元)脱脱等撰.--清光緒二十八年(1902)上海文瀾書局石印本,20册

150302025　　412.5/7870a6
宋史四百九十六卷/(元)脱脱等撰.--清光緒十四年(1888)上海圖書集成印書局鉛印本,60册

150302026　　412.5/7870b2
遼史一百一十六卷/(元)脱脱等撰.--清光緒二十八年(1902)上海文瀾書局石印本,2册

150302027　　412.5/7870b3
遼史一百一十六卷/(元)脱脱等撰.--清光緒十四年(1888)上海圖書集成印書局鉛印本,8册

150302028　　412.5/7870b4
遼史一百一十五卷/(元)脱脱等撰.--清同治十二年(1873)江蘇書局刻本,12册

150302029　　412.5/7870b5
遼史一百一十五卷　語解十卷　考證二卷/(元)脱脱等撰.--清同治八年(1869)嶺南葄古堂刻本,20册

150302030　　412.5/7870c1
金史一百三十五卷/(元)脱脱等撰.--清同治十三年(1874)江蘇書局刻本,20册

150302031　　412.5/7870c2
金史一百三十五卷/(元)脱脱等撰.--清同治八年(1869)嶺南葄古堂刻本(卷一百二十五至一百三十五配清刻本),32册
缺十三卷(七至十四、七十七至八十一)

150302032　　412.5/7870c3
金史一百三十五卷/(元)脱脱等撰.--清光緒二十八年(1902)上海文瀾書局石印本,4册

150302033　　412.5/7870c5
金史一百三十五卷/(元)脱脱等撰.--清光緒十四年(1888)上海圖書集成印書局鉛印本,16册

150302034　　412.5/8342
南宋書六十八卷/(明)錢士升撰.--清嘉慶二年(1797)掃葉山房刻本,10 册

150302035　　412.6/2630
元史新編九十五卷/(清)魏源撰.--清光緒三十一年(1905)邵陽魏慎微堂刻本,32 册

150302036　　412.6/3030a2
元史二百一十卷/(明)宋濂等撰.--清光緒十四年(1888)上海圖書集成印書局鉛印本,24 册

150302037　　412.6/3030a3
元史二百一十卷/(明)宋濂等撰.--清光緒二十八年(1902)上海文瀾書局石印本,8 册

150302038　　412.6/3030a4
元史二百一十卷/(明)宋濂等撰.--清同治十三年(1874)江蘇書局刻本,40 册

150302039　　412.6/3030a5
元史二百一十卷/(明)宋濂等撰.--清光緒十三年(1874)江蘇書局刻本,40 册

150302040　　412.7/1032a1
明史藁三百一十卷/(清)王鴻緒等撰.--清雍正元年(1723)敬慎堂刻本,78 册

150302041　　412.7/1032a2
明史藁三百一十卷/(清)王鴻緒等撰.--清雍正元年(1723)敬慎堂刻本,70 册
缺二十九卷(四十至六十八)

150302042　　412.7/1111a2
明史三百三十二卷/(清)張廷玉等撰.--清光緒十四年(1888)上海圖書集成印書局鉛印本,40 册

150302043　　412.7/1111a3
明史三百三十二卷/(清)張廷玉等撰.--清光緒三年(1877)湖北崇文書局刻本,92 册
缺十八卷(一百一十九至一百二十三、二百零七至二百零九、二百三十九至二百四十、二百四十七至二百四十九、二百八十九至三百零三)

150302044　　412.7/1111a4
明史三百三十二卷/(清)張廷玉等撰.--清光緒二十八年(1902)上海文瀾書局石印本,14 册

150302045　　412.7/1111a5
明史三百三十二卷/(清)張廷玉等撰.--清光緒三年(1877)湖北崇文書局刻本,80 册

150302046　　413/1065
十七史商榷一百卷/(清)王鳴盛撰.--清刻本,14 册

150302047　　413/2517
歷代陵寢備考五十卷/(清)朱孔陽輯.--清申報館印本,4 册
缺三十三卷(九至二十九、三十五至三十八、四十三至五十)

150302048　　413/2699
五代史記纂誤續編六卷/吳光耀著.--清光緒十四年(1888)江夏吳氏刻本,6 册

150302049　　413/2747
歷代帝王譜略五卷/(日本)伊藤長胤輯.--清抄本,5 册

150302050　　413/3140
春秋大事表五十卷　附錄一卷/(清)顧棟高輯.--清乾隆十二年(1747)萬卷樓刻本,

24 册

150302051　　413/3421
補梁疆域志四卷/(清)洪齮孫撰.--清光緒十七年(1891)廣雅書局刻本,4 册

150302052　　413/3491
二十一史四譜五十四卷/(清)沈炳震撰.--清同治十年(1871)武林吳氏清來堂刻本,16 册

150302053　　413/4033
紀元編三卷/(清)李兆洛撰.--清同治十年(1871)合肥李氏刻本,2 册

150302054　　413/4074
四裔編年表四卷/(美國)林樂知,嚴良勳譯,(清)李鳳苞編.--清刻本,4 册

150302055　　413/4447
歷代史表五十九卷/(清)萬斯同撰.--清光緒十五年(1889)廣雅書局刻本,6 册

150302056　　413/4624
遼史拾遺補五卷/(清)楊復吉輯.--清光緒三年(1877)江蘇書局刻本,2 册

150302057　　413/6021
版權考一卷/(美國)羅白孫等撰.--清光緒二十九年(1903)上海商務印書館印本,1 册

150302058　　413/7160
遼史拾遺二十四卷/(清)厲鶚撰.--清光緒元年(1875)江蘇書局刻本,8 册

150302059　　413/7774a1
二十四史三表十九卷/(清)段長基輯.--清同治四年(1865)味古山房刻本,26 册

150302060　　413/7774b1
歷代統紀表十三卷/(清)段長基輯.--清同治四年(1865)味古山房刻本,14 册

150302061　　413/8054
遼金元三史國語解二十四卷/(□)□□撰.--清光緒四年(1878)江蘇書局刻本,10 册

150302062　　413/8324
三國志證聞二卷/(清)錢儀吉撰.--清光緒十一年(1885)江蘇書局刻本,2 册

150302063　　413/8346a1
二十二史攷異二十三卷/(清)錢大昕撰.--清上海鴻寶齋石印本,6 册

150302064　　413/8346a1
二十二史攷異二十三卷/(清)錢大昕撰.--清上海鴻寶齋石印本,6 册

150302065　　413/8346b1
補元史藝文志氏族表七卷/(清)錢大昕撰.--清嘉慶十一年(1806)江蘇書局刻本,3 册

150302066　　420/1020a1
東華錄一百九十五卷/王先謙編.--清光緒十年(1884)刻本,280 册

150302067　　420/1020a2
東華錄/王先謙編.--清刻本,141 册

150302068　　420/1020b1
東華錄/王先謙編.--清刻本,134 册

150302069　　420/1020c1
東華全錄/王先謙編.--清光緒十三年(1887)琉璃廠刻本,112 册
缺卷(康熙朝一至四十四、一百零五至一百一十,雍正朝八,乾隆朝一至三十七,嘉慶朝一至五十)

150302070　　420/1020c2

東華錄/王先謙編.--清刻本,54 册

150302071　　420/1020d1

東華全錄/王先謙編.--清光緒十三年(1887)京都善成堂刻本,126 册

150302072　　420/1020d2

東華錄/王先謙編.--清光緒二十年(1894)上海積山書局石印本,64 册

配本(道光朝配入三十二至四十二卷,咸豐朝配入六十一至六十八卷)雍正朝缺十六至十九卷

150302073　　421/1090a1

明通鑑一百一十卷　首一卷/(清)夏燮編輯.--清光緒二十六年(1900)掃葉山房石印本,16 册

150302074　　421/1090a2

明通鑑四百五十六卷　首一卷/(清)夏燮編輯.--清光緒二十三年(1897)湖北官書處刻本,40 册

150302075　　421/1779a1

資治通鑑五百一十四卷/(宋)司馬光等撰.--清江蘇書局刻本,160 册

150302076　　421/1779a4

資治通鑑五百一十四卷/(宋)司馬光等撰.--清光緒二十二年(1896)上海蜚英館石印本,53 册

通鑒目錄缺十五卷(一至十四),資治通鑑缺十六卷(一百六十五至一百八十),續資治通鑒缺四十八卷(九十三至一百二十、一百三十五至一百四十四、一百五十五至一百六十四)

150302077　　421/1779a5

正續資治通鑑五百一十四卷/(宋)司馬光等撰.--清光緒二十六年(1900)上海圖書集成局鉛印本,67 册

資治通鑑缺六卷(一百五十三至一百五十八)

150302078　　421/1779a6

正續資治通鑑五百一十四卷/(宋)司馬光等撰.--清同治金陵書局刻本,177 册

150302079　　421/1779b1

資治通鑑目錄三十卷/(宋)司馬光撰.--清刻本,9 册

缺三卷(一至三)

150302080　　421/1779c1

稽古錄二十卷/(宋)司馬光撰.--清光緒五年(1879)江蘇書局刻本,4 册

150302081　　421/2390a1

御批歷代通鑑輯覽一百二十卷/(清)傅恒等纂.--清南昌萬氏刻本,99 册

150302082　　421/2390a2

御批歷代通鑑輯覽一百二十卷/(清)傅恒等纂.--清京都善成堂刻本,58 册

150302083　　421/2390a3

御批歷代通鑑輯覽一百二十卷/(清)傅恒等纂.--清同治十三年(1874)兩儀堂刻本,64 册

150302084　　421/2390a4

御批歷代通鑑輯覽一百二十卷/(清)傅恒等纂.--清同治十三年(1874)湖南書局刻本,56 册

缺四卷(九十一至九十二、九十五至九十

六)

150302085　　421/2390a5
御批歷代通鑑輯覽一百二十卷/(清)傅恒等纂.--清光緒三十年(1904)上海通元書局石印本,24 册

150302086　　421/2390a6
御批歷代通鑑輯覽一百二十卷/(清)傅恒等纂.--清光緒三十年(1904)上海通元書局石印本,26 册
配本(三十四至三十八、一百零九至一百二十)

150302087　　421/2390a7
御批歷代通鑑輯覽一百二十卷/(清)傅恒等纂.--清光緒三十年(1904)上海錦章書局石印本,33 册

150302088　　421/2390a8
御批歷代通鑑輯覽一百二十卷/(清)傅恒等纂.--清同治十年(1871)浙江書局刻本,48 册

150302089　　421/2390a9
御批歷代通鑑輯覽一百二十卷/(清)傅恒等纂.--清光緒二十九年(1903)上海同文書局石印本,24 册

150302090　　421/2390a10
御批歷代通鑑輯覽一百二十卷/(清)傅恒等纂.--清光緒二十四年(1898)上洋圖書集成局印本,24 册

150302091　　421/2390a12
御批歷代通鑑輯覽一百二十卷/(清)傅恒等纂.--清光緒十三年(1887)上海同文書局石印本,18 册

150302092　　421/4030
新刊憲臺攷正宋元通鑑全編二十一卷/(明)吉澄校.--清刻本,12 册

150302093　　421/4040
續資治通鑑長編五百二十卷　目錄二卷/(宋)李燾撰.--清光緒七年(1881)浙江書局刻本,116 册
缺十八卷(一百一十九至一百二十三、五百零八至五百二十)

150302094　　421/4432a2
唐鑑二十四卷/(宋)范祖禹撰.--清同治十年(1871)退補齋刻本,6 册

150302095　　421/4719
通鑑釋文辨誤十二卷/(元)胡三省撰.--清光緒十六年(1890)上海積山書局石印本,1 册

150302096　　421/5023
續資治通鑑長編拾補六十卷/(清)秦緗業等撰.--清光緒九年(1883)浙江書局刻本,12 册
缺十五卷(四十六至六十)

150302097　　421/5230
欽定明鑑二十四卷/(清)托津等纂.--清刻本,9 册
缺二卷(一至二)

150302098　　421/5230a2
欽定明鑑二十四卷　首一卷/(清)托津等纂.--清嘉慶二十三年(1818)刻本,12 册

150302099　　421/7240
資治通鑑外紀十卷/(宋)劉恕編輯.--清同治十年(1871)江蘇書局刻本,10 册

150302100　　421/7540
明紀六十卷/(清)陳鶴纂.--清刻本,19 册
缺二卷(二十五至二十七)

150302101　　422/4032a1
建炎以來繫年要録二百卷/(宋)李心傳撰.--清光緒八年(1882)仁壽蕭氏刻本,64 册

150302102　　422/4032a2
建炎以來繫年要録二百卷/(宋)李心傳撰.--清光緒十一年(1885)仁壽蕭氏刻本,54 册
缺十四卷(十、二十八至四十)

150302103　　422/4441
周季編略九卷/(清)黄式三纂.--清同治十二年(1873)浙江書局刻本,4 册

150302104　　422/4490
前後漢紀六十卷/(漢)荀悦等撰.--清刻本,16 册

150302105　　422/4861
皇朝政典挈要八卷/(日本)增田貢撰.--清光緒二十八年(1902)鉛印本,4 册

150302106　　422/4861
皇朝政典挈要八卷/(日本)增田貢撰.--清光緒二十八年(1902)鉛印本,4 册

150302107　　422/4861a2
皇朝政典挈要八卷/(日本)增田貢編.--清光緒二十八年(1902)上海書局石印本,4 册

150302108　　422/7140
皇清開國方略三十二卷　首一卷/(清)阿桂等纂.--清光緒十三年(1887)廣百宋齋印本,4 册
缺十卷(六至十五)

150302109　　423/1042a1
重訂王鳳洲先生綱鑑會纂八十九卷/(明)王世貞纂.--清光緒二十九年(1903)益友堂刻本,47 册
綱鑑配入卷(一至二、五至十二)缺二卷(三至四)

150302110　　423/1042a2
重訂王鳳洲先生綱鑑會纂八十九卷/(明)王世貞纂.--清光緒二十九年(1903)善成堂刻本,47 册

150302111　　423/1042a3
重訂王鳳洲先生綱鑑會纂六十九卷/(明)王世貞纂.--清光緒十八年(1892)上海點石齋印本,16 册
配入二十至二十三卷

150302112　　423/1042a4
重訂王鳳洲先生綱鑑會纂六十九卷/(明)王世貞纂.--清光緒十八年(1892)上海點石齋印本,15 册
缺宋元紀六卷(十八至二十三)

150302113　　423/1042a5
綱鑑會纂三十九卷　首一卷/(明)王世貞纂.--清光緒二十五年(1899)掃葉山房鉛印本,20 册

150302114　　423/1042a6
綱鑑會纂三十九卷/(明)王世貞纂.--清刻本,25 册
綱鑑會纂缺十五卷(一至十五),明鑑缺三卷(一至三)

150302115　　423/1042a7
重訂王鳳洲先生會纂綱鑑二十三卷/(明)

王世貞纂.--清刻本,16 册

150302116　　423/1042a8
重訂王鳳洲先生綱鑑會纂四十六卷/(明)王世貞纂.--清志順堂刻本,42 册

150302117　　423/1042c1
袁王綱鑑合編六十五卷/(明)袁黄輯(明)王世貞輯.--清光緒三十一年(1905)上海育文書局石印本,16 册

150302118　　423/1111a1
御撰資治通鑑綱目三編二十卷/(清)張廷玉等纂.--清乾隆十一年(1746)刻本,8 册

150302119　　423/1111a2
御撰資治通鑑綱目三編二十卷/(清)張廷玉等纂.--清乾隆十一年(1746)刻本,8 册

150302120　　423/1111b1
御撰資治通鑑綱目三編二十卷/(清)張廷玉等纂.--清光緒二十九年(1903)善成堂刻本,6 册

150302121　　423/1111b2
御撰資治通鑑綱目三編二十卷/(清)張廷玉等纂.--清刻本,6 册

150302122　　423/1111b3
御撰資治通鑑綱目三編二十卷/(清)張廷玉等纂.--清刻本,6 册

150302123　　423/2540
御批資治通鑑綱目一百零九卷首一卷/(宋)朱熹撰.--清康熙四十六年(1707)刻本,124 册

150302124　　423/2624a1
尺木堂綱鑑易知録九十二卷/(清)吳乘權等輯.--清康熙五十年(1711)尺木堂刻本,46 册

150302125　　423/2624a4
尺木堂綱鑑易知録九十二卷/(清)吳乘權等輯.--清京都文貴堂刻本,36 册
缺十三卷(二十七至三十九)

150302126　　423/2624a5
綱鑑易知録九十二卷/(清)吳乘權等輯.--清南山堂刻本,46 册
缺三卷(五十至五十二)

150302127　　423/3090
御批資治通鑒綱目前編二十五卷　正編五十九卷　續編二十七卷/(清)宋犖等編.--清光緒十三年(1887)上海同文書局石印本,24 册
缺前編七卷(十九至二十五)

150302128　　423/4040
歷史大方綱鑑補三十九卷　首一卷/(明)袁黄編纂.--清刻本,30 册

150302129　　423/7528a1
資治通鑑綱目前編二十五卷　正編五十九卷　續編二十七卷/(明)陳仁錫評.--清嘉慶八年(1803)宏道堂刻本,111 册
正編缺十二卷(二十四、四十九至五十九)

150302130　　423/7528a2
資治通鑑綱目前編二十五卷　正編五十九卷　續編二十七卷/(明)陳仁錫評.--清光緒十四年(1888)上海大同書局石印本,21 册
正編缺十卷(一至二、九下至十二、三十至三十三)

150302131　　423/7547
明史綱目管窺四卷/(清)陳杞撰.--清嘉慶

二十一年(1816)刻本,4 册

150302132　　423/8742

御撰資治通鑑綱目三編四十卷/(清)舒赫德等纂.--清同治十一年(1872)江西書局刻本,12 册

150302133　　430.1/2509

九朝紀事本末六百五十八卷/(清)朱記榮輯.--清光緒二十九年(1903)上海文林書局石印本,40 册

150302134　　430.1/3447

通鑑紀事本末一百四十八卷/(明)沈朝陽等纂.--清鬱岡山房刻本,120 册

150302135　　430.1/4040a1

通鑑紀事本末二百三十九卷/(宋)袁樞編輯.--清刻本,70 册

150302136　　430.1/4040a2

通鑑紀事本末二百三十九卷/(宋)袁樞編輯.--清同治十二年(1873)江西書局刻本,52 册

150302137　　430.5/2844a1

三朝北盟會編二百五十卷/(宋)徐夢莘編.--清光緒三十四年(1908)刻本,40 册

150302138　　430.5/2844a3

三朝北盟會編二百五十卷　首一卷/(宋)徐夢莘編.--清刻本,40 册

150302139　　430.5/2844a2

三朝北盟會編二百五十卷　首一卷/(宋)徐夢莘編.--清光緒四年(1878)越東印本,40 册

150302140　　430.5/3110a1

宋史紀事本末一百零九卷/(明)馮琦編.--清同治十三年(1874)江西書局刻本,20 册

150302141　　430.5/3110a2

宋史紀事本末一百零九卷/(明)馮琦編.--清同治十三年(1874)江西書局刻本,12 册

缺二十七卷(三十八至四十四、五十一至五十六、六十六至七十二、一百零三至一百零九)

150302142　　430.7/8005a1

明史紀事本末八十卷/(清)谷應泰編.--清同治十三年(1874)江西書局刻本,20 册

150302143　　430.7/8005a2

明史紀事本末八十卷/(清)谷應泰編.--清刻本,24 册

150302144　　430.5/8005a3

明朝紀事本末八十卷/(清)谷應泰編.--日本天保十四年(1843)溫故堂刻本,30 册

150302145　　430.8/1033a1

湘軍記二十卷/(清)王定安撰.--清光緒十五年(1889)江南書局刻本,8 册

150302146　　430.8/1033a2

湘軍記二十卷/(清)王定安撰.--清光緒十五年(1889)江南書局刻本,12 册

150302147　　430.8/1073a1

湘軍志十六卷/王闓運撰.--清末刻本,6 册

150302148　　430.8/1073a2

湘軍志十六卷/王闓運撰.--清末刻本,4 册

150302149　　430.8/2242

拳匪紀略十二卷/(清)僑析生撰.--清光緒二十九年(1903)上洋書局石印本,6 册

150302150　　430.8/2630
聖武記十四卷/(清)魏源撰.--清道光二十二年(1842)古微堂刻本,9 册
缺一卷(十四)

150302151　　430.8/4403a1
平定粵匪紀畧二十二卷/(清)杜文瀾等纂輯.--清同治四年(1865)上海潄六山莊石印本,6 册

150302152　　430.8/4403a2
平定粵匪紀略十八卷　附記四卷/(清)杜文瀾等纂輯.--清光緒七年(1881)刻本,6 册

150302153　　430.8/4428
中東戰紀本末八卷　首一卷　續四卷/(美國)林樂知譯.--清光緒二十三年(1897)上海圖書集成局鉛印本,11 册
缺一卷(中東戰紀本末續一)

150302154　　430.8/4663
平定關隴紀略十三卷/(清)楊昌濬等撰.--清光緒十三年(1887)刻本,12 册

150302155　　430.8/4910
皇朝武功紀盛四卷/(清)趙翼編.--清乾隆五十七年(1792)湛貽堂刻本,2 册

150302156　　440/0710
穆天子傳六卷/(晉)郭璞注.--清刻本,1 册

150302157　　440/0831
祖國女界文豪譜一卷/許定一撰.--清宣統元年(1909)京師京華書局印本,1 册

150302158　　440/1223a1
闕里文獻考一百卷　首一卷　末一卷/(清)孔繼汾纂.--清乾隆二十七年(1762)刻本,8 册

150302159　　440/1223a2
闕里文獻考一百卷　首一卷　末一卷/(清)孔繼汾纂.--清乾隆二十七年(1762)刻本,8 册

150302160　　440/2540a1
歷代名臣言行錄二十四卷/(清)朱桓編.--清光緒二十二年(1896)上海廣百宋齋鉛印本,12 册

150302161　　440/2540a2
歷代名臣言行錄二十四卷/(清)朱桓編.--清光緒二十九年(1903)上海吳雲記鉛印本,12 册

150302162　　440/2540a3
歷代名臣言行錄二十四卷/(清)朱桓編.--清光緒二十九年(1903)上海醉六堂石印本,10 册

150302163　　440/2540a4
歷代名臣言行錄二十四卷/(清)朱桓編.--清光緒二十四年(1898)掃葉山房石印本,8 册

150302164　　440/2540a5
歷代名臣言行錄二十四卷/(清)朱桓編.--清嘉慶刻本,18 册
缺十二(一至十二)

150302165　　440/2699a1
歷代名人年譜十卷/(清)吳榮光撰.--清咸豐二年(1852)實經堂刻本,7 册
缺三卷(三、五、七)

150302166　　440/2699a2
歷代名人年譜十卷/(清)吳榮光撰.--清咸

豐二年(1852)萬忍堂刻本,10 册

150302167　　440/3230
康濟譜二十五卷/(明)潘游龍撰.--清道光七年(1827)京都琉璃廠刻本,12 册

150302168　　440/4438
思舊録一卷/(清)黄宗羲撰.--清五桂樓刻本,1 册

150302169　　440/4880a1
古品節録六卷/(清)松筠集.--清嘉慶四年(1799)關中書院刻本,6 册

150302170　　440/4880a2
古品節録六卷/(清)松筠撰.--清道光七年(1827)刻本,6 册

150302171　　440.1/1160
重纂三遷志十卷　首一卷/(清)陳錦等纂.--清光緒十三年(1887)山東書局刻本,6 册

150302172　　440.1/1171
忠武誌十卷/(清)張鵬翮撰.--清嘉慶十九年(1814)刻本,4 册

150302173　　440.4/1725
弘簡録二百五十四卷　首一卷/(明)邵經邦撰.--清刻本,59 册
缺二十一卷(二百三十四至二百五十四)

150302174　　440.5/1040a1
朱子年譜四卷/(清)王懋竑纂.--清乾隆十六年(1751)白田草堂刻本,4 册

150302175　　440.5/1040a2
朱子年譜四卷/(清)王懋竑纂.--清浙江書局刻本,4 册

150302176　　440.5/2540
宋名臣言行録前集十卷　後集十四卷　續集八卷　别集二十六卷　外集十七卷/(宋)朱熹等輯.--清道光刻本,20 册

150302177　　440.5/4438a1
宋元學案一百卷/(清)黄宗羲撰.--清光緒五年(1879)長沙寄廬刻本,48 册

150302178　　440.5/4438a2
宋元學案一百卷/(清)黄宗羲撰.--清光緒上海文瑞樓石印本,32 册

150302179　　440.5/7210a1
鄂國金佗稡編二十八卷　鄂國金佗續編三十卷/(宋)岳珂編.--清光緒九年(1883)浙江書局刻本,11 册
缺四卷(稡編一至四)

150302180　　440.5/7210a2
鄂國金佗稡編二十八卷　鄂國金佗續編三十卷/(宋)岳珂編.--清光緒九年(1883)浙江書局刻本,11 册
缺六卷(續編一至六)

150302181　　440.6/4412
元朝名臣事略十五卷/(元)蘇天爵撰.--清光緒二十年(1894)刻本,5 册

150302182　　440.7/1123
三不朽圖贊一卷/(明)張岱撰.--清光緒十四年(1888)鳳嬉堂刻本,1 册

150302183　　440.8/0021
重建昭忠祠爵秩姓名録六卷/(清)鹿傳霖輯.--清光緒三十四年(1908)刻本,6 册

150302184　　440.8/1033
曾文正公大事記四卷/(清)王定安撰.--清

上海申報館印本,2 册

150302185　　440.8/1034
編年自記一卷/(清)丁守存編.--清刻本,1册

150302186　　440.8/1120
顧亭林先生年譜一卷/(清)張穆撰.--清咸豐九年(1859)吳興劉氏嘉業堂刻本,1 册

150302187　　440.8/2504
從政觀法錄三十卷/(清)朱方增輯.--清道光十年(1830)刻本,8 册

150302188　　440.8/2530
從戎紀畧一卷/(清)朱洪章撰.--清光緒十九年(1893)紫陽堂刻本,1 册

150302189　　440.8/3334
李鴻章十二章/梁啟超撰.--清光緒二十七年(1901)石印本,1 册

150302190　　440.8/3436
沈端恪公遺書四卷/(清)沈近思撰.--清同治十二年(1873)浙江書局刻本,2 册

150302191　　440.8/4010a1
國朝先正事畧六十卷/(清)李元度撰.--清刻本,14 册

150302192　　400.8/4010a2
國朝先正事畧六十卷/(清)李元度撰.--清同治五年(1866)循陔草堂刻本,32 册

150302193　　440.8/4010a3
國朝先正事畧六十卷/(清)李元度撰.--清同治五年(1866)刻本,24 册

150302194　　440.8/4010a4
國朝先正事畧六十卷/(清)李元度撰.--清光緒二十八年(1902)上海點石齋印本,10 册

150302195　　440.8/4010a5
國朝先正事畧六十卷/(清)李元度撰.--清鉛印本,3 册
缺三十三卷(一至二十二、二十七至三十七)

150302196　　440.8/4010a6
國朝先正事畧六十卷　首一卷/(清)李元度撰.--清光緒十二年(1886)上浣印本,23 册

150302197　　440.8/4034
孤忠錄二卷/(清)袁祖志輯.--清光緒十二年(1886)萬選樓刻本,2 册

150302198　　440.8/4040
國朝耆獻類徵七百二十卷/(清)李桓纂輯.--清光緒十六年(1890)湘陰李氏刻本,294 册

150302199　　440.8/4092
彤管錄一卷/(清)李慎徽輯.--清道光三年(1823),1 册

150302200　　440.8/6058a1
欽定宗室王公功績表傳十二卷　首一卷/(清)國史館編--清京都琉璃廠刻本,12 册

150302201　　440.8/6058b1
貳臣傳八卷/(清)國史館編--清雍正善成堂刻本,6 册

150302202　　440.8/6058b2
貳臣傳十二卷　逆臣傳四卷/(清)國史館編.--清京都琉璃廠刻本,16 册

150302203　　440.8/6058b3
貳臣傳十二卷/(清)國史館編.--清京都琉璃廠刻本,10 册

150302204　　440.8/7110
疇人傳四十六卷/(清)阮元撰.--清光緒二十二年(1896)上海璣衡堂石印本,6 册

150302205　　440.8/7282a1
王船山先生年譜二卷/(清)劉毓崧撰.--清光緒十二年(1886)江南書局刻本,2 册

150302206　　440.8/7282b1
曾公克復金陵勳德記一卷/(清)劉毓崧撰.--清同治五年(1866)曼陀羅華閣刻本,1 册

150302207　　440.8/8024a1
李傅相壽言不分卷/(清)□□撰.--清鉛印本,4 册

150302208　　440.8/8024b1
曾惠敏公榮哀錄一卷/(清)□□撰.--清鉛印本,1 册

150302209　　440.8/8324
碑傳集一百六十卷/(清)錢儀吉纂錄.--清光緒十九年(1893)江蘇書局刻本,60 册

150302210　　440.8/8340a1
文獻徵存錄十卷/(清)錢林輯.--清咸豐八年(1858)有嘉樹軒刻本,10 册

150302211　　440.8/8340a2
文獻徵存錄十卷/(清)錢林輯.--清咸豐八年(1858)有嘉樹軒刻本,9 册
缺一卷(九)

150302212　　441/0436
西魏書二十四卷/(清)謝啟昆撰.--清光緒十八年(1892)溧陽繆氏刻本,6 册

150302213　　411/2510
中興名臣事略八卷/(清)朱孔彰撰.--清光緒二十五年(1899)上海圖書集成印書局印本,4 册

150302214　　450/4415
分類歷史揭要一卷/(清)蕭雨春輯.--清宣統二年(1910)刻本,1 册

150302215　　450/7218
東觀漢記二十四卷/(漢)劉珍撰.--清乾隆六十年(1795)掃葉山房刻本,2 册

150302216　　450.1/0000a1
戰國策三十三卷/(漢)高誘注.--清同治八年(1869)湖北崇文書局刻本,5 册

150302217　　450.1/0000a2
戰國策三十三卷/(漢)高誘注.--清同治八年(1869)湖北崇文書局刻本,5 册

150302218　　450.1/0000a3
戰國策三十三卷/(漢)高誘注.--清同治八年(1869)湖北崇文書局刻本,3 册
缺九卷(十至十八)

150302219　　440.8/8038
姜贞毅先生輓章不分卷/(清)姜安節等彙輯.--清刻本,2 册

150302220　　450.1/0000a4
戰國策三十三卷/(漢)高誘注.--清同治八年(1869)湖北崇文書局刻本,5 册

150302221　　450.1/0000a6
戰國策三十三卷/(漢)高誘注.--清同治八年(1869)湖北崇文書局刻本,5 册

150302222　　450.1/2720a1
戰國策十卷/(宋)鮑彪校注.--清刻本,6册

150302223　　450.1/2720a2
戰國策十卷/(宋)鮑彪校注.--清刻本,6册

150302224　　450.1/2720a3
戰國策十卷/(宋)鮑彪校注.--清剞古堂刻本,6册

150302225　　450.1/4060a1
國語二十一卷/(三國吳)韋昭注.--清光緒二十一年(1895)寶善堂刻本,4册

150302226　　450.1/4060a2
國語二十一卷/(三國吳)韋昭注.--清同治九年(1870)經綸堂刻本,4册

150302227　　450.1/4060a5
國語二十一卷/(三國吳)韋昭注.--清光緒十五年(1889)經國堂刻本,4册

150302228　　450.1/4060a6
國語二十一卷/(三國吳)韋昭注.--清蘇州綠蔭堂刻本,4册

150302229　　450.1/4060a7
國語二十一卷/(三國吳)韋昭注.--清同治八年(1869)湖北崇文書局刻本,5册

150302230　　450.1/4060a8
國語二十一卷/(三國吳)韋昭注.--清同治八年(1869)湖北崇文書局刻本,5册

150302231　　450.1/4060b1
國語二十一卷　戰國策三十三卷/(漢)高誘注,(三國吳)韋昭注.--清光緒二十七年(1901)上海煥文書局石印本,8册

150302232　　450.1/4060c2
國語韋解補正二十一卷/(三國吳)韋昭注.--清宣統三年(1911)商務印書館鉛印本,4册

150302233　　450.1/4442a1
國語正義二十一卷/(清)董增齡撰.--清光緒六年(1880)會稽章氏式訓堂刻本,8册

150302234　　450.1/4442a2
國語正義二十一卷/(清)董增齡撰.--清刻本,7册
缺二卷(一、二)

150302235　　450.1/6030a1
重訂路史全本四十七卷/(宋)羅泌輯.--清嘉慶六年(1801)西山堂刻本,22册

150302236　　450.1/6030a2
重訂路史全本四十七卷/(宋)羅泌輯.--清西山堂刻本,24册

150302237　　450.1/6030a3
路史四十七卷/(宋)羅泌輯.--清光緒二年(1876)紅杏山房刻本,16册

150302238　　450.2/7730a2
晉略六十五卷/(清)周濟譔.--清光緒二年(1876)味雋齋刻本,10册

150302239　　450.4/2230a1
十六國春秋一百卷/(北魏)崔鴻撰.--清乾隆四十六年(1781)竹素山房刻本,24册

150302240　　450.4/2230a2
十六國春秋一百卷/(北魏)崔鴻撰.--清光緒十二年(1886)湖北官書處刻本,12册

150302241　　450.5/1020
東都事畧一百三十卷/(宋)王稱撰.--清刻本,10册
缺三十四卷(六十五至七十五、九十五至一

百零七)

150302242　　450.5/4032
建炎以來朝野雜記二十卷/(宋)李心傳撰.--清光緒二十年(1894)刻本,12 册

150302243　　812.38/0054
儀衛軒全集九卷/(清)方東樹撰.--清同治七年(1868)刻本,6 册

150302244　　450.6/3161
蒙古史二卷/(日本)河野元三撰.--清宣統三年(1911)江南圖書館石印本,2 册

150302245　　812.38/0070
文史通義八卷　附校讎通義三卷/(清)章學誠撰.--清道光十三年(1833)刻本,5 册

150302246　　812.38/0124
定山堂古文小品二卷　附定山堂詩餘四卷/(清)龔鼎孳撰.--清光緒十年(1884)刻本,4 册

150302247　　450.7/0017
思文大紀八卷/(清)商務印書館校訂.--清宣統三年(1911)商務印書館鉛印本,2 册
缺四卷(一至四)

150302248　　812.38/0700
靈芬館雜著續編四卷/(清)郭麐撰.--清嘉慶二十三年(1818)刻本,3 册

150302249　　812.38/1003
柳南文鈔六卷/(清)王應奎撰.--清刻本,3 册

150302250　　450.7/0404a1
明季南北略四十二卷/(清)計六奇編.--清光緒十三年(1887)上海圖書集成印書局印本,10 册

150302251　　450.7/0404a2
明季南北略四十二卷/(清)計六奇編.--清都城琉璃廠半松居士排印本,25 册
缺南略九卷(十至十八)

150302252　　450.7/4033a1
荊駝逸史五十種/(清)陳湖逸士撰,(清)李遜之輯.--清刻本,24 册

150302253　　450.7/4033a2
荊駝逸史五十種/(清)陳湖逸士撰,(清)李遜之輯.--清刻本,24 册

150302254　　450.7/4690
增訂南詔野史二卷/(明)楊慎編.--清乾隆四十年(1775)金谿李氏自怡堂刻本,2 册

150302255　　450.7/7717a2
明季稗史彙編二十七卷/(清)留雲居士輯.--清光緒十三年(1887)上海圖書集成印書局鉛印本,6 册

150302256　　450.8/0020
[清]本朝史講義一卷/(清)京師譯學館編.--清京師學務處官書局印本,1 册

150302257　　450.8/2623
綏寇紀略十二卷　補遺三卷/(清)吳偉業輯.--清照曠閣刻本,6 册

150302258　　450.8/3150
廣陵通典十卷/(清)汪中撰.--清同治八年(1869)揚州書局刻本,2 册

150302259　　450.8/3627
南疆逸史五十六卷　首二卷/(清)溫睿臨撰.--清道光十年(1830)蕭山蔡氏活字印本,16 册

150302260　　450.8/4437
東華錄三十二卷/(清)蔣良騏撰.--清乾隆三十年(1765)刻本,12 册

150302261　　450.8/6033
庚子海外紀事四卷/(清)吕海寰編.--清光緒二十七年(1901)上海辦理商約行轅刻本,3 册
缺第四卷

150302262　　450.8/6033
庚子海外紀事四卷/(清)吕海寰編.--清光緒二十七年(1901)上海辦理商約行轅刻本,4 册

150302263　　450.8/6033
庚子海外紀事四卷/(清)吕海寰編.--清光緒二十七年(1901)上海辦理商約行轅刻本,4 册

150302264　　450.8/6033
庚子海外紀事四卷/(清)吕海寰編.--清光緒二十七年(1901)上海辦理商約行轅刻本,4 册

150302265　　450.8/6648
東明聞見錄一卷/(明)瞿共美撰.--清刻本,1 册

150302266　　450.8/7540
粵東剿匪紀略五卷/(清)陳坤編.--清印本,3 册

150302267　　459/0078
近世史畧一卷/(清)上海廣學會校正.--清光緒三十年(1904)上海美華書館鉛印本,1 册

150302268　　459/0424a1
萬國通鑑四卷/(美國)謝衛樓撰.--清光緒八年(1882)刻本,6 册

150302269　　459/0424a2
萬國通鑑四卷/(美國)謝衛樓撰.--清光緒八年(1882)刻本,4 册
缺第 3 卷

150302270　　459/1062
十九世紀外交史十七章/(日本)平田久撰.--清光緒二十八年(1902)史學齋刻本,4 册

150302271　　459/1133a1
普法戰紀二十卷/(清)張宗良譯,(清)王韜輯.--清光緒二十三年(1897)弢園王氏刻本,9 册

150302272　　459/1133a2
普法戰紀二十卷/(清)張宗良譯.--清光緒十二年(1886)弢園王氏刻本,9 册
缺二卷(十一至十二)

150302273　　459/4050a1
泰西新史攬要二十四卷/(英國)李提摩太譯,(清)蔡爾康譯.--清光緒二十一年(1895)三味堂刻本,8 册

150302274　　459/4050a2
泰西新史攬要二十四卷/(英國)李提摩太譯,(清)蔡爾康譯.--清光緒二十四年(1898)美華書館刻本,8 册

150302275　　459/4050a3
泰西新史攬要二十四卷/(英)李提摩太譯,(清)蔡爾康譯.--清光緒二十三年(1897)美華書館鉛印本,7 册

150302276　　459/4050a4

泰西新史攬要二十四卷/(英國)李提摩太譯,(清)蔡爾康譯.--清鉛印本,7册

150302277　　459/4493

支那通史七卷/(日本)那珂通世撰,(清)樊炳清編.--清光緒二十五年(1899)商務書館石印本,5册

150302278　　459/6312

西洋歷史教科書六編/(英國)默爾化撰.--清光緒三十三年(1907)商務書館鉛印本,2册

150302279　　459/8054b1

歐洲史畧十三卷/(□)□□撰.--清光緒十二年(1886)總稅務司署刻本,1册

150302280　　460.5/4028

宋朝事實二十卷/(宋)李攸撰.--清刻本,6册

150302281　　460.7/0020

先撥志始二卷/(明)文秉撰.--清道光二十七年(1847)蕭氏刻本,2册

150302282　　460.8/2313

華延年室題跋二卷/(清)傅以禮撰.--清擺印本,2册

150302283　　460.8/6633

聖德記略僇直紀略恩遇紀略舊聞紀略不分卷/(清)瞿鴻機撰.--清石印本,1册

150302284　　470/1048a1

史論正鵠八卷/(清)王樹敏評點.--清光緒二十七年(1901)上海久敬齋石印本,8册

150302285　　470/1048b

史論正鵠初編四卷/(清)王樹敏評點.--清光緒二十七年(1901)上海久敬齋石印本,4册

150302286　　470/1048c

史論正鵠十六卷/(清)王樹敏評點.--親光緒二十七年(1901)上海久敬齋石印本,16册

150302287　　470/1053a1

讀通鑑論十六卷/(清)王夫之撰.--清光緒三十一年(1905)商務印書館鉛印本,10册

150302288　　470/1053a3

讀通鑑論十卷/(清)王夫之撰.--清光緒二十四年(1898)上海書局鉛印本,5册

150302289　　470/1130a1

歷代史論二十二卷/(明)張溥撰.--清光緒二十四年(1898)上海書局石印本,6册

150302290　　470/1130a3

歷代史論十二卷/(明)張溥撰.--清光绪五年(1879)西江裴氏刻本,5册

150302291　　470/1130a4

歷代史論十二卷/(明)張溥撰.--清光緒五年(1879)西江裴氏刻本,10册

150302292　　470/1130a5

歷代史論十二卷/(明)張溥撰.--清光緒五年(1879)西江裴氏刻本,5册

150302293　　470/1779

通鑑論四卷/(宋)司馬光撰.--清光緒二十七年(1901)上海千頃堂石印本,2册

150302294　　470/1779

通鑑論四卷/(宋)司馬光撰.--清光緒二十七年(1901)上海千頃堂石印本,2册

150302295　　470/2152
新輯分類史論大成十九卷　首一卷/(清)行素生編輯.--清光緒二十八年(1902)上海醉六堂石印本,15 册

150302296　　470/2510
漢書管見四卷/(清)朱一新撰.--清刻本,4 册

150302297　　470/2580
二十四史論新編二十三卷/(清)朱鈞輯.--清光緒二十七年(1901)上海煥文書局石印本,8 册

150302298　　470/2631
史案二十卷　首一卷/(清)吳裕垂撰.--清光緒六年(1880)大成堂刻本,4 册

150302299　　470/2760
史通削繁四卷/(清)紀昀撰.--清光緒元年(1875)湖北崇文書局刻本,4 册

150302300　　470/3340a1
史通通釋二十卷/(清)浦起龍撰.--清光緒二十五年(1899)上海寶文書局石印本,8 册

150302301　　470/3340a1
史通通釋二十卷/(清)浦起龍撰.--清光緒二十五年(1899)上海寶文書局石印本,8 册

150302302　　470/3340a2
史通通釋二十卷/(清)浦起龍撰.--清光緒十一年(1885)刻本,5 册
缺七卷(四至七、十六至十八)

150302303　　470/3340a3
史通通釋二十卷/(清)浦起龍撰.--清乾隆梁溪浦氏求放心齋刻本,6 册

150302304　　470/3427
漢書評林一百卷/(明)凌稚隆輯.--清光緒二十七年(1901)上海天章書局石印本,9 册

150302305　　470/3912
讀史大畧六十卷/(清)沙張白撰.--清咸豐七年(1857)恭壽堂刻本,16 册

150302306　　470/4037
史論五種十一卷/(清)李祖陶撰.--清同治十年(1871)尚友樓刻本,6 册

150302307　　470/4403
初學史論合編一卷/(清)杜文瀾註釋.--清曼陀羅華閣刻本,1 册

150302308　　470/4480
同菴史彙十卷/(清)蔣善選評.--清康熙三十一年(1692)思永堂刻本,4 册

150302309　　470/4730
蓮藴史評二卷/(清)鞠濂編.--清光緒三十一年(1905)抄本,2 册

150302310　　470/4910
二十二史劄記三十六卷/(清)趙翼撰.--清光緒二十六年(1900)上海書局石印本,8 册

150302311　　470/7222
評鑑闡要十二卷/(清)劉統勳等輯.--清光緒二十八年(1902)山東書局石印本,6 册

150302312　　470/7222
評鑑闡要十二卷/(清)劉統勳等輯.--清光緒二十八年(1902)山東書局石印本,6 册

150302313　　470/7570
二十四史論贊七十八卷/(清)陳闓編輯.--清光緒二十八年(1902)文淵山房石印本,12 册

150302314　　470/8004

歷代史事政治論三百零八卷/(清)金詠榴等編.--清光緒三十年(1904)上海點石齋石印本,23 册

缺十四卷(一百九十五至二百零八)

150302315　　470/8019

少吏論辨正一卷/(清)俞正燮撰.--清光緒九年(1883)刻本,1 册

150302316　　470/8054

歷代綱鑑總論二卷/(□)□□撰.--清光緒二十七年(1901)上海煥文書局石印本,1 册

150302317　　470.1/3427

史記評林一百三十卷　首一卷/(明)凌稚隆輯.--清光緒二十七年(1901)上海天章書局石印本,9 册

缺三十六卷(三十九至四十七、六十八至八十三、一百一十八至一百三十)

150302318　　470.4/6017

唐書直筆四卷/(宋)吕夏卿撰.--清同治八年(1869)刻本,1 册

150302319　　470.7/2625

安危注四卷/(明)吳甡輯.--清刻本,6 册

150302320　　470.7/8005

明史論四卷/(清)谷應泰輯.--清西江裴氏刻本,1 册

缺第四卷

150302321　　470.8/7259

三國志知意一卷/(清)劉咸炘撰.--清同治十一年(1872)刻本,1 册

150302322　　470.8/7259

三國志知意一卷/(清)劉咸炘撰.--清同治十一年(1872)刻本,1 册

150302323　　480/0807

十年讀書之廬重刊韻史二卷/(清)許遯翁撰.--清咸豐十一年(1861)十年讀書之廬刻本,1 册

150302324　　480/1021a1

鑑畧四字書一卷/(清)王仕雲撰.--清光緒三十年(1904)刻本,1 册

150302325　　480/1021a2

鑑畧四字書一卷/(清)王仕雲撰.--清光緒十三年(1887)成文信刻本,1 册

150302326　　480/1034

讀史提要錄十二卷/(清)夏之蓉撰.--清乾隆三十七年(1772)刻本,4 册

150302327　　480/1080a1

十七史蒙求十六卷/(宋)王令撰.--清道光二十八年(1848)務本書局刻本,3 册

150302328　　480/1080a2

王先生十七史蒙求十六卷/(宋)王令撰.--清道光二十八年(1848)粤東文雅齋刻本,2 册

150302329　　480/1080a3

王先生十七史蒙求十六卷/(宋)王令撰.--清道光二十八年(1848)大文堂刻本,4 册

150302330　　480/1163

二十四史精華/(清)張羅澄輯.--清光緒二十八年(1902)夢孔山房石印本,6 册

150302331　　480/1171

通鑑直解二十八卷/(明)張居正撰.--清金陵聚錦堂刻本,13 册

缺三卷(十六、二十七至二十八)

150302332　480/1722a1
綱鑑擇言十卷/(清)司徒修輯. --清光緒二十八年(1902)三益堂刻本,6 册

150302333　480/1722a2
綱鑑擇言十卷/(清)司徒修輯. --清光緒二十九年(1903)濰陽坊刻本,6 册

150302334　480/1722a3
綱鑑擇言十卷/(清)司徒修輯. --清道光二十七年(1847)書業德刻本,6 册

150302335　480/2540a1
史畧八十七卷/(清)朱坤輯. --清光緒二十四年(1898)上海蜚英館石印本,6 册

150302336　480/2540a1
史畧八十七卷/(清)朱坤輯. --清光緒二十四年(1898)上海蜚英館石印本,6 册

150302337　480/2540a2
史畧八十七卷/(清)朱坤輯. --清光緒十三年(1887)上海積山書局石印本,6 册

150302338　480/2756
史鑑節要便讀六卷/(清)鮑東里編. --清光緒三十年(1904)誠文書坊刻本,2 册

150302339　480/2756
史鑑節要便讀六卷/(清)鮑東里編. --清光緒三十年(1904)誠文書坊刻本,2 册

150302340　480/2756
史鑑節要便讀六卷/(清)鮑東里編. --清光緒三十年(1904)誠文書坊刻本,2 册

150302341　480/3031
巾經纂二十卷/(清)宋宗元撰. --清光緒十六年(1890)刻本,5 册

150302342　480/3186
綱鑑正史約三十六卷/(明)顧錫疇編. --清同治八年(1869)浙江書局刻本,20 册

150302343　480/3246
讀史鏡古編三十二卷/(清)潘世恩輯. --清同治十三年(1874)冶城飛霞閣刻本,6 册

150302344　480/3716
二十二史言行略四十二卷/(清)過元畋輯. --清刻本,11 册
缺二卷(一至二)

150302345　480/4030
李氏蒙求補注六卷/(唐)李瀚撰. --清刻本,2 册

150302346　480/4036
史要便讀二卷/(清)李瀚昌編輯. --清光緒十九年(1893)澧陽學舍刻本,2 册

150302347　480/4236a1
史記菁華錄六卷/(清)姚祖恩輯. --清道光四年(1824)扶荔山房刻本,6 册

150302348　480/4236a2
史記菁華錄六卷/(清)姚祖恩輯. --清光緒二十三年(1897)舊學山房刻本,6 册

150302349　480/4709a1
讀史碎金註八十卷/(清)胡文炳編. --清光緒二年(1876)蘭石齋刻本,77 册
缺二卷(四十八至四十九)

150302350　480/4709a2
讀史碎金註八十卷/(清)胡文炳編. --清光緒元年(1875)蘭石齋刻本,51 册
缺二十四卷(十六、三十一、三十六至五十七)

150302351　　480/6030
十七史詳節/(宋)吕祖謙撰.--清光緒二十九年(1903)崇新書局石印本,16 册

150302352　　480/8710a1
二十四史約編/(清)鄭元慶撰.--清光緒二十二年(1896)煥文書局石印本,8 册

150302353　　480/8710a2
二十四史約編/(清)鄭元慶撰.--清光緒十二年(1886)上海慎記書局石印本,4 册

150302354　　480/8710b1
二十一史約編八卷/(清)鄭元慶撰.--清同治七年(1868)聚錦堂刻本,8 册

150302355　　480/8710b2
二十一史約編八卷/(清)鄭元慶撰.--清上洋江左書林刻本,7 册
缺一册(七)

150302356　　812.38/1043a1
漁洋山人文略十四卷/(清)王士禛注.--清康熙三十四年(1695)刻本,5 册

150302357　　480/8710b3
二十一史約編八卷/(清)鄭元慶撰.--清光緒六年(1880)得月樓刻本,7 册
缺一册(四)

150302358　　480.2/3424a1
南北史識小錄二十八卷/(清)沈名蓀等輯.--清同治十年(1871)武林吳氏清來堂刻本,12 册

150302359　　480.2/3424a2
南北史識小錄二十八卷/(清)沈名蓀等輯.--清同治十年(1871)武林吳氏清來堂刻本,8 册
缺八卷(南史六至九、十三、十四;北史三、四)

150302360　　480.2/7748
南北史捃華八卷/(清)周嘉猷輯.--清光緒十年(1884)蕉心室刻本,4 册

150302361　　480.4/3491
唐書合鈔二百六十卷/(清)沈炳震輯.--清同治十年(1871)武林吳氏清來堂刻本,79 册
缺五卷(一百七十至一百七十四)

150302362　　480.4/6030
諸儒唐書詳節六十卷/(宋)吕祖謙編.--明正德十三年(1518)建陽慎獨齋刻本,8 册

150302363　　480.5/3741
通鑑總類二十卷/(宋)沈樞編.--清讀我書齋刻本,20 册

150302364　　480.7/7522
讀書鏡二卷/(明)陳繼儒撰.--清光緒六年(1880)泰州宮氏春雨草堂刻本,2 册

150302365　　491.11/1049
漢石存目二卷/(清)王懿榮纂.--清光緒十五年(1889)刻本,1 册

150302366　　491.2/4491
歷代鐘鼎彝器款識法帖二十卷/(宋)薛尚功輯.--明萬曆十六年(1588)萬岳山人刻本,1 册
存一卷(一)

150302367　　491.2/7110a1
積古齋鐘鼎款識稿本五卷/(清)阮元編錄.--清光緒三十二年(1906)影印本,3 册

150302368　　491.2/7110b1
積古齋鐘鼎彝器款識十卷/(清)阮元編錄.--清光緒五年(1879)武昌刻本,6 册

150302369　　491.2/7110c1
歷代鐘鼎彝器款識法帖二十卷/(宋)薛尚功輯.--清嘉慶二年(1797)刻本,4 册

150302370　　491.28/7233
奇觚室吉金文述二十卷/(清)劉心源撰.--清光緒二十八年(1902)刻本,10 册

150302371　　491.3/2531
金石圖不分卷/(清)牛運震撰.--清乾隆八年(1743)刻本,3 册

150302372　　491.3/2767
金石屑四卷/(清)鮑昌熙摹.--清光緒二年(1876)刻本,4 册

150302373　　491.4/1113
清儀閣題跋不分卷/(清)張廷濟撰.--清刻本,4 册

150302374　　491.4/1320
授堂金石文字續跋十四卷/(清)武億撰.--清道光二十三年(1843)授堂刻本,2 册
缺五卷(十至十四)

150302375　　491.4/2615
金石存十五卷/(清)吳玉搢纂.--清嘉慶二十四年(1819)山陽李氏聞妙香室石印本,4 册

150302376　　491.4/2643
字説一卷/(清)吳大澂撰.--清刻本,1 册

150302377　　491.4/2643
字説一卷/(清)吳大澂撰.--清刻本,1 册

150302378　　812.38/1043a2
漁洋山人文略十四卷/(清)王士禛撰.--清康熙刻本,3 册
存九卷(三至五、九至十四)

150302379　　491.4/2699
筠清館金石文字五卷/(清)吳榮光撰.--清道光二十二年(1842)南海吳氏刻本,5 册

150302380　　491.4/3144a1
隸辨八卷/(清)顧藹吉撰.--清乾隆八年(1743)刻本,8 册

150302381　　491.4/3144a2
隸辨八卷/(清)顧藹吉撰.--清乾隆八年(1743)漁古山房刻本,8 册

150302382　　491.4/3430a1
隸釋二十七卷/(宋)洪适撰.--清同治十年(1871)皖南洪氏晦木齋刻本,8 册

150302383　　491.4/3430a2
隸釋二十七卷/(宋)洪适撰.--清同治十年(1871)皖南洪氏晦木齋摹刻本,8 册

150302384　　491.4/4420
寶鐵齋金石文跋尾三卷/(清)韓崇撰.--清光緒四年(1878)滂喜齋刻本,1 册

150302385　　491.4/4960
金石錄三十卷/(宋)趙明誠撰.--清光緒十三年(1887)朱氏槐廬刻本,4 册

150302386　　491.4/6030
中州金石記五卷/(清)畢沅撰.--清光緒八年(1882)蛟川邵氏望三益齋刻本,4 册
缺一卷(五)

150302387　　491.4/6640
江寧金石記八卷/(清)嚴觀輯.--清嘉慶九

年(1804)賜書堂刻本,3 册

150302388　　491.4/7151
漢碑錄文四卷/(清)馬邦玉撰.--清道光六年(1826)靈石楊氏刻本,4 册

150302389　　491.4/7772
集古錄跋尾十卷/(宋)歐陽修撰.--清刻本,2 册

150302390　　491.4/8002b1
焦山鼎銘考一卷/(清)翁方綱撰.--清乾隆三十八年(1773)刻本,1 册

150302391　　491.48/8346
潛研堂金石文跋尾六卷/(清)錢大昕撰.--清刻本,6 册

150302392　　491.4/7744
益都金石記四卷/(清)段松苓撰.--清光緒九年(1883)益都丁氏刻本,4 册

150302393　　491.4/8002a1
兩漢金石記二十二卷/(清)翁方綱撰.--清乾隆五十四年(1789)南昌使院刻本,7 册
缺一卷(十五)

150302394　　491.4/8002a2
兩漢金石記二十二卷/(清)翁方綱撰.--清乾隆五十四年(1789)南昌使院刻本,6 册

150302395　　491.5/1030a1
金石萃編一百六十卷/(清)王昶撰.--清嘉慶十年(1805)刻本,45 册
缺六十六卷(四十四至一百零八、一百四十一)

150302396　　491.5/1030a2
金石萃編一百六十卷/(清)王昶撰.--清刻本,64 册

150302397　　491.5/1030a3
金石萃編一百六十卷/(清)王昶撰.--清掃葉山房鉛印本,8 册
缺一百零九卷(一至一百零九)

150302398　　491.5/4923
安徽金石略十卷/(清)趙紹祖輯.--清貴池劉氏鉛印本,4 册

150302399　　491.6/1030
淳化秘閣法帖考正十二卷/(清)王澍詳撰.--清光緒十五年(1889)虞山鮑氏後知不足齋刻本,4 册

150302400　　491.6/4096
觀妙齋藏金石文考略十六卷/(清)李光暎纂.--清雍正七年(1729)刻本,6 册

150302401　　491.6/4469
語石十卷/(清)葉昌熾撰.--清宣統元年(1909)刻本,4 册

150302402　　491.6/7110
兩浙金石志十八卷/(清)阮元輯.--清刻本,12 册

150302403　　491.68/4983
唐御史臺精舍題名考三卷/(清)趙鉞撰.--清月河精舍刻本,1 册

150302404　　491.7/1041
碑版文廣例十卷/(清)王芑孫輯.--清同治刻本,4 册

150302405　　491.7/3261
金石三例三十五卷/(元)潘昂霄等纂.--清光緒四年(1878)讀有用書齋刻本,12 册

150302406　　491.8/4448
天一閣碑目一卷/(清)范懋敏編.--清乾隆

五十二年(1787)刻本,1 册

150302407　　492/6051
殷商貞卜文字考一卷/(清)羅振玉撰.--清宣統二年(1910)玉簡齋石印本,1 册

150302408　　494/2643
古玉圖攷不分卷/(清)吳大澂撰.--清光緒十五年(1889)石印本,4 册

150302409　　494/2643
古玉圖攷不分卷/(清)吳大澂撰.--清光緒十五年(1889)上海同文書局石印本,4 册

150302410　　494/2700
觀古閣叢稿九種/(清)鮑康等撰.--清同治十二年至光緒二年(1873～1876)觀古閣刻本,6 册

150302411　　495/1124
錢志新編二十卷/(清)張崇懿輯.--清道光十年(1830)酌春堂刻本,4 册

150302412　　495/2800
續泉匯四集/(清)鮑康輯.--清光緒元年(1875)刻本,2 册

150302413　　495/3792a1
吉金所見錄十六卷　首一卷　末一卷/(清)初尚齡纂.--清嘉慶二十四年(1819)萊陽初氏古香書舍刻本,3 册
缺五卷(八至十二)

150302414　　495/3792a2
吉金所見錄十六卷　首一卷　末一卷/(清)初尚齡纂.--清道光七年(1827)萊陽初氏古香書舍刻本,4 册

150302415　　495/3792a2
吉金所見錄十六卷　首一卷　末一卷/(清)初尚齡纂.--清道光七年(1827)萊陽初氏古香書舍刻本,3 册

150302416　　495/3792a3
吉金所見錄十六卷　首一卷　末一卷/(清)初尚齡纂.--清道光七年(1827)萊陽初氏古香書舍刻本,4 册

150302417　　495/4021
古泉匯六十四卷　續十六卷/(清)李佐賢撰.--清同治三年至光緒元年(1864～1875)刻本,12 册
缺三十一卷(元集五至九、利集十一至十八、貞集一至十四,續利集三,續貞集一至三)

150302418　　495/4027a2
古泉匯六十四卷　續十六卷/(清)李佐賢撰.--清同治三年至光緒元年(1864～1875)刻本,12 册
缺三十四卷(元集九至十四、亨集十一至十四、利集十一至十四、貞集一至十二,續亨集一至三、續利集一、續貞集四、五,補遺一、二)

150302419　　495/4027a3
古泉匯六十四卷　續十六卷/(清)李佐賢撰.--清同治三年至光緒元年(1864～1875)刻本,5 册
存二十三卷(利集一至五、貞集一至十四,續貞集四、五,補遺一、二)

150302420　　495/4370a1
古泉藪話三卷/(清)戴熙撰.--清同治十一年(1872)刻本,2 册

150302421　　495/5585
巽齋所藏錢錄十二卷/(清)費錫申編.--清

光緒十六年(1890)刻本,4 册

150302422　　495/7164
紅藕花軒泉品九卷/(清)馬國翰輯.--清刻本,2 册
缺四卷(四至七)

150302423　　495/7243
嘉蔭簃論泉截句二卷/(清)劉喜海撰.--清道光十八年(1838)嘉蔭簃刻本,2 册

150302424　　496/0714
考工記二卷/(明)郭正域批點.--明活字本,1 册

150302425　　496/2123
敦煌石室真蹟錄三卷/(清)王仁俊編.--清宣統元年(1909)石印本,1 册

150302426　　496/2830
前塵夢影錄二卷/(清)徐康撰.--清光緒二十三年(1897)刻元和江氏叢書本,2 册

150302427　　497/4489
墨表四卷/(清)萬壽祺輯.--清嘉慶二十三年(1818)石印本,1 册

150302428　　511/4420
九通二千三百一十四卷/(唐)杜佑等撰.--清光緒二十七年(1901)上海圖書集成局鉛印本,308 册

150302429　　511/4420
九通二千三百一十四卷/(唐)杜佑等撰.--清光緒二十七年(1901)上海圖書集成局鉛印本,295 册

150302430　　511/7530
五種遺規十七卷/(清)陳宏謀編.--清光緒五年(1879)江西書局刻本,12 册

150302431　　511.1/4320
欽定續文獻通考二百五十卷/(清)嵇璜等纂.--清乾隆四十九年(1784)刻本,128 册

150302432　　511.15/7107
文獻通考三百八十四卷/(元)馬端臨纂.--清刻本,103 册
缺四十八卷(一、二十八至三十、六十三至六十五、七十一至七十四、九十九至一百零一、一百二十五至一百二十七、一百四十九、一百五十、一百五十七至一百五十九、一百八十七至一百九十、二百三十至二百三十三、二百四十三至二百四十五、二百六十至二百六十九、三百一十一至三百一十三、三百四十一、三百四十二)

150302433　　511.15/7157
文獻通考詳節二十四卷/(元)馬端臨撰.--清光緒二十四年(1898)匯文書局鉛印本,8 册

150302434　　511.18/0041
正续文獻通考識大編二十四卷/(清)方若珽編.--清康熙十一年(1672)衷聖樓刻本,18 册
缺十卷(十至十九)

150302435　　511.18/2132
文獻通考正續合編三十卷　首一卷/(清)盧宣旬編.--清嘉慶十年(1805)棣花軒刻本,24 册

150302436　　511.18/3018
皇朝文獻通考三百卷/(清)嵇璜等纂.--清光緒八年(1882)浙江書局刻本,160 册

150302437　　511.18/3200
列國政治通攷十八卷/(清)漸齋纂.--清光

緒二十八年(1902)天津開文書局石印本，12 册

150302438　　511.18/4700
時務通攷三十一卷/(清)杞廬主人輯.--清光緒二十三年(1897)點石齋石印本,22 册

150302439　　511.18/4700
時務通攷三十一卷/(清)杞廬主人輯.--清光緒二十三年(1897)點石齋石印本,22 册

150302440　　511.18/5522a1
皇朝文獻通考三百卷/(清)嵇璜等纂.--清光緒八年(1882)浙江書局刻本,160 册

150302441　　511.18/5522b1
欽定續文獻通考二百五十卷/(清)嵇璜等纂.--清光緒十三年(1887)上海書局刻本，120 册

150302442　　511.18/6629
文獻通考詳節二十四卷/(清)嚴虞惇錄.--清撫臨五鳳樓刻本,8 册

150302443　　511.18/7107
文獻通考三百四十八卷/(元)馬端臨撰.--清咸豐九年(1859)崇仁謝氏刻本,120 册

150302444　　511.18/7760
文獻通考正續合纂四十四卷/(元)馬端臨撰,(清)邱星等輯.--清金匱山房刻本,24 册

150302445　　511.24/4424
通典二百卷/(唐)杜佑撰.--清咸豐九年(1859)崇仁謝氏刻本,40 册

150302446　　511.28/2767
欽定續通典一百五十卷/(清)嵇璜等纂.--清光緒十二年(1887)浙江書局刻本,40 册

150302447　　511.28/3018
皇朝通典一百卷/(清)嵇璜等纂.--清光緒八年(1882)浙江書局刻本,40 册

150302448　　511.35/8740a1
通志二百卷/(宋)鄭樵撰.--清咸豐九年(1859)崇仁謝氏刻本,160 册

150302449　　511.35/8740a2
通志二百卷/(宋)鄭樵撰.--清咸豐九年(1859)崇仁謝氏刻本,160 册

150302450　　511.38/2310
皇朝通志一百二十六卷/(清)嵇璜等纂修.--清光緒八年(1882)浙江書局刻本,40 册

150302451　　511.38/2760
欽定續通志六百四十卷/(清)嵇璜等纂.--清乾隆五十年(1785)刻本,192 册

150302452　　511.38/3018
皇朝通志一百二十六卷/(清)嵇璜等纂修.--清光緒八年(1882)浙江書局刻本,40 册

150302453　　511.38/5504
欽定續通志六百四十卷/(清)紀昀等纂.--清光緒十二年(1886)浙江書局刻本,200 册

150302454　　511.8/2310a1
皇朝三通五百二十六卷/(清)嵇璜等纂修.--清乾隆三十二年(1767)武英殿刻本，262 册
缺十五卷(通考四十一、一百五十二、二百二十八至二百四十二)

150302455　　511.8/2310a2
皇朝三通五百二十六卷/(清)嵇璜等纂

修.--清武英殿刻本,229 册

150302456　　511.8/3643

三通考輯要二十四卷/(清)湯壽潛輯.--清光緒二十五年(1899)上海圖書集成局鉛印本,10 册

150302457　　511.8/3643

三通考輯要二十四卷/(清)湯壽潛輯.--清光緒二十五年(1899)上海圖書集成局鉛印本,10 册

150302458　　512.18/2330a1

欽定大清會典一百卷/(清)允祹等纂.--清刻本,24 册

150302459　　512.18/2330a2

欽定大清會典一百卷/(清)允祹等纂.--清刻本,24 册

150302460　　512.18/2330a3

欽定大清會典一百卷/(清)允祹等纂.--清江南省通行刻本,24 册

150302461　　512.18/2330a4

欽定大清會典一百卷/(清)允祹等纂.--清光緒十九年(1893)圖書集成印書局鉛印本,8 册

150302462　　512.18/2330a5

欽定大清會典一百卷/(清)允祹等纂.--清光緒二十五年(1899)上海書局石印本,6 册

150302463　　512.18/2644a1

欽定大清會典一千五百九十卷/(清)吳樹梅等纂.--清光緒二十五年(1899)石印本,497 册

150302464　　512.18/2644a2

欽定大清會典一千三百二十卷/(清)吳樹梅等纂.--清光緒三十四年(1908)商務印書館石印本,160 册

150302465　　512.18/2644a3

欽定大清會典一千三百二十卷/(清)吳樹梅等纂.--清光緒三十四年(1908)商務印書館石印本,160 册

150302466　　512.18/5230a1

欽定大清會典一千一百三十二卷/(清)托津等纂修.--清嘉慶二十三年(1818)刻本,358 册

150302467　　512.18/5230a2

欽定大清會典一千一百三十二卷/(清)托津等纂修.--清嘉慶二十三年(1818)刻本,213 册

150302468　　512.21/2810a1

東漢會要四十卷/(宋)徐天麟撰.--清光緒十年(1884)江蘇書局刻本,8 册

150302469　　512.21/2810a2

西漢會要七十卷/(宋)徐天麟撰.--清光緒十年(1884)江蘇書局刻本,10 册

150302470　　512.24/1030a1

唐會要一百卷/(宋)王溥撰.--清光緒十年(1884)江蘇書局刻本,24 册

150302471　　512.24/1030b1

五代會要三十卷/(宋)王溥撰.--清光緒十二年(1886)江蘇書局刻本,6 册

150302472　　512.3/2610

鄉黨典義不分卷/(□)□□撰.--清道光二十六年(1846)文光守記刻本,2 册

150302473　　512.38/2699

吾學錄初編二十四卷/(清)吳榮光撰.--清

同治九年(1870)江蘇書局刻本,6 册

150302474　　512.38/9150
大清通禮五十四卷/(清)恒泰等纂.--清刻本,16 册

150302475　　512.44/2644
貞觀政要十卷/(唐)吴兢撰.--清嘉慶三年(1798)天遊園刻本,6 册

150302476　　512.47/0146
明大政纂要六十三卷/(明)譚希思撰.--清光緒二十一年(1895)思賢書局刻本,28 册

150302477　　512.47/6040
實政錄七卷/(明)吕坤撰.--清同治十年(1871)崇文書局刻本,4 册

150302478　　512.48/0811
縣政全書十二卷/(清)許天醉等撰.--清光緒十四年(1888)石印本,11 册

150302479　　512.48/1001a1
熙朝紀政八卷/(清)王慶雲撰.--清光緒二十八年(1902)同文仁記石印本,6 册
缺二卷(七至八)

150302480　　512.48/1001a2
熙朝紀政八卷/(清)王慶雲撰.--清光緒二十八年(1902)同文仁記石印本,6 册
缺二卷(七至八)

150302481　　512.48/1001a3
熙朝紀政八卷/(清)王慶雲撰.--清光緒二十八年(1902)上海書局鉛印本,3 册
缺二卷(五至六)

150302482　　512.48/1001a4
熙朝紀政八卷/(清)王慶雲撰.--清石印本,1 册
存第五卷

150302483　　512.48/2168
雅江新政一卷/(清)盧見曾撰.--清會元堂刻本,1 册

150302484　　512.48/2840
牧令書二十三卷/(清)徐棟輯.--清道光二十八年(1848)刻本,21 册

150302485　　512.48/2846
東三省政略十二卷/(清)徐世昌輯.--清宣統三年(1911)鉛印本,39 册

150302486　　512.48/4024
定穎記事二卷/(清)李德林撰.--清道光八年(1828)刻本,2 册

150302487　　512.48/4334a1
列國政要一百三十二卷　首一卷/(清)戴鴻慈輯.--清光緒三十三年(1907)上海商務印書館刻本,31 册

150302488　　512.48/4334a1
列國政要一百三十二卷　首一卷/(清)戴鴻慈輯.--清光緒三十三年(1907)上海商務印書館刻本,32 册

150302489　　512.48/4334a1
列國政要一百三十二卷　首一卷/(清)戴鴻慈輯.--清光緒三十三年(1907)上海商務印書館刻本,31 册

150302490　　512.48/4334a2
列國政要一百三十二卷/(清)戴鴻慈輯.--清光緒三十三年(1907)上海商務印書館刻本,1 册
存三卷(四十九至五十一)

150302491　　512.48/4334b1
列國政要續編九十四卷/(清)戴鴻慈輯.--清宣統三年(1911)商務印書館石印本,32册

150302492　　512.48/4334b1
列國政要續編九十四卷/(清)戴鴻慈輯.--清宣統三年(1911)商務印書館石印本,32册

150302493　　512.48/4337
從公錄不分卷/(清)戴肇辰撰.--清同治二年(1863)刻本,2册
缺續錄1册

150302494　　512.48/7544
牧令書節要十八卷/(清)陳士杰輯.--清光緒十一年(1885)刻本,1册

150302495　　512.58/0020
欽定六部處分則例五十二卷/(清)文孚等纂.--清光緒十八年(1892)上海圖書集成印書局鉛印本,8册

150302496　　512.58/2420a1
欽定禮部則例一百九十四卷/(清)德保等編.--清乾隆刻本,24册
缺四十六卷(一至四、三十七至四十一、一百零三至一百零八、一百一十四至一百四十三)

150302497　　512.58/2420a2
欽定禮部則例一百九十卷/(清)德保等纂.--清乾隆刻本,32册

150302498　　512.5/2600
欽定兵部處分則例七十六卷/(清)伯麟等纂.--清道光三年(1823)刻本,32册

150302499　　512.58/3530a1
增修籌餉事例不分卷/(清)戶部纂.--清刻本,7册

150302500　　512.58/3530a2
增修籌餉事例不分卷/(清)戶部纂.--清刻本,4册

150302501　　512.58/3530b1
湖北籌辦推廣賑捐章程一卷/(清)戶部纂.--清刻本,1册

150302502　　512.58/3530c1
新章增補捐例不分卷/(清)戶部纂.--清同治八年(1869)善成堂刻本,5册

150302503　　512.58/3530d1
海防武職捐輸章程一卷/(清)戶部纂.--清光緒二十一年(1895)刻本,1册

150302504　　512.58/3550
吏部四司部新章程七十三卷/(清)吏部纂.--清同治十三年(1874)官書局刻本,14册

150302505　　512.58/4462
欽定吏部則例一百一十四卷/(清)薛鳴皋等纂.--清道光二十三年(1843)刻本,54册

150302506　　512.58/4475
欽定臺規二十卷/(清)恭阿拉等纂.--清嘉慶九年(1804)刻本,8册

150302507　　512.58/5030
欽定戶部則例一百卷　首一卷/(清)惠祥等纂.--清同治十三年(1874)刻本,60册

150302508　　512.58/5064
欽定工部續增則例一百三十六卷/(清)史貽直等纂.--清嘉慶二十四年(1819)刻本,

28 册

150302509　　512.58/6700a1
欽定中樞政考四十卷/(清)明亮等纂.--清道光五年(1825)刻本,40 册

150302510　　512.58/6700a2
欽定中樞政考三十二卷/(清)明亮等纂.--清道光五年(1825)刻本,32 册

150302511　　512.58/6700b1
欽定五軍道里表十八卷　首一卷/(清)明亮等撰.--清嘉慶七年(1802)刻本,19 册

150302512　　512.58/7111
解州清丈地糧章程四十條一卷/(清)馬丕瑤輯.--清光緒二十二年(1896)刻本,1 册

150302513　　512.58/7120a1
欽定兵部續纂處分則例四卷/(清)長齡等纂.--清道光九年(1829)刻本,4 册

150302514　　512.58/7120b1
欽定中樞政考續纂四卷/(清)長齡等纂.--清道光十二年(1832)刻本,4 册

150302515　　512.58/7120c1
欽定禮部則例二百零二卷/(清)長秀等纂.--清道光二十四年(1844)刻本,24 册

150302516　　512.58/7140
欽定軍需則例九卷/(清)阿桂等纂.--清刻本,4 册

150302517　　512.58/7243
欽定工部軍器則例六十卷/(清)劉權之等纂.--清嘉慶十七年(1812)刻本,40 册

150302518　　512.78/1133
皇朝政治學問答增校初編三卷/(清)北洋官報局增校.--清北洋官報總局鉛印本,1 册

150302519　　512.78/2250a1
山東諮議局會議第一期報告書二卷/(清)山東諮議局編.--清石印本,2 册

150302520　　512.78/2250b1
山東諮議局會議第三期報告書五編/(清)山東諮議局編.--清石印本,3 册
缺第三編

150302521　　512.78/3110
江西諮議局籌辦處第二次報告書一卷/(清)江西諮議局編.--清宣統元年(1909)鉛印本,1 册

150302522　　512.78/4457
營田輯要二卷　首一卷/(清)黄輔辰撰.--清同治三年(1864)刻本,1 册

150302523　　512.78/4474
北洋公牘類纂二十五卷/(清)甘厚慈輯.--清光緒三十三年(1907)益森印刷公司鉛印本,40 册

150302524　　512.78/8390
五洲各國政治考十四卷/(清)錢恂輯.--清光緒二十七年(1901)石印本,6 册
缺三卷(二至四)

150302525　　513/2337
欽定周官義疏四十八卷　首一卷/(清)允祿等纂.--清同治七年(1868)浙江官刻本,24 册

150302526　　513/4427
萬世玉衡錄四卷/(清)蔣伊編輯.--清康熙十二年(1673)刻本,4 册

150302527　　513/8054
爵秩全覽不分卷/(□)□□撰.--清宣统二年(1910)刻本,6册

150302528　　513/9930a1
大清搢紳全書不分卷/(清)榮寶齋編.--清光緒三十三年(1907)榮錄堂刻本,5册

150302529　　513/9930a2
大清搢紳全書不分卷/(清)榮寶齋編.--清光緒三十一年(1905)榮錄堂刻本,4册

150302530　　513/9939a1
大清搢紳全書不分卷/(清)榮禄堂編.--清宣統三年(1911)榮錄堂刻本,5册

150302531　　513/9939a2
大清搢紳全書不分卷/(清)榮禄堂編.--清光緒十五年(1889)榮錄堂刻本,4册

150302532　　513/9939a3
大清搢紳全書不分卷/(清)榮禄堂編.--清光緒三十二年(1906)榮錄堂刻本,6册

150302533　　513/9939a4
大清搢紳全書不分卷/(清)榮禄堂編.--清光緒二十四年(1898)榮錄堂刻本,6册

150302534　　513/9939a5
大清搢紳全書不分卷/(清)榮禄堂編.--清光緒三十年(1904)榮錄堂刻本,6册

150302535　　513/9939a6
大清搢紳全書不分卷/(清)榮禄堂編.--清宣統元年(1909)榮錄堂刻本,6册

150302536　　513/9989a1
大清搢紳全書不分卷/(清)榮錄堂編.--清光緒三十三年(1907)榮錄堂刻本,6册

150302537　　513/9989a2
大清搢紳全書不分卷/(清)榮錄堂編.--清光緒三十年(1904)榮錄堂刻本,4册

150302538　　513/9989a3
大清搢紳全書不分卷/(清)榮錄堂編.--清光緒三十四年(1908)榮錄堂刻本,4册

150302539　　514.1/1630
聖諭廣訓二卷/(清)聖祖玄燁撰.--清刻本,2册

150302540　　514.1/3543a1
清九朝聖訓七百六十二卷/(清)世祖福臨等撰.--清光緒十一年(1885)擷華書局鉛印本,210册

150302541　　514.1/3543b1
清十朝聖訓九百二十二卷/(清)世祖福臨等撰.--清鉛印本,287册

150302542　　514.1/3543b2
清十朝聖訓九百二十二卷/(清)世祖福臨等撰.--清石印本,96册

150302543　　514.2/3350
宫門抄一卷/(清)内務府輯.--清光緒三十四年(1908)鉛印本,1册

150302544　　515/2033
毛尚書奏稿十六卷　首一卷/(清)毛鴻賓撰.--清宣統元年(1909)刻本,16册

150302545　　514.1/3543c
朱批諭旨不分卷/(清)世宗胤禛批.--清雍正十年(1732)刻本,99册

150302546　　515/2742
詳定保安堂章程一卷/(清)黎世綬等定.--清光緒十一年(1885)刻本,1册

150302547　　515/3180
陸宣公奏議讀本四卷　首一卷/(清)汪銘謙編輯.--清宣統元年(1909)會稽馬氏石印本,2 册

150302548　　515/6011
學部奏咨輯要四卷/(清)國務司案牘科編.--清宣統元年(1909)鉛印本,4 册

150302549　　515/7510
兵垣奏議一卷/(清)陳子龍撰.--清光緒三十三年(1907)刻本,2 册

150302550　　515.18/8054a1
諭摺彙存不分卷/(清)□□撰.--清光緒刻本,531 册

150302551　　515.18/8054a2
諭摺彙存不分卷/(清)□□撰.--清光緒刻本,211 册

150302552　　515.2/3182
唐陸宣公奏議讀本四卷　首一卷/(清)汪銘謙編輯.--清宣統元年(1909)會稽馬氏石印本,2 册

150302553　　515.2/4613
關中奏議十八卷/(明)楊一清撰.--清宣統二年(1910)雲南圖書館刻本,9 册

150302554　　515.24/7440a1
唐陸宣公集二十四卷/(唐)陸贄撰.--清道光二十七年(1847)刻本,8 册

150302555　　515.24/7440a2
唐陸宣公集二十二卷/(唐)陸贄撰.--清刻本,6 册

150302556　　515.24/7440a3
唐陸宣公集二十四卷/(唐)陸贄撰.--清刻本,5 册
缺奏草四卷(一至四)

150302557　　515.24/7440a5
唐陸宣公集二十四卷/(唐)陸贄撰.--清道光二十七年(1847)刻本,8 册

150302558　　515.25/2750
包孝肅公奏議十卷/(宋)包拯撰.--清省心閣刻本,4 册

150302559　　515.28/3444a1
沈文肅公政書七卷　首一卷/(清)沈葆楨撰.--清光緒六年(1880)吳門節署刻本,8 册
缺兩卷(四、六)

150302560　　515.28/3444a2
沈文肅公政書七卷/(清)沈葆楨撰.--清光緒六年(1880)掃葉山房刻本,12 册

150302561　　515.28/4039a1
左恪靖伯奏稿三十八卷/(清)左宗棠撰.--清同治五年(1866)刻本,38 册

150302562　　515.28/4039a2
左文襄公奏稿一百二十卷/(清)左宗棠撰.--清光緒二十八年(1902)上海古香閣石印本,12 册

150302563　　515.28/4462
林文忠公政書十卷/(清)林則徐撰.--清刻本,12 册

150302564　　515.28/7720
駱文忠公奏議二十七卷/(清)駱秉章撰.--清刻本,26 册

150302565　　515.28/8054
奏摺雜鈔不分卷/(清)□□撰.--清抄本,

3 册

150302566 515.8/3043

戊戌奏稿一卷/(清)康有為撰.--清宣統三年(1911)鉛印本,1 册

150302567 516/0175

歐美政治要義十八章/(清)商務印書館輯.--清光緒三十三年(1907)石印本,4 册

150302568 516/1049

時務新策大成二集/(清)王萬懷編.--清光緒二十四年(1898)上海點石齋石印本,12 册

150302569 516/1115

時務宏括四十二卷/(清)研露書屋輯.--清光緒二十七年(1901)研露書屋石印本,12 册

150302570 516/1248

續富國策四卷/(清)瑤林館主輯.--清光緒二十四年(1897)上海飛鴻圖書莊石印本,4 册

150302571 516/2310

洋務實學新編二卷/(清)傅雲龍選.--清光緒二十二年(1896)上海書局石印本,2 册

150302572 516/3424

洋務備考十六卷/(清)沈維堉撰.--清光緒二十二年(1896)上海書局石印本,6 册

150302573 516/3643

危言四卷/(清)湯壽潛撰.--清光緒二十四年(1898)三漁書屋石印本,2 册

150302574 516/3745

中西時務精華九卷/(清)資敬書屋輯.--清光緒二十三年(1897)上海書局石印本,8 册

150302575 516/4050a1

時事新論十二卷/(英國)李提摩太撰.--清光緒二十四年(1898)上海廣學會印本,3 册

150302576 516/4050a2

時事新論十二卷/(英國)李提摩太撰.--清光緒二十四年(1898)上海廣學會印本,3 册

150302577 516/4051

富國真理二卷/(英國)嘉托瑪撰.--清光緒二十五年(1899)上海圖書集成局鉛印本,2 册

150302578 516/4438a1

明夷待訪錄一卷/(清)黃宗羲撰.--清石印本,1 册

150302579 516/4438a2

明夷待訪錄一卷/(清)黃宗羲撰.--清光緒二十八年(1902)正文齋刻本,1 册

150302580 516/8054

歷代政事要論四卷/(清)□□撰.--清光緒二十七年(1901)石印本,4 册

150302581 522/0017

大清光緒新法令十三類/(清)商務印書館編.--清宣統元年(1909)商務印書館鉛印本,20 册

150302582 522/0017

大清光緒新法令十三類/(清)商務印書館編.--清宣統元年(1909)商務印書館鉛印本,20 册

150302583 522/1135

欽定大清商律一卷/(清)載振等撰.--清光緒三十一年(1905)北洋書局石印本,1 册

150302584　　522/1135
欽定大清商律一卷/(清)載振等撰. --清光緒三十一年(1905)北洋書局石印本,1 册

150302585　　522/7190
萬國憲法比較一卷/(日本)辰己小二郎撰. --清光緒二十八年(1902)出洋學生編輯所鉛印本,1 册

150302586　　522/8054
山東高等以下各級檢查聽規則十一章/(□)□□撰. --清鉛印本,1 册

150302587　　523/1050a1
大清律例彙輯便覽四十卷/(清)三泰等纂. --清光緒十八年(1892)京都善成堂刻本,32 册
缺一卷(二十六)

150302588　　523/1050a2
大清律例彙輯便覽四十卷/(清)三泰等纂. --清同治十一年(1872)湖北讞局刻本,31 册
缺兩卷(二十九、三十)

150302589　　523/4078
大清律例講義三卷/(清)吉同鈞撰. --清光緒三十四年(1908)法部律學館石印本,2 册

150302590　　523/4078
大清律例講義三卷/(清)吉同鈞撰. --清光緒三十四年(1908)法部律學館石印本,2 册

150302591　　523/4230a1
大清律例刑案彙纂集成四十卷/(清)姚潤纂. --清道光二十九年(1849)刻本,32 册

150302592　　523/4230a2
大清律例刑案彙纂集成四十卷/(清)姚潤纂. --清道光二十五年(1845)刻本,24 册

150302593　　523/4230a3
大清律例增修統纂集成四十卷/(清)姚潤纂. --清光緒二十年(1894)刻本,24 册

150302594　　523/4230a4
大清律例增修統纂集成四十卷/(清)姚潤纂. --清咸豐五年(1855)浙江同文堂刻本,24 册

150302595　　523/4230a5
大清律例統纂集成四十卷/(清)姚潤纂. --清道光十一年(1872)刻本,23 册

150302596　　523/4230a6
大清律例刑案彙纂集成四十卷/(清)姚潤纂. --清光緒十五年(1889)刻本,24 册

150302597　　523/4230a7
大清律例增修統纂集成四十卷/(清)姚潤纂. --清光緒三十年(1904)上海文淵山房鉛印本,24 册

150302598　　523/4438
律例便覽八卷/(清)蔡逢年等撰. --清同治十一年(1872)刻本,6 册

150302599　　523/4734a1
大清律例通纂四十卷/(清)胡肇楷等撰. --清嘉慶十九年(1814)刻本,24 册

150302600　　523/4734a2
大清律例通纂四十卷/(清)胡肇楷等纂. --清嘉慶十七年(1812)刻本,32 册

150302601　　523/8027
大清新刑律草案三十六章/(清)□□撰. --清末石印本,1 册

150302602　　524/0840
洗冤錄詳義四卷　首一卷/(清)許槤詳義.--清光緒三年(1877)湖北藩署刻本,5 册

150302603　　524/3603
刑案匯覽六十卷/(清)祝慶祺編.--清上海圖書集成局鉛印本,40 册

150302604　　524/4221
洗冤錄解一卷/(清)姚德豫撰.--清刻本,1 册

150302605　　524/8043a1
駁案新編三十二卷/(清)全士潮等編.--清光緒三十四年(1908)上海集成圖書公司鉛印本,1 册
缺二十八卷(五至三十二)

150302606　　524/8043a2
駁案新編三十二卷/(清)全士潮等編.--清坊刻本,13 册
缺十五卷(九、十、十二至十四、十七至二十四、二十七、三十一)

150302607　　524/8043a3
駁案新編三十二卷/(清)全士潮等編.--清光緒九年(1883)上海圖書集成局鉛印本,9 册

150302608　　524/8043a4
駁案新編三十二卷/(清)全士潮等編.--清光緒三十四年(1908)上海圖書集成局鉛印本,12 册

150302609　　524/8415a1
折獄龜鑑八卷/(清)饒玉成編.--清光緒二年(1876)撫州雙峯書屋刻本,4 册

150302610　　524/8415b1
寶鑑編一卷/(清)饒玉成輯.--清同治十年(1871)刻本,1 册

150302611　　525/1063a1
萬國公法四卷/(美國)丁韙良譯.--清同治三年(1864)京都崇實館刻本,3 册
缺一卷(三)

150302612　　525/1063a2
萬國公法四卷/(美國)丁韙良譯.--清排印本,4 册

150302613　　525/2127
萬國公法會通十卷/(德國)步倫氏撰.--清光緒二十二年(1896)上海飛鴻閣石印本,4 册

150302614　　525/5520a1
各國交涉公法論八卷/(英國)費利摩羅巴德撰.--清光緒二十七年(1901)上海日新社石印本,8 册

150302615　　525/5520a2
各國交涉便法論六卷/(英國)費利摩羅巴德撰.--清光緒二十四年(1898)上海慎記書莊石印本,4 册

150302616　　525/6044
各國交涉公法論十六卷/(英國)羅柏村等撰.--清光緒二十二年(1896)上瀚小倉山房鉛印本,8 册

150302617　　526/0000a1
各國通商條約不分卷/(清)恭親王奕訢等訂.--清刻本,15 册

150302618　　526/0000a2
各國通商條約不分卷/(清)恭親王奕訢等

訂.--清刻本,15 册

150302619　　526/1133
約章成案匯覽甲編乙編五十二卷/(清)北洋洋務局纂輯.--清光緒三十一年(1905)上海點石齋石印本,23 册
缺二十八卷(甲編二、四至六、九,乙編一、三、五、八、十二至十五、十九至二十二、二十五、三十二、三十四、三十五至三十七、三十八至四十二)

150302620　　526/1173
通商約章類纂三十五卷/(清)張開運等撰.--清光緒二十四年(1898)北洋官書局石印本,20 册

150302621　　526/2707
各國和約新編六卷/(清)多文閣書局編.--清光緒二十二年(1896)上海多文閣書局石印本,6 册

150302622　　523/4419
約章分類輯要三十八卷　首一卷/(清)蔡乃煌纂.--清光緒二十六年(1900)湖南商務局刻本,30 册

150302623　　526/9913
各國約章纂要六卷　首一卷/(清)勞乃宣輯.--清光緒十八年(1892)上海圖書集成印書局鉛印本,4 册

150302624　　533/1041
安徽清釐田賦修議酌存六卷/(清)于蔭霖輯.--清光緒二十二年(1896)刻本,2 册

150302625　　533/8054a1
萊陽縣收併鰲山大嵩貳衛并海陽所現行賦役全書一卷/(清)□□撰.--清抄本,1 册

150302626　　533/8054b1
萊陽縣現行簡明賦役全書一卷/(清)□□撰.--清抄本,1 册

150302627　　533/8054d1
禹城賦役全書一卷/(清)□□撰.--清光緒十二年(1886)刻本,1 册

150302628　　533/8054c1
昌邑縣賦役全書一卷/(清)□□撰.--清光緒二年(1876)刻本,1 册

150302629　　534/4020a1
山東鹽法志二十二卷　首一卷/(清)宋湘等纂.--清嘉慶十四年(1809)刻本,24 册

150302630　　534/4020a2
山東鹽法志二十二卷　首一卷/(清)宋湘等纂.--清嘉慶十四年(1809)刻本,24 册

150302631　　534/4434
河東鹽法備覽十二卷/(清)蔣兆奎編輯.--清乾隆五十五年(1790)刻本,8 册

150302632　　534/4663
兩浙鹽法續纂備考十二卷/(清)楊昌濬等纂.--清同治十年(1871)刻本,12 册

150302633　　534/7110
欽定重修兩浙鹽法志三十卷　首一卷/(清)阮元等纂.--清嘉慶六年(1801)刻本,24 册

150302634　　534/8024
山東鹽法續增備考六卷/(清)劉臺耀校正.--清同治三年(1864)刻本,10 册

150302635　　535/1035
各國通商始末記七卷　附錄二卷/(清)王之春編.--清光緒二十一年(1895)上海寶善

書局石印本,6 册

150302636　　534/8024a2

山東鹽法續增備考六卷/(清)□□撰.--清道光年間刻本,10 册

150302637　　541/1480

江蘇海運全案十二卷/(清)琦善集.--清刻本,12 册

150302638　　542/1710

航海簡法四卷/(英國)那麗撰.--清同治十二年(1873)刻本,2 册

150302639　　542/2612

御風要術三卷/(英國)白爾特撰.--清同治十二年(1873)刻本,2 册

150302640　　551/0010a1

欽定學政全書八十六卷　首一卷/(清)童璜等纂.--清刻本,24 册

150302641　　551/0010a2

欽定學政全書八十六卷　首一卷/(清)童璜等纂.--清刻本,24 册

150302642　　551/2610

椒園課藝不分卷/(清)魏晉訂.--清道光二十六年新鐫(1846)觀德堂刻本,2 册

150302643　　551/8054

欽定學政全書三則一卷/(清)□□撰.--清刻本,1 册

150302644　　552/0020

直省鄉墨不分卷/(清)方俊評選.--清道光二十年(1840)金陵同文堂刻本,2 册

150302645　　552/1090

[光緒]直省鄉墨不分卷/(清)王焯等評選.--清光緒二十三年(1897)上海圖書集成局鉛印本,4 册

150302646　　552/2252

[道光甲午]山東鄉試錄不分卷/(清)□□撰.--清鉛印本,12 册

150302647　　552/2644

歷科朝元卷(清)一卷/(清)吳樹梅等撰.--清石印本,1 册

150302648　　552/4099

[光緒]山東闈墨四卷/(清)支恒榮等鑒定.--清光緒二十七年(1901)聚奎堂刻本,4 册

150302649　　552/4725

續刻分體墨式十二卷/(清)榴紅書屋主人輯.--清同治元年(1862)文會堂刻本,10 册

150302650　　552/7503

舊雨草堂所選墨不分卷/(清)陳康祺評輯.--清同治十二年(1886)刻本,4 册

150302651　　560/0836

心略七卷/(清)施永圖輯.--清刻本,18 册

150302652　　560/1320

武備新書十種/(清)□□撰.--清光緒浙江書局鉛印本,5 册

150302653　　560/5011

水雷秘要五卷/(英國)史理孟纂.--清光緒六年(1880)刻本,12 册

150302654　　560/6649a1

三省邊防備覽十四卷/(清)嚴如熤輯.--清光緒八年(1882)漵浦嚴氏三魚堂刻本,6 册

150302655　　560/6649a2

三省邊防備覽十八卷/(清)嚴如熠輯.--清

道光十年(1830)來鹿堂刻本,6 册

150302656　　560/6649b1
洋防輯要二十四卷/(清)嚴如熤輯.--清道光十八年(1838)來鹿堂刻本,8 册

150302657　　560/6649b2
洋防輯要二十四卷/(清)嚴如熤輯.--清刻本,8 册

150302658　　560/6649b3
洋防輯要二十四卷/(清)嚴如熤輯.--清刻本,12 册

150302659　　561/1063
登壇必究四十卷/(明)王鳴鶴編輯.--明萬曆二十七年(1599)刻本,40 册

150302660　　561/1073
湘軍志十六篇/(清)王闓運撰.--清光緒二十四年(1898)致知書局鉛印本,1 册

150302661　　561/2572
馬兵暫行操法三編/(清)練兵處軍學司撰.--清光緒三十二年(1906)武備翻譯局鉛印本,3 册

150302662　　561/4042
訓練操法詳晰圖說二十二卷/(清)袁世凱纂.--清光緒二十八年(1902)昌言報館石印本,12 册

150302663　　561/4412
武備志二百四十卷/(明)茅元儀輯.--清刻本,144 册

150302664　　561/4423
防海備覽十卷/(清)薛傳源撰.--清刻本,4 册
缺三卷(一至三)

150302665　　561/4431
草廬經畧四卷/(明)黄之瑞撰.--清咸豐十年(1860)琉璃廠刻本,4 册

150302666　　561/4741a1
讀史兵略四十六卷/(清)胡林翼纂.--清咸豐十一年(1861)武昌節署刻本,16 册

150302667　　561/4741a2
讀史兵略四十六卷/(清)胡林翼纂.--清咸豐十一年(1861)武昌節署刻本,16 册

150302668　　561/4741a3
讀史兵略十二卷/(清)胡林翼纂.--清光緒二十九年(1903)紹先書局石印本,10 册
缺二卷(十一至十二)

150302669　　561/5043
洴澼百金方十四卷/(清)惠麓酒民編.--清道光二十年(1840)刻本,5 册

150302670　　561/5043a2
洴澼百金方十四卷　首一卷/(清)惠麓酒民編.--清刻本,10 册

150302671　　561/5329
紀效新書十八卷/(明)戚繼光撰.--清光緒二十一年(1895)醉經樓石印本,3 册
缺二卷(十七至十八)

150302672　　561/5329a3
紀效新書十八卷/(明)戚繼光撰.--清嘉慶二十四年(1819)刻本,6 册

150302673　　561/5329a4
紀效新書十八卷　首一卷/(明)戚繼光撰.--清道光二十一年(1841)西宗氏刻本,6 册

150302674　　561/5329b1
練兵實紀九卷/(明)戚繼光撰.--清刻本,4册

150302675　　561/5329b2
練兵實紀十五卷/(明)戚繼光撰.--清光緒二十一年(1895)醉經樓鉛印本,4册

150302676　　570/1014
日本警察調查提綱一卷/(清)雷延壽編.--清光緒三十三年(1907)日報館鉛印本,1册

150302677　　600/2205
子書百家一百零一種/(清)崇文書局編輯.--清光緒元年(1875)崇文書局刻本,110册

150302678　　600/3235
二十二子二百九十一卷/(清)浙江書局校刻.--清光緒元年(1875)書局刻本,83册

150302679　　610/1017
康莊木鐸一卷/(清)一一閑叟輯.--清刻本,1册

150302680　　610/1050a1
孔子家語四卷/(三國魏)王肅注.--清刻本,4册

150302681　　610/2730
大學衍義補輯要二卷/(明)邱濬撰.--清刻本,1册

150302682　　610/4987
語珍切要錄二卷/(清)許立陞輯.--清光緒十六年(1890)齋刻字鋪鉛印本,1册

150302683　　611/1037
中庸衍義十七卷/(明)夏良勝撰.--清同治十年(1871)刻本,12册

150302684　　611/1133a1
勸學篇二卷/(清)張之洞編.--清光緒二十四年(1898)慎始基齋刻本,2册

150302685　　611/1133a2
勸學篇二卷/(清)張之洞編.--清光緒二十四年(1898)書院刻本,1册

150302686　　611/4022
大學衍義四十三卷/(宋)真德秀輯.--清道光十七年(1837)刻本,8册

150302687　　611/7230
大學衍義補一百六十卷　首一卷/(明)邱濬撰.--清道光十七年(1837)刻本,32册

150302688　　612/0080a2
小學六卷/(清)高愈纂注.--清同治五年(1866)晉祁書業堂刻本,4册

150302689　　612/0080a3
小學六卷/(清)高愈纂注.--清光緒二十八年(1902)成文信記刻本,4册

150302690　　612/1124
續困學錄二十卷/(清)張伯行撰.--清張氏正誼堂刻本,5册

150302691　　612/2540
近思錄十四卷/(宋)朱熹編,(清)尹會一重訂.--清乾隆元年(1736)安定書院刻本,6册

150302692　　612/3130a3
近思錄十四卷/(清)江永集注.--清同治八年(1869)江蘇書局刻本,4册

150302693　　612/4412
天演論二卷/(英國)赫胥黎撰,(清)嚴複譯.--清光緒三十年(1904)實雅書局排印

本,2 册

150302694　　　612/7233

讀書日記六卷/(清)劉源淥撰.--清刻本,4 册

150302695　　　612/7442

思辨錄輯要三十五卷/(明)陸世儀撰.--清光緒三年(1877)江蘇書局刻本,8 册

150302696　　　612/7530

小學集注六卷/(清)陳選集注.--清寶賢堂刻本,5 册

150302697　　　612/7707

性理精解八卷/(宋)周敦頤等撰.--清致和堂刻本,3 册

150302698　　　613/2553

駁呂留良四書講義八卷/(清)朱軾等撰.--清刻本,8 册

150302699　　　620/1020

荀子集解二十卷　首一卷/(唐)楊倞注　王先謙集解.--清石印本,2 册

缺十七卷(一至十七)

150302700　　　628/0028

管子二十四卷/(春秋)管仲撰,(唐)房玄齡注.--清刻本,2 册

存八卷(五至十二)

150302701　　　660/3123

戊笈談兵十卷/(清)汪紱撰.--清光緒二十年(1894)刻本,8 册

150302702　　　670/3111

鈍吟雜錄十卷/(清)馮班撰.--清末抄本,4 册

150302703　　　680/0011

潛書二卷/(清)唐甄撰.--清光緒九年(1883)李氏刻本,4 册

150302704　　　680/0135a1

顏氏家訓七卷/(北齊)顏之推撰.--清宣統二年(1910)上海抱經堂刻本,4 册

150302705　　　680/1000a1

困學紀聞二十卷/(宋)王應麟撰.--清同治九年(1870)揚州書局刻本,6 册

150302706　　　680/1000a2

困學紀聞注二十卷/(宋)王應麟撰,(清)翁元圻輯註.--清道光五年(1825)守福堂刻本,12 册

150302707　　　680/1000a3

困學紀聞注二十卷/(宋)王應麟撰,(清)翁元圻輯註.--清光緒十五年(1889)汝東資善堂刻本,13 册

缺八卷(一至三、十、十四至十七)

150302708　　　680/1000a4

困學紀聞注二十卷/(宋)王應麟撰,(清)翁元圻輯註.--清光緒十五年(1889)上海積山書局石印本,6 册

150302709　　　680/1043

古夫于亭雜錄五卷/(清)王士禛撰.--清刻本,2 册

150302710　　　680/1080a1

菉友肊說一卷/(清)王筠撰.--清刻本,1 册

150302711　　　680/1080b1

菉友蛾術編二卷/(清)王筠撰.--清咸豐十年(1860)宋官疃刻本,1 册

150302712　　680/1081a1
逸周書四卷/(清)王念孫撰.--清刻本,1 册

150302713　　680/1160
白虎通四卷/(漢)班固等撰.--清嘉慶九年(1804)成錦堂刻本,6 册

150302714　　680/2101
群書拾補不分卷/(清)盧文弨編.--清光緒十三年(1887)上海蜚英館石印本,8 册

150302715　　680/2190a1
義門讀書記五十八卷/(清)何焯撰.--清刻本,8 册

150302716　　680/2190a2
義門讀書記五十八卷/(清)何焯撰.--清乾隆石香齋刻本,12 册

150302717　　680/2220
任述記三卷/(清)任兆麟撰.--清石印本,2 册

150302718　　680/2509
朱氏傳家令範一卷/(清)朱文煥撰.--清鉛印本,1 册

150302719　　680/2688
起黄質顧廣王合編五卷/(清)吳光耀撰.--清刻本,5 册

150302720　　680/3191a1
日知錄集釋三十二卷　首一卷/(清)顧炎武撰.--清光緒十三年(1887)上海同文書局石印本,6 册

150302721　　680/3191a1
日知錄集釋三十二卷　首一卷/(清)顧炎武撰.--清光緒十三年(1887)上海同文書局石印本,6 册

150302722　　680/3191a1
日知錄集釋三十二卷　首一卷/(清)顧炎武撰.--清光緒十三年(1887)上海同文書局石印本,6 册

150302723　　680/3191a2
日知錄集釋三十二卷/(清)顧炎武撰.--清刻本,16 册

150302724　　680/3191a3
日知錄集釋三十二卷/(清)顧炎武撰.--清光緒三年(1877)馮譽驥署檢刻本,16 册

150302725　　680/3191a4
日知錄集釋三十二卷/(清)顧炎武撰.--清光緒二十九年(1903)石印本,6 册

150302726　　680/3191a5
日知錄集釋三十二卷/(清)顧炎武撰.--清光緒二十一年(1895)上海點石齋石印本,6 册

150302727　　680/4030
甕牖閒評八卷/(宋)袁文撰.--清乾隆四十一年(1776)刻本,1 册

150302728　　680/4976
賓退錄十卷/(宋)趙與時撰.--清張氏刻本,4 册

150302729　　680/7420a2
鶡冠子二卷/(宋)陸佃解.--明天啟五年(1625)花齋刻本,2 册

150302730　　680/7500
白虎通疏證十二卷/(清)陳立撰.--清光緒元年(1875)淮南書局刻本,4 册

150302731　　680/7530a1
重刊四種遺規十四卷/(清)陳弘謀編.--清

光緒十七年(1891)吳重熹刻本,8 册

150302732　　680/7530b1
東塾讀書記十五卷/(清)陳灃撰.--清光緒二十四年(1898)江左書林鉛印本,4 册

150302733　　680/7530b1
東塾讀書記十五卷/(清)陳灃撰.--清光緒二十四年(1898)江左書林鉛印本,4 册

150302734　　680/7741
潛邱劄記六卷/(清)閻若璩撰.--清乾隆九年(1744)眷西堂刻本,6 册

150302735　　680/7772
點勘記二卷/(清)歐陽泉撰.--清光緒九年(1883)寶硯齋刻本,2 册

150302736　　680/8081
唱經堂内書二卷/(清)金人瑞撰.--清刻本,1 册

150302737　　680/8290
遵生八牋十八卷/(明)鐘惺校閱.--清弦雪居刻本,16 册
缺五卷(一至五)

150302738　　680/8346
十駕齋養新録二十卷/(清)錢大昕撰.--清嘉慶四年(1865)錢氏刻本,5 册

150302739　　680/8825
管子二十四卷/(春秋)管仲撰,(明)朱養和輯訂.--明天啟五年(1625)花齋刻本,14 册

150302740　　690/4639
三教真傳六十章/(清)觀禮堂編.--清宣統三年(1911)東聚文堂刻本,6 册

150302741　　690/7200
儒釋道平心論二卷/(清)劉謐撰.--清同治二年(1863)刻本,1 册

150302742　　690/7200
儒釋道平心論二卷/(清)劉謐撰.--清同治二年(1863)刻本,1 册

150302743　　691/1040
養真集二卷/(清)養真子撰,(清)王士端撰.--清乾隆五十二年(1787)合義和刻本,1 册

150302744　　691/1120
悟真篇三卷/(宋)張伯端撰.--清宣統二年(1910)上海掃葉山房石印本,4 册

150302745　　691/2000
老子翼八卷　首一卷/(明)焦竑輯.--清光緒二十三年(1897)刻本,4 册

150302746　　691/2020
青雲梯註釋五卷　首一卷/(唐)孚佑帝君呂祖師撰.--清光緒二十六年(1900)成德堂刻本,5 册

150302747　　691/2430b1
老子道德經二卷　首一卷/(明)釋德清撰.--清光緒十二年(1886)金陵刻經處刻本,2 册

150302748　　691/2510
大洞仙經二卷/(清)朱珪校.--清北京大華館鉛印本,1 册

150302749　　691/2830a1
新刻黃掌綸先生評訂神仙鑑二十二卷/(清)徐道撰.--清上海江東書局石印本,6 册
缺十七卷(六至二十二)

150302750　　691/2830a2

新刻黃掌綸先生評訂神仙鑑二十二卷/(清)徐道撰.--清上海江東書局石印本,22册

150302751　　691/3020

南華經解一卷/(清)宣穎撰,(清)王輝吉校.--清積秀堂刻本,1册

150302752　　691/4010a5

道德經註釋一卷/(春秋)李耳撰,(唐)吕純陽注.--清宏道堂刻本,1册

150302753　　691/4010a7

太上混元道德真經一卷/(春秋)李耳撰.--清同治二年(1863)金陵狀元閣刻本,2册

150302754　　691/4411

配命錄不分卷/(清)黃正元纂輯.--清同治八年(1869)昆陵公善堂刻本,6册

150302755　　691/4411(一)

太上感應篇圖說八卷　首一卷/(清)黃正元輯.--清光緒七年(1881)刻本,8册

150302756　　691/4470b1

南華真經解三卷/(周)莊周撰,(清)宣穎解.--清經綸堂刻本,6册

150302757　　691/4473a1

金仙證論一卷/(清)華陽禪師撰.--清光緒四年(1878)刻本,1册

150302758　　691/5040

太上感應篇集傳四卷/(清)惠棟箋,(清)俞樾纘義(清)姚學塽注.--清刻本,2册

150302759　　691/6027a1

海雲濟渡秘授經一卷/(唐)吕純陽撰.--清抄本,1册

150302760　　691/6027b1

指玄篇一卷/(唐)吕純陽撰.--清刻本,1册

150302761　　691/6042

太上感應篇注證二卷/(清)羅掓生輯.--清光緒十年(1884)藏珍閣刻本,1册

150302762　　691/7444

莊子雪三卷/(清)陸樹芝輯注.--清嘉慶四年(1799)文選樓刻本,3册

150302763　　691/8034

武當全功課經/(□)□□撰.--清宣統元年(1909)文英齋刻本,5册

150302764　　691/8034

武當全功課經/(□)□□撰.--清宣統元年(1909)文英齋刻本,4册

150302765　　691/8054b1

御製太上道藏三洞法寶諸品經懺九卷/(□)□□撰.--明萬曆四十五年(1617)刻本,6册

150302766　　691/8054d1

高上玉皇本行集經三卷/(□)□□撰.--明刻本,3册

150302767　　691/8054e1

太上黃庭内景玉經太上黃庭外景經二卷/(□)□□撰.--清光緒元年(1875)包氏紀恩堂刻本,1册

150302768　　691/8054e1

太上黃庭内景玉經太上黃庭外景經二卷/(□)□□撰.--清光緒元年(1875)包氏紀恩堂刻本,1册

150302769　　691/8054g1

太上感應篇注證二卷/(□)□□撰.--清光

緒二十七年(1901)高密玉樹堂刻本,1 册

150302770　　692/8054h2

性命圭旨四卷/(□)□□撰.--清上海掃葉山房刻本,4 册

150302771　　692/0020b1

顯揚聖教論二十卷/(唐)釋玄奘譯.--清宣統元年(1909)揚州藏經院刻本,4 册

150302772　　692/0020h1

成唯識論十卷/(唐)釋玄奘譯.--清光緒二十二年(1896)金陵刻經處刻本,2 册

150302773　　692/0020i1

阿毗達磨法蘊足論十卷/(唐)釋玄奘譯.--清揚州周楚江刻本,4 册

150302774　　692/0020

阿毗達磨識身足論十六卷/(唐)釋玄奘譯.--清刻本,4 册

缺三卷(十四至十六)

150302775　　692/0020m3

藥師琉璃光如來本願功德經一卷/(唐)釋玄奘譯.--清刻本,1 册

150302776　　692/0020k2

般若波羅密多心經一卷/(唐)釋玄奘譯.--清光緒元年(1875)江北刻經處刻本,1 册

150302777　　692/0020k4

大般若波羅密多經一卷/(唐)釋玄奘譯.--日本貞亨二年(1685)刻本,1 册

存一卷(五百七十八)

150302778　　692/0028a1

佛說無量壽經義疏六卷/(三國魏)釋康僧鎧譯,(隋)釋慧遠疏.--清光緒二十年(1894)金陵刻經處刻本,2 册

150302779　　692/0040a1

天臺四教儀正文 天臺八教大意一卷/(高麗)釋諦觀撰.--清宣統元年(1909)揚州藏經院刻本,1 册

150302780　　692/0070a1

大佛頂經序指味疏一卷/(清)釋諦閑述疏.--清光緒二十八年(1902)刻本,1 册

150302781　　692/0070a2

大佛頂經序指味疏一卷/(清)釋諦閑述疏.--清光緒二十八年(1902)刻本,1 册

150302782　　692/0088

萬松老人評唱天童覺和尚頌古從容庵錄十卷/(清)釋離知錄.--清光緒七年(1881)姑蘇刻經處刻本,3 册

150302783　　692/1020

唯識開蒙二卷/(元)釋雲峰集.--清宣統三年(1911)揚州藏經禪院刻本,2 册

150302784　　692/1031a5

佛說觀無量壽佛經一卷/(南朝宋)畺良耶舍譯.--清光緒七年(1881)金陵刻經處刻本,1 册

150302785　　692/1033

金剛經正文三卷/(清)王澤泩撰.--清刻本,4 册

150302786　　692/1034

諸菩薩求佛本業經一卷/(西晉)聶道真等譯.--清光緒十年(1883)常熟刻經處刻本,1 册

150302787　　692/1040b1

釋迦如來成道記注一卷/(唐)王勃記(宋)釋道誠注.--清蜿虹丈室刻本,1 册

150302788　　692/1058
金剛經石注一卷/(清)石成金撰.--清乾隆四十九年(1784)刻本,2册

150302789　　692/1240
宗鏡錄一百卷/(宋)釋延壽撰.--清光緒二十五年(1899)江北刻經處刻本,20册

150302790　　692/1570
折疑論集注二卷/(元)釋子成撰.--清光緒三十四年(1908)揚州藏經院刻本,1册

150302791　　692/1710
首楞嚴經疏二十卷/(宋)釋子璿集.--清光緒三十二年(1906)揚州藏經院刻本,8册

150302792　　692/2430b1
大乘起信論直解二卷/(明)釋德清解.--清光緒十六年(1890)金陵刻經處刻本,1册

150302793　　692/2571b1
四分律藏六十卷/(後秦)釋佛陀耶舍,(後秦)釋竺佛念譯.--清金陵刻經處刻本,19册
缺三卷(一至三)

150302794　　692/2610
佛説須賴經一卷/(三國魏)釋白延譯.--清宣統二年(1910)常州天甯寺刻本,1册

150302795　　692/2621
佛果圜悟禪師碧巖集十卷/(清)吳自弘校.--清光緒二年(1876)杭州西湖昭慶寺慧空經房刻本,5册

150302796　　692/2683
大悲懺法一卷/(宋)釋智禮撰.--清刻本,1册

150302797　　692/2686
大乘修行菩薩行門諸經要集三卷/(唐)釋智嚴譯.--清光緒二十一年(1895)江北刻經院刻本,1册

150302798　　692/2740b2
大乘理趣六波羅蜜多經十卷/(唐)釋般若譯.--清光緒十九年(1893)金陵刻經處刻本,2册

150302799　　692/2753a1
大佛頂如來密因修證了義諸菩薩萬行首楞嚴經十卷/(唐)釋般剌密帝譯.--清同治十三年(1874)金陵刻經處刻本,9册

150302800　　692/2753a4
大佛頂如來密因修證了義諸菩薩萬行首楞嚴經十卷/(唐)釋般剌密帝譯.--清光緒二十六年(1900)揚州藏經院刻本,3册

150302801　　692/2753a5
大佛頂如來密因修證了義諸菩薩萬行首楞嚴經十卷/(唐)釋般剌密帝譯.--清同治八年(1869)金陵刻經處刻本,2册

150302802　　692/2826
雜阿毗曇心論十四卷/(宋)釋僧伽跋摩譯.--清金陵刻經處刻本,5册
缺三卷(十二至十四)

150302803　　692/3030b1
大方廣圓覺經大疏十六卷/(唐)釋宗密撰.--清宣統元年(1909)金陵刻經處刻本,4册

150302804　　692/3030c1
禪源諸詮集都序四卷/(唐)釋宗密撰.--清光緒十八年(1892)金陵刻經處刻本,1册

150302805　　692/3040a1
因明入正理論疏八卷/(唐)釋窺基撰.--清光緒二十二年(1896)金陵刻經處刻本,2 册

150302806　　692/3040a1
因明入正理論疏八卷/(唐)釋窺基撰.--清光緒二十二年(1896)金陵刻經處刻本,2 册

150302807　　692/3040b1
佛說大乘方等要慧經一卷/(後漢)釋安世高譯.--清光緒六年(1880)常熟刻經局刻本,1 册

150302808　　692/3044b1
大方廣佛華嚴經八十卷/(唐)釋實叉難陀譯.--明弘治刻本,26 册
存二十六卷(一至五、八、十三至十四、十六、二十一至二十三、三十二至三十五、四十七至五十、五十四、五十七、五十八、六十五、七十一、七十三)

150302809　　692/3044b2
大方廣佛華嚴經八十卷/(唐)釋實叉難陀譯.--清杭城瑪瑙經房刻本,18 册
缺二十八卷(四至十二、三十七至三十九、四十六至五十一、六十四、六十六、七十三至八十)

150302810　　692/3060a1
比丘尼傳四卷/(晉)釋寶唱撰.--清光緒十一年(1885)金陵刻經處刻本,1 册

150302811　　692/3060b1
樂邦文類五卷/(宋)釋宗曉編.--清揚州刻本,5 册

150302812　　692/3080
憨山大師夢遊摘要二卷/(明)釋福善錄.--清光緒二十五年(1899)昭慶慧空經房刻本,1 册

150302813　　692/3240
大方廣佛華嚴經隨疏演義鈔九十卷/(唐)釋澄觀撰.--明正統刻本,10 册
存十卷(八十一至九十)

150302814　　692/3400a1
施設論三卷/(宋)釋法護等譯.--清揚州刻本,1 册

150302815　　692/3410a1
破邪論二卷/(唐)釋法琳撰.--清光緒三十四年(1908)揚州藏經院刻本,1 册

150302816　　692/3410b1
四念處四卷/(隋)釋灌頂記.--清光緒三年(1877)江北刻經處刻本,1 册

150302817　　692/3410d2
翻譯名義集二十卷/(宋)釋法雲編.--清光緒四年(1878)金陵刻經處刻本,6 册

150302818　　692/3420
十不二門指要鈔詳解四卷/(唐)釋湛然譯.--清揚州福德因緣堂刻本,4 册

150302819　　692/3444
磚橋法藏寺經書目錄一卷/(清)法藏寺輯.--清揚州磚橋法藏寺刻本,1 册

150302820　　692/3449
續原教論二卷/(明)沈士榮撰.--清光緒元年(1875)金陵刻經處刻本,1 册

150302821　　692/3464
寶星陀羅尼經八卷/(唐)釋波羅頗密多羅譯.--清宣統三年(1911)常州天寧寺刻經處刻本,2 册

150302822　　692/3470a1
佛説大乘無量壽莊嚴經一卷/(宋)釋法賢譯.--清光緒十年(1884)金陵刻經處刻本,1册

150302823　　692/3530a1
戒殺放生文一卷/(清)釋袾宏撰注.--清光緒三十年(1904)刻本,1册

150302824　　692/3530b1
佛説阿彌陀經疏鈔四卷/(明)釋袾宏譯.--清同治五年(1866)杭州刻本,4册

150302825　　692/3640a1
淨土論三卷/(唐)釋迦才撰.--清金陵刻經處刻本,1册

150302826　　692/3640b1
佛説四十二章經一卷/(後漢)釋迦葉摩騰,(後漢)釋竺法蘭譯.--清南京流通處刻本,1册

150302827　　692/3840a1
法苑珠林一百卷/(唐)釋道世撰.--清道光七年(1827)燕園蔣氏刻本,24册

150302828　　692/3840a2
法苑珠林一百卷/(唐)釋道世撰.--清道光七年(1827)燕園蔣氏刻本,27册
缺五卷(一至五)

150302829　　692/3840a3
法苑珠林一百卷/(唐)釋道世撰.--清宣統二年(1910)刻本,30册

150302830　　692/3868
金剛能斷般若波羅密多經一卷/(清)裕恩譯.--清光緒十五年(1889)江北刻經處刻本,1册

150302831　　692/3870a2
景德傳燈錄三十卷/(宋)釋道原纂.--明正統五年(1440)刻本,9册
存九卷(十一至十六、十八至二十)

150302832　　692/4020
蓮宗必讀一卷/(清)古崑輯.--清同治七年(1868)刻本,1册

150302833　　692/4030
御製序讚文一卷/(明)太宗朱棣纂.--清刻本,1册

150302834　　692/4053
般舟三昧經三卷/(漢)釋支婁迦讖譯.--清宣統三年(1911)常州天甯寺刻本,1册

150302835　　692/4071
諸家宗派一卷/(清)釋古月頭陀纂.--清光緒九年(1883)姑蘇瑪瑙經房刻本,1册

150302836　　692/4706h5
金剛般若波羅蜜經一卷/(後秦)釋鳩摩羅什譯.--清乾隆五十七年(1792)翁方綱刻本,2册

150302837　　692/4087
淨土切要一卷/(清)釋真益願纂.--清光緒二十八年(1902)金山刻本,1册

150302838　　692/4706h9
金剛經一卷/(後秦)釋鳩摩羅什譯.--清光緒十五年(1889)金陵刻書處刻本,1册

150302839　　692/4273b1
一乘決疑論一卷/(清)彭際清撰.--清同治八年(1869)如皋刻經處刻本,1册

150302840　　692/4273c1
善女人傳二卷/(清)彭際清撰.--清同治十

一年(1872)常熟刻本,1 册

150302841　　692/4273d1
無量壽經起信論一卷/(清)彭際清撰.--清同治十年(1871)東甌西方殿刻本,1 册

150302842　　692/4453b1
大寶積經一百二十卷/(唐)釋菩提流志譯.--清刻本,10 册
缺七十卷(一至三十、三十六至六十五、一百零六至一百一十、一百一十六至一百二十)

150302843　　692/4460
般若綱要十卷/(清)七空居士提綱.--清光緒二十二年(1896)揚州藏經禪院刻本,4 册

150302844　　692/4706i1
摩訶般若波羅蜜經三十卷/(後秦)釋鳩摩羅什譯.--清刻本,8 册

150302845　　692/4706j1
金剛般若波羅蜜經注解一卷/(後秦)釋鳩摩羅什譯.--清同治十三年(1874)昭慶慧空經房刻本,4 册

150302846　　692/4604a1
觀音濟度本願真經二卷/觀音古佛撰.--清黄縣鏤云齋刻本,1 册

150302847　　692/4608b1
十宗略說一卷/(清)楊文會撰.--清刻本,1 册

150302848　　692/4608b2
十宗略說一卷/(清)楊文會撰.--清刻本,1 册

150302849　　692/4690
高僧傳六卷/(明)釋如惺撰.--清光緒十八年(1892)江北刻經處刻本,2 册

150302850　　692/4706c1
呂祖注講金剛心經一卷/(後秦)釋鳩摩羅什譯.--清道光二十八年(1848)文郁堂刻本,1 册

150302851　　692/4706c2
呂祖注講金剛經一卷/(後秦)釋鳩摩羅什譯.--清宣統元年(1909)煙台誠文信刻本,1 册

150302852　　692/4706c2
呂祖注講金剛經一卷/(後秦)釋鳩摩羅什譯.--清宣統元年(1909)煙台誠文信刻本,1 册

150302853　　692/4706h4
金剛般若波羅蜜經一卷/(後秦)釋鳩摩羅什譯.--清抄本,1 册

150302854　　692/4706j2
金剛般若波羅蜜經注解一卷/(後秦)釋鳩摩羅什譯.--清嘉慶二年(1797)刻本,1 册

150302855　　692/4706k2
金剛般若波羅密經直解二卷/(後秦)釋鳩摩羅什譯.--清東郡桐潤齋刻本,1 册

150302856　　710/1080
鄂宰四稿四卷/(清)王筠撰.--清咸豐二年(1852)刻本,2 册

150302857　　710/1160a1
十三經注疏三百四十六卷/(漢)鄭玄等注,(唐)孔穎達等疏,(清)張照等校.--清同治十年(1871)廣東書局刻本,120 册

150302858　　710/1160a2
十三經注疏三百四十六卷/(漢)鄭玄等

注,(唐)孔穎達等疏,(清)張照等校.--清同治十三年(1874)湖南書局刻本,139 册

150302859　　692/4706l3

金剛般若波羅蜜經箋注一卷/(後秦)釋鳩摩羅什譯.--清丁氏鉛印本,1 册

150302860　　692/8644b1

梵網經心地品菩薩戒義疏發隱五卷/(隋)釋智者大師說,(明)釋袾宏發隱.--清光緒二十四年(1898)金陵刻經處刻本,5 册

150302861　　692/4706n1

中論六卷/(後秦)釋鳩摩羅什譯.--清光緒三十三年(1907)藏經院刻本,2 册

150302862　　710/1630a1

御纂七經二百九十四卷/(清)聖祖玄燁敕撰.--清紫陽書院刻本,223 册

150302863　　692/8720

金剛經讀法一卷/(□)□□撰.--清抄本,1 册

150302864　　692/4706o1

十住經六卷/(後秦)釋鳩摩羅什譯.--清光緒十年(1884)常熟刻經處刻本,2 册

150302865　　710/1630a2

御纂七經二百九十四卷/(清)聖祖玄燁敕撰.--清光緒十四年(1888)江南書局刻本,142 册

150302866　　710/1630a3

御製七經二百九十四卷/(清)聖祖玄燁敕撰.--清光緒十九年(1893)湖南湫芳閣刻本,150 册

缺十卷(本周易折中十三至二十二)

150302867　　710/1630a4

御纂七經二百九十四卷/(清)聖祖玄燁敕撰.--清江西書局刻本,188 册

150302868　　710/1630a5

御纂七經二百九十四卷/(清)李光地等編.--清同治十年(1871)湖北崇文書局刻本,144 册

150302869　　710/1630a6

御纂七經二百九十四卷/(清)李光地等編.--清同治十年(1871)湖北崇文書局刻本,170 册

150302870　　692/4706q1

小品般若波羅蜜經十卷/(後秦)鳩摩羅什譯.--清刻本,2 册

150302871　　692/4706v1

金剛般若波羅蜜經句解易知四卷/(後秦)釋鳩摩羅什譯.--清乾隆二十七年(1762)刻本,4 册

150302872　　692/4706

佛說梵網經二卷/(後秦)釋鳩摩羅什譯.--清光緒十年(1884)金陵刻經處刻本,1 册

150302873　　692/8830a1

慧上菩薩問大善權經二卷/(晉)釋竺法護譯　**大乘顯識經二卷**/(唐)釋地婆河羅譯.--清光緒六年(1880)常熟刻經處刻本,1 册

150302874　　692/4706x4

妙法蓮華經七卷/(後秦)釋鳩摩羅什譯.--清刻本,3 册

150302875　　692/8830b1

佛說胞胎經一卷/(晉)釋竺法護譯　**佛說**

法鏡經二卷/(漢)釋嚴佛調等譯.--清光緒六年(1880)常熟刻經處刻本,1 册

150302876　　692/5388

指迷金箴一卷/(□)□□撰.--清光緒二十六年(1900)成文信刻本,1 册

150302877　　692/5388

指迷金箴一卷/(□)□□撰.--清光緒二十六年(1900)成文信刻本,1 册

150302878　　692/8830c1

佛説離垢施女經不分卷　佛説阿闍世王女阿術達菩薩經不分卷/(西晉)釋竺法護譯.--清光緒六年(1880)常熟刻經處刻本,1 册

150302879　　692/8830d1

郁迦羅越問菩薩行經幻世仁賢經佛說決定毗尼經不分卷/(西晉)釋竺法護譯.--清光緒六年(1880)常熟刻經處刻本,1 册

150302880　　692/5520

高僧傳初集十五卷/(梁)釋慧皎撰.--清光緒十年(1884)金陵刻書處刻本,4 册

150302881　　710/2010

十三經注疏/(漢)鄭玄等注,(唐)孔穎達等疏,(明)毛晉校.--清嘉慶三年(1798)金閶書業堂刻本,179 册

150302882　　710/2135

五經合纂大成/(清)上海書局輯.--清光緒二十五年(1899)石印本,20 册

150302883　　710/2445

通志堂經解/(清)納蘭成德校輯.--清同治十二年(1873)菊坡精舍刻本,464 册

150302884　　710/2504

十三經札記二十二卷/(清)朱亦棟撰.--清刻本,4 册

缺儀禮一卷

150302885　　710/2528

經義考三百卷/(清)朱彝尊撰.--清乾隆四十二年(1777)雅雨堂刻本,48 册

150302886　　692/8830g1

阿差末菩薩經七卷/(西晉)釋竺法護譯.--清宣統元年(1909)天寧寺刻本,2 册

150302887　　692/6020

無量壽經優婆提舍愿生偈注二卷/(北魏)釋曇鸞注解.--清金陵刻經處刻本,1 册

150302888　　692/8830h1

光讚般若波羅蜜經十卷/(西晉)釋竺法護譯.--清光緒十二年(1886)林咸達刻本,2 册

150302889　　692/8830j1

漸備一切智德經五卷/(西晉)釋竺法護譯.--清宣統二年(1910)天寧寺刻本,2 册

150302890　　692/6030a1

重訂教乘法數十二卷/(明)釋圜瀞集.--清光緒三十四年(1908)常州天寧寺刻本,6 册

150302891　　692/8830m1

度世品經六卷/(西晉)釋竺法護譯.--清宣統元年(1909)常熟刻經處刻本,2 册

150302892　　692/8830n1

佛說如幻三昧經三卷　太子刷護經不分卷　太子和休經不分卷　入法界體性經不分卷/(西晉)釋竺法護譯.--清光緒六年(1880)常熟刻經處刻本,1 册

150302893　710/2747
經講類典合編/(清)鄒聖脉纂辑.--清石印本,4 册

150302894　692/6030a2
教乘法數十二卷/(明)釋園瀞集.--日本翻刻明崇禎九年(1636)貝葉齋刻本,6 册

150302895　692/8850
釋摩訶衍論十卷/(後秦)釋筏提摩多譯.--清金陵刻經處刻本,4 册

150302896　692/6080b1
大方廣三戒經三卷/(北涼)釋曇無讖譯.--清光緒五年(1879)常熟刻經處刻本,1 册

150302897　710/3143
雪樵經解三十卷/(清)馮世瀛輯.--清光緒十五年(1889)晉銅古齋主人石印本,8 册

150302898　710/3145
相臺五經/(宋)岳珂輯.--清光緒二年(1876)江南書局刻本,32 册

150302899　710/4094a1
欽定篆文六經四書六十三卷/(清)李光地等撰.--清光緒九年(1883)同文書局石印本,10 册

150302900　692/6080C1
菩薩戒本經一卷/(北涼)釋曇無讖譯.--清光緒六年(1880)金陵刻書處刻本,1 册

150302901　693/0100
遏淫編六卷/(清)龔麟編.--清同治五年(1866)誠文信書坊鉛印本,1 册

150302902　692/6080d1
悲華經十卷/(北涼)釋曇無讖譯.--清光緒四年(1878)金陵刻經處刻本,3 册

150302903　693/1033
不可不可錄二卷/(清)雪江道人校輯.--清道光二十八年(1848)羅陽書院刻本,1 册

150302904　693/3727
註解暗室燈二卷/(清)深山居士撰.--清光緒二十七年(1901)上海古香閣石印本,2 册

150302905　692/6080e1
大般涅槃經四十卷/(北涼)釋曇無讖譯.--清光緒五年(1879)善成妙湛刻本,11 册

150302906　692/6168
善住意天子所問經三卷/(北魏)釋毗目智仙譯.--清光緒六年(1880)常熟刻經處刻本,1 册

150302907　693/4273
居士傳五十六卷/(清)彭際清編.--清刻本,4 册

150302908　693/4462a1
宣講拾遺六卷　首一卷/(清)莊跛仙輯.--清光緒三十一年(1905)煙台誠文信刻本,6 册

150302909　693/4462a2
宣講拾遺六卷　首一卷/(清)莊跛仙輯.--清光緒二十三年(1897)樂善堂刻本,6 册

150302910　693/4901
樂法啓蒙一卷/(清)狄就烈撰.--清鉛印本,1 册

150302911　693/7224
信心應驗錄十卷/(清)劉山英纂輯.--清嘉慶六年(1801)刻本,9 册
缺第七卷

150302912　　693/8034
救生船四卷/(清)普迪吉編.--清光緒二年(1876)養玉齋刻本,4册

150302913　　710/4430
七經精義/(清)黄淦纂.--清光緒五年(1879)上海掃葉山房刻本,14册

150302914　　710/4434
范氏經學三種三十四卷/(清)范家相撰.--清光緒十三年(1887)墨潤堂刻本,8册

150302915　　710/4444
經學五書十八卷/(清)萬斯大撰.--清嘉慶元年(1796)辯志堂刻本,4册

150302916　　710/6017
六經蒙求一卷/(清)星吾氏輯.--清光緒八年(1882)琉璃廠刻本,1册

150302917　　692/6662
毗耶娑問經二卷/(北魏)釋瞿曇般若流支譯.--清宣統元年(1909)常熟刻經處刻本,1册

150302918　　692/6740
金剛般若略義一卷/(□)□□撰.--清金陵刻經處刻本,1册

150302919　　692/7710
天慧徹禪師語録二卷/(清)際聖等編.--清光緒三十二年(1906)刻本,2册

150302920　　693/8054g1
陰律記要二卷/(□)□□撰.--清宣統二年(1910)廣善堂刻本,2册

150302921　　692/7712d1
添品妙法蓮華經八卷/(隋)釋闍那崛多,(隋)釋達摩笈多譯.--清宣統三年(1911)常州天寧寺刻本,4册

150302922　　700/0111
十三經客難五十五卷　黄淮安瀾編二卷　經學史學策一卷　畏齋文集四卷/(清)龔元玠撰.--清道光二十六年(1846)刻本,24册

150302923　　710/7110a1
皇清經解一千四百零八卷　首一卷/(清)阮元等輯.--清咸豐十一年(1861)鎔經鑄史齋刻本,360册

150302924　　700/8717
六藝綱目二卷　附録一卷/(元)舒天民撰.--清咸豐三年(1853)海源閣刻本,2册

150302925　　710/0042
新學僞經考十四卷/(清)康有為撰.--清光緒十七年(1891)康氏萬木草堂刻本,5册

150302926　　710/7110a2
皇清經解一千零七十卷　首一卷/(清)阮元等輯.--清光緒十六年(1890)船山書局刻本,336册
缺一百八十卷

150302927　　710/7110a3
皇清經解一千四百零八卷　首一卷/(清)阮元等輯.--清咸豐十年(1860)學海堂刻本(卷一至八百二十五系配本),355册

150302928　　710/7110a4
皇清經解一千四百零八卷　首一卷/(清)阮元等輯.--清咸豐十年(1860)學海堂刻本,361册

150302929　　692/7720
釋氏稽古略四卷　釋鑑稽古略續集三卷/

(元)釋覺岸編--清光緒十二年(1886)刻本,5册

150302930　　710/1000
十三經策案二十二卷/(清)王謨輯.--清光緒十一年(1885)上海同文書局石印本,2册

150302931　　710/7110a5
皇清經解一千四百零八卷　首一卷/(清)阮元等輯.--清咸豐十年(1860)學海堂刻本,320册
缺一百六十卷

150302932　　692/7750
佛爾雅八卷/(清)周春撰.--清嘉慶二十一年(1816)刻本,1册

150302933　　710/1013
經義述聞三十卷/(清)王引之撰.--清道光七年(1827)壽藤書屋刻本,11册
缺八卷(五至六、九至十、二十一至二十二、二十五至二十六)

150302934　　692/8000
廬山蓮宗寶鑒念佛正因十卷/(元)普度編.--清刻本,3册

150302935　　692/8054a2
龍華寶經四卷/(□)□□撰.--清抄本,4册

150302936　　710/1020
皇清經解續編一千四百三十卷/(清)王先謙輯.--清光緒南菁書院刻本,320册

150302937　　710/7110a6
皇清經解一千四百卷/(清)阮元等輯.--清光緒十一年(1885)上海點石齋石印本,24册

150302938　　710/7110a7
皇清經解一千四百卷/(清)阮元等輯.--清光緒十三年(1887)上海書局石印本,64册

150302939　　710/7110b1
宋本十三經注疏四百十六卷/(清)阮元校.--清光緒十三年(1887)脈望仙館石印石印本,20册
現存20册

150302940　　710/7110b2
宋本十三經注疏四百十六卷/(清)阮元校.--清光緒十三年(1887)脈望仙館石印石印本,28册

150302941　　710/7110b3
宋本十三經注疏四百十六卷/(清)阮元校.--清光緒十三年(1887)脈望仙館石印石印本,33册

150302942　　710/7110b4
宋本十三經注疏四百十六卷/(清)阮元等校.--清同治十二年(1873)江西書局刻本,179册

150302943　　692/8054f1
大清重刻龍藏彙記一卷/(□)□□撰.--清同治九年(1870)金陵刻經處刻本,1册

150302944　　692/8054g1
神僧傳九卷/(□)□□撰.--清宣統元年(1909)刻本,4册

150302945　　710/7426a1
經典釋文三十卷/(唐)陸德明撰.--清通志堂刻本,12册

150302946　　692/8054h1
續傳燈録三十六卷/(□)□□撰.--清刻

本,7 册
存二十一卷(一至二十一)

150302947　　692/8401
金剛經本旨二十卷/(清)鎮庭子撰.--清光緒二十二年(1896)天華館刻本,5 册

150302948　　710/7426a2
經典釋文三十卷/(唐)陸德明撰.--清同治十年(1871)文瀾閣刻本,12 册

150302949　　710/7705
五經合纂大成四十四卷/(清)同文書局主人輯.--清光緒十一年(1885)廣百宋齋石印本,20 册

150302950　　710/1034a2
十三經/(清)丁寶楨等校.--清同治十一年(1872)山東書局刻本,66 册

150302951　　710/8324a1
经苑四十一種新鐫經苑二十五種/(清)錢儀吉编--清同治七年(1868)刻本,64 册

150302952　　752/6715a1
欽定周官義疏四十八卷　首一卷/(清)鄂爾泰等纂.--清同治七年(1868)刻本,24 册

150302953　　752/7504a1
周禮精華六卷/(清)陳龍標輯.--清光緒九年(1883)刻本,6 册

150302954　　710/8700
郑氏佚書二十三種/(漢)鄭玄撰,(清)袁鈞輯.--清光緒十四年(1888)浙江書局刻本,10 册

150302955　　720/0874
明道易經十二卷/(清)敦厚老人注.--清光緒二十一年(1895)雲廠刻本,12 册

150302956　　710/7731
皇清經解縮版編目十六卷/(清)陶治元編輯.--清光緒十七年(1891)上海鴻寶齋石印本,2 册

150302957　　710/8043
古經解鉤沉三十卷/(清)余蕭客撰.--清道光二十年(1840)京江魯氏刻本,8 册

150302958　　710/8052
十三經古注二百七十七卷/(明)金蟠等訂.--清同治八年(1869)浙江書局刻本,48 册

150302959　　720/1010a4
周易注十卷/(魏)王弼注.--清刻本,4 册

150302960　　720/1112
周易說略四卷/(清)張爾歧撰.--清嘉慶二年(1797)刻本,6 册

150302961　　720/1114
周易卦象六卷　占易秘解一卷/(清)張丙嘉輯.--清光緒二十二年(1896)刻本,7 册

150302962　　710/8075
十三經一百三十八卷/(清)金陵書局輯.--清同治四年(1865)金陵書局刻本,52 册

150302963　　710/8208a1
說文解字十五卷/(漢)許慎撰.--清刻本,4 册

150302964　　710/8208b1
古經解彙函十六種/(清)鐘謙鈞輯.--清光緒十五年(1889)湘南書局刻本,32 册

150302965　　710/8208b2
古經解彙函十六種/(清)鐘謙鈞輯.--清同治十二年(1873)粵東書局刻本,49 册

150302966　　710/8208b3
古經解彙函十六種/(清)鐘謙鈞輯. --清同治十二年(1873)粤東書局刻本,32 册

150302967　　754/7530a4
禮記十卷/(元)陳澔集. --清嘉慶十年(1805)刻本,10 册

150302968　　754/7530a5
禮記十卷/(元)陳澔集. --清成文信刻本,10 册

150302969　　754/7530a5
禮記十卷/(元)陳澔集. --清成文信刻本,10 册

150302970　　754/7530a6
禮記十卷/(元)陳澔集. --清光緒四年(1878)成文信刻本,10 册

150302971　　754/7530a6
禮記十卷/(元)陳澔集. --清光緒四年(1878)成文信刻本,10 册

150302972　　754/7530a7
禮記十卷/(元)陳澔集. --清咸豐元年(1851)上海掃葉山房刻本,10 册

150302973　　754/7530a7
禮記十卷/(元)陳澔集. --清咸豐元年(1851)上海掃葉山房刻本,10 册

150302974　　754/7530a8
禮記十卷/(元)陳澔集. --清光緒二年(1876)上海掃葉山房刻本,10 册

150302975　　754/7530a9
禮記十卷/(元)陳澔集. --清嘉慶十六年(1811)刻本,10 册

150302976　　754/7530a10
禮記十卷/(元)陳澔集. --清嘉慶二十一年(1816)崇德書院刻本,10 册

150302977　　754/7530a11
禮記十卷/(元)陳澔集. --清同治十一年(1872)山東書局刻本,10 册

150302978　　754/7530b1
禮記增訂旁訓六卷/(元)陳澔集. --清金陵授經堂刻本,6 册

150302979　　754/7530b2
禮記增訂旁訓六卷/(元)陳澔集. --清桐石山房刻本,6 册

150302980　　754/8700a1
禮記二十卷/(漢)鄭玄注. --清刻本,10 册

150302981　　754/8700a4
禮記二十卷/(漢)鄭玄注. --清同治九年(1870)楚北崇文書局刻本,8 册

150302982　　760/4706
樂律表微八卷/(清)胡彦昇撰. --清乾隆二十七年(1762)耆學齋刻本,4 册

150302983　　760/7560
樂書二百卷/(宋)陳暘撰. --清光緒三年(1877)廣州菊坡精舍刻本,18 册

150302984　　770/0044
春秋通論四卷/(清)方苞撰. --清刻本,2 册

150302985　　770/1053
春秋稗疏二卷/(清)王夫之撰. --清同治四年(1865)金陵節署刻本,1 册

150302986　　770/1059
欽定春秋傳説彙纂三十八卷　首二卷/

(清)王掞等撰.--清同治九年(1870)浙江刻本,20 册

150302987　　770/3140
春秋大事表五十卷/(清)顧棟高撰.--清同治十二年(1873)山東尚志堂刻本,20 册

150302988　　770/3140
春秋大事表五十卷/(清)顧棟高撰.--清同治十二年(1873)山東尚志堂刻本,20 册

150302989　　770/3140
春秋大事表五十卷/(清)顧棟高撰.--清同治十二年(1873)山東尚志堂刻本,20 册

150302990　　771/0040
春秋直解十二卷/(清)方苞撰.--清抗希堂刻本,6 册

150302991　　771/1106
春秋屬辭辨例編六十卷　首二卷/(清)張應昌撰.--清同治十二年(1873)江蘇書局刻本,32 册

150302992　　771/2390
御纂春秋直解十二卷/(清)傅恒等纂.--清刻本,6 册

150302993　　771/4023
春秋志在十二卷/(清)來集之撰.--清刻本,4 册

150302994　　771/4400
春秋會義二十六卷/(宋)杜諤撰.--清光緒十八年(1892)問經精舍刻本,12 册

150302995　　772/1722
左傳易讀六卷/(清)司徒修輯.--清光緒十九年(1893)成文堂刻本,6 册

150302996　　772/2470a1
左傳選十四卷/(清)儲欣評.--清道光十一年(1831)步月樓刻本,8 册

150302997　　772/2470a2
左傳選十四卷/(清)儲欣評.--清光緒三年(1877)成文堂刻本,8 册

150302998　　772/3147a1
左繡三十卷　首一卷/(清)馮李驊等評輯.--清常郡積秀堂刻本,16 册

150302999　　772/3147a2
左繡三十卷　首一卷/(清)馮李驊等評輯.--清光緒二十二年(1896)成文堂刻本,15 册
缺三卷(二十四、二十九至三十)

150303000　　772/3147a3
左繡三十卷　首一卷/(清)馮李驊等評輯.--清紫文閣刻本,15 册

150303001　　772/3147a4
左繡三十卷　首一卷/(清)馮李驊等評輯.--清光緒二十二年(1896)成文堂刻本,16 册

150303002　　772/3147a5
左繡三十卷　首一卷/(清)馮李驊等評輯.--清上海廣益書局石印本,12 册

150303003　　772/3147a5
左繡三十卷　首一卷/(清)馮李驊等評輯.--清上海廣益書局石印本,12 册

150303004　　772/3147a5
左繡三十卷　首一卷/(清)馮李驊等評輯.--清上海廣益書局石印本,12 册

150303005　　772/3147a6
左繡三十卷　首一卷/(清)馮李驊等評輯.--清書業堂刻本,16 册

150303006　　772/4062a1
春秋左氏傳賈服注輯述二十卷/(清)李貽德撰.--清光緒八年(1882)江蘇書局刻本,6 册

150303007　　772/4062a2
春秋左氏傳賈服注輯述二十卷/(清)李貽德撰.--清同治五年(1866)代州馮志沂署刻本,6 册

150303008　　772/4240
春秋左傳杜注三十卷/(清)姚培謙輯.--清同治十三年(1874)湖南書局刻本,10 册

150303009　　772/4410a1
春秋經傳集解三十卷/(晉)杜預註.--清刻本,16 册

150303010　　772/4410a3
春秋經傳集解三十卷/(晉)杜預註.--清同治八年(1869)楚北崇文書局刻本,12 册

150303011　　722/4410a4
春秋左傳五十卷/(晉)杜預註.--清光緒六年(1880)掃葉山房刻本,16 册
缺一卷(二)

150303012　　772/4410a5
春秋左傳五十卷/(晉)杜預註.--清書業堂刻本,14 册

150303013　　772/4410a6
春秋左傳五十卷/(晉)杜預註.--清文義堂刻本,16 册

150303014　　772/4420b1
左傳易讀六卷/(清)司徒修選訂.--清光緒十九年(1893)成文堂記刻本,6 册

150303015　　772/4428
春秋繁露十七卷/(漢)董仲舒撰.--清抱經堂刻本,4 册

150303016　　772/4440a2
春秋綱目左傳句解六卷/(清)韓菼重訂.--清崇文堂刻本,8 册

150303017　　772/4440a3
春秋綱目左傳句解六卷/(清)韓菼重訂.--清濰陽成文信刻本,6 册

150303018　　772/6030a1
東萊博議四卷/(宋)吕祖謙撰.--清光緒二十四年(1898)掃葉山房鉛印本,4 册

150303019　　772/6030a3
東萊先生左氏博議二十五卷/(宋)吕祖謙撰.--清光緒二十三年(1897)掃葉山房刻本,6 册

150303020　　772/6030a4
東萊博議四卷/(宋)吕祖謙撰.--清光緒三十年(1904)德盛堂刻本,4 册

150303021　　772/6030a6
東萊博議四卷/(宋)吕祖謙撰.--清光緒二十八年(1902)承文新刻本,4 册

150303022　　772/6030a7
東萊博議四卷/(宋)吕祖謙撰.--清光緒十三年(1887)文選樓刻本,4 册

150303023　　772/6030a8
東萊博議四卷/(宋)吕祖謙撰.--清光緒二十四年(1898)上海祥記書莊石印本,4 册

150303024　　772/7170
左傳事緯十二卷/(清)馬驌撰.--清刻本,6册

150303025　　773/2120a1
春秋公羊傳十一卷/(漢)何休註.--清同治十一年(1872)山東書局刻本,4册

150303026　　773/2120a1
春秋公羊傳十一卷/(漢)何休註.--清同治十一年(1872)山東書局刻本,4册

150303027　　773/2120a1
春秋公羊傳十一卷/(漢)何休註.--清同治十一年(1872)山東書局刻本,4册

150303028　　773/2120a2
春秋公羊傳注疏二十八卷/(漢)何休撰.--清同治十年(1871)刻本,8册

150303029　　773/2120a3
春秋公羊傳十一卷/(漢)何休註.--清光緒十二年(1886)湖北官書處刻本,4册

150303030　　774/4430a1
春秋穀梁傳十二卷/(晉)范甯集解.--清光緒十二年(1886)湖北官書處刻本,4册

150303031　　774/4430a2
春秋穀梁傳十二卷/(晉)范甯集解.--清同治十一年(1872)山東書局刻本,4册

150303032　　774/4430a3
春秋穀梁傳注疏二十卷/(晉)范甯集解.--清同治十年(1871)刻本,6册

150303033　　774/4430a4
春秋穀梁傳注疏二十卷/(晉)范甯集解.--清嘉慶汲古閣刻本,6册

150303034　　775/2833
春秋體注大全四卷/(清)徐寅賓纂.--清乾隆五十六年(1791)金閶書業堂刻本,4册

150303035　　775/4736a1
春秋胡傳三十卷/(宋)胡安國撰.--清三樂齋刻本,8册

150303036　　775/4736a2
春秋胡傳三十卷/(宋)胡安國撰.--清刻本,5册

150303037　　775/4736a3
春秋胡傳三十卷/(宋)胡安國撰.--清刻本,8册

150303038　　780/0014a2
集虛齋四書口義十卷/(清)方棨如撰.--清刻本,10册

150303039　　780/0014a1
集虛齋四書口義十卷/(清)方棨如撰.--清同安堂刻本,10册

150303040　　780/0032
四書聯珠十九卷/(清)章守待纂輯.--清嘉慶三年(1798)文盛堂刻本,6册

150303041　　780/1025a1
四書朱子本義匯參四十三卷/(清)王步青輯.--清敦復堂刻本,32册

150303042　　780/1025a2
四書朱子本義匯參四十三卷/(清)王步青輯.--清上海廣百宋齋鉛印本,9册
缺十三卷(大學一至三,論語十一至二十)

150303043　　780/1032
鄉黨句解四卷/(清)王宗嶽撰.--清道光十一年(1831)刻本,2册

150303044　　780/1045
孟子訓蒙瑣言不分卷/(清)于英本集.--清刻本,4册
缺告子

150303045　　780/1046a1
四書衷一十九卷/(清)王基昌輯.--清光緒六年(1880)校經山房刻本,6册

150303046　　780/1046a2
四書衷一十九卷/(清)王基昌輯.--清光緒八年(1882)紫文閣刻本,6册

150303047　　780/1080
四書説畧四卷　教童子法一卷/(清)王筠撰.--清刻本,2册

150303048　　780/1084
四書求是十六卷/(清)王余英輯.--清嘉慶十八年(1813)新康官署刻本,6册
缺四卷(七、八、十三、十四)

150303049　　780/1140
南軒先生孟子説六卷/(宋)張栻撰.--清通志堂刻本,5册

150303050　　780/1145
四書通證二卷/(元)張存中撰.--清通志堂刻本,2册

150303051　　780/1730
四書考異七十二卷/(清)翟灝撰.--清乾隆三十四年(1769)無不宜齋刻本,12册

150303052　　780/1740
新訂四書補注備旨十卷/(清)鄧林撰.--清乾隆四十四年(1779)狀元閣刻本,6册

150303053　　780/1740a2
新訂四書補注備旨十卷/(清)鄧林撰.--清光緒五年(1879)成文堂刻本,8册

150303054　　780/1740a3
新訂四書補注備旨十卷/(清)鄧林撰.--清光緒五年(1879)成文堂刻本,8册

150303055　　780/1740a4
新訂四書補注備旨十卷/(清)鄧林撰.--清光緒十六年(1890)德盛堂刻本,6册

150303056　　780/1740a5
新訂四書補注備旨十卷/(清)鄧林撰.--清光緒三十二年(1906)成文堂刻本,6册

150303057　　780/1740a6
新訂四書補注備旨十卷/(清)鄧林撰.--清光緒二十年(1894)成文信記刻本,8册

150303058　　780/2122
大學衍義四十三卷/(宋)真德秀撰.--清同治十一年(1872)浙江書局刻本,10册

150303059　　780/2160
論語注疏二十卷/(三国魏)何晏注,(宋)邢昺疏.--清乾隆四年(1739)刻本,1册
存五卷(六至十)

150303060　　780/2342
學庸脈解串珠六卷/(清)臧志仁纂.--清道光五年(1825)拾芥園刻本,4册

150303061　　780/2540a1
重校字典四書十九卷/(宋)朱熹集注.--清宣統三年(1911)成文信刻本,6册

150303062　　780/2540a1
重校字典四書十九卷/(宋)朱熹集注.--清宣統三年(1911)成文信刻本,6册

150303063　　780/2540a2
重校字典四書十九卷/(宋)朱熹集注.--清

光緒十八年(1892)成文信刻本,6 册

150303064　　780/2540b1
監本四書十九卷/(宋)朱熹集注.--清宣統三年(1911)成文堂刻本,6 册

150303065　　780/2540b2
監本四書十九卷/(宋)朱熹集注.--清函青閣刻本,6 册

150303066　　780/2540b3
監本四書十九卷/(宋)朱熹集注.--清武進陳氏亦園刻本,6 册

150303067　　780/2540c1
批點四書十九卷/(宋)朱熹集注.--清光緒二十三年(1897)文興書局刻本,6 册

150303068　　780/2540c1
批點四書十九卷/(宋)朱熹集注.--清光緒二十三年(1897)文興書局刻本,6 册

150303069　　780/2540c1
批點四書十九卷/(宋)朱熹集注.--清光緒九年(1883)成文堂刻本,6 册

150303070　　812.25/4450b1
蘇東坡詩鈔二卷/(宋)蘇軾撰.--清弘訓堂刻本,2 册

150303071　　780/2540c3
批點四書十九卷/(宋)朱熹集注.--清宣統三年(1911)成和堂刻本,6 册

150303072　　752/7504a1
周禮精華六卷/(清)陳龍標輯.--清光緒三十一年(1905)怡翰齋刻本,5 册

150303073　　752/7504a3
周禮精華六卷/(清)陳龍標輯.--清光緒十一年(1885)成文信刻本,6 册

150303074　　752/7504a3
周禮精華六卷/(清)陳龍標輯.--清光緒十一年(1885)成文信刻本,6 册

150303075　　752/7504a4
周禮精華六卷/(清)陳龍標輯.--清光緒十一年(1885)彙文堂刻本,6 册

150303076　　752/7504a4
周禮精華六卷/(清)陳龍標輯.--清光緒十一年(1885)彙文堂刻本,6 册

150303077　　780/2540d3
四書章句集注十九卷/(宋)朱熹撰.--清光緒十九年(1893)湖南文運書局刻本,6 册

150303078　　752/7504a5
周禮精華六卷/(清)陳龍標輯.--清光緒二十二年(1896)寶書堂刻本,6 册

150303079　　780/2540d4
四書章句集注二十六卷/(宋)朱熹撰.--清嘉慶十六年刻本,7 册

150303080　　752/7504a6
周禮精華六卷/(清)陳龍標輯.--清刻本,6 册

150303081　　752/7504a7
周禮精華六卷/(清)陳龍標輯.--清光緒十一年(1885)咸文堂刻本,6 册

150303082　　752/7562
重校古周禮六卷/(明)陳仁錫注.--清刻本,6 册

150303083　　720/2390a1
御纂周易述義十卷/(清)傅恒等纂.--清乾

隆二十年(1755)刻本,4 册

150303084　　752/8700a1
周禮十二卷/(漢)鄭玄註.--清同治七年(1868)湖北崇文書局刻本,6 册

150303085　　752/8700a3
周禮註疏四十二卷/(漢)鄭玄註,(唐)賈公彦疏.--清嘉慶刻本,20 册

150303086　　752/8700a4
周禮六卷/(漢)鄭玄註.--清宣統元年(1909)學部圖書局鉛印本,5 册
存五卷(一至二、四至六)

150303087　　780/2540f1
四書或問考異三十九卷/(宋)朱熹輯.--清同治十二年(1873)五忠堂刻本,6 册

150303088　　752/8700a5
周禮十二卷/(漢)鄭玄註.--清同治十三年(1874)湖南尊經閣刻本,6 册

150303089　　720/2390a2
御纂周易述義十卷/(清)傅恒等纂.--清乾隆二十年(1755)刻本,6 册

150303090　　752/8700a6
周禮□□卷/(漢)鄭玄註.--清刻本,3 册
存三卷(春官、冬官、地官)

150303091　　720/2510
周易集傳十一卷/(宋)朱震撰.--清刻本,8 册

150303092　　720/2540a1
周易四卷/(宋)朱熹本義.--清光緒三十年(1904)上海校經山房刻本,2 册

150303093　　720/2540a3
周易四卷/(宋)朱熹本義.--清文盛堂刻本,2 册

150303094　　780/2540g1
論孟精義三十四卷/(宋)朱熹輯.--清同治十三年(1874)公善堂刻本,8 册

150303095　　780/2583
四書通旨六卷/(元)朱公遷撰.--清康熙通志堂刻本,3 册

150303096　　780/2663a1
四書經注集證十九卷/(清)吴昌宗撰.--清嘉慶三年(1798)江都汪氏刻本,16 册

150303097　　780/2663a2
四書經注集證十九卷/(清)吴昌宗撰.--清嘉慶二十一年(1816)藜照書屋刻本,16 册

150303098　　780/3022a1
四書經史摘證七卷/(清)宋繼種著.--清光緒十八年(1892)拜經精舍刻本,6 册

150303099　　780/3022a2
四書經史摘證七卷/(清)宋繼種著.--清光緒二十年(1894)鉛印本,4 册

150303100　　780/3022a3
增補四書經史摘證二十九卷/(清)宋繼種著.--清光緒二十八年(1902)上海書局石印本,2 册

150303101　　780/3128a1
四書題鏡六卷/(清)汪鯉翔纂.--清道光十一年(1872)桐石山房刻本,16 册

150303102　　780/3128a2
四書題鏡六卷/(清)汪鯉翔纂.--清同治六年(1867)緯文堂刻本(第五册系配本),10 册

150303103　　780/3128a3
四書題鏡三十七卷/(清)汪鯉翔纂.--清乾隆五十一年(1786)書業堂刻本,16 册

150303104　　780/3130
鄉黨圖考十卷/(清)江永撰.--清乾隆五十八年(1793)金閶書業堂刻本,6 册

150303105　　780/3130
鄉黨圖考十卷/(清)江永撰.--清乾隆五十八年(1793)金閶書業堂刻本,5 册

150303106　　780/4022a1
四書集編二十六卷/(宋)真德秀編.--清通志堂刻本,12 册

150303107　　780/4022b1
四書證疑八卷/(清)李允升撰.--清道光四年(1824)易簡堂刻本,4 册

150303108　　780/4031a1
四書朱子異同條辨四十卷/(清)李沛霖等撰.--清近譬堂刻本,39 册

150303109　　780/4031b1
大學古本詁畧一卷/(清)李兆元注.--清刻本,1 册

150303110　　780/4430
四書會解二十七卷/(清)綦澧輯.--清道光九年(1829)姑蘇琴川閣刻本,24 册

150303111　　780/4440
四書或問語類大全合訂四十一卷/(清)黄越撰.--清刻本,24 册

150303112　　720/2540a4
周易四卷/(宋)朱熹本義.--清光緒十二年(1886)上海掃葉山房刻本,2 册

150303113　　720/2540a5
周易四卷/(宋)朱熹本義.--清光緒二十八年(1902)煙台成文信刻本,2 册

150303114　　720/2540a6
周易四卷/(宋)朱熹本義.--清光緒十二年(1886)上海掃葉山房刻本,4 册

150303115　　720/2540a7
周易本義四卷/(宋)朱熹撰.--清光緒十二年(1886)上海掃葉山房刻本,2 册

150303116　　720/2540a8
周易四卷/(宋)朱熹本義.--清光緒十二年(1886)掃葉山房刻本,2 册

150303117　　780/4441
論語後案二十卷/(清)黄式三撰.--清魯岐峯刻本,6 册

150303118　　780/4480a1
四書體注十九卷/(清)范翔撰.--清上洋江左書林刻本,6 册

150303119　　780/4480a2
四書體注十九卷/(清)范翔撰.--清紫文閣刻本,6 册

150303120　　780/4714a1
四書疏注撮言大全二十三卷/(清)胡斐才輯.--清緯文堂刻本,18 册

150303121　　780/4714a1
四書疏注撮言大全二十三卷/(清)胡斐才輯.--清緯文堂刻本,21 册

150303122　　780/4714a2
四書疏注撮言大全二十三卷/(清)胡斐才輯.--清近文堂刻本,18 册

150303123　　780/5532
四書摭餘說七卷/(清)曹之升輯.--清嘉慶三年(1798)奎照樓莊刻本,6 册

150303124　　720/2540a9
周易四卷/(宋)朱熹本義.--清經綸堂刻本,3 册

150303125　　720/2540a10
周易四卷/(宋)朱熹本義.--清光緒二十一年(1895)文興書局刻本,4 册

150303126　　752/8710
輪輿私箋二卷　圖一卷/(清)鄭珍撰.--清同治七年(1868)獨山莫氏刻本,2 册

150303127　　753/0043
洪盧江祀典徵實二卷/(清)章世溶編.--清同治八年(1869)刻本,1 册

150303128　　720/2540a11
周易本義四卷/(宋)朱熹撰.--清刻本,4 册

150303129　　753/1033
鄉黨圖考補證六卷/(清)王漸鴻撰.--清光緒三十四年(1908)丁氏海隅山館刻本,6 册

150303130　　753/1112a1
儀禮鄭註句讀十七卷/(清)張爾岐撰.--清乾隆八年(1743)和衷堂刻本,6 册

150303131　　720/2540a2
周易本義十二卷/(宋)朱熹撰.--清同治四年(1865)金陵書局刻本,2 册

150303132　　780/7232
四書庭訓說約不分卷/(明)劉必紹撰.--清刻本,2 册

150303133　　780/7474a1
松陽講義十二卷/(清)陸隴其撰.--清西昌裘氏刻本,6 册

150303134　　780/7474a2
陸稼書先生四書講義遺編六卷/(清)陸隴其撰.--清康熙四十四年(1705)三魚堂刻本,5 册

150303135　　780/7474a3
四書義十二卷/(清)陸隴其撰.--清石印本,5 册
缺二卷(六至七)

150303136　　780/7520
論語古訓十卷/(清)陳鱣撰.--清光緒九年(1883)浙江書局刻本,2 册

150303137　　780/7528a1
增補四書精繡圖像人物備考十二卷/(明)陳仁錫增定.--清金閶三槐堂刻本,5 册

150303138　　780/7528a2
增補四書精繡圖像人物備考十二卷/(明)陳仁錫增定.--清乾隆六年刊(1741)古吳致和堂刻本,5 册

150303139　　780/7528a3
增補四書精繡圖像人物備考十二卷/(明)陳仁錫增定.--清道光八年(1828)金谷園刻本,8 册

150303140　　780/7528a4
增訂四書通典人物備考十二卷/(明)陳仁錫增定.--清乾隆五十五年(1790)經元堂刻本,8 册

150303141　　780/7741a1
四書正義十九卷/(清)周大璋纂.--清嘉慶十八年(1813)書業堂刻本,6 册

150303142　　780/7741b1
四書釋地續四卷/(清)閻若璩輯. --清聽雨齋刻本,4 册

150303143　　780/7741c1
四書朱子大全精言四十一卷/(清)周大璋編輯. --清寶旭齋刻本,30 册
缺三卷(大學一至二卷、中庸二)

150303144　　780/7760
四書羽儀十九卷/(清)周冕等合纂. --清乾隆二十三年(1758)敦化堂刻本,4 册
缺五卷(孟子一至五)

150303145　　780/8020a1
四書合講十九卷/(清)翁復輯. --清同治五年(1866)刻本,6 册

150303146　　780/8020a2
酌雅齋四書遵注合講十九卷/(清)翁復輯. --清信元堂刻本,6 册

150303147　　780/8020a3
三讓堂四書遵注合講十九卷/(清)翁復輯. --清光緒十七年(1891)金谿三讓堂刻本,6 册

150303148　　780/8020a4
四書體注合講十九卷/(清)翁復輯. --清雍正八年(1730)文富堂刻本,6 册

150303149　　790/2643
孝經一卷/(清)吳大澂篆. --清光緒十一年(1885)上海同文書局石印本,1 册

150303150　　790/2740
侯子勤圈評考定古文孝經讀本一卷/(清)侯楨考訂. --清抄本,1 册

150303151　　790/3033
孝經管窺一卷/(清)竇容邃撰. --清光緒十年(1884)刻本,1 册

150303152　　790/6720
孝經注疏九卷/(唐)玄宗李隆基注. --清同治十年(1871)廣東書局刻本,1 册

150303153　　810.18/0450
改亭文集十六卷　詩集六卷/(清)計東著. --清刻本,12 册

150303154　　810.18/7728
闡幽錄一卷/(清)□□撰. --清光緒三十四年(1908)濟南國文報館石印本,1 册

150303155　　810.3/4743
文獻考異一卷/(清)胡克家撰. --清嘉慶十四年(1809)刻本,1 册

150303156　　811/8043
文選音義八卷/(清)余蕭客撰. --清乾隆二十三年(1758)靜勝堂刻本,3 册

150303157　　811.08/0028
七十家賦鈔六卷/(清)張惠言輯. --清光緒八年(1882)廣東載文堂刻本,4 册

150303158　　811.11/0040
古文苑九卷/(宋)章樵注. --清光緒五年(1879)宏達堂刻本,2 册

150303159　　811.11/1094a1
重訂文選集評十六卷/(清)于光華編. --清光緒十九年(1893)濟南雙和堂刻本,16 册

150303160　　811.11/1094a2
重訂文選集評十五卷/(清)于光華編. --清刻本,8 册
缺七卷(一至七)

150303161　　811.11/1094
重訂文選集評十五卷　末一卷/(清)于光華編.--清同治十一年(1872)江苏書局刻本,16 册

150303162　　811.11/3308
文選旁證四十六卷/(清)梁章鉅撰.--清光緒八年(1882)吳下刻本,12 册

150303163　　811.11/3390
古文苑九卷/(宋)章樵注.--清光緒五年(1879)宏達堂刻本,2 册

150303164　　811.11/4420a4
文選五卷　首一卷/(南朝梁)蕭統輯.--清光緒二十三年(1897)上海書局石印本,5 册
缺第四卷

150303165　　811.11/4420a5
文選五卷　首一卷/(南朝梁)蕭統輯.--清光緒十四年(1888)上海同文書局石印本,6 册

150303166　　811.11/4420a7
文選六十卷/(南朝梁)蕭統輯.--清光緒十一年(1885 上海同文書局石印本,10 册

150303167　　811.11/4420a8
文選六十卷/(南朝梁)蕭統輯.--清羊城翰墨園刻本(卷一至五系配入),13 册

150303168　　720/2540a3
周易四卷/(宋)朱熹本義.--清宣統元年(1909)成和堂刻本,4 册

150303169　　811.11/4420a9
文選六十卷/(南朝梁)蕭統輯.--清康熙四十年(1701)海錄軒刻本,12 册

150303170　　753/1150
儀禮圖六卷/(清)張惠言著.--清同治九年(1870)崇文書局刻本,3 册

150303171　　720/2540a14
周易四卷/(宋)朱熹本義.--清嘉慶二十四年(1819)刻本,4 册

150303172　　753/2540a2
文公家禮儀節八卷/(宋)朱熹撰.--清光緒十三年(1887)上海江左書林刻本,5 册
缺第五卷

150303173　　720/2540a15
周易四卷/(宋)朱熹本義.--清光緒二十三年(1897)刻本,2 册

150303174　　753/2540a3
文公家禮儀節八卷/(宋)朱熹撰.--清刻本,4 册

150303175　　811.11/4420a10
文選六十卷/(南朝梁)蕭統輯.--清光緒二十二年(1896)書業德刻本,12 册

150303176　　753/2540a4
朱子家禮十卷/(宋)朱熹撰.--清嘉慶十四年(1809)麟經閣刻本,7 册
存八卷(一至八)

150303177　　720/2540a16
周易四卷/(宋)朱熹本義.--清成文堂刻本,4 册

150303178　　720/2540a16
周易四卷/(宋)朱熹本義.--清成文堂刻本,4 册

150303179　　753/2614
儀禮十七卷/(清)吳廷華章句.--清嘉慶三

年(1798)同人堂刻本,6册

150303180　　811.11/4420a11
文選六十卷/(南朝梁)蕭統輯.--清四明林氏刻本,16册
缺二十二卷(一至四、十至十四、十七至二十二、三十八至四十、四十四至四十六,考異一、二)

150303181　　720/2540a17
周易四卷/(宋)朱熹本義.--清光緒元年(1875)文盛堂刻本,4册

150303182　　811.11/4420a12
文選六十卷/(南朝梁)蕭統輯.--清光緒二十一年(1895)上海古香閣石印本,12册

150303183　　811.11/4420a13
文選六十卷/(南朝梁)蕭統輯.--清海錄軒刻本,11册
缺十二卷(一至七、十九至二十一、二十九至三十)

150303184　　811.11/4420a14
文選六十卷/(南朝梁)蕭統輯.--清光緒十八年(1892)上海古香閣石印本,6册

150303185　　811.14/4281a1
唐文粹一百卷/(宋)姚鉉纂.--清刻本,12册
缺二十八卷(一至十、四十八至五十五、六十四至七十三)

150303186　　811.14/4280a2
唐文粹一百卷/(宋)姚鉉纂.--清光緒九年(1883)江蘇書局刻本,16册

150303187　　811.14/4280a3
唐文粹一百卷/(宋)姚鉉纂.--清光緒十六年(1890)杭州許氏榆園刻本,20册

150303188　　720/2540a18
周易四卷/(宋)朱熹本義.--清光緒十八年(1892)煙台成文信記刻本,4册

150303189　　720/2540a19
周易四卷/(宋)朱熹本義.--清嘉慶二十三年(1818)金閶書業堂刻本,4册

150303190　　720/2540b1
易經體注大全會解四卷/(宋)朱熹本義.--清康熙五十八年(1719)金閶書業堂刻本,2册

150303191　　720/2540b2
易經體注大全會解四卷/(宋)朱熹本義.--清道光二十五年(1845)姑蘇文富堂刻本,4册

150303192　　811.15/1181
金文最一百二十卷/(清)張金吾輯.--清光緒八年(1882)粤雅堂刻本,20册

150303193　　811.15/4022a1
文章正宗復刻四十二卷/(宋)真德秀輯.--清乾隆三十三年(1768)刻本,21册
缺十五卷(正集四至七、十、十五至十八、二十五、三十卷,續集一至二、六、十)

150303194　　811.15/4022a2
文章正宗復刻四十二卷/(宋)真德秀輯.--清乾隆三十三年(1768)刻本,21册
缺二十三(正集一至十一、十四至十五、十九至二十五,續集八至十)

150303195　　811.15/4420a1
南宋文範七十卷　外編四卷/(清)莊仲方編.--清道光十六年(1836)刻本,28册

150303196　　811.15/4420a2
金文雅十六卷/(清)莊仲方編.--清光緒十七年(1891)江蘇書局刻本,4 册

150303197　　811.15/4420a3
南宋文範七十卷　外編四卷/(清)莊仲方編.--清光緒十四年(1888)江蘇書局刻本,16 册

150303198　　811.15/4420a4
南宋文範七十卷/(清)莊仲方編.--清道光刻本,16 册

150303199　　753/2838
儀禮義疏四十八卷/(漢)鄭玄注,(唐)賈公彥疏.--清刻本,28 册

150303200　　720/2540b3
易經體注大全會解四卷/(宋)朱熹本義.--清光緒十年(1884)成文堂刻本,4 册

150303201　　753/3130
聖廟祀典啚考三卷/(清)顧沅輯.--清上海同文書局縮印本,4 册

150303202　　753/4040
儀禮韻言二卷/(清)檀萃纂.--清光緒八年(1882)掃葉山房刻本,2 册

150303203　　720/2540b4
易經體注大全會解四卷/(宋)朱熹本義.--清光緒 10 年(1884)成文堂刻本,,2 册

150303204　　753/4433
弟子職集解一卷/(清)莊述祖輯.--清光緒三十年(1904)上海玉麟書局石印本,1 册

150303205　　753/4433
弟子職集解一卷/(清)莊述祖輯.--清光緒三十年(1904)上海玉麟書局石印本,1 册

150303206　　753/7234
儀禮講義一卷/(清)岳寶樹輯.--清山東高等學堂石印本,1 册

150303207　　753/8700a1
欽定儀禮義疏四十八卷　首二卷/(漢)鄭玄註,(唐)賈公彥疏.--清刻本,28 册

150303208　　753/8700a2
儀禮十七卷/(漢)鄭玄註.--清光緒二十二年(1896)東洲講舍刻本,6 册

150303209　　753/8700a3
儀禮十七卷/(漢)鄭玄註.--清光緒十二年(1886)湖北官書處刻本,4 册

150303210　　754/0030a1
欽定禮記義疏八十二卷/(清)高宗弘曆敕撰.--清紫陽書院刻本,64 册

150303211　　754/0030a2
欽定禮記義疏八十二卷/(清)高宗弘曆敕撰.--清光緒十四年(1888)上海鴻文書局石印本,6 册

150303212　　754/0030a3
欽定禮記義疏八十二卷/(清)高宗弘曆敕撰.--清刻本,48 册

150303213　　811.15/6030a1
宋文鑑一百五十卷/(宋)呂祖謙輯.--清光緒十二年(1886)江蘇書局刻本,24 册

150303214　　811.16/4412a1
元文類七十卷/(元)蘇天爵輯.--清光緒十五年(1889)江蘇書局刻本,10 册

150303215　　811.16/4412a2
元文類七十卷/(元)蘇天爵輯.--清修德堂刻本,10 册

150303216　　811.17/2500
諸儒箋解古文真寶十卷/(明)神宗朱翊鈞纂.--明萬曆十一年(1583)刻本,8册

150303217　　811.17/4470
明文在一百卷/(清)薛熙纂.--清光緒十五年(1889)江蘇書局刻本,10册

150303218　　811.17/4690
升菴全蜀藝文志六十四卷　首一卷/(明)楊慎編.--清嘉慶二十二年(1757)讀月草堂刻本,16册

150303219　　720/2540b5
易經體注大全會解四卷/(宋)朱熹本義.--清同治九年(1870)修文堂刻本,4册

150303220　　811.18/1034
同館詩賦鈔三十六卷/(清)王家相等編.--清刻本,16册
存十四卷(詩賦鈔存二、十二、十三、十七、二十三、二十四、二十七、三十二,詩律續鈔二集一、二,詩賦補鈔存一、二,詩賦鈔二集一、二)

150303221　　811.18/1084
閩中校士録不分卷/(清)王錫蕃纂.--清光緒二十四年(1898)上洋飛鴻閣石印本,5册
缺事務類文、雜類文、試帖類賦、古近體詩類

150303222　　811.18/1262a1
續古文苑二十卷/(清)孫星衍撰.--清光緒九年(1883)江蘇書局刻本,6册

150303223　　811.18/1262a2
續古文苑二十卷/(清)孫星衍撰.--清嘉庆十二年(1807)金陵刻本,6册

150303224　　811.18/2220
士鄉烈女詩文畧一卷/(清)欒鑾等著.--清同治三年(1864)刻本,1册

150303225　　811.18/2620
石筍山房圖題詠集六卷/(清)吳德襄輯.--清同治四年(1865)刻本,2册

150303226　　811.18/2624
寒松堂全集十二卷/(清)魏象樞撰.--清嘉慶十六年(1811)刻本,13册

150303227　　811.18/2767
紀文達公遺集十六卷/(清)紀昀著.--清刻本,10册

150303228　　811.18/2770
文章游戲二編八卷/(清)繆艮輯.--清嘉慶二十一年(1816)經綸堂刻本,6册

150303229　　811.18/3124
文選理學權輿八卷/(清)汪師韓撰.--清光緒十五年(1889)刻本,8册

150303230　　811.18/3187
常熟二馮先生集二十卷/(清)馮舒,(清)馮班撰.--清排印本,6册

150303231　　811.18/4030
中江課藝不分卷/(清)袁昶集.--清光緒二十三年(1897)鉛印本,4册

150303232　　811.18/4038
泰山圖題詞一卷/(清)李祖年等著.--清鉛印本,1册

150303233　　720/2540b6
易經體注大全合叅四卷/(宋)朱熹本義.--清康熙五十八年(1719)金谷園刻本,4册

150303234　　720/4094a1
御纂周易折中二十二卷/(清)李光地著.--清同治六年(1867)浙江官刻本,10 册

150303235　　754/2540
禮記訓纂四十九卷/(清)朱彬輯.--清咸豐元年(1851)刻本,5 册

150303236　　754/3508
欽定禮記義疏八十二卷　首一卷/(清)高宗弘曆敕撰.--清刻本,32 册

150303237　　720/2540b7
易經體注大全會解二卷/(宋)朱熹本義.--清光緒六年(1880)掃葉山房刻本,2 册

150303238　　754/4480a1
禮記體注四卷/(清)范翔參訂.--清成文堂刻本,4 册

150303239　　754/4480a2
禮記體注四卷/(清)范翔參訂.--清光緒四年(1878)成文堂刻本,4 册

150303240　　720/2540c1
周易本義拾遺六卷/(宋)朱熹撰.--清四為堂刻本,4 册

150303241　　754/4480a4
禮記體注四卷/(清)范翔參訂.--清光緒十年(1884)濰陽成文信刻本,4 册

150303242　　754/4480a5
禮記體注四卷/(清)范翔參訂.--清光緒十年(1884)成文堂刻本,4 册

150303243　　754/4480a6
禮記體注四卷/(清)范翔參訂.--清光緒十年(1884)成文堂刻本,4 册

150303244　　754/4480a7
禮記體注四卷/(清)范翔參訂.--清刻本,4 册

150303245　　754/4742
鄭氏禮記箋四十九卷/(清)郝懿行撰.--清光緒八年(1882)東路廳署刻本,10 册

150303246　　754/7530a1
禮記十卷/(元)陳澔集說.--清光緒十七年(1891)三餘書棧刻本,10 册

150303247　　754/7530a2
禮記十卷/(元)陳澔集說.--清光緒十二年(1886)湖北官書處刻本,10 册

150303248　　754/7530a3
禮記十卷/(元)陳澔集說.--清刻本,10 册

150303249　　811.18/4422a1
兩當軒全集十二卷/(清)黄景仁著.--清光緒二年(1876)刻本,6 册

150303250　　811.18/4422b1
黛韻樓遺集八卷　陳孝女遺集四卷合刻/(清)薛紹徽,(清)陳蕓撰.--清陳氏刻本,6 册

150303251　　811.18/4452
徐州二遺民集十卷/(清)桂中行輯.--清光緒十九年(1893)刻本,5 册

150303252　　811.18/4741
胡文忠公遺集八十六卷　首一卷/(清)鄭敦謹等輯.--清同治六年(1867)刻本,32 册

150303253　　811.18/7110
詁經精舍文集十四卷/(清)阮元輯.--清嘉慶六年(1801)刻本,6 册

150303254　811.18/7274
藝概六卷/(清)劉熙載撰.--清同治十二年(1873)刻本,4 册

150303255　811.18/7430
山左校士錄六卷/(清)陸潤庠評選.--清光緒十四年(1888)刻本,6 册

150303256　811.18/7510
湘煙小錄一卷/(清)陳裴之撰.--清光緒十二年(1886)上海王氏刻本,2 册

150303257　811.18/7522
篋衍集十二卷/(清)陳維崧編.--清刻本,12 册

150303258　811.18/7746
宫閨文選二十六卷/(清)周壽昌輯訂.--清道光二十六年(1846)小蓬萊山館刻本,8 册

150303259　811.2/1012
七家詩合注七卷/(清)張熙宇輯評.--清光緒六年(1880)成文信記刻本,8 册

150303260　811.2/1031
古詩鈔一卷/(清)王啟磊抄.--清抄本,1 册

150303261　811.2/1170
掖詩採錄六卷/(清)張彤纂輯.--清嘉慶十二年(1807)刻本,1 册
缺三卷(四至六)

150303262　811.2/3635
金源紀事詩八卷/(清)湯運泰撰.--清同治十二年(1873)淮南書局刻本,4 册

150303263　811.2/4443
唐詩三百首註釋六卷/(清)蘅塘退士輯.--清光緒十六年(1890)石渠山房刻本,4 册

150303264　811.2/5213
天保三十六家絕句三卷/(日本)靜一道人編錄.--日本大阪積玉圃刻本,3 册

150303265　811.2/8296.1
名媛詩歸三十六卷/(明)鐘惺編.--清印本,12 册

150303266　811.21/0742
樂府詩集一百卷/(宋)郭茂倩輯.--清同治十三年(1874)崇文書局刻本,16 册

150303267　811.21/1043a1
古今詩選五十卷/(清)王士禎等選.--清上海掃葉山房石印本,10 册

150303268　811.21/1043a2
古今詩選五十卷/(清)王士禎等選.--清同治七年(1868)湘鄉曾氏刻本,8 册

150303269　811.21/1115
佩文齋詠物詩選四百八十六卷/(清)張玉書等纂輯.--清康熙四十六(1707)刻本,61 册

150303270　811.21/3423a5
古詩源十四卷/(清)沈德潛輯.--清善成堂刻本,6 册

150303271　811.21/8064a1
十八家詩鈔二十八卷/(清)曾國藩纂.--清鉛印本,2 册
缺十五卷(一至八、十五至二十一)

150303272　811.21/8064a3
十八家詩鈔二十八卷/(清)曾國藩纂.--清同治十三年(1874)傳忠書局刻本,28 册

150303273　811.22/2850
玉臺新詠十卷/(南朝陳)徐陵編,(清)程琰

刪補.--清光緒五年(1879)宏達堂刻本,4册

150303274　　811.24/1042a1

古唐詩合解十六卷/(清)王堯衢注.--清雍正十年(1732)寶興堂刻本,6册

150303275　　811.24/1042a2

古唐詩合解十六卷/(清)王堯衢注.--清道光二十五年(1845)德華堂刻本,6册

150303276　　811.24/1042a3

古唐詩合解十六卷/(清)王堯衢注.--清丙子敬文堂刻本,6册

150303277　　811.24/1042a4

古唐詩合解十六卷/(清)王堯衢注.--清光緒十七年(1891)掃葉山房刻本,6册

150303278　　811.24/1042a5

古唐詩合解十六卷/(清)王堯衢注.--清光緒十一年(1885)成文堂刻本,6册

150303279　　811.24/1042a5

古唐詩合解十六卷/(清)王堯衢注.--清光緒十一年(1885)成文堂刻本,6册

150303280　　811.24/1042a6

古唐詩合解十二卷　附古詩四卷/(清)王堯衢注.--清光緒五年(1879)掃葉山房刻本,8册

150303281　　811.24/1042a7

古唐詩合解十六卷/(清)王堯衢注.--清同治五年(1866)義忍堂刻本,6册

150303282　　811.24/1042a8

古唐詩合解十六卷/(清)王堯衢注.--清刻本,8册

150303283　　811.24/1042a11

古唐詩合解十二卷/(清)王堯衢注.--清上海廣益書局石印本,6册

150303284　　811.24/1042a12

古唐詩合解十二卷　附古詩四卷/(清)王堯衢注.--清宣統元年(1909)石印本,8册

150303285　　811.24/1042a13

古唐詩合解十二卷　附古詩四卷/(清)王堯衢注.--清光緒十年(1884)順和堂刻本,6册

150303286　　811.24/1042a14

古唐詩合解十二卷/(清)王堯衢注.--清刻本,4册

150303287　　811.24/1043a1

十種唐詩選/(清)王士禎删纂.--清南芝堂刻本,7册

150303288　　811.24/1043b1

唐人萬首絕句選七卷/(清)王士禎選.--清退補齋刻本,2册

150303289　　811.24/1043c1

唐賢三昧集三卷/(清)王士禎編--清康熙二十七年(1688)刻本,3册

150303290　　811.24/1630

御選唐詩三十二卷/(清)聖祖玄燁輯.--清三益書屋刻本,12册

150303291　　811.24/3301a1

御選唐宋詩醇四十七卷/(清)高宗弘曆選.--清乾隆二十五年(1760)刻本,20册

150303292　　811.24/3301a2

御選唐宋詩醇四十七卷/(清)高宗弘曆選.--清光緒七年(1881)浙江書局刻本,

20 册

150303293　　811.24/3301a3
御選唐宋詩醇四十七卷/(清)高宗弘曆選.--清光緒七年(1881)浙江書局刻本,20 册

150303294　　811.24/3423a1
唐詩别裁集十卷/(清)沈德潛選.--清碧梧書屋刻本,8 册

150303295　　811.24/3423a3
重訂唐詩别裁集二十卷/(清)沈德潛選.--清乾隆二十八年(1763)教忠堂刻本,8 册

150303296　　811.24/3423a4
唐詩别裁集引典備註二十卷/(清)沈德潛選.--清道光富春堂刻本,9 册
缺四卷(二、六、十九至二十)

150303297　　811.24/3423a5
唐詩别裁集引典備註二十卷/(清)沈德潛選.--清道光十八年(1838)富春堂刻本,8 册

150303298　　811.24/3423a6
唐詩别裁集引典備註二十卷/(清)沈德潛選.--清道光十七年(1837)白鹿山房刻本,10 册
缺八卷(三至六、八、十三至十四、二十)

150303299　　811.24/3423a7
唐詩别裁集引典備註二十卷/(清)沈德潛選.--清刻本,5 册
缺八卷(一至八)

150303300　　811.24/4443a1
唐詩三百首注疏六卷/(清)蘅塘退士編,(清)章燮註,(清)孫孝根校.--清道光二十七年(1847)書坊刻本,7 册
缺第三卷

150303301　　811.24/4443a2
註釋唐詩三百首一卷/(清)蘅塘退士編.--清乾隆二十八年(1763)濟南同文堂刻本,1 册

150303302　　811.24/4443a3
唐詩三百首註疏六卷/(清)蘅塘退士編,(清)章燮註,(清)孫孝根校.--清道光十四年(1834)浙紹墨潤堂刻本,6 册

150303303　　811.24/4443a4
唐詩三百首四卷/(清)蘅塘退士編.--清光緒十二年(1886)蕪湖文苑山房刻本,2 册

150303304　　811.24/4443a5
唐詩三百首注疏六卷/(清)蘅塘退士編,(清)章燮註,(清)孫孝根校.--清光緒十七年(1891)掃葉山房刻本,4 册
缺二卷(二、六)

150303305　　811.24/4443a6
唐詩三百首四卷/(清)蘅塘退士編.--清光緒九年(1883)掃葉山房刻本,2 册

150303306　　811.24/4443a7
唐詩三百首注疏六卷/(清)蘅塘退士編,(清)章燮註,(清)孫孝根校.--清掃葉山房刻本,4 册
缺二卷(四至五)

150303307　　811.24/4443a9
唐詩三百首四卷/(清)蘅塘退士編.--清光緒十一年(1885)山東膠州劉氏刻本,2 册

150303308　　811.24/4710a1
全唐詩九百卷/(清)彭定求等輯.--清刻

本,9 册
缺本

150303309　　811.24/4710a2
全唐詩九百卷/(清)彭定求等輯.--清刻本,1 册
缺本

150303310　　811.24/4940
唐詩絕句五卷/(宋)趙蕃等選.--清光緒三十四年(1908)述古堂鉛印本,1 册

150303311　　811.24/7542
唐詩三百首補注八卷/(清)陳婉俊輯.--清光緒十八年(1892)成文信刻本,4 册

150303312　　811.25/0028
瀛奎律髓刊誤四十九卷/(清)紀昀撰.--清刻本,10 册

150303313　　811.25/1734
坡門酬唱二十三卷/(宋)邵浩編.--清宣統二年(1910)劉氏刻本,8 册

150303314　　811.25/2635a2
宋詩鈔一百一十種/(清)吴之振等選.--清康熙十年(1671)吴氏鑑古堂刻本,13 册
缺十七種

150303315　　811.25/4620
西崑酬唱集二卷/(宋)楊億編.--清嘉慶十六年(1811)祝氏留香室刻本,2 册

150303316　　811.25/7732a1
宋四名家詩選六卷/(清)周之鱗等選.--清同治五年(1866)望雲草廬刻本,6 册

150303317　　811.25/7732a2
宋四名家詩選六卷/(清)周之麟等選.--清刻本,3 册
缺東坡詩鈔

150303318　　811.26/3149
元詩選□□卷/(清)顧嗣立選.--清刻本,4 册
存四卷(一至四)

150303319　　811.26/3160a1
元詩選三集/(清)顧嗣立選.--清康熙秀野草堂刻本,10 册
缺本

150303320　　811.26/3160a2
元詩選十六卷/(清)顧嗣立選.--清秀野草堂刻本,13 册
存癸集,缺癸之甲、之乙、之戊上

150303321　　811.27/1170a1
掖詩採錄六卷/(清)張彤輯.--清嘉慶十二年(1807)刻本,2 册

150303322　　811.27/1170a2
掖詩採錄六卷/(清)張彤輯.--清嘉慶十二年(1807)刻本,1 册
缺三卷(四至六)

150303323　　811.27/2528a1
明詩綜一百卷/(清)朱彝尊錄.--清刻本,32 册
缺七卷(一至七)

150303324　　811.27/2528a2
明詩綜一百卷/(清)朱彝尊錄.--清刻本(配入十五卷下至四十四卷),30 册
缺二十三卷(一至十、十三至十五、八十一至一百)

150303325　　811.27/3010
山左明詩鈔三十五卷/(清)宋弼選.--清乾

隆三十六年(1771)恩平縣衙刻本,8 册

150303326　　811.27/3423a1
明詩别裁集十二卷/(清)沈德潛等輯.--清乾隆四年(1739)刻本,4 册

150303327　　811.27/3423a2
明詩别裁集十二卷/(清)沈德潛等輯.--清乾隆五十九年(1794)坊刻本,4 册

150303328　　811.27/3423a3
明詩别裁集十二卷/(清)沈德潛等輯.--清務本堂刻本,6 册

150303329　　811.27/4902
梁園風雅二十七卷/(明)趙彦輯選.--清康熙四十三年(1704)宋氏刻本,12 册

150303330　　811.28/0724
湘潭郭氏閨秀集四卷/(清)郭步韞等撰.--清道光十七年(1837)刻本,4 册

150303331　　811.28/1020a1
近科分韻館詩二集/(清)王先謙等編.--清同治十三年(1874)四明茹古齋刻本,8 册

150303332　　811.28/1020b1
嶺南三大家詩選二十四卷/(清)王隼選.--清刻本,6 册

150303333　　811.28/1030a1
青浦詩傳三十四卷/(清)王昶輯.--清乾隆五十九年(1794)經訓堂刻本,8 册

150303334　　811.28/1030b1
湖海詩傳四十六卷/(清)王昶輯.--清嘉慶八年(1803)刻本,16 册

150303335　　811.28/1030b2
湖海詩傳四十六卷/(清)王昶輯.--清嘉慶八年(1803)刻本,10 册

150303336　　811.28/1040
國初十家詩鈔七十五卷/(清)王相輯.--清道光十年(1830)信芳閣刻本,29 册
南田詩缺(四至五),采山堂詩缺(四至六),十笏草堂詩缺(三至四),遺山詩缺(一至二、四),青門詩缺(一至四、七至九),陋軒詩缺(三至四),弱水集缺(三至四、七)

150303337　　811.28/1043
唐賢三昧集三卷/(清)王士禛輯.--清光緒九年(1883)翰墨園刻本,3 册

150303338　　811.28/1073
八代詩選二十卷/王闓運輯.--清光緒十六年(1890)江蘇書局刻本,5 册

150303339　　811.28/1120
金鈴集十二卷/(清)張倫編.--清道光二年(1822)刻本,4 册

150303340　　811.28/1173a1
七家詩輯注彙鈔九卷/(清)張熙宇輯評.--清光緒六年(1880)掃葉山房刻本,8 册

150303341　　811.28/1173a1
七家詩輯注彙鈔九卷/(清)張熙宇輯評.--清光緒六年(1880)掃葉山房刻本,8 册

150303342　　811.28/1173a2
七家詩合注七卷/(清)張熙宇評.--清光緒十二年(1886)成文堂刻本,8 册

150303343　　811.28/1173a3
七家詩選七卷/(清)張熙宇輯評.--清道光十二年(1832)敦仁堂刻本,5 册

150303344　　811.28/1173a4
七家詩輯注七卷/(清)張熙宇輯評.--清同

治九年(1870)江左書林刻本,8 册

150303345　　811.28/1173a5
七家詩選七卷/(清)張熙宇評選.--清光緒六年(1880)掃葉山房刻本,4 册

150303346　　811.28/1173a6
七家詩合注七卷/(清)張熙宇輯.--清光緒二十四年(1898)成文信記刻本,8 册

150303347　　811.28/1173a7
七家詩輯注七卷/(清)張熙宇輯評.--清光緒六年(1880)京師琉璃廠刻本,8 册

150303348　　811.28/1177
國朝山左詩續鈔三十二卷/(清)張鵬展纂.--清嘉慶十八年(1813)四照樓刻本,10 册

150303349　　811.28/2168
國朝山左詩鈔六十卷/(清)盧見曾纂.--清乾隆二十三年(1758)雅雨堂刻本,15 册

150303350　　811.28/2543
瀛海探驪集八卷/(清)朱埏之輯.--清嘉慶十九年(1814)蓴怡山館刻本,8 册

150303351　　811.28/2617a1
宋金元詩選六卷/(清)吳翌鳳編.--清乾隆五十八年(1793)古歡堂吳氏刻本,4 册

150303352　　811.28/2617b1
懷舊集十二卷　續集六卷/(清)吳翌鳳輯.--清嘉慶十八年(1813)刻本,4 册

150303353　　811.28/2760a1
庚辰集五卷/(清)紀昀編.--清刻本,6 册

150303354　　811.28/2760a2
庚辰集五卷/(清)紀昀編.--清乾隆二十五年(1760)刻本,3 册

150303355　　811.28/2760a2
庚辰集五卷/(清)紀昀編.--清乾隆二十七年(1762)三槐堂刻本,5 册

150303356　　811.28/3090a1
江左十五子詩選十五卷/(清)宋犖選.--清康熙四十二年(1703)刻本,4 册

150303357　　811.28/3090a2
江左十五子詩選十五卷/(清)宋犖選.--清康熙四十二年(1703)刻本,4 册

150303358　　811.28/3143
增訂二酉英華二十四卷/(清)馮世瀛輯.--清光緒元年(1875)刻本,10 册
缺四卷(三至四、十三至十四)

150303359　　811.28/3144
七律詩鈔七卷/(清)顧有孝等纂.--清刻本,1 册
缺本

150303360　　811.28/3148
近光集二十八卷/(清)汪士鋐編纂.--清康熙五十八年(1719)保德堂刻本,8 册

150303361　　811.28/3343
汪氏家集十卷/(清)梁蘭漪等撰.--清光緒二十一年(1895)上海飛鴻閣石印本,7 册

150303362　　811.28/3343
汪氏家集十卷/(清)梁蘭漪等撰.--清光緒二十一年(1895)上海飛鴻閣石印本,7 册

150303363　　811.28/3423a1
欽定國朝詩別裁集三十二卷/(清)沈德潛纂評.--清乾隆二十六年(1761)刻本,8 册

150303364　811.28/3423a2
欽定國朝詩別裁集三十二卷/(清)沈德潛纂評.--清刻本,16 册

150303365　811.28/3424
沈南疑先生檇李詩擊四十二卷/(清)沈季友輯.--清康熙四十九年(1710)敦素堂,14 册

150303366　811.28/4031
三李先生未刻稿一卷/(清)李憲噩等撰.--抄本,1 册

150303367　811.28/4092
濱陽遺愛集一卷/(清)李光鼎等撰.--清光緒十五年(1889),1 册

150303368　811.28/4212
松風餘韻五十卷/(清)姚弘緒編.--清乾隆四十八年(1783)寶善堂刻本,12 册

150303369　811.28/4443
唐詩三百首四卷/(清)蘅塘退士編.--清光緒十二年(1886)蕪湖文苑山房刻本,2 册

150303370　811.28/4452
徐州詩徵八卷/(清)桂中行編.--清光緒十七年(1891)刻本,4 册

150303371　811.28/4461
津門徵獻詩八卷/(清)華鼎元撰.--清光緒十二年(1886)德清俞樾署檢刻本,4 册

150303372　811.28/4635a1
青雲集分韻試貼詳注四卷/(清)楊逢春等輯.--清道光二十六年(1846)聚珍堂刻本,6 册

150303373　811.28/4635a2
分韻試貼青雲集合注四卷/(清)楊逢春等輯.--清光緒四年(1878)書業德記刻本,4 册

150303374　811.28/4635a3
分韻試帖青雲集合注四卷/(清)楊逢春等輯.--清光緒三年(1877)上海校經山房石印本,4 册

150303375　811.28/4635a4
分韻試帖青雲集合注四卷/(清)楊逢春等輯.--清光緒十四年(1888)膠西成文堂刻本,4 册

150303376　811.28/4635a5
分韻試帖青雲集合注四卷/(清)楊逢春等輯.--清光緒七年(1881)子雲堂刻本,4 册

150303377　811.28/4945
昌陽吟筒錄一卷/(清)趙朝典等編.--清宣統三年(1911)奉天大德山房鉛印本,1 册

150303378　811.28/6720a1
關中書院詩賦課不分卷/(清)路德輯.--清刻本,3 册
存三册(詩一至三)

150303379　811.28/6720a2
關中書院詩賦課不分卷/(清)路德輯.--清刻本,3 册

150303380　811.28/7110
淮海英靈集二十二卷/(清)阮元輯.--清嘉慶三年(1798)刻本,8 册

150303381　811.28/7536
采菽堂古詩選四十二卷/(清)陳祚明評選.--清乾隆二十三年(1758)傳萬堂刻本,20 册

150303382　811.28/7541
課選樓合稿十卷/(清)陳蕊珠等撰.--清刻本,2 册

150303383　811.28/7737
灤門春餞吟草一卷/(清)闕家騏輯.--清光緒二十二年(1896)刻本,1 册

150303384　811.28/7742
節壽詩稿一卷/(清)周世德輯.--清嘉慶二十二年(1817)刻本,1 册

150303385　811.28/7744
益都先正詩叢鈔八卷　補一卷　附編一卷/(清)段松苓纂.--清光緒九年(1883)刻本,9 册

150303386　811.28/7796
詩林韶濩選十二卷/(清)顧嗣立撰,(清)周煌選.--清乾隆二十九年(1764)刻本,8 册

150303387　811.28/8013
擊缽吟偶存二卷/(清)曾元澄輯.--清光緒三十一年(1905)刻本,1 册
缺一卷(下)

150303388　811.28/4033
駢體文鈔三十一卷/(清)李兆洛輯.--清刻本,7 册
缺三卷(一至三)

150303389　811.3/4054
新選古文筆法八卷/(清)李扶九編.--清光緒二十七年(1901)上海書局石印本,4 册

150303390　811.31/4420
文選注六十卷/(南朝梁)蕭統選,(唐)李善注.--清刻本,2 册
存六卷(十七至二十二)

150303391　811.31/1142
兩漢策要十二卷/(宋)陶叔獻撰.--清光緒十三年(1887)上海同文書局石印本,7 册
缺三卷(三、七、八)

150303392　811.31/4054
古文筆法百篇二十卷/(清)李扶九編.--清光緒二十年(1894)濟南聚和堂刻本,4 册

150303393　811.31/4448a1
忠雅堂評選四六法海八卷/(清)蔣士銓評選.--清同治十年(1871)藏園刻本,5 册
缺三卷(二、四、五)

150303394　811.31/4448a2
忠雅堂評選四六法海八卷/(清)蔣士銓評選.--清同治十年(1871)步月山房刻本,8 册

150303395　811.31/7440a1
歷朝賦格三集十五卷/(清)陸棻評選.--清康熙二十五年(1686)學古堂刻本,10 册

150303396　811.31/7440b1
初級古文選本四編八卷/(清)陸基編.--清宣統元年(1909)中國圖書公司鉛印本,7 册
缺一卷(初編一)

150303397　811.31/7510
歷代賦彙一百四十卷　目錄二卷　外集二十卷　補遺二十二卷/(清)陳元龍編輯.--清刻本,44 册
缺五十六卷(目錄上、一至三、十至十二、二十五至二十七、三十四至三十六、四十二至四十五、六十一至六十二、六十七至七十一、八十一至八十三、一百零三至一百零五、一百一十二至三、一百一十七至一百二十四、一百三十八至一百四十,外集九至十,補遺一至三、十三至十五、十九至二十二)

150303398　　811.31/7790
古文詳注發蒙集六卷/(清)周熾評注.--清嘉慶十九年(1814)桐石山房刻本,6册

150303399　　811.31/8000a2
古文釋義新編八卷/(清)余誠評注.--清光緒三十二年(1906)江左書林刻本,8册

150303400　　811.34/1094
古文分編集評初集五卷/(清)于光華編輯.--清乾隆五十二年(1787)友于堂刻本,8册

150303401　　811.34/1160a1
御選唐宋文醇五十八卷/(清)張照校.--清光緒三年(1877)浙江書局刻本,20册

150303402　　811.34/1160a2
御選唐宋文醇五十八卷/(清)高宗弘曆選,(清)允祿等編,(清)張照校.--清尊經閣刻本,22册
缺五卷(三至四、三十一至三十三)

150303403　　811.34/2130
欽定全唐文一千卷/(清)仁宗顒琰敕撰,(清)董誥等編.--清刻本,197册
缺六百七十七卷

150303404　　811.34/2470a1
唐宋八大家類選十四卷/(清)儲欣評.--清乾隆三十八年(1773)同文堂刻本,8册

150303405　　811.34/2470a2
唐宋八大家類選十四卷/(清)儲欣評.--清光緒九年(1883)靜遠堂刻本,8册

150303406　　811.34/4420a1
九通序錄四卷/(唐)杜佑等撰.--清光緒二十八年(1902)會文學社石印本,4册

150303407　　811.34/4420b1
三通序一卷/(唐)杜佑等撰.--清湘鄉蔣氏龍安郡署刻本,1册

150303408　　811.34/4420b2
三通序一卷/(唐)杜佑等撰.--清光緒十四年(1888)蔣氏求實齋刻本,2册

150303409　　811.34/5558
宋四六選二十四卷/(清)曹振鏞編.--清刻本,12册

150303410　　811.34/7532
陳太僕批選八家文鈔九卷/(清)陳兆崙批選.--清光緒二十六年(1900)天津文美齋石印本,6册

150303411　　811.34/7532
陳太僕批選八家文鈔九卷/(清)陳兆崙批選.--清光緒二十六年(1900)天津文美齋石印本,6册

150303412　　811.38/3427
目耕齋初集不分卷/(清)沈叔眉選.--清光緒十八年(1892)濟南裕和堂刻本,6册

150303413　　811.38/4037a1
國朝文錄八十二卷/(清)李祖陶選評.--清光緒十九年(1893)瑞州鳳儀書店刻本,64册

150303414　　811.38/4443b1
古文雅正十四卷/(清)蔡世遠選評.--清光緒二十二年(1896)上海圖書集成印書局鉛印本,3册
缺三卷(十二至十四)

150303415　　812.15/7500a1
龍川文集三十卷/(宋)陳亮撰.--清康熙四

十八年(1709)聚星堂刻本,6 册

150303416　　812.15/7500a3
龍川文集三十卷/(宋)陳亮撰.--清同治八年(1869)刻本,10 册

150303417　　812.15/7500a4
龍川文集三十卷/(宋)陳亮撰.--清光緒元年(1875)湖北崇文書局刻本,10 册

150303418　　812.18/0123
復堂類集文四卷　詩十一卷詞三卷/(清)譚獻撰.--清光緒十一年(1885)刻本,5 册

150303419　　812.18/0163
澹靜齋文鈔十四卷/(清)龔景瀚撰.--清同治八年(1869)恩錫堂刻本,8 册

150303420　　812.18/0436
樹經堂集二十七卷/(清)謝啟昆撰.--清刻本,8 册

150303421　　812.18/0870
施愚山全集八十五卷/(清)施閏章撰.--清乾隆三十年(1765)刻本,20 册

150303422　　812.18/1018
丁辛老屋集二十卷/(清)王又曾撰.--清乾隆四十年(1775)刻本,4 册

150303423　　812.18/1041
淵雅堂全集四十六卷/(清)王芑孫撰.--清嘉慶八年(1803)刻本,16 册

150303424　　812.18/1043a2
蠶尾集十二卷/(清)王士禎撰.--清宣統三年(1911)上海集成圖書公司影印本,4 册

150303425　　812.18/1133
驂鸞吟稿一卷　驂鸞錄一卷　續驂鸞錄一卷　桂勝集一卷　桂勝外集一卷　粵西筆述/(清)張祥河撰.--清道光二十五年(1845)刻本,4 册

150303426　　812.18/1140
篤素堂文集二十二卷/(清)張英撰.--清康熙四十年(1701)刻本,5 册
缺兩卷(三、四)

150303427　　812.18/1190
張蒼水集二卷/(明)張煌言撰.--清排印本,1 册

150303428　　812.18/1210
延釐堂集八卷/(清)孫玉庭撰.--清同治十一年(1872)刻本,8 册

150303429　　812.18/1227
蒼茛初集二十一卷/(清)孫鼎臣撰.--清咸豐五年(1855)刻本,6 册

150303430　　812.18/1728
秋根書室詩文集十六卷/(清)孟傳鑄撰.--清宣統二年(1910)綠野堂刻本,8 册

150303431　　812.18/2022
雕菰樓集二十四卷/(清)焦循撰.--清蘇州文學山房刻本,16 册
缺兩卷(二十三、二十四)

150303432　　812.18/2124
東洲草堂詩文鈔五十卷/(清)何紹基撰.--清同治六年(1867)長沙刻本,11 册

150303433　　812.18/2374
小澥草堂詩文集二卷/(清)牟願相撰.--清咸豐三年(1853)牟氏刻本,2 册

150303434　　812.18/2510
拙龕叢稿五種十六卷/(清)朱一新撰.--清

光緒二十二年(1896)葆真堂刻本,23 册

150303435　　812.18/2528a1
曝書亭集八十卷/(清)朱彝尊撰.--清刻本,20 册

150303436　　812.18/2528a2
曝書亭集八十卷/(清)朱彝尊撰.--清光緒十五年(1889)寒梅館刻本,16 册

150303437　　812.18/2528a3
曝書亭集八十卷/(清)朱彝尊撰.--清康熙刻本,20 册

150303438　　812.18/2528a4
曝書亭集外詩八卷/(清)朱彝尊撰.--清嘉慶二十二年(1817)朱氏潛采堂刻本,2 册

150303439　　812.18/2528a5
曝書亭集八十卷/(清)朱彝尊撰.--清會稽陶闇刻本,15 册

150303440　　812.18/2528a6
曝書亭集八十卷/(清)朱彝尊撰.--清光緒十五年(1889)會稽陶氏刻本,24 册

150303441　　812.18/2680a1
有正味齋集五十三卷/(清)吳錫麟撰.--清嘉慶十三年(1808)刻本,16 册

150303442　　812.18/2680a2
有正味齋集十六卷/(清)吳錫麟撰.--清刻本,4 册

150303443　　812.22/2610
椒園詩集一卷/(清)魏晋撰.--清道光二十六年(1846)文光守記刻本,1 册

150303444　　812.28/4344
戒淫詩一卷/(清)戴蘭芬撰.--清光緒二十年(1894)博陵官廨刻本,1 册

150303445　　812.28/4346
薇香館詩鈔一卷/(清)戴壽昌撰.--清刻本,1 册

150303446　　812.28/4408a1
安般簃集十卷/(清)袁昶撰.--清小漚巢刻本,2 册

150303447　　812.28/4408b1
漸西村人初集九卷/(清)袁昶撰.--清光緒二十年(1894)刻本,2 册

150303448　　812.28/4408c1
于湖小集六卷/(清)袁昶撰.--清光緒二十年(1894)水明樓刻本,3 册

150303449　　812.28/4408d1
友竹草堂詩二卷/(清)蔣慶第撰.--清刻本,1 册

150303450　　812.28/4409
香屑集十八卷/(清)黄之雋撰.--清同治十年(1871)近文堂刻本,2 册
缺五卷(十一至十五)

150303451　　812.28/4425
三徑草堂詩鈔四卷/(清)蔣師軾撰.--清光緒十六年(1890)刻本,1 册

150303452　　812.28/4448
忠雅堂詩集二十七卷/(清)蔣士銓撰.--清嘉慶二十二年(1817)藏園刻本,6 册

150303453　　812.28/4462
兩當軒詩鈔十四卷/(清)黄景仁撰.--清嘉慶二十二年(1817)菲古山房刻本,2 册

150303454　　812.28/4483
韓詩增注證訛十一卷/(清)黄鉞注.--清咸

豐七年(1857)四明鮑氏刻本,4 册

150303455　　812.28/4620
春星閣詩鈔七卷/(清)楊季鸞撰.--清道光九年(1829)刻本,1 册

150303456　　812.28/4942a1
飴山詩集二十卷/(清)趙執信撰.--清乾隆刻本,4 册

150303457　　812.28/4945
昌陽吟筒錄一卷/(清)趙朝典等編.--清宣統三年(1911)奉天大德山房鉛印本,1 册

150303458　　812.3/2528
曝書亭文藁一卷/(清)朱彝尊撰.--清末影印本,1 册

150303459　　812.3/2610
椒園文集二卷/(清)魏晉撰.--清道光六年(1826)文光守記刻本,3 册

150303460　　812.38/1042
固有草堂文集一卷/(清)王葆崇撰.一清宣統元年(1909)濟南國文報石印本,1 册

150303461　　812.38/2144
訟過書屋文鈔一卷/(清)侯相芝撰.--清光緒十六年(1890)刻本,1 册

150303462　　812.38/1046
王文孝公遺稿六卷/(清)王蘭昇撰.--清末石印本,1 册

150303463　　812.38/1046
王文孝公遺稿六卷/(清)王蘭昇撰.--清末石印本,4 册

150303464　　812.38/1046
王文孝公遺稿六卷/(清)王蘭昇撰.--清末石印本,4 册

150303465　　812.38/1080
王壯武公遺集二十四卷　首一卷　練勇芻言五卷/(清)王鑫撰.--清光緒十八年(1892)江寧湘鄉王氏刻本,16 册

150303466　　812.38/1112a1
蒿菴集三卷　拾遺一卷　附錄一卷　蒿菴閒話二卷/(清)張爾岐撰.--清光緒十五年(1889)山東書局刻本,3 册

150303467　　812.38/1112a1
蒿菴集三卷　拾遺一卷　附錄一卷　蒿菴閒話二卷/(清)張爾岐撰.--清光緒十五年(1889)山東書局刻本,3 册

150303468　　812.38/1112a1
蒿菴集三卷　拾遺一卷　附錄一卷　蒿菴閒話二卷/(清)張爾岐撰.--清光緒十五年(1889)山東書局刻本,3 册

150303469　　812.38/1117
還雲館四書文鈔二卷　補遺一卷/(清)張聰賢撰.--清同治十一年(1872)刻本,2 册

150303470　　812.38/1117
還雲館四書文鈔二卷　補遺一卷/(清)張聰賢撰.--清同治十一年(1872)刻本,2 册

150303471　　812.38/1122
正誼堂文集四十卷　首一卷/(清)張伯行撰.--清光緒二年(1876)刻本,13 册
存二十八卷(卷首、五至二十二、二十六至三十一、三十四至三十七)

150303472　　812.38/1138a2
濂亭文集八卷/(清)張裕釗撰.--清光緒八年(1882)查氏木漸斎刻本,2 册

150303473　　812.38/1150
茗柯文三編一卷　茗柯文四編一卷/(清)張惠言撰.--清刻本,1册

150303474　　812.38/1173
張楊園先生全集十六卷/(清)張履祥撰.--清同治九年(1870)刻本,6册

150303475　　812.38/1228
心嚮往齋集詩十七卷　文三卷/(清)孔繼鑅撰.--清咸豐十一年(1861)刻本,7册

150303476　　812.38/2103
守默齋雜著不分卷/(清)何應祺撰.--清刻本,2册

150303477　　812.38/2220
倭文端公遺書十一卷/(清)倭仁撰.--清同治刻本,8册

150303478　　811.37/6720a3
重訂明文明讀本四卷/(清)路德集訂.--清同治十二年(1873)黔陽官署刻本,4册

150303479　　811.37/6720a3
重訂明文明讀本四卷/(清)路德集訂.--清同治十二年(1873)黔陽官署刻本,4册

150303480　　812.37/4439
黃陶菴先生全稿六卷/(明)黃淳耀著.--清乾隆十八年(1753)敦化堂刻本,5册

150303481　　812.37/4625b1
椒山先生集四卷/(明)楊繼盛著.--清乾隆元年(1736)刻本,4册

150303482　　812.37/4947
文起樓傳稿二卷/(明)趙士驥著.--清康熙二十二年(1683)文起樓刻本,2册

150303483　　812.37/7233
十科策略箋釋十卷/(明)劉定之著.--清雍正四年(1726)刻本,4册
缺四卷(一至四)

150303484　　812.37/8047
金忠節公文集八卷/(明)金聲著.--清道光七年(1827)嘉魚官署刻本,4册

150303485　　812.38/0014
集虚齋稿四卷/(清)方棨如撰.--清乾隆六年(1741)積秀堂刻本,2册

150303486　　812.38/2470
在陸草堂文集六卷/(清)儲欣撰.--清刻本,7册

150303487　　812.38/2550
朱文端公文集四卷　補編四卷　年譜一卷/(清)朱軾撰.--清同治十年(1871)刻本,6册

150303488　　812.38/2588
笥河文集十六卷　首一卷/(清)朱筠撰.--清嘉慶刻本,8册

150303489　　812.38/2637
古微堂外集七卷/(清)魏源撰.--清刻本,4册

150303490　　812.38/2680a1
有正味齋駢文十六卷/(清)吳錫麒撰.--清同治七年(1868)刻本,8册

150303491　　812.38/2680a2
有正味齋駢體文二十四卷/(清)吳錫麒撰.--清刻本,6册
存十九卷(六至二十四)

150303492　　812.38/2680a3
有正味齋駢體文二十四卷/(清)吴錫麒撰.--清咸豐九年(1859)青箱塾刻本,6 册

150303493　　812.38/2684
柈湖文錄八卷/(清)吴敏樹撰.--清同治八年(1869)刻本,4 册

150303494　　812.38/2688
魏稼孫先生集十五卷/(清)魏錫曾撰.--清光緒九年(1883),14 册

150303495　　812.38/2704a1
壯悔堂文集十卷　壯悔堂遺稿一卷　四憶堂詩集六卷/(清)侯方域撰.--清宣統二年(1910)掃葉山房石印本,6 册

150303496　　812.38/2704a2
壯悔堂文集十卷　壯悔堂遺稿一卷　四憶堂詩集六卷/(清)侯方域撰.--清同治十一年(1872)刻本,8 册

150303497　　812.38/2704a3
壯悔堂文集十卷　壯悔堂遺稿一卷　四憶堂詩集六卷/(清)侯方域撰.--清康熙三十四年(1695)刻本,6 册

150303498　　812.38/2704a4
壯悔堂文集十卷/(清)侯方域撰.--清順治十三年(1656)刻本,4 册

150303499　　812.38/2706
拙尊園叢稿六卷/(清)黎庶昌撰.--清光緒十九年(1893)上海醉六堂石印本,2 册

150303500　　812.38/2741
藝風堂文集七卷　外篇一卷/(清)繆荃孫撰.--清光緒二十七年(1901)刻本,4 册

150303501　　812.38/2760a1
紀文達公集十六卷　首一卷/(清)紀昀撰.--清道光三十年(1850)刻本,4 册
缺五卷(八至九、十四至十六)

150303502　　812.38/2760a2
紀文達公集十六卷　首一卷/(清)紀昀撰.--清宣統二年(1910)上海保粹樓石印本,8 册

150303503　　812.38/2760a3
紀文達公遺集十六卷/(清)紀昀撰.--清嘉慶十七年(1812)刻本,8 册

150303504　　812.38/3002
問琴閣文錄二卷/(清)宋育仁撰.--清光緒刻本,1 册

150303505　　812.38/3010
曉園文集一卷/(清)宋璉撰.--清末抄本,1 册

150303506　　812.38/3027
躬恥齋文鈔十二卷/(清)宗稷辰撰.--清咸豐元年(1851)越峴山館刻本,1 册
存三卷(一至三)

150303507　　812.58/3115
初學啟悟集二卷/(清)汪承忠評選.--清嘉慶刻本,2 册

150303508　　812.38/3191
亭林文集六卷　亭林餘集一卷/(清)顧炎武撰.--清刻本,4 册

150303509　　812.38/3723a1
歸愚文鈔十二卷　歸愚文鈔續十二卷/(清)沈德潛撰.--清乾隆刻本,9 册

150303510　　L00076
嶺南詩集八卷/(清)李文藻著.--清乾隆刻本,2 册
卷首殘缺

150303511　　L00110
唐鑑二十四卷/(宋)范祖禹撰.--清刻本,4 册

150303512　　L00085
禮記十卷/(元)陳澔集説.--清奎壁齋刻本,10 册

150303513　　L00112
守岐彙紀不分卷/(清)張兆棟撰.--清光緒刻本,4 册

150303514　　L00114
先正遺規四卷/(清)汪正輯.--清光緒十九年(1893)浙江書局刻本,1 册
存首卷一卷

150303515　　L00058
[同治]即墨縣志十二卷/(清)林溥纂.--清同治十二年(1873)刻本,8 册

150303516　　L00115
救濟日記一卷/(清)陸樹藩撰.--清光緒二十一年(1895)鉛印本,1 册

150303517　　L00089
四書十九卷/(宋)朱熹集注.--清清華書屋刻本,6 册

150303518　　L00065
西清古鑑四十卷　錢録十六卷/(清)梁詩正等纂.--清刻本,24 册

150303519　　L00116
武功縣志三卷/(明)康海撰.--清乾隆二十六年(1761)刻本,1 册

150303520　　L00090
説文解字句讀三十卷/(清)王筠撰.--清同治四年(1865)刻本,16 册

150303521　　L00093
隸辨八卷/(清)顧藹吉撰.--清乾隆刻本,8 册

150303522　　L00118
閩小紀四卷/(清)周亮工撰.--清康熙賴古堂刻本,2 册

150303523　　L00068
山東考古録一卷/(清)顧炎武著.--清光緒八年(1882)山東書局刻本,1 册

150303524　　L00069
續山東考古録三十二卷/(清)葉圭綬著.--清光緒山東書局刻本,4 册
缺三卷(一至三)

150303525　　L00071
火器命中十二卷　首一卷/(清)梅定九著.--清光緒十一年(1885)刻本,4 册

150303526　　L00099
昭代名人尺牘小傳二十四卷/(清)吳修輯.--清光緒石印本,2 册

150303527　　L00100
歷代帝王年表十四卷/(清)齊召南編.--清光緒十二年(1886)掃葉山房刻本,3 册

150303528　　L00103
散樗老人自紀年譜一卷/(清)端鄰居士撰.--清道光元年(1821)刻本,1 册

150303529　　L00104
琴舫廉公傳略四卷/(清)王琭撰.--清同治

刻本,1 册

150303530　　L00120
粤行三志三卷/(清)王士禛撰.--清康熙二十三年(1684)刻本,1 册

150303531　　L00105
欽旌節烈樓母李太宜人家傳題辭一卷/(清)樓壽康輯.--清光緒刻本,1 册

150303532　　L00106
安丘縣學崇祀鄉賢小傳一卷/(清)張貞撰.--清康熙刻本,1 册

150303533　　L00121
台南洞林志二卷/(清)馮賡雪撰.--清光緒二十五年(1899)蘭竹居刻本,1 册

150303534　　L00107
[安丘]張氏家乘不分卷/(清)張貞撰.--清康熙刻本,1 册

150303535　　L00108
[安丘]續張氏家乘不分卷/(清)張伯衡撰.--清刻本,1 册

150303536　　L00122
讀史方輿紀要序一卷/(清)顧祖禹撰.--清光緒二十八年(1902)山東書局排印本,1 册

150303537　　L00109
戰國策三十三卷/(漢)高誘注.--清乾隆雅雨堂刻本,6 册

150303538　　L00123
續文獻通考二百五十卷/(清)嵇璜等奉敕撰.--清浙江書局刻本,88 册
存一百九十四卷(五十七至二百五十)

150303539　　740/2540a8
詩經八卷/(宋)朱熹集傳.--清光緒二十三年(1897)刻本,4 册

150303540　　740/2540a8
詩經八卷/(宋)朱熹集傳.--清光緒二十三年(1897)刻本,4 册

150303541　　L00124
皇朝通典一百卷/(清)嵇璜等奉敕撰.--清光緒八年(1882)浙江書局刻本,24 册
存六十一卷(一至六十一)

150303542　　730/4430b1
尚書離句六卷/(清)錢在培輯解,(清)劉梅垞鑒定.--清光緒十八年(1892)成文信刻本,1 册

150303543　　740/2540a9
詩經八卷/(宋)朱熹集傳.--清光緒十一年(1885)刻本,4 册

150303544　　720/4442a1
易經精華六卷/(清)薛嘉穎纂.--清同治四年(1865)緯文堂刻本,3 册

150303545　　730/4430c1
書經精華六卷/(宋)蔡沈集傳.--清光緒九年(1883)光韙堂刻本,4 册

150303546　　720/4442a2
易經精華六卷/(清)薛嘉穎纂.--清道光七年(1827)姑蘇步月樓刻本,6 册

150303547　　740/2540a11
詩經八卷/(宋)朱熹集傳.--清光緒九年(1883)刻本,4 册

150303548　　740/2540a11
詩經八卷/(宋)朱熹集傳.--清光緒九年(1883)刻本,4 册

150303549　　730/4430c2
書經精華六卷/(宋)蔡沈集傳.--清咸豐十一年(1861)緯文堂刻本,4 册

150303550　　730/4685a1
尚書今文二十八篇解不分卷/(清)楊鐘泰撰.--清道光十八年(1838)刻本,4 册

150303551　　720/5040
周易本義辨證五卷/(清)惠棟撰.--清乾隆省吾堂刻本,3 册

150303552　　720/5040
周易本義辨證五卷/(清)惠棟撰.--清乾隆省吾堂刻本,2 册

150303553　　730/4685a2
尚書今文二十八篇解不分卷/(清)楊鐘泰撰.--清道光十八年(1838)刻本,4 册

150303554　　720/6084
壽山堂易説不分卷/(唐)呂巖撰.--清刻本,6 册
部二存六册;部三存六册

150303555　　720/6084
壽山堂易説不分卷/(唐)呂巖撰.--清刻本,6 册
部二存六册;部三存六册

150303556　　720/6084
壽山堂易説不分卷/(唐)呂巖撰.--清刻本,6 册
部二存六册;部三存六册

150303557　　730/7741a1
尚書古文疏證八卷　朱子古文書疑一卷/(清)閻詠輯,(清)閻若璩撰.--清同治六年(1867)錢塘汪氏振綺堂刻本,8 册

150303558　　720/6344a1
易學宗翼二十九卷/(□)默希老圃編.--清刻本,12 册

150303559　　720/6344a1
易學宗翼二十九卷/(□)默希老圃編.--清刻本,12 册

150303560　　720/6623
周易介四卷/(清)單維撰.--清刻本,2 册
存二卷(三至四)

150303561　　730/8343a1
書經體注大全合參六卷/(清)錢希祥纂輯.--清光緒八年(1882)泰和裕記刻本,4 册

150303562　　720/8040
讀易舉例三十二卷　首三卷/(清)俞大謨撰.--清嘉慶五年(1800)可儀堂刻本,4 册
存二十五卷(上經一至八,下經一至十七)

150303563　　730/8343a2
書經體注大全合參六卷/(清)錢希祥纂輯.--清光緒五年(1879)成文堂刻本,4 册

150303564　　740/2540a12
詩經八卷/(宋)朱熹集傳.--清光緒上海校經山房石印本,4 册

150303565　　730/1012a1
欽定書經傳説匯纂二十一卷　首二卷　書序一卷/(清)王頊齡等奉敕撰.--清同治刻本,12 册

150303566　　730/8343a3
書經體注大全合參六卷/(清)錢希祥纂輯.--清道光二十四年(1844)金閶書業堂刻本,4 册

150303567　　730/1012a2
欽定書經傳説匯纂二十一卷/(清)王頊齡等奉敕撰.--清同治七年(1868)刻本,12 册

150303568　　730/8343a4
書經體注大全合參六卷/(清)錢希祥輯.--清雍正金谷園刻本,4 册

150303569　　740/2540a14
詩經八卷/(宋)朱熹集傳.--清光緒二十三年(1897)刻本,4 册

150303570　　730/1236a1
尚書十三卷/(漢)孔安國注.--清刻本,4 册

150303571　　730/8343a5
書經體注大全合參六卷/(清)錢希祥纂輯.--清刻本,4 册

150303572　　730/8343a5
書經體注大全合參六卷/(清)錢希祥纂輯.--清刻本,4 册

150303573　　730/1236a2
尚書註疏二十卷/(漢)孔安國注,(唐)孔穎達疏.--清嘉慶汲古閣刻本,10 册

150303574　　740/2717
御案詩經備旨八卷/(清)鄒聖脈輯.--清光緒三十年(1904)上海文盛書局石印本,3 册

150303575　　730/2717
書經備旨七卷/(清)鄒聖脈輯.--清光緒三十年(1904)上海文盛書局石印本,2 册

150303576　　730/2717
書經備旨七卷/(清)鄒聖脈輯.--清光緒三十年(1904)上海文盛書局石印本,2 册

150303577　　730/3513
書經傳説匯纂二十一卷　首二卷　書序一卷/(清)王頊齡等奉敕撰.--清刻本,10 册
存十八卷(一至十五、十九至二十一、卷首下)

150303578　　730/8344a1
尚書離句六卷/(清)錢在培輯解.--清光緒九年(1883)膠州成文堂刻本,2 册

150303579　　740/4094
詩所八卷/(清)李光地撰.--清刻本,存 2 册
存六卷(一至六)

150303580　　730/8344a2
尚書離句六卷/(清)錢在培輯解.--清光緒八年(1882)文盛堂刻本,4 册

150303581　　730/4430a2
書經六卷/(宋)蔡沈集傳.--清刻本,4 册

150303582　　740/0041a1
詩經融註大全體要八卷/(清)高朝瓔撰.--清光緒二十四年(1898)煙台文雅堂刻本,4 册

150303583　　730/4430a3
書經六卷/(宋)蔡沈集傳.--清光緒三十四年(1908)學部圖書局鉛印本,4 册
存四卷(一、二、四、五)

150303584　　740/0041a2
詩經融註大全體要八卷/(清)高朝瓔撰.--清光緒九年(1883)文盛堂刻本,4 册

150303585　　740/4442
詩經精華十卷/(清)薛嘉穎纂註.--清咸豐元年(1851)姑蘇會文堂刻本,6 册

150303586　　730/4430a4
書經六卷/(宋)蔡沉集傳.--清宣統元年

(1909)成和堂刻本,4 册

150303587　　740/0041a3

詩經融註大全體要八卷/(清)高朝瓔撰.--清光緒十七年(1891)濰縣成文信刻本,4 册

150303588　　740/0041a3

詩經融註大全體要八卷/(清)高朝瓔撰.--清光緒十七年(1891)濰縣成文信刻本,4 册

150303589　　730/4430a5

書經六卷/(宋)蔡沈集傳.--清光緒八年(1882)文興書局刻本,4 册

150303590　　740/4480a1

初刻黄維章先生詩經嫏嬛體註八卷/(明)黄文焕撰,(清)范翔重訂.--清光緒十六年(1890)成文堂刻本,4 册

150303591　　740/4480a2

初刻黄維章先生詩經嫏嬛體註八卷/(明)黄文焕撰,(清)范翔重訂.--清光緒六年(1880)濰縣成文信刻本,4 册

150303592　　740/4480a3

初刻黄維章先生詩經嫏嬛體註八卷/(明)黄文焕撰,(清)范翔重訂.--清光緒二十九年(1903)文興書局刻本,4 册

150303593　　740/e4480a4

三刻黄維章先生詩經嫏嬛體註八卷/(明)黄文焕撰,(清)范翔重訂.--清濰縣成文信刻本,4 册

150303594　　740/4480a5

三刻黄維章先生詩經嫏嬛體註八卷/(明)黄文焕撰,(清)范翔重訂.--清濰縣成文信刻本,4 册

150303595　　740/7290

嚴氏詩緝補義八卷/(清)劉燦編.--清嘉慶十六年鎮海劉氏墨莊刻本,6 册

150303596　　740/7520

詩毛氏傳疏三十卷/(清)陳奐撰.--清光緒上海校經山房刻本,12 册

150303597　　740/0041a4

詩經融註大全體要八卷/(清)高朝瓔撰.--清光緒二十三年(1897)成和堂刻本,4 册

150303598　　740/7532

詩經集解二十卷/(清)陳宗舜輯.--清光緒三十二年(1906)鉛印本,6 册

150303599　　730/4430a7

書經六卷/(宋)蔡沈集傳.--清蘇州錦雲閣刻本,4 册

150303600　　730/4430a6

書經六卷/(宋)蔡沈集傳.--清光緒六年(1880)興文堂刻本,4 册

150303601　　740/0818

欽定詩經傳説彙纂二十一卷/(清)王鴻緒等撰.--清同治七年(1868)閩浙官刻本,16 册

150303602　　740/1032

欽定詩經傳説彙纂二十一卷/(清)王鴻緒等撰.--清同治七年(1868)浙江書局刻本,16 册

150303603　　740/7533a1

毛詩稽古編三十卷/(清)陳啓源撰.--清嘉慶十八年(1813)刻本,8 册

150303604　　740/1073

詩經補箋二十卷/(清)王闓運補箋.--清光

緒十九年(1893)刻本,10 册

150303605　　730/4430a8
書經六卷/(宋)蔡沈集傳.--清光緒三年(1877)成文堂刻本,4 册

150303606　　730/4430a9
書經六卷/(宋)蔡沈集傳.--清光緒六年(1880)萊郡泰和裕刻本,4 册

150303607　　740/7533a2
毛詩稽古編三十卷/(清)陳啓源撰.--清光緒九年(1883)上海同文書局刻本,8 册

150303608　　730/4430a10
書經六卷/(宋)蔡沈集傳.--清嘉慶十七年(1812)金閶書業堂刻本,4 册

150303609　　740/7580a1
毛詩古音攷四卷/(明)陳第輯.--清乾隆二十七年(1762)刻本,4 册

150303610　　740/7580a2
毛詩古音攷四卷/(明)陳第輯.--清光緒六年(1880)刻本,4 册

150303611　　740/7717
毛詩品物圖攷七卷/(日本)岡元鳳輯.--清宣統二年(1910)上海掃葉山房石印本,2 册

150303612　　740/8700
鄭氏詩譜考證一卷/(漢)鄭玄撰.--清嘉慶二十五年(1820)邵武徐氏刻本,1 册

150303613　　750/2847
讀禮通考一百二十卷/(清)徐乾學撰.--清光緒七年(1881)江蘇書局刻本,32 册

150303614　　L00119
西湖志四十八卷/(清)傅王露總修.--清光緒四年(1878)浙江書局刻本,20 册

150303615　　740/1728
詩地理考略二卷/(清)尹繼美撰.--清同治三年(1864)刻本,1 册

150303616　　740/2301
毛詩質疑二十四卷/(清)牟應震撰.--清咸豐五年(1855)刻本,8 册

150303617　　730/4430a11
書經六卷/(宋)蔡沈集傳.--清姑蘇會文堂刻本,4 册

150303618　　740/2390a1
御纂詩義折中二十卷/(清)傅恒等纂.--清光緒十六年(1890)善成堂刻本,6 册

150303619　　740/2390
御纂詩義折中二十卷/(清)傅恒等纂.--清刻本,5 册
存十七卷(一至十七)

150303620　　730/4430a12
書經六卷/(宋)蔡沈集傳.--清綠蔭堂刻本,4 册

150303621　　740/2540a1
詩經八卷/(宋)朱熹集傳.--清光緒三十四年(1908)學部圖書局鉛印本,4 册

150303622　　750/3130
禮書綱目八十五卷　首三卷/(清)江永編.--清嘉慶刻本,31 册
存六十二(卷首一至三,正文一至二十八、四十五至八十五)

150303623　　730/4430a13
書經六卷/(宋)蔡沈集傳.--清光緒三十一年(1905)成文堂刻本,4 册

150303624　　730/4430a13
書經六卷/(宋)蔡沈集傳.--清光緒三十一年(1905)成文堂刻本,4 册

150303625　　740/2540a2
詩經八卷/(宋)朱熹集傳.--清光緒五年(1879)京都東泰山房刻本,4 册

150303626　　750/5046
五禮通考二百六十二卷　首五卷/(清)秦蕙田撰.--清光緒六年(1880)江蘇書局刻本,100 册

150303627　　740/2540a3
詩經八卷/(宋)朱熹集傳.--清光緒三十二年(1906)成文盛記刻本,4 册

150303628　　740/2540a4
詩經八卷/(宋)朱熹集傳.--清光緒十三年(1887)泰山堂刻本,4 册

150303629　　750/7533
禮書一百五十卷/(宋)陳祥道撰.--清光緒二年(1876)廣州菊坡精舍刻本,12 册
存一百二十四卷(一至九十四、一百二十一至一百五十)

150303630　　730/4430a14
書經六卷/(宋)蔡沈集傳.--清光緒二十九年(1903)煙台成文信刻本,4 册

150303631　　740/2540a6
詩經八卷/(宋)朱熹集傳.--清光緒四年(1878)泰和裕記刻本,4 册

150303632　　740/2540a7
詩經八卷/(宋)朱熹集傳.--清光緒三十年(1904)刻本,4 册

150303633　　730/4430a15
書經六卷/(宋)蔡沈集傳.--清光緒十一年(1885)京都打磨廠刻本,4 册

150303634　　730/4430a15
書經六卷/(宋)蔡沈集傳.--清光緒十一年(1885)京都打磨廠刻本,4 册

150303635　　751/1028a1
新定三禮圖二十卷/(宋)聶崇義集註.--清上海同文書局石印本,2 册

150303636　　751/1028a2
新定三禮圖二十卷/(宋)聶崇義集註.--清刻本,4 册

150303637　　752/8700a3
周禮註疏四十二卷/(漢)鄭玄撰(唐)賈公彦疏.--清嘉慶刻本,20 册
存三卷(一至三)

150303638　　752/1200a1
周禮政要二卷/(清)孫詒讓撰.--清光緒三十年(1904)濰縣實雅書局鉛印本,2 册

150303639　　752/1200a2
周禮政要二卷/(清)孫詒讓撰.--清光緒二十八年(1902)周村成文信刻本,2 册

150303640　　752/2282
考工記圖解四卷/(日本)川合衡撰.--日本寬政八年(1796)刻本,3 册

150303641　　752/3532a1
周官精義十二卷/(清)連斗山編.--清嘉慶七年(1802)刻本,6 册

150303642　　752/3532a2
周官精義十二卷/(清)連斗山編.--清啟元堂刻本,4 册

150303643　752/3532a2
周官精義十二卷/(清)連斗山編.--清嘉慶二年(1797)致和堂刻本,8册

150303644　L00072
大清律例彙纂大成四十卷/(清)同治官修.--清光緒二十四年(1898)石印本,24册

150303645　L00075
[光緒]安東縣志十五卷　首一卷/(清)吳昆田總纂.--清光緒元年(1875)刻本,4册

150303646　L00127
各國約章纂要六卷　首一卷/(清)勞乃宣編.--清光緒十八年(1892)上海圖書集成印書局印本,3册
存五卷(一至五)

150303647　730/4430a16
書經六卷/(宋)蔡沈集傳.--清光緒二十六年(1900)成文信刻本,4册

150303648　730/4430a16
書經六卷/(宋)蔡沈集傳.--清光緒二十六年(1900)成文信刻本,4册

150303649　730/4430a17
書經六卷/(宋)蔡沈集傳.--清光緒十二年(1886)掃葉山房刻本,4册

150303650　L00129
節本泰西新史攬要八卷/(英國)馬懇西撰,(英國)李提摩太譯,(清)周慶雲節錄.--清光緒二十一年(1895)鉛印本,2册

150303651　730/4430a18
書經六卷/(宋)蔡沈集傳.--清光緒十年(1884)掃葉山房刻本,4册

150303652　L00154
琴學入門二卷/(清)張鶴輯.--清同治四年(1865)心嚮往齋刻本,4册

150303653　L00130
教案簡明要覽一卷/(清)□□撰.--清光緒刻本,1册

150303654　L00131
牧令芻言二卷/(清)王儉槎撰.--清光緒二十四年(1898)鉛印本,1册

150303655　L00155
補註洗冤録集證五卷/(宋)宋慈輯(清)王又槐增輯.--清道光鐘淮刻本,2册

150303656　L00156
二酉彙刪二十四卷/(清)王訓纂評.--清康熙刻本,8册

150303657　L00132
歐美政治要義十八卷/(清)戴鴻慈,(清)端方撰.--清光緒三十四年(1908)上海商務印書館印本,4册

150303658　L00159
香祖筆記十二卷/(清)王士禎撰.--清康熙刻本,4册

150303659　L00133
讀通鑑論十六卷/(清)王夫之撰.--清光緒上海商務印書局鉛印本,10册

150303660　L00160
江邨銷夏録三卷/(清)高士奇撰.--日本須源屋刻本,6册

150303661　L00136
智群學社章程一卷/(清)□□撰.--清光緒二十九年(1903)濰縣實雅書局印本,1册

150303662　　L00140
積古齋鐘鼎彝器款識十卷/(清)阮元編錄.--清鮑廷爵刻本,2 册
存六卷(二至四、八至十)

150303663　　L00141
漢書古字類一卷/(清)郭夢星輯.--清光緒刻本,1 册

150303664　　L00152
蠶桑萃編十五卷　首一卷/(清)衛杰編.--清光緒二十六年(1900)浙江官書局刻本,8 册

150303665　　L00153
武經集要一卷/(清)徐亦撰.--清光緒十五年(1889)浙江書局刻本,2 册

150303666　　L00194
[安邱虎林]馬氏家譜一卷/(清)馬氏修.--清寫本,1 册

150303667　　L00195
明夷待訪錄一卷/(清)黄宗羲撰.--清石印本,1 册

150303668　　L00171
朱子家訓衍義一卷/(清)朱鳳鳴注.--清光緒二十五年(1899)浙江刻本,1 册

150303669　　L00166
康熙字典四十二卷/(清)張玉書等撰.--清内府刻本,40 册

150303670　　L00172
八宅明鏡二卷/(清)楊筠松撰.--清掃葉山房刻本,2 册

150303671　　L00167
農桑輯要七卷/(元)司農司編.--清光緒二十一年(1895)刻本,2 册

150303672　　L00173
金光斗臨經一卷/(清)□□輯.--清光緒十四年(1888)江左書林刻本,1 册

150303673　　L00168
新法勾股引蒙細草全編二卷/(清)郭恩敷撰.--清光緒二十六年(1900)刻本,2 册

150303674　　L00197
紀慎齋先生求雨文記一卷/(清)紀慎齋撰.--清道光二十七年(1847)刻本,1 册

150303675　　L00169
五經類纂十六卷/(清)秦伯龍,(清)秦躍龍輯.--清雍正刻本,3 册
存十一卷(一至四、九至十六)

150303676　　L00198
澄衷蒙學堂記章程一卷/(清)劉樹屏編.--清光緒二十七年(1901)排印本,1 册

150303677　　L00170
勸學篇二卷/(清)張之洞撰.--清光緒二十四年(1898)刻本,1 册

150303678　　L00211
紅葉館話别圖題詞一卷/(清)陳明遠輯.--日本明治二十三年(1890)刻本,1 册

150303679　　L00212
鈍翁文集十六卷/(清)汪琬撰.--清宣統二年(1910)上海國學扶輪社石印本,8 册

150303680　　L00174
閲微草堂筆記摘要二卷/(清)紀昀撰(清)籜園居士選.--清光緒泉唐沈氏刻本,2 册

150303681　　L00175
引痘略一卷/(清)邱熺撰.--清光緒刻本,

1册

150303682　　L00213
琴山詩鈔四卷/(清)陳枚撰.--清同治刻本,4册

150303683　　L00214
曾文正公文鈔四卷/(清)曾國藩撰.--抄本,4册

150303684　　L00176
備用藥物簡便良方二種合刻一卷/(囗)囗囗撰.--清浙江官書局刻本,1册

150303685　　L00177
備用藥物簡便良方二種合刻一卷/(囗)囗囗撰.--清浙江官書局刻本,1册

150303686　　L00178
備用藥物簡便良方二種合刻一卷/(囗)囗囗撰.--清浙江官書局刻本,1册

150303687　　L00179
備用藥物簡便良方二種合刻一卷/(囗)囗囗撰.--清浙江官書局刻本,1册

150303688　　L00180
備用藥物簡便良方二種合刻一卷/(囗)囗囗撰.--清浙江官書局刻本,1册

150303689　　L00215
曾文正公文鈔四卷/(清)曾國藩撰.--清同治十二年(1873)刻本,3册
存三卷(一至三)

150303690　　L00181
天演論二卷/(英國)赫胥黎撰,嚴復譯述.--清光緒二十七年(1901)富文書局石印本,1册

150303691　　L00199
澄衷蒙學堂按日課程表一卷/(清)澄衷蒙學堂編.--清光緒鉛印本,1册

150303692　　L00191
培遠堂手札節存三卷/(清)陳弘謀撰.--清光緒二十五年(1899)浙江官書局刻本,3册

150303693　　L00182
重訂事類賦三十卷/(宋)吳淑撰.--清敬文堂刻本,3册
存十六卷(一至五、二十至三十)

150303694　　L00216
窺豹集二卷/(清)蔣超伯輯.--清刻本,1册

150303695　　L00217
九峰山房詩略一卷/(清)張綺撰.--清同治九年(1870)刻本,1册

150303696　　L00218
石園遺詩一卷/(清)朱溶撰.--清光緒刻本,1册

150303697　　L00183
續廣事類賦三十卷/(清)王鳳喈撰.--清嘉慶六年(1801)刻本,8册
存十二卷(一至六、八至三十)

150303698　　L00219
貽穀堂遺稿四卷/(清)黄守謙撰.--清光緒刻本,1册

150303699　　L00184
諏吉便覽一卷/(清)俞榮寬撰.--清嘉慶九年(1804)刻本,1册

150303700　　L00200
繪圖三公奇案四十卷/(清)鳴松居士輯.--清鉛印本,4册

150303701　　L00220
焚餘草存一卷　浣仙詩草一卷/(清)范薇撰.--清光緒十八年(1892)刻本,1册

150303702　　L00201
儒林外史六十回/(清)吳敬梓撰.--清光緒三十一年(1905)慎記書莊石印本,7册

150303703　　L00202
新刻太原府鼓詞四卷/(□)□□撰.--清光緒琉璃廠刻本,1册

150303704　　L00222
珂雪詩一卷/(清)曹貞吉撰.--清乾隆印本,1册

150303705　　L00223
劉霽亭先生賦稿二十六篇/(清)劉霽亭撰.--抄本,1册

150303706　　L00224
濯纓室詩鈔三卷　問月詞一卷/(清)李寶淦撰.--清鉛印本,1册

150303707　　L00225
漢堂文鈔補遺一卷/(清)李寶淦撰.--清鉛印本,1册

150303708　　L00203
新刻揚州府四卷/(清)口口撰.--清刻本,1册
存二卷(三至四)

150303709　　L00188
誠是錄一卷/(清)孟超然撰.--清刻本,1册

150303710　　L00226
慷慨悲歌錄一卷/(清)康炳麟撰.--清刻本,1册

150303711　　L00231
拙齋詩草一卷/(清)口口撰.--抄本,1册

150303712　　L00204
雪月梅傳十卷/(清)陳朗編輯.--清茂苑瑯環仙館印本,6册

150303713　　L00227
游嶗詩存一卷/(清)陳朱撰.--清宣統鉛印本,1册

150303714　　L00232
停雲詩草一卷/(清)辛宜岷撰.--清抄本,1册

150303715　　L00228
春雨堂詩選一卷/(清)柯蘅　**锜齋詩選一卷**/(清)李長霞撰.--清同治刻本,1册

150303716　　L00234
石桐先生詩一卷/(清)李懷民撰.--清乾隆刻本,1册

150303717　　L00229
碧琅玕館詩鈔二卷/(清)李湘茝撰.--清咸豐刻本,2册

150303718　　L00206
說唐全傳十八卷/(清)如蓮居士撰.--清乾隆元年(1736)鉛印本,5册
缺前傳三卷(五至七)

150303719　　L00230
漁山吟四卷/(清)張扶輿撰.--清乾隆刻本,1册

150303720　　L00207
唐代叢書十二集/(清)□□編.--清上海錦章圖書局石印本,6册

150303721　L00209
五色瓜廬尺牘叢殘四卷/(清)邵慶辰編.--清光緒八年(1882)刻本,2册
缺二卷(二至三)

150303722　L00210
曠觀樓詩存八卷/(清)朱霖撰.--清刻本,1册
存二卷(三至四)

150303723　L00272
唐文粹一百卷/(宋)姚鉉纂.--明嘉靖七年(1528)晉藩刻本,20册

150303724　L00164
記纂淵海一百卷/(宋)潘自牧撰.--明萬曆七年(1579)刻本,41册

150303725　L00185
新刊唐荊川先生稗編一百二十卷　目録三卷/(明)唐順之編.--明萬曆九年(1581)刻本,40册

150303726　L00235
滄江精華録四卷/(清)郭綬之撰.--清光緒刻本,1册

150303727　L00273
御定歷代題畫詩類一百二十卷/(清)陳邦彦編.--清康熙四十六年(1707)刻本,14册
存六十二卷(一至六十二)

150303728　L00236
珂雪詩:十子詩略之三　朝天集　鴻爪集　黃山紀遊詩/(清)曹貞吉撰.--清康熙刻本,1册

150303729　L00237
漁洋詩集二十二卷/(清)王士禛撰.--清康熙刻本,1册
存六卷(一至六)

150303730　L00251
眉公先生晚香堂小品二十四卷/(明)陳繼儒撰.--明湯大節簡綠居刻本,16册

150303731　L00274
六朝文絜四卷/(清)許槤評選.--清光緒三年(1877)讀有用書齋硃墨刻本,2册

150303732　L00252
小築邇言二十五卷　首一卷/(明)徐標撰.--明崇禎刻本,16册

150303733　L00276
兩浙輶軒録四十卷/(清)阮元輯.--清刻本,8册
存十一卷(十至十九、二十九)

150303734　L00277
唐詩諧律二卷/(清)沈寶青輯.--清溧陽沈氏刻本,1册
存一卷(卷下)

150303735　L00238
韓二州先生文鈔一卷/(清)韓仲荆撰.--抄本,1册

150303736　L00279
十種唐詩選十七卷/(清)王士禛選.--清刻本,1册

150303737　L00239
韋蘇州詩集十卷/(唐)韋應物撰.--日本明治鉛印本,4册

150303738　L00240
孟襄陽詩集二卷　詩話一卷/(唐)孟浩然撰.--日本明治鉛印本,1册

150303739　　L00280
孟襄陽集二卷/(唐)孟浩然撰.--清刻本,1册

150303740　　L00243
柳文惠公全集四十三卷　别集二卷　外集二卷　附録一卷/(唐)柳宗元撰.--清同治七年(1868)刻本,8册

150303741　　L00281
西崑酬唱集二卷/(宋)楊億編.--清邵武徐氏刻本,1册

150303742　　L00255
漁洋山人精華録會心偶筆六卷/(清)王士禛撰,(清)伊應鼎編述.--清乾隆二十三年(1758)刻本,4册

150303743　　L00282
山陽遺稿十七卷/(日本)賴襄撰.--日本天保刻本,6册

150303744　　L00283
拗法譜一卷/(清)李憲喬撰.--清光緒二十四年(1898)刻本,1册

150303745　　L00250
呂明德先生文集二十六卷/(明)呂維祺撰.--清康熙刻本,12册

150303746　　L00284
五代詩話十二卷/(清)王士禛撰.--清刻本,3册
存十卷(三至十二)

150303747　　L00256
曹氏家集:澹余詩集四卷　南行日記一卷　朝天集一卷　鴻爪集一卷　黄山紀遊詩一卷　黄山紀遊詞一卷/(清)曹申吉等撰.--清康熙刻本,5册

150303748　　L00285
黄山記遊詞一卷/(清)曹霂撰.--清乾隆刻本,1册

150303749　　L00257
珂雪詞二卷　補遺一卷/(清)曹貞吉撰.--清刻本,2册

150303750　　L00258
珂雪詞二卷　補遺一卷/(清)曹貞吉撰.--清刻本,2册

150303751　　L00259
珂雪詞二卷　補遺一卷/(清)曹貞吉撰.--清刻本,2册

150303752　　L00260
蠶尾集十卷/(清)王士禛撰.--清康熙三十五年(1696)刻本,6册

150303753　　L00244
范文正公集二十卷　范文正公尺牘三卷　范文正公鄱陽遺事録四卷　褒賢祠記三卷　范文正公别集四卷　范文正公政府奏議二卷/(宋)范仲淹撰,(宋)范純仁等校.--明嘉靖刻,10册

150303754　　L00261
蠶尾集十卷/(清)王士禛撰.--清康熙刻本,2册

150303755　　L00262
南皋山人詩集類稿七卷/(清)高鳳翰撰.--清乾隆刻本,2册

150303756　　L00247
重刻黄文節山谷先生外集十四卷　伐檀

集二卷/(宋)黄庭堅撰.--明萬曆李友梅刻本,8册

150303757　　L00264
滄江詩集十卷/(清)郭綏之撰.--清光緒刻本,4册

150303758　　L00265
寶樹堂遺書七卷/(清)郭夢星撰.--清光緒二十一年(1895)刻本,4册

150303759　　L00267
袁文箋正十六卷/(清)袁枚撰,(清)石韞玉箋.--清光緒刻本,8册

150303760　　L00290
十三經注疏校勘記二百四十五卷/(清)阮元撰.--清光緒二十四年(1898)蘇州官書局刻本,56册

150303761　　L00268
中晚唐詩叩彈集十二卷/(清)杜詔輯.--清康熙采山亭刻本,8册

150303762　　L00291
十三經註疏三百四十六卷/(清)阮元校刻.--清同治十年(1871)廣東書局刻本,160册

150303763　　L00269
古詩源十四卷/(清)沈德潛選.--清竹哨軒刻本,6册

150303764　　L00270
國朝山左詩續鈔三十二卷/(清)張鵬展纂.--清嘉慶四照樓刻本,8册
存十五卷(一至十五)

150303765　　L00286
柳洲亭折柳詞一卷/(清)江峯青撰.--清葺城顧氏刻本,1册

150303766　　L00287
文心雕龍集註十卷/(南朝梁)劉勰撰(清)黄叔琳注.--清乾隆六年(1741)養素堂刻本,2册

150303767　　L00288
儒酸福傳奇二卷/(清)魏熙元撰.--清光緒十年(1884)刻本,1册

150303768　　L00292
古經解匯函十六種　附小學匯函十四種/(清)鐘謙鈞輯.--清同治十二年(1873)粤東書局刻本,66册

150303769　　L00310
春秋左傳五十卷/(晉)杜預注.--清書業堂刻本,16册

150303770　　L00332
説文聲系十四卷　末一卷/(清)姚文田撰.--清嘉慶九年(1804)刻本,2册

150303771　　L00311
左傳事緯十二卷　丘明小傳一卷　辨例三卷　圖表一卷　覽左隨筆一卷　名氏譜一卷　左傳字奇一卷/(清)馬驌撰.--清康熙刻本,10册

150303772　　L00333
説文古本攷十四卷/(清)沈濤撰.--清光緒九年(1883)滂喜齋刻本,8册

150303773　　L00312
春秋左傳五十卷/(晉)杜預注.--清光緒三十一年(1905)上海校經山房石印本,12册

150303774　　L00334
説文解字斠詮十四卷/(清)錢坫撰.--清光

緒九年(1883)淮南書局刻本,6 册

150303775　　L00313

左繡三十卷/(清)馮李驊評輯.--清光緒二十二年(1896)成文堂刻本,16 册

150303776　　L00293

儀禮疏五十卷/(唐)賈公彦撰.--清道光十年(1830)藝蕓精舍刻本,16 册

150303777　　L00336

廣雅疏證十卷　博雅音十卷/(清)王念孫撰.--清光緒五年(1879)淮南書局刻本,8 册

150303778　　L00337

説文通訓定聲十八卷/(清)朱駿聲撰.--清咸豐元年(1851)臨嘯閣刻本,24 册

150303779　　L00338

説文解字義證五十卷/(清)桂馥撰.--清咸豐二年(1852)刻本,32 册

150303780　　L00314

毛詩稽古編三十卷/(清)陳啓源撰.--清嘉慶二十年(1815)刻本,8 册

150303781　　L00315

禹貢錐指二十卷　禹貢圖一卷/(清)胡渭撰.--清康熙四十四年(1705)漱六軒刻本,12 册

150303782　　L00294

五禮通考二百六十二卷/(清)秦蕙田輯.--清乾隆味經窩刻本,120 册

150303783　　L00316

四書釋地一卷　續一卷　又續一卷　三續一卷/(清)閻若璩撰.--清南城吴氏聽雨齋刻本,6 册

150303784　　L00317

鄭氏佚書二十三種七十九卷/(漢)鄭玄撰.--清光緒十四年(1888)浙江書局刻本,10 册

150303785　　L00295

禮記二十卷/(漢)鄭玄注.--清同治九年(1870)楚北崇文書局刻本,8 册

150303786　　L00318

詩經蠹簡四卷/(清)李詒經撰.--清乾隆刻本,4 册

150303787　　L00319

四書蠹簡六卷/(清)李詒經撰.--清道光十年(1830)刻本,5 册

150303788　　L00320

論語古訓十卷/(清)陳鱣撰.--清光緒九年(1883)浙江書局刻本,2 册

150303789　　L00321

群經宫室圖二卷/(清)焦循撰.--清光緒十一年(1885)朱氏刻本,2 册

150303790　　L00322

春秋公羊經傳解詁十二卷/(漢)何休撰.--清道光四年(1824)揚州汪氏問禮堂刻本,2 册

150303791　　L00297

來瞿唐先生易注十五卷　首一卷　末一卷　附圖/(明)來知德注.--清嘉慶十四年(1809)寧遠堂刻本,12 册

150303792　　L00325

爾雅翼三十二卷/(宋)羅願撰.--清光緒十年(1884)刻本,6 册

150303793　L00298
大戴禮記補註十三卷/(清)孔廣森注. --清同治十三年(1874)淮南書局刻本,4 册

150303794　L00299
周易述四十卷/(清)惠棟注. --清乾隆雅雨堂刻本,8 册

150303795　L00300
儀禮鄭注句讀十七卷/(清)張爾歧撰. --清康熙尚德堂刻本,8 册

150303796　L00326
經典釋文三十卷/(唐)陸德明撰. --清康熙通志堂刻本,12 册

150303797　L00327
經典釋文三十卷/(唐)陸德明撰. --清通志堂刻本,12 册

150303798　L00301
春秋經傳闕疑四十五卷/(元)鄭玉撰. --清天游堂刻本,10 册

150303799　L00302
尚书後案三十卷/(清)王鸣盛撰. --清頤志堂刻本,6 册

150303800　L00303
毛詩古音考四卷　屈宋古音義三卷/(明)陳第編輯. --清武昌張氏刻本,6 册

150303801　L00328
一切經音義一百卷　續十卷/(唐)釋慧琳撰. --日本延高二年刻本,55 册

150303802　L00304
欽定詩經傳説匯纂二十一卷　首二卷/(清)王鴻緒等撰. --清刻本,22 册

150303803　L00305
欽定書經傳說匯纂二十一卷　首二卷/(清)王頊齡等撰. --清刻本,12 册

150303804　L00329
一切經音義二十五卷/(唐)釋玄應撰. --清同治八年(1869)武林張氏寳晉齋刻本,4 册

150303805　L00340
説文解字句讀三十卷　説文繫傳校録三十卷　説文釋例二十卷/(清)王筠撰. --清同治四年(1865)刻本,28 册

150303806　L00361
古今韻會舉要三十卷/(元)熊忠撰. --清光緒九年(1883)淮南書局刻本,10 册

150303807　L00362
隸辨八卷/(清)顧靄吉撰. --清同治十二年(1873)聚賢齋刻本,8 册

150303808　L00306
周易折中二十二卷　首一卷/(清)李光地等撰. --清刻本,12 册

150303809　L00363
汗簡箋正八卷/(宋)郭忠恕撰,(清)鄭珍箋正. --清光緒十五年(1889)廣雅書局刻本,4 册

150303810　L00307
詩義折中二十卷/(清)傅恒等撰. --清刻本,14 册

150303811　L00308
春秋直解十五卷/(清)傅恒等撰. --清刻本,8 册

150303812　L00364
復古編二卷　校正一卷　附錄一卷/(宋)

張有撰　**安陸集一卷**/(宋)張先撰　**曾樂軒稿一卷**/(宋)張維撰.--清光緒八年(1882)淮南書局刻本,3冊

150303813　　L00309
春秋左傳杜注三十卷/(清)姚培謙撰.--清光緒十六年(1890)務本書局刻本,10冊

150303814　　L00365
埤雅二十卷/(宋)陸佃撰.--清寫刻本,4冊

150303815　　L00366
異同韻辨五卷　補遺續補遺一卷/(清)王籌撰.--清光緒十三年(1887)槐音堂刻本,6冊

150303816　　L00381
周易本義四卷/(宋)朱熹注.--清刻本,4冊

150303817　　L00367
說文新附考六卷　說文續考一卷/(清)鈕樹玉撰.--清同治十三年(1874)湖北崇文書局刻本,2冊

150303818　　L00382
五經白文五種八卷/(□)□□撰.--清古香齋刻本,8冊

150303819　　L00383
春秋公羊穀梁傳合刻不分卷/(□)□□輯.--清稽古樓刻本,8冊

150303820　　L00368
苗氏說文四種二十卷/(清)苗夔撰.--清咸豐漢磚亭刻本,8冊

150303821　　L00391
說文辨疑一卷/(清)顧廣圻撰.--清光緒三年(1877)湖北崇文書局刻本,1冊

150303822　　L00369
說文校議十五卷/(清)姚文田撰.--清同治十三年(1874)歸安姚氏刻本,6冊

150303823　　L00352
龍龕手鑑四卷/(遼)釋行均撰.--清印本,3冊

150303824　　L00341
說文韻譜校五卷/(清)王筠撰.--清光緒十六年(1890)濰縣劉氏刻本,2冊

150303825　　L00342
文字蒙求四卷/(清)王筠撰.--清道光十八年(1838)刻本,1冊

150303826　　L00343
說文解字通釋四十卷/(南唐)徐鍇撰.--清道光十九年(1839)刻本,8冊

150303827　　L00344
說文解字段注十五卷/(清)段玉裁注.--清同治十一年(1872)崇文書局刻本,18冊

150303828　　L00345
集韻十卷/(宋)丁度等撰.--清光緒二年(1876)川東官舍刻本,10冊

150303829　　L00346
類篇四十五卷/(宋)司馬光等編.--清光緒二年(1876)川東官舍刻本,15冊

150303830　　L00347
附釋文互注禮部韻略五卷/(宋)丁度撰.--清光緒二年(1876)川東官舍刻本,5冊

150303831　　L00370
說文解字校錄十五卷/(清)鈕樹玉撰.--清光緒十一年(1885)江蘇書局刻本,14冊

150303832 L00348

說文辨字正俗八卷/(清)李富孫撰.--清同治九年(1870)刻本,4 册

150303833 L00371

班馬字類五卷/(宋)婁機撰.--清光緒十七年(1891)思賢書局刻本,2 册

150303834 L00373

一鐙精舍甲部藳五卷/(清)何秋濤撰.--清光緒五年(1879)淮南書局刻本,1 册

150303835 L00395

說文繫傳四十卷/(南唐)徐鍇撰.--清乾隆汪啟淑刻本,6 册

150303836 L00374

許學叢刻二集九種/(清)許頌鼎等輯.--清光緒十三年(1887)許氏古均閣刻本,4 册

150303837 L00398

經典釋文三十卷　孟子音義二卷/(唐)陸德明撰.--清乾隆抱經堂刻本,12 册

150303838 L00399

說文引經考證八卷/(清)陳瑑撰.--清同治十三年(1974)崇文書局刻本,2 册

150303839 L00400

段氏說文注訂八卷/(清)鈕樹玉撰.--清同治十三年(1874)崇文書局刻本,2 册

150303840 L00355

契文举例二卷/(清)孫詒讓撰.--清光緒三十年(1904)蟫隱廬影印本,2 册

150303841 L00401

十七史/(□)□□編.--清苏州書業堂刻本,244 册

150303842 L00402

舊唐書二百卷/(後晉)劉昫等撰.--清同治十一年(1872)浙江書局刻本,40 册

150303843 L00403

舊五代史一百五十卷/(宋)薛居正等撰.--清江蘇書局刻本,16 册

150303844 L00404

明史三百三十二卷/(清)張廷玉等撰.--清光緒三年(1877)崇文書局刻本,80 册

150303845 L00405

唐書合鈔二百六十卷　唐書合鈔補正六卷/(清)沈炳震編.--清海寧查氏刻本,80 册

150303846 L00375

說文引經攷異十六卷/(清)柳榮宗撰.--清咸豐二年(1852)刻本,4 册

150303847 L00410

宋史四百九十六卷/(元)脱脱等撰.--清康熙三十九年(1770)刻本,100 册

150303848 L00431

弘簡錄二百五十四卷/(明)邵經邦撰.--清掃葉山房刻本,48 册

150303849 L00412

舊五代史一百五十卷/(宋)薛居正等撰.--清同治十一年(1872)崇文書局刻本,16 册

150303850 L00432

續弘簡錄四十二卷/(清)邵遠平撰.--清掃葉山房刻本,12 册

150303851 L00376

雷刻四種/(清)雷浚輯.--清光緒十年

(1884)刻本,6 册

150303852　　L00434
戰國策十卷/(宋)鮑彪注.--清蘇州書業堂刻本,8 册

150303853　　L00414
史記一百三十卷/(漢)司馬遷撰.--清同治五年(1866)金陵書局刻本,22 册

150303854　　L00377
小學考五十卷/(清)謝啟昆輯.--清光緒十四年(1888)浙江書局刻本,20 册

150303855　　L00436
戰國策三十三卷/(漢)高誘注.--清乾隆二十一年(1756)雅雨堂刻本,4 册

150303856　　L00378
康熙字典十二集三十六卷　檢字一卷辨似一卷　等韻一卷　補遺一卷　備考一卷/(清)張玉書等撰.--清道光七年(1827)刻本,40 册

150303857　　L00418
三國志六十五卷/(晉)陳壽撰.--清光緒十三年(1887)江南書局刻本,8 册

150303858　　L00419
欽定遼金元三史語解四十六卷/(清)□□輯.--清光緒四年(1878)江蘇書局刻本,10 册

150303859　　L03508
紅豆樹館書畫記八卷/(清)陶樑撰.--清光緒八年(1882)吳趨潘氏刻本,6 册

150303860　　L00441
二申野錄八卷/(清)孫之騄撰.--清光緒二十七年(1901)吟香館刻本,4 册

150303861　　L00420
明史藁三百十卷/(清)王鴻緒撰.--清敬慎堂刻本,96 册

150303862　　L00442
三皇錄六卷/(清)王縈緒撰.--清乾隆刻本,4 册

150303863　　L00421
二十二史劄記三十六卷/(清)趙翼撰.--清光緒二十年(1894)廣雅書局刻本,10 册

150303864　　L00444
史通通釋二十卷/(清)浦起龍撰.--清乾隆十七年(1752)梁溪浦氏求放心齋刻本,10 册

150303865　　L00422
補三國疆域志二卷/(清)洪亮吉撰.--清乾隆四十六年(1781)刻本,1 册

150303866　　L00445
海岱史略一百四十卷/(清)王馭超編.--清光緒二十三年(1897)安丘王氏刻本,24 册

150303867　　L00423
東晉疆域志四卷/(清)洪亮吉撰.--清嘉慶元年(1796)刻本,2 册

150303868　　L00424
十六國疆域志十六卷/(清)洪亮吉撰.--清嘉慶刻本,3 册

150303869　　515/7444
唐陸宣公集二十二卷/(唐)陸贄撰.--明萬曆繡谷肖川吳繼武光裕堂刻本,6 册

150303870　　L00446
山海經十八卷　水經注四十卷/(晉)郭璞

撰,(北魏)酈道元注.--清乾隆槐蔭草堂刻本,16 册

150303871　　L00438
稽古錄二十卷/(宋)司馬光撰.--清刻本,4 册

150303872　　L00439
元和姓纂十卷/(唐)林寶撰.--清光緒六年(1880)金陵書局刻本,4 册

150303873　　L00440
廿一史約編八卷/(清)鄭元慶撰.--清刻本,8 册

150303874　　L00425
資治通鑑目錄三十卷/(宋)司馬光撰.--清同治八年(1869)江蘇書局刻本,10 册

150303875　　L00426
資治通鑑二百九十四卷/(宋)司馬光撰.--清同治八年(1869)江蘇書局刻本,100 册

150303876　　L00427
續資治通鑑二百二十卷/(清)畢沅撰.--清同治六年(1867)江蘇書局刻本,60 册

150303877　　L00449
清秘述聞十六卷/(清)法式善撰.--清嘉慶刻本,4 册

150303878　　L00461
穆天子傳註疏六卷　首一卷/(晉)郭璞注,(清)檀萃疏.--清刻本,6 册

150303879　　L00450
宋名臣言行錄:前集十卷　後集十四卷　續集八卷　別集二十六卷　外集十七卷/(宋)朱熹纂.--清同治七年(1868)臨川桂氏刻本,12 册

150303880　　L00463
蠻書十卷/(唐)樊綽撰.--清漸西村舍叢刻本,1 册

150303881　　L00464
蜀碧四卷/(清)彭遵泗撰.--清經元堂刻本,1 册

150303882　　L00467
台州札記十二卷/(清)洪頤煊撰.--清道光十四年(1834)小停雲山館刻本,4 册

150303883　　L00468
[乾隆]諸城縣志四十六卷/(清)李文藻等纂修.--清乾隆二十九年(1764)刻本,8 册

150303884　　L00451
東都事略一百三十卷/(宋)王稱撰.--清寶華堂刻本,12 册

150303885　　L00452
歷代名臣言行錄二十四卷/(清)朱桓編輯.--清光緒二十九年(1903)京都博文齋石印本,8 册

150303886　　L00456
痛史二十種/(清)樂天居士輯.--清宣統三年(1911)上海商務印書館鉛印本,9 册
存九種(三至四、七至八、十二、十六)

150303887　　L00429
十六國春秋一百卷/(北魏)崔鴻撰.--光緒十二年(1886)湖北官書處刻本,12 册

150303888　　L00457
讀通鑒論十六卷　宋論十五卷/(清)王夫之撰.--清光緒二十九年(1903)上海商務印書館鉛印本,10 册

150303889　　L00430
十國春秋一百一十四卷/(清)吳任臣撰.--清乾隆五十八年(1793)此宜閣刻本,20 册

150303890　　L00458
御批歷代通鑑輯覽一百二十卷/(清)傅恒等撰.--清光緒三十年(1904)上海通元書局刻本,24 册

150303891　　L00459
明儒學案十六卷/(清)黄宗羲撰.--清光緒二十八年(1902)上海文瀾書局石印本,8 册

150303892　　L00460
明儒學案六十二卷/(清)黄宗羲撰.--清道光二十二年(1842)刻本,24 册

150303893　　L00469
[道光]諸城縣續志二十四卷/(清)劉光斗編.--清道光刻本,4 册

150303894　　L00470
[道光]諸城縣續志二十四卷/(清)劉光斗編.--清道光刻本,4 册

150303895　　L00471
[光緒]增修諸城縣續志二十二卷/(清)苑菜池等纂.--清光緒十八年(1892)刻本,6 册

150303896　　L00473
[乾隆]醴泉縣志十四卷　圖一卷/(清)孫星衍等纂.--清乾隆四十九年(1784)刻本,4 册

150303897　　L00481
山志初集六卷　二集六卷/(清)王弘撰.--清光緒二十六年(1900)刻本,6 册

150303898　　L00475
滄浪亭志六卷/(清)梁章鉅撰.--清道光七年(1827)刻本,2 册

150303899　　L00483
廣雁蕩山誌二十八卷　首一卷/(清)曾唯纂.--清乾隆五十六年(1791)依綠園刻本,8 册

150303900　　L00476
莫愁湖志六卷　莫愁湖楹聯便覽一卷/(清)馬士圖輯.--清光緒八年(1882)刻本,3 册

150303901　　L00485
藏書紀事詩六卷　補遺一卷/(清)葉昌熾撰.--清光緒二十三年(1897)刻本,12 册

150303902　　L00477
列女傳八卷/(漢)劉向撰.--清阮氏刻本,4 册

150303903　　L00486
八史經籍志十種/(日本)□□輯.--清光緒九年(1883)鎮海張壽榮刻本,16 册

150303904　　L00479
群書疑辨十二卷/(清)萬斯同纂.--清嘉慶二十一年(1816)供石亭刻本,6 册

150303905　　L00487
昭德先生郡齋讀書志二十卷/(宋)晁公武撰.--清光緒十年(1884)長沙王氏刻本,10 册

150303906　　L00480
實政錄七卷/(明)吕坤撰.--清道光元年(1821)刻本,10 册

150303907　　L00488
直齋書録解題二十二卷/(宋)陳振孫撰.--清光緒九年(1883)江蘇書局刻本,6 册

150303908　　L00489
欽定四庫全書總目二百卷　首四卷/(清)紀昀等編.--清同治七年(1868)廣東書局刻本,112 册

150303909　　L00502
金石萃編一百六十卷/(清)王昶撰.--清經訓堂刻本,64 册

150303910　　L00490
欽定四庫全書簡明目録二十卷/(清)紀昀等編.--清同治七年(1868)廣東書局刻本,16 册

150303911　　L00491
彙刻書目二十卷/(清)顧修編.--清光緒十二年(1886)上海福瀛書局刻本,20 册

150303912　　L00506
兩漢金石記二十二卷/(清)翁方綱撰.--清乾隆五十四年(1789)刻本,7 册

150303913　　L00492
續彙刻書目十卷/(清)羅振玉編.--清連平范氏雙魚室刻本,10 册

150303914　　L00493
楹書隅録五卷　續編四卷/(清)楊紹和撰.--清光緒二十年(1894)海源閣刻本,8 册

150303915　　L00508
金薤琳琅二十卷/(明)都穆撰.--清乾隆刻本,4 册
存十卷(一至十)

150303916　　L00497
宋元本行格表二卷　附録一卷　補遺一卷/(清)江標撰.--清光緒二十三年(1897)石印本,4 册

150303917　　L00541
重刊補註洗冤録集證五卷　檢骨圖格一卷　寶鑑編一卷　急救方一卷　石香秘録一卷/(宋)宋慈撰,(清)阮其新補註,(清)張錫蕃重訂.--清道光二十四年(1844)元和張氏刻本,4 册

150303918　　L00512
山東考古録一卷/(清)顧炎武撰.--清光緒八年(1882)山東書局刻本,1 册

150303919　　L00513
續山東考古録三十二卷/(清)葉圭綬撰.--清光緒八年(1882)山東書局刻本,6 册

150303920　　L00542
夢溪筆談二十六卷　補筆談三卷　續筆談一卷/(宋)沈括撰.--清光緒三十二年(1906)番禺陶氏刻本,4 册

150303921　　L00516
石鼓文模刻一卷/(清)尹彭壽撰.--清光緒刻本,1 册

150303922　　L00543
管子二十四卷/(春秋)管仲撰,(唐)房玄齡注.--清光緒五年(1879)刻本,4 册

150303923　　L00526
古今僞書考一卷/(清)姚際恒撰.--清光緒二十四年(1898)沔陽盧氏刻本,1 册

150303924　　L00544
紀效新書十八卷　首一卷/(明)戚繼光

撰. --清照曠閣刻本,6 册

150303925　　L00545

六家奕譜六卷/(清)王彥侗輯. --清咸豐刻本,2 册

150303926　　L00529

文獻通考二十四卷/(宋)馬端臨撰. --清光緒二十五年(1899)上海點石齋石印本,24 册

150303927　　L00546

辛丑消夏記五卷/(清)吳榮光撰. --清光緒三十一年(1905)郎園刻本,5 册

150303928　　L00547

芥子園畫傳五卷/(清)王槩輯. --清康熙十八年(1679)李漁套印本,5 册

150303929　　L00530

大清縉紳全書四卷　大清中樞備覽二卷/(□)□□撰. --清光緒二年(1876)斌陞堂刻本　,6 册

150303930　　L00531

二十二子二十二種/(□)□□編. --清光緒浙江書局刻本,83 册

150303931　　L00550

五種遺規十六卷/(清)陳宏謀輯. --清光緒二十一年(1895)浙江書局刻本,10 册

150303932　　L02348

五種遺規十六卷/(清)陳宏謀輯. --清光緒二十一年(1895)浙江書局刻本,7 册

150303933　　L00533

秘書二十一種/(明)汪士漢輯. --清刻本,16 册

存十七種

150303934　　L00534

困學紀聞注二十卷/(宋)王應麟撰,(清)翁元圻注. --清道光五年(1825)餘姚守福堂刻本,12 册

150303935　　L00552

孔氏家語十卷/(三國魏)王肅注. --清乾隆四十六年(1781)刻本,2 册

150303936　　L00535

困學紀聞集證二十卷　首一卷　末一卷/(宋)王應麟撰,(清)萬希槐輯. --清嘉慶八年(1803)會友堂刻本,16 册

150303937　　L00553

讀書錄摘抄一卷/(清)沈兆澐撰. --清道光刻本,1 册

150303938　　L00536

困學紀聞二十卷/(宋)王應麟撰,(清)閻若璩箋. --清同治九年(1875)揚州書局刻本,4 册

150303939　　L00537

程氏家塾讀書分年日程三卷/(元)程端禮撰. --清同治十年(1871)山東尚志堂刻本,1 册

150303940　　L00554

詳校醫宗必讀十卷/(明)李中梓撰. --清掃葉山房刻本,5 册

150303941　　L00538

御纂性理精義十二卷/(清)李光地等撰. --清刻本,6 册

150303942　　L00556

前塵夢影錄二卷/(清)徐康撰. --清光緒刻本,2 册

150303943　　L00557

自箴録一卷/(清)傅詠撰.--清乾隆刻本,1册

150303944　　L00540

四書或問三十九卷/(宋)朱熹撰.--清光緒二十七年(1901)刻本,17册

150303945　　L00558

菉友肊説一卷/(清)王筠撰.--清光緒二十一年(1895)元和江氏刻本,1册

150303946　　L00581

淵鑑類函四百五十卷/(清)張英等撰.--清光緒二十一年(1895)上海點石齋石印本,10册

150303947　　L00561

抱樸子内篇二十卷　外篇五十卷　附篇一卷/(晉)葛洪撰.--清光緒十一年(1885)吳縣朱記榮槐廬刻本,8册

150303948　　L00590

太平廣記五百卷/(宋)李昉等撰.--清乾隆二十年(1755)黄晟槐蔭草堂刻本,32册

150303949　　L00591

古香齋鑑賞袖珍初學記三十卷/(唐)徐堅等奉敕撰.--清古香齋刻本,16册

150303950　　L00592

類腋五十五卷/(清)姚培謙輯.--清乾隆三十年(1765)妙軒刻本,24册

150303951　　L00562

老子翼八卷　首一卷/(明)焦竑輯.--清光緒漸西村舍刻本,4册

150303952　　L00593

詩畫舫不分卷/(明)黄鳳池輯.--清光緒三十年(1904)上海點石齋印本,6册

150303953　　L00563

日知録三十二卷/(清)顧炎武撰.--清康熙經義齋刻本,16册

150303954　　L00565

張子全書十五卷/(宋)張載撰,(宋)朱熹注.--清同治九年(1870)刻本,8册

150303955　　L00566

朱子原訂近思録十四卷/(宋)朱熹,(宋)呂祖謙輯,(清)江永集註.--清同治七年(1868)湖北崇文書局刻本,4册

150303956　　L00594

山海經十八卷/(清)郝懿行箋疏.--清光緒七年(1881)刻本,4册

150303957　　L00595

廣事類賦四十卷/(清)華希閔輯.--清道光元年(1821)劍光閣刻本,10册

150303958　　L00598

太平御覽五十五部一千卷/(宋)李昉等編.--清南海李氏刻本,100册

150303959　　L00599

北堂書鈔一百六十卷/(唐)虞世南撰.--清光緒十四年(1888)南海孔氏刻本,20册

150303960　　L00600

佩文韻府四百四十四卷　韻府拾遺一百六卷/(清)張玉書等撰.--清康熙五十年(1711)武英殿刻本,115册

150303961　　L00568

讀史兵略四十六卷/(清)胡林翼撰.--清光緒二十七年(1901)上海富文書局石印本,8册

150303962　　L00570
郎潛紀聞初筆七卷　二筆八卷　三筆六卷/(清)陳康祺撰.--清宣統二年(1910)上海掃葉山房石印本,10 册

150303963　　L00571
老學庵筆記十卷/(宋)陸游撰.--清宣統三年(1911)上海掃葉山房石印本,2 册

150303964　　L00572
呂語集粹四卷　首一卷/(明)呂坤撰,(清)陳宏謀評.--清宣統元年(1909)文瑞樓石印本,2 册

150303965　　L00573
人海記二卷/(清)查慎行撰.--清宣統二年(1910)掃葉山房石印本,2 册

150303966　　L00577
兩般秋雨盦隨筆八卷/(清)梁紹壬撰.--清刻本,8 册

150303967　　L00580
清河書畫舫十二卷/(清)張丑輯.--清池北草堂刻本,12 册

150303968　　L00611
史姓韻編六十四卷/(清)汪輝祖編.--清同治九年(1870)金陵書局鉛印本,24 册

150303969　　L00650
大方廣佛華嚴經疏鈔會本二百二十卷/(唐)釋實叉難陀譯,(唐)釋澄觀疏鈔.--清金陵刻經處刻本,60 册

150303970　　L00651
大佛頂首楞嚴經正脈疏四十卷/(明)釋真鑑撰.--清光緒二十二年(1896)金陵刻經處刻本,14 册

150303971　　L00654
成唯識論述記六十卷/(唐)釋窺基撰.--清光緒二十七年(1901)金陵刻經處刻本,20 册

150303972　　L00655
大方廣佛華嚴經懸談二十八卷　首一卷/(唐)釋澄觀撰.--清光緒三十三年(1907)金陵刻經處刻本,8 册

150303973　　L00656
楞伽阿跋多羅寶經會譯四卷/(明)釋員珂會譯.--清光緒三十四年(1908)金陵刻經處刻本,4 册

150303974　　L00657
閱藏知津四十四卷　總目四卷/(明)釋智旭彙解.--清光緒十八年(1892)金陵刻經處刻本,10 册

150303975　　L00658
翻譯名義集二十卷/(宋)釋法雲編.--清光緒四年(1878)金陵刻經處刻本,6 册

150303976　　L00659
法苑珠林一百卷/(唐)釋道世撰.--清宣統二年(1910)昆陵天寧寺刻本,30 册

150303977　　L00660
大般涅槃經四十卷/(北涼)釋曇無□譯.--清同治十三年(1874)杭州慧空經房刻本,11 册

150303978　　L04575
歷代四不朽傳四卷/(清)法偉堂撰.--清稿本,1 册

150303979　　L01471
王氏遺書二十三卷　首一卷/(清)王縈緒

撰.--清乾隆原稿本,24 册

150303980　　331/2520

大明成化丁亥重刊改併五音類聚四聲篇十五卷/(金)韓道昭撰.--清刻本,10 册

150303981　　L05417

十七史/(明)毛晉編.--明崇禎汲古閣刻本,320 册

150303982　　L00662

閱藏隨筆二卷/(清)釋元度撰.--清光緒九年(1883)天寧寺刻本,2 册

150303983　　L00663

妙法蓮華經七卷/(後秦)釋鳩摩羅什譯.--清光緒二十五年(1900)蘇州圓妙觀刻本,4 册

150303984　　L00664

大明三藏法數五十卷/(明)釋一如等集註.--清刻本,16 册

150303985　　L00665

釋氏稽古略四卷　釋鑑稽古略續集三卷/(元)釋覺岸編.--清光緒十二年(1886)刻本,5 册

150303986　　L00666

釋迦譜十卷/(南朝梁)釋僧祐撰.--清光緒二十四年(1898)刻本,4 册

150303987　　L00668

金剛般若波羅蜜經宗通九卷/(後秦)釋鳩摩羅什譯,(明)曾鳳儀宗通.--清光緒十一年(1885)金陵刻經處刻本,2 册

150303988　　L00670

金光明最勝王經十卷/(唐)釋義淨譯.--清同治十年(1871)常熟刻經處刻本,2 册

150303989　　L00602

藝文類聚一百卷/(唐)歐陽詢等撰.--清光緒五年(1879)華陽宏達堂刻本,32 册

150303990　　L00603

子史精華一百六十卷/(清)允祿等編.--清雍正五年(1727)武英殿刻本,48 册

150303991　　L00604

御定駢字類編二百四十卷/(清)沈宗敬等奉敕編.--清光緒十三年(1887)上海同文書局石印本,48 册

150303992　　L00605

月令粹編二十四卷　圖說一卷/(清)秦嘉謨編.--清嘉慶十七年(1812)江都秦嘉謨琳琅仙館刻本,8 册

150303993　　L00606

健餘先生語錄四卷/(清)尹會一撰,(清)王擊瑲輯.--清乾隆刻本,1 册

150303994　　L00671

佛祖歷代通載三十六卷/(元)釋念常集.--清宣統元年(1909)江北刻經處刻本,8 册

150303995　　L00673

徑中徑又徑四卷/(清)張師誠纂.--清光緒二十九年(1903)揚州藏經院刻本,2 册

150303996　　L00674

淨土十要十卷/(明)釋智旭編.--清光緒二十年(1894)揚州藏經院刻本,4 册

150303997　　L00677

老子道德經解二卷　首一卷　觀老莊影響論一卷/(明)釋德清撰.--清光緒十二年(1886)金陵刻經處刻本,2 册

150303998　　L00678

大慈恩寺三藏法師傳十卷/(唐)釋彦悰箋.--清宣統元年(1909)常州天寧寺刻本,3册

150303999　　L00679

省菴法師語錄二卷/(清)釋實賢撰,(清)彭際清重訂.--清光緒二十六年(1900)揚州藏經院刻本,2册

150304000　　L00680

高僧傳四集六卷/(明)釋如惺撰.--清光緒十八年(1892)江北刻經處刻本,2册

150304001　　L00681

高僧傳初集十五卷　首一卷/(南朝梁)釋慧皎撰.--清光緒十年(1884)金陵刻經處刻本,4册

150304002　　L00682

維摩詰所說經折衷疏六卷/(明)釋大賢撰.--清光緒金陵刻經處刻本,3册

150304003　　L00683

大乘起信論義記七卷　大乘起信論別記一卷/(唐)釋法藏撰.--清光緒二十四年(1898)金陵刻經處刻本,2册

150304004　　L00684

大方廣圓覺脩多羅了義經近釋六卷/(明)釋通潤撰.--清光緒十二年(1886)金陵刻經處刻本,2册

150304005　　L00685

相宗八要直解八卷/(明)釋智旭撰.--清同治九年(1870)金陵刻經處刻本,2册

150304006　　L00686

淨土聖賢錄九卷　淨土聖賢錄續錄四卷　種蓮集一卷/(清)彭際清輯.--清刻本,6册

150304007　　L00687

大乘理趣六波羅蜜多經十卷/(唐)釋般若譯.--清光緒十九年(1893)金陵刻經處刻本,2册

150304008　　L00688

莊子內篇註四卷/(明)釋德清撰.--清光緒十四年(1888)金陵刻經處刻本,2册

150304009　　L00689

竹窗隨筆一卷　二筆一卷　三筆一卷/(明)釋袾宏撰.--清光緒二十四年(1898)金陵刻經處刻本,3册

150304010　　L00691

靈峰蕅益大師梵室偶談一卷　徹悟禪師語錄二卷/(明)釋智旭撰,(清)了亮等集.--清同治十年(1871)金陵刻本,1册

150304011　　L00692

顯密圓通成佛心要集二卷/(遼)釋道□撰.--清同治十一年(1872)金陵刻經處刻本,1册

150304012　　L00693

佛說四十二章經解一卷　佛遺教經解一卷　八大人覺經略解一卷/(明)釋智旭撰.--清光緒十一年(1885)金陵刻經處刻本,1册

150304013　　L00696

修習止觀坐禪法要二卷　六妙法門一卷/(隋)釋智顗撰.--清光緒二十九年(1903)金陵刻經處刻本,1册

150304014　　L00697

佛說觀彌勒菩薩上生兜率陀天經一卷

佛說彌勒下生經一卷/(南朝宋)沮渠京聲譯.--清光緒三年(1877)金陵刻經處刻本,1册

150304015　　L00701
御選雲棲蓮池袾大師語錄一卷/(明)釋袾宏語.--清光緒刻本,1册

150304016　　L00703
無量壽經優婆提舍願生偈註二卷　略論安樂淨土義一卷　讃阿彌陀佛偈一卷/(三國魏)釋曇鸞撰.--清光緒十九年(1893)金陵刻經處刻本,1册

150304017　　L00704
儒釋道平心論二卷/(宋)劉謐撰.--清同治二年(1863)法藏寺經房刻本,1册

150304018　　L00705
八宗綱要二卷/(日本)釋凝然撰.--清宣統三年(1911)揚州藏經院刻本,1册

150304019　　L00706
無量壽經起信論三卷　觀無量壽佛經約論一卷　阿彌陀經約論一卷/(清)彭際清撰.--清同治十一年(1872)如皋刻經處刻本,1册

150304020　　L00709
佛昇忉利天為母說法經三卷/(晉)釋竺法護譯.--清宣統元年(1909)揚州藏經院刻本,1册

150304021　　L00710
諸經日誦集要二卷　西方願文略釋一卷/(明)釋袾宏訂輯.--清光緒二十五年(1899)金陵刻經處刻本,1册

150304022　　L00717
蔡中郎集十卷　外紀一卷/(漢)蔡邕撰.--清光緒十六年(1890)番禺陶氏刻本,4册

150304023　　L00718
庾子山集十六卷/(北周)庾信撰.--清光緒二十年(1894)儒雅堂刻本,12册

150304024　　L00719
唐陸宣公集二十二卷/(唐)陸贄撰.--清嘉慶二十三年(1818)春暉堂刻本,6册

150304025　　L00722
溫飛卿詩集九卷/(唐)溫庭筠撰.--清康熙三十六年(1697)長洲顧氏秀野草堂刻本,2册

150304026　　L00723
重訂李義山詩集箋注三卷　集外詩箋注一卷/(唐)李商隱撰.--清乾隆八年(1743)東柯草堂刻本,4册

150304027　　L00724
讀杜心解六卷　首二卷/(清)浦起龍撰.--清靜寄東軒刻本,12册

150304028　　L00725
杜詩詳注二十五卷　首一卷/(唐)杜甫撰,(清)仇兆鰲注.--清大文堂刻本,24册

150304029　　L0726
杜工部集二十卷/(唐)杜甫撰.--清宣統三年(1911)時中書局石印本,8册

150304030　　L00727
李太白文集三十卷　附錄六卷/(唐)李白撰.--清乾隆王綺寶笏樓刻本,16册

150304031　　L00732
陶淵明文集十卷/(晉)陶潛撰.--清宣統元

年(1909)著易堂石印本,4 册

150304032　　L00739
後邨居士诗十六卷　後邨居士诗话二卷　後邨居士诗餘二卷/(宋)劉克莊撰.--清康熙五十九年(1720)姚培謙刻本,5 册
存十三卷(四至十六)

150304033　　L00740
沈忠敏公龜谿集十二卷　附錄一卷/(宋)沈與求撰.--清吳興劉氏嘉業堂刻本,4 册

150304034　　L00741
司馬溫公文集十四卷　首一卷/(宋)司馬光撰.--清舊學山房刻本,8 册

150304035　　L00742
歐陽文忠公文集一百五十三卷　附錄五卷/(宋)歐陽修撰.--清乾隆十一年(1746)孝思堂刻本,36 册

150304036　　411/1773a4
二十四史/(漢)司馬遷等撰.--清同治金陵書局刻本,476 册
缺史記、三國志、魏書、北齊書、新唐書

150304037　　L00743
宋文丞相文山先生全集二十卷/(宋)文天祥撰.--清康熙焉文堂刻本,10 册

150304038　　L00744
後山先生集二十四卷　首一卷/(宋)陳師道撰.--清光緒十一年(1885)陶氏愛廬刻本,4 册

150304039　　L00745
屏山全集二十卷/(宋)劉子翬撰.--清道光十八年(1838)李廷鈺秋柯草堂刻本,6 册

150304040　　L00746
安陽集五十卷　別錄三卷　遺事一卷　忠獻韓魏王家傳十卷/(宋)韓琦撰.--清乾隆四年(1739)刻本,10 册

150304041　　L00747
乖崖先生文集十二卷　附錄一卷/(宋)張詠撰.--清光緒八年(1882)獨山莫氏刻本,2 册

150304042　　L00748
鐵崖樂府註十卷　首一卷　鐵崖詠史註八卷　鐵崖逸編註八卷　附錄一卷/(元)楊維楨撰.--清光緒十四年(1888)樓氏崇德堂刻本,8 册

150304043　　L00752
邊華泉集八卷　邊華泉集稿六卷/(明)邊貢撰.--清康熙刻本,6 册

150304044　　L00753
劉蕺山先生集二十四卷　首一卷/(明)劉宗周撰.--清道光二年(1822)刻本,12 册

150304045　　L00754
邊華泉集八卷　邊華泉集稿六卷/(明)邊貢撰.--清康熙四十四年(1705)刻嘉慶十年補刻本,6 册

150304046　　L00759
何大復先生集三十八卷　附錄一卷/(明)何景明撰.--清乾隆十五年(1750)賜策堂刻本,8 册

150304047　　L00760
李空同詩集三十三卷　附錄一卷/(明)李夢陽撰.--清宣統二年(1910)掃葉山房石印本,10 册

150304048　　L00761

返生香一卷　疏香閣附集一卷　窈聞一卷　續窈聞一卷/(明)葉小鸞撰.--清影印本,4册

150304049　　L00762

午亭文編五十卷/(清)陳廷敬撰.--清康熙刻本,16册

150304050　　L00763

吳詩集覽二十卷/(清)吳偉業撰.--清道光凌雲亭刻本,12册

150304051　　L00764

蒿菴集三卷　附録一卷/(清)張爾岐撰.--清嘉慶諸城王賡言刻本,3册

150304052　　L00765

陳檢討詩鈔十卷　陳檢討集十二卷　陳檢討詞鈔十二卷/(清)陳維崧撰.--清康熙刻本,6册

150304053　　L00767

鏡庵詩選五卷/(清)劉翼明撰.--清康熙刻本,1册

150304054　　L00768

靖言堂文集一卷/(清)臧夢元撰.--清乾隆刻本,1册

150304055　　L00769

虚白堂詩集一卷/(清)竇汝珽撰.--清道光刻本,1册

150304056　　L00770

太古園詩集一卷/(明)王侗撰.--清抄本,1册

150304057　　L00771

四憶堂詩集六卷/(清)侯方域撰.--清刻本,2册

150304058　　L00772

自怡集三卷/(清)李文駒撰.--清留云草堂鈔本,2册

150304059　　L00773

知稼堂集六卷/(清)李林撰.--清刻本,1册

150304060　　L00774

白雲村文集四卷/(清)李澄中撰.--清康熙刻本,2册

150304061　　L00775

白雲村文集四卷　臥象山房詩正集七卷/(清)李澄中撰.--清康熙刻本,4册

150304062　　L00776

臥象山房賦集一卷　臥象山房詩集一卷　臥象山房文集一卷　艮齋文選一卷　滇南集一卷　滇行日記二卷/(清)李澄中撰.--清康熙刻本,4册

150304063　　L00777

省吾齋古文集十二卷/(清)竇光鼐撰.--清嘉慶六年(1801)慎德堂刻本,2册

150304064　　L00778

陸舫詩草五卷　補遺一卷/(清)丁耀亢撰.--清康熙十二年(1673)刻本,2册

150304065　　L00779

柯邨遺稿八卷/(清)丘元武撰.--清康熙刻本,4册

150304066　　L00780

楚村文集六卷　楚村詩集六卷/(清)丘石常撰.--清康熙刻本,4册

150304067　　L00781

省吾齋詩賦集十二卷/(清)竇光鼐撰.--清嘉慶六年(1801)刻本,4册

中國海洋大學圖書館古籍普查登記目録

古籍收藏單位代碼：1549

154900001　　011/658

校讎通義三卷/(清)章學誠撰.--清咸豐元年(1851)南海伍氏刻本,1 冊

154900002　　011.6/164

士禮居藏書題跋記六卷/(清)黄丕烈撰(清)潘祖蔭輯.--清光緒八年(1882)滂喜齋刻本,4 冊

154900003　　011.6/392

儀顧堂題跋十六卷/(清)陸心源著.--清光緒十六年(1890)歸安陸氏刻本,1 冊

154900004　　011.6/845

花近樓叢書序跋記二卷/(清)管庭芬撰.--清宣統三年(1911)上海國學扶輪社鉛印本,1 冊

154900005　　011.67/859

欽定四庫全書總目二百卷　首一卷/(清)永瑢修,(清)紀昀等纂.--清乾隆六十年(1795)刻本,103 冊

154900006　　011.67/859-2

欽定四庫全書簡明目錄二十卷/(清)紀昀等總纂.--清中期刻本,12 冊

154900007　　011.67/859-2=2

欽定四庫全書簡明目錄二十卷/(清)紀昀等總纂.--清末刻本,12 冊

154900008　　011.69/927

曝書雜記三卷/(清)錢泰吉撰.--清同治七年(1868)刻本,1 冊

154900009　　011.69/927=2

曝書雜記三卷/(清)錢泰吉撰.--清末刻本,1 冊

154900010　　011.8/470

昭德先生郡齋讀書志五卷　後志二卷/(宋)晁公武撰.--清康熙至雍正刻本,4 冊

154900011　　011.8/494-1

群書拾補三十九卷/(清)盧文弨撰.--清光緒十三年(1887)上海蜚英館影印本,6 冊

154900012　　011.8/834

開有益齋讀書志六卷　續志一卷　附金石文字記/(清)朱緒曾撰.--清光緒六年(1880)金陵翁氏茹古閣刻本,6 冊

154900013　　011.87/470

昭德先生郡齋讀書志二十卷/(宋)晁公武撰,(宋)姚應績編.--清光緒六年(1880)章氏刻本,8 冊

154900014　　012/317

四庫書目略二十卷　附錄一卷/(清)費莫文良編.--清同治九年(1870)費莫氏刻本,12 冊

154900015　　012.5/303-2

資治通鑑目錄三十卷/(宋)司馬光編集.--明崇禎二年(1629)陳仁錫刻本,24 冊

154900016　　012.5/311

書目答問不分卷　附國朝著述諸家姓名略/(清)張之洞撰.--清光緒寫刻本,1 冊

154900017　　012.5/311=2

書目答問不分卷　附國朝著述諸家姓名略/(清)張之洞撰.--清光緒刻本,1 冊

154900018　　012.5/659

經籍舉要不分卷/(清)龍啓瑞撰.--清光緒十九年(1893)中江講院刻本,1 冊

154900019　　012.6/519=3
郘亭知見傳本書目十六卷/(清)莫友芝編.--清宣統三年(1911)上海國學扶輪社鉛印本,6 冊

154900020　　013.222/907=2
補後漢書藝文志四卷/(清)侯康撰.--清光緒十七年(1891)廣雅書局刻本,1 冊

154900021　　013.237/658
隋經籍志考證十三卷/(清)章宗源撰.--清光緒元年(1875)崇文書局刻本,4 冊

154900022　　013.29/298
杭州藝文志十卷/(清)吳慶坻纂.--清光緒三十四年(1908)刻本,6 冊

154900023　　013.29/433
補晉書經籍志四卷/(清)吳士鑑纂.--清光緒二十一年(1895)錢塘吳氏刻本,2 冊

154900024　　013.29/433=2
補晉書經籍志四卷/(清)吳士鑑纂.--清光緒二十一年(1895)錢塘吳氏刻本,1 冊

154900025　　014.6/104
彙刻書目二十卷/(清)顧修編,(清)朱學勤增訂.--清光緒十二至十五年(1886—1889)上海福瀛書局刻本,20 冊

154900026　　016.090/827-03
經義考三百卷　目録二卷/(清)朱彝尊撰.--清康熙刻乾隆二十年(1755)德州盧見曾補刻乾隆四十二年(1777)重印本,48 冊
原缺三卷(二百八十六、二百九十九、三百)

154900027　　016.22/863
大清三藏聖教目録五卷/(清)允祿,(清)弘晝編.--清乾隆三年(1738)賢良寺刻本,5 冊

154900028　　016.7911/203
竹崦盦金石目録五卷/(清)趙魏編,(清)吳士鑑校勘.--清宣統元年(1909)刻本,1 冊

154900029　　016.909/827=2
經義考三百卷　目録二卷/(清)朱彝尊録.--清光緒二十三年(1897)浙江書局刻本,12 冊
存六十七卷(一至六十七)

154900030　　018.1/859
欽定四庫全書總目二百卷　首一卷/(清)永瑢修,(清)紀昀等纂.--清同治七年(1868)廣東書局刻本,128 冊

154900031　　019.3/334
經餘必讀八卷/(清)雷琳等輯.--清嘉慶八年(1803)致和堂刻本,4 冊

154900032　　019.3/334=4
經餘必讀八卷　續編八卷/(清)雷琳等輯　**經餘必讀三編四卷**/(清)趙在翰纂.--清光緒二年(1876)退補齋刻本,10 冊

154900033　　019.9/311
書目答問不分卷　附國朝著述諸家姓名略/(清)張之洞撰.--清光緒十四年(1888)上海蜚英館石印本,2 冊

154900034　　040/675
御定駢字類編二百四十卷/(清)張廷玉纂.--清光緒十三年(1887)同文書局石印本,48 冊

154900035　　040/675=2
御定駢字類編二百四十卷/(清)張廷玉纂.--清光緒十三年(1887)同文書局石印

本,47 冊

154900036　　041/167
增補事類統編九十三卷　首一卷/(清)黄葆真增輯,(清)何立中校.--清道光二十九年(1849)敦好堂刻本,13 冊

154900037　　041/309
古香齋新刻袖珍淵鑑類函四百五十卷　目錄四卷/(清)張英等總裁,(清)徐秉義等分纂.--清乾隆古香齋刻本,123 冊
存三百九十三卷(目錄一至四,一至三百八十九)

154900038　　041/309-01
淵鑑類函四百五十卷　目錄四卷/(清)張英等纂.--清光緒十三年(1887)同文書局刻本,48 冊

154900039　　041/327
通俗編三十八卷/(清)翟灝撰.--清乾隆十六年(1751)無不宜齋刻本,12 冊

154900040　　041/377
格致鏡原一百卷/(清)陳元龍撰.--清康熙五十六年(1717)刻本,24 冊

154900041　　043.72/563=2
佩文韻府一百六卷/(清)蔡升元輯.--清光緒十二年(1886)同文書局石印本,60 冊

154900042　　071/504.2
吹網錄六卷/(清)葉廷琯撰.--清同治八年(1869)刻本,1 冊

154900043　　071/762
讀書雜識十二卷/(清)勞格著,(清)丁寶書述.--清光緒四年(1878)歸安丁氏刻本,4 冊

154900044　　071.22/563
獨斷二卷/(漢)蔡邕撰.--清光緒元年(1875)崇文書局刻本,1 冊

154900045　　071.52/117-5
校訂困學紀聞集證二十卷/(宋)王應麟撰,(清)閻若璩,(清)何焯,(清)全祖望等箋.--清嘉慶十八年(1813)掃葉山房刻本,7 冊
存十四卷(一至十四)

154900046　　071.7/119
讀書雜志八十二卷　餘編二卷/(清)王念孫撰.--清同治九年(1870)金陵書局刻本,24 冊

154900047　　071.7/252
札樸十卷/(清)桂馥撰.--清光緒九年(1883)蔣氏心矩齋刻本,6 冊

154900048　　071.7/252-02
札樸十卷/(清)桂馥撰.--清光緒七年(1881)小李山房刻本,5 冊

154900049　　071.7/901
義門讀書記五十八卷/(清)何焯撰.--清乾隆三十四年(1769)刻本,16 冊

154900050　　071.7/901=2
義門讀書記五十八卷/(清)何焯撰.--清乾隆三十四年(1769)刻本,16 冊

154900051　　071.7/964
日知錄集釋三十二卷/(清)顧炎武著,(清)黃汝成集釋.--清光緒元年(1875)崇文書局刻本,16 冊

154900052　　072.7/319=3
聰訓齋語一卷/(清)張英著.--清光緒二十四年(1898)北京聚文齋刻本,1 冊

154900053　　072.7/736=2

浮邱子十二卷/(清)湯鵬著.--清同治四年(1865)湘陰李黼堂刻本,4 册

154900054　　075.6/292

稗海七十種/(明)商濬輯,(清)李穆堂重編.--明萬曆商氏半埜堂刻清康熙振鷺堂重編補刻本,96 册

缺二種十九卷(龍城錄二卷,鶴林玉露十六卷補遺一卷補序)

154900055　　080/112

二十二子全書二十二種/(清)浙江書局輯.--清光緒元至三年(1875～1877)浙江書局刻本,83 册

154900056　　080/362=2

平津館叢書十集三十四種/(清)孫星衍輯.--清光緒十一年(1885)蘭陵孫氏刻本,50 册

154900057　　080/377-02

湖海樓叢書十二種/(清)陳春輯.--清嘉慶十四至二十四年(1809～1819)蕭山陳氏湖海樓刻本,24 册

154900058　　080/582-2

子書百家一百種/(清)崇文書局輯.--清光緒元年(1875)崇文書局刻本,110 册

154900059　　080/677

子書二十二種　附增鶡冠子/(清)浙江書局輯.--清光緒二十三年(1897)上海圖書集成局鉛印本,18 册

154900060　　080/677=2

子書二十三種/(清)上海文瑞樓輯.--清宣統三年(1911)上海文瑞樓鉛印本,18 册

154900061　　080/962=2

平津館叢書六集三十八種/(清)孫星衍輯.--清嘉慶蘭陵孫氏刻本,34 册

存二十六種一百八十五卷(六韜六卷附逸文一卷、黄帝龍首經二卷黄帝金匱玉衡經一卷黄帝授三子玄女經一卷廣黄帝本行記一卷軒轅黄帝傳一卷、漢禮器制度一卷、漢官一卷、漢官解詁一卷、漢舊儀二卷附補遺二卷、漢官儀二卷、漢官典職儀式選用一卷、漢儀一卷、魏三體石經遺字考一卷、琴操二卷附補遺一卷、穆天子傳六卷附録一卷、物理論一卷、譙周古史考一卷、建立伏博士始末二卷、華氏中藏經三卷、素女方一卷附製大黄丸方序、千金寶要六卷附秘授清寧丸方、寰宇訪碑録十二卷、渚宫舊事五卷附補遺一卷、三輔黄圖一卷、孔子集語十三卷、抱樸子内篇二十卷抱樸子外篇五十卷、尚書古今文註疏三十卷、芳茂山人詩集九卷、長離閣詩集一卷)

154900062　　080/994-02

咫進齋叢書三集三十五種/(清)姚覲元輯.--清光緒九年(1883)姚氏刻本,48 册

154900063　　080.7/185=3

隨園三十種/(清)袁枚撰.--清光緒十八年(1892)上海圖書集成印書局鉛印本,46 册

缺一種十卷(續新齊諧十卷)

154900064　　081.1/754-1

海山仙館叢書五十六種/(清)潘仕成輯.--清道光咸豐海山仙館遞刻彙印本,92 册

154900065　　081.3/789=7

漢魏叢書八十六種/(明)何鏜原輯,(明)程榮重輯.--清乾隆五十六年(1791)王氏刻本(遞修),15 册

存二十一種七十九卷(参同契一卷、陰符經一卷、風后握奇經一卷附握奇經一卷八陣總述一卷、素書一卷、心書一卷、西京雜記六卷、漢武帝内傳一卷、飛燕外傳一卷、雜事秘辛一卷、華陽國志十四志附江原士女志、十六國春秋十六卷、元經薛氏傳一至四卷、顔氏家訓二卷、天祿閣外史八卷、風俗通義十卷、人物志三卷、神異經一卷、海內十洲記一卷、别國洞冥記四卷、枕中書一卷、佛國記一卷)

154900066　　082/279

梅氏叢書輯要六十二卷/(清)梅文鼎著,(清)梅穀成重輯.--清乾隆二十六年(1761)宣城梅氏刻本,16 冊

缺十一卷(一至九、十二至十三)

154900067　　082/292

惜陰軒叢書三十四種　續編一種/(清)李錫齡輯.--清光緒十四年(1888)惜陰書局刻本,70 冊

存二十九種二百五十三卷(玩易意見二卷、石渠意見四卷拾遺二卷補缺一卷、學易記五卷、周易本義爻徵二卷、虚字說一卷、戰國策十卷、雲南機務抄黄一卷、東西洋考十二卷、會稽三賦註四卷、授經圖二十卷、京畿金石考二卷、雍州金石記十卷記餘一卷、北溪字義二卷補遺一卷附嚴陵講義一卷、正蒙會稿四卷、衛生寶鑑二十四卷補遺一卷、新增格古要論十三卷、元城語錄解三卷附行錄解一卷、兩山墨談十八卷、見物五卷、事物紀原十卷、書敘指南二十卷、表異錄二十卷、清異錄二卷、唐語林八卷、世說新語三卷、老子集解二卷考異一卷、古文周易參同契註八卷、楚辭補註十七卷、古文苑二十一卷);續編吕涇野經說二十一卷(周易說翼三卷、尚書說要五卷、毛氏說序六卷、春秋說志五卷、禮問二卷)

154900068　　082/331

皇朝經世文編一百二十卷/(清)賀長齡輯.--清光緒二十二年(1896)掃葉山房石印本,24 冊

154900069　　082/331-1

皇朝經世文編一百二十卷/(清)賀長齡輯.--清光緒十三年(1887)上海廣百宋齋刻本,24 冊

154900070　　082/438

拜經樓叢書七種/(清)吳騫撰輯.--清光緒十一年(1885)鄂渚章氏刻本,5 冊

存五種(詩譜補亡後訂一卷、陶靖節詩註四卷附錄、國山碑考一卷補遺、桃溪客語一至二卷、陽羡名陶錄二卷)

154900071　　082.4/471=2

經訓堂叢書二十一種/(清)畢沅輯.--清乾隆鎮洋畢氏刻本,12 冊

存八種五十九卷(經典文字辨證書五卷、音同義異辯一卷、樂遊聯唱集二卷、禘說二卷、晏子春秋七卷附音義二卷、吕氏春秋二十六卷、釋名疏證正字本八卷、釋名疏證篆字本八卷補遺一卷續釋名一卷)

154900072　　082.7/214

琳琅祕室叢書四集三十種/(清)胡珽輯.--清光緒十四年(1888)會稽董氏取斯堂木活字本,23 冊

缺一卷(雞肋編下)

154900073　　082.7/754

滂喜齋叢書五十四種/(清)潘祖蔭編.--清同治光緒京師潘氏八囍齋刻本,32 冊

154900074　　082.7/754=2
滂喜齋叢書五十四種/(清)潘祖蔭編.--清同治光緒京師潘氏八囍齋刻本,32 冊

154900075　　082.7/754=3
滂喜齋叢書五十四種/(清)潘祖蔭編.--清同治光緒京師潘氏八囍齋刻本,32 冊

154900076　　082.7/850
知不足齋叢書三十集/(清)鮑廷博編,(清)鮑志祖續輯.--清乾隆至道光(1736～1850)長塘鮑氏刻本,158 冊
缺十一集(一至十、二十四)

154900077　　084/158
玉函山房輯佚書八十卷　目耕帖三十一卷/(清)馬國翰輯,(清)陳錦校訂.--清光緒十年(1884)章邱李氏刻本,63 冊
缺十八卷(四十至五十一、五十九至六十四)

154900078　　084/414=2
玉函山房輯佚書五百九十四種　補遺二十種　附一種/(清)馬國翰輯.--清光緒九年(1883)長沙嫏嬛館刻本,100 冊

154900079　　086.23/221
金華叢書六十四種/(清)胡鳳丹輯.--清同治光緒胡氏退補齋刻本(補刻),252 冊
缺八種六十六卷(金華叢書書目提要八卷、東萊吕氏古易一卷、周易音訓二卷、禹貢集解二卷、增修東萊書說三十五卷首一卷、書疑九卷、尚書表註二卷、讀書叢說六卷);吕氏家塾讀詩記缺十二卷(一至十二)

154900080　　086.23/221=2
金華叢書六十四種/(清)胡鳳丹輯.--清同治光緒胡氏退補齋刻本,186 冊
缺十八種一百八十五卷(九灵山房集三十卷、遺稿四卷首一卷、鹿皮子集四卷、白雲集四卷首一卷附錄一卷、月泉吟社三卷、忠簡公集七卷、大事記十二卷、左氏傳說二十卷、論語集註考證十卷、孟子集註考證七卷、詩集傳名物鈔八卷、讀書叢說六卷、讀四書叢說八卷、東萊博議二十五卷、大學疏義一卷、詩律武庫十五卷、帝王經世圖譜十六卷附錄一卷、古周易一卷)

154900081　　086.23/340
常州先哲遺書初集四十種　附三種/盛宣懷輯.--清光緒二十一至二十四年(1895～1898)武進盛氏思惠齋刻本,64 冊

154900082　　089.51/117=3
玉海二百卷　詞學指南四卷　附刻十三種/(宋)王應麟撰.--清末成都王氏刻本,92 冊

154900083　　089.51/377
直齋書錄解題二十二卷/(宋)陳振孫撰.--清光緒九年(1883)江蘇書局刻本,6 冊

154900084　　089.6/112
船山遺書二百八十八卷/(清)王夫之撰.--清同治四年(1865)金陵湘鄉曾國荃刻本,160 冊

154900085　　089.6/112=2
船山遺書二百八十八卷/(清)王夫之撰.--清同治四年(1865)金陵湘鄉曾國荃刻本,100 冊

154900086　　089.7/119
鄂宰四種/(清)王筠撰.--清咸豐二年(1852)刻本,2 冊

154900087　　089.7/119＝2
鄂宰四種/(清)王筠撰.--清咸豐二年(1852)刻本,2冊

154900088　　089.7/209
郝氏遺書三十一種/(清)郝懿行撰.--清嘉慶至光緒棲霞郝氏刻本,72冊

154900089　　089.7/209=2
郝氏遺書三十一種/(清)郝懿行撰.--清嘉慶至光緒棲霞郝氏刻本,50冊

154900090　　089.7/209-2
郝氏遺書三十一種/(清)郝懿行撰.--清嘉慶至光緒棲霞郝氏刻本,4冊
存四種四卷(晉宋書故一卷、補宋書刑法志一卷、補宋書食貨志一卷、宋瑣語一卷)

154900091　　089.7/212
戴氏遺書十三種/(清)戴震撰.--清乾隆曲阜孔氏微波榭刻本,8冊
缺三種十五卷(聲韻考四卷,聲類表九卷、首一卷,水經註一卷)

154900092　　089.7/254
竹柏山房十五種/(清)林春溥撰.--清咸豐五年(1855)福州林氏竹柏山房刻本,40冊

154900093　　089.7/278=2
杭氏七種/(清)杭世駿編撰.--清咸豐刻本,4冊

154900094　　089.7/373=2
皮氏叢書九種/(清)皮錫瑞撰.--清光緒二十五至三十四年(1899～1908)思賢書局刻本,14冊

154900095　　089.7/382
番禺陳氏東塾叢書初函四種　附一種/(清)陳澧撰.--清道光二十八年至光緒十年(1848～1884)廣州富文齋刻本,9冊

154900096　　089.7/382=2
番禺陳氏東塾叢書初函四種　附一種/(清)陳澧撰.--清道光二十八年至光緒十年(1848～1883)廣州富文齋刻本,9冊

154900097　　089.7/540=2
董方立遺書九種十六卷/(清)董祐誠撰.--清道光九年(1829)京都文德齋刻本,3冊

154900098　　089.7/728
頻羅庵遺集七種十六卷/(清)梁同書撰.--清光緒十三年(1887)修綆山莊刻本,8冊

154900099　　089.7/728=2
頻羅庵遺集七種十六卷/(清)梁同書撰.--清光緒十三年(1887)修綆山莊刻本,6冊

154900100　　089.7/730
二思堂叢書六種/(清)梁章鉅撰.--清光緒元年(1875)福州梁氏刻本,16冊

154900101　　089.7/781
西河合集一百一十七種/(清)毛奇齡撰.--清康熙蕭山書留艸堂刻本,92冊
原缺六卷(經集:儀禮疑義二卷,文集:頌一卷、策問一卷、續哀江南賦一卷、擬廣博詞連珠詞一卷)

154900102　　089.7/827
朱氏群書六種/(清)朱駿聲撰.--清光緒八年(1882)臨嘯閣刻本,4冊

154900103　　089.7/990
春在堂全書二十六種/(清)俞樾撰.--清同治十年(1871)刻本(增刻),79冊
存二百七十七卷(俞樓襍纂五十卷,第一樓

叢書三十卷,賓萌集六卷外集四卷,春在堂襍文二卷續編五卷三編四卷四編八卷,右台仙館筆記十一卷(六至十六),諸子平議三十五卷,羣經平議三十五卷,春在堂詩編十四卷,曲園襍纂五十卷,茶香室叢鈔二十三卷)

154900104　　089.7/990=2
春在堂全書二十六種/(清)俞樾撰.--清同治十年(1871)刻本,24 冊
存二十八種八十六卷(諸子平議九種十八卷(十八至三十五),弟一樓叢書九種三十卷,诗文類稿七種二十八卷,外書三種十卷)

154900105　　090.2/112
十三經註疏三百六十卷　附考證/(唐)孔穎達等疏,(清)張照等考證.--清同治十年(1871)廣東書局刻本,105 冊

154900106　　090.2/112=4
宋本十三經註疏附校勘記四百一十六卷/(清)阮元校勘.--清光緒十三年(1887)脈望仙館石印本,32 冊

154900107　　090.2/112-01
十三經註疏附考證三百四十六卷/(清)□□輯.--清乾隆十二年(1747)武英殿刻本,109 冊

154900108　　090.2/112-04
宋本十三經註疏附校勘記四百一十六卷/(清)阮元校勘.--清光緒十三年(1887)脈望仙館石印本,32 冊

154900109　　090.2/861
通志堂經解一百四十種/(清)納蘭性德輯.--清同治十二年(1873)粵東書局刻本,480 冊

154900110　　090.8/164=2
七經精義二十九卷/(清)黃淦纂.--清光緒五年(1879)掃葉山房刻本,14 冊

154900111　　090.8/290
經學叢書初編十三種/(清)朱記榮輯訂.--清光緒十三年(1887)吳縣朱氏槐廬刻本,12 冊

154900112　　090.8/668
御纂七經二百九十四卷/(清)李光地撰.--清光緒十四年(1888)江南書局刻本,82 冊
存三種一百二十四卷(欽定詩經傳説彙纂二十一卷首二卷詩序二卷,欽定周官義疏四十八卷首一卷,欽定儀禮義疏四十八卷首二卷)

154900113　　090.8/668.2
五經不分卷/捧石山房輯.--清末民国捧石山房石印本,5 冊
存三種(易經、書經、詩經)

154900114　　090.8/813.2
五經揭要□□卷/(清)周蕙田輯錄.--清末怡怡軒刻本,7 冊
存二十三卷(周易揭要一至三、書經揭要一至六、詩經揭要一至四、禮記揭要四、春秋三傳揭要一至六)

154900115　　090.8/946
新刊經解(通志堂經解)/(清)納蘭成德輯.--清康熙十九年(1680)通志堂刻本,395 冊
缺二十七卷[三山拙齋林先生尚書全解一卷(三十四),詩傳遺說四卷(三至六),逸齋詩補傳二十二卷(篇目,一至二十一)]

154900116　　090.8/968
皇清經解一千四百零七十八卷/(清)鄭獻甫總校.--清咸豐十一年(1861)學海堂刻本,167 冊
存六百七十八卷(一至六百七十八)

154900117　　090.8/968=2
皇清經解一百八十種/(清)阮元輯.--清光緒十三年(1887)上海書局石印本,64 冊

154900118　　090.8/968-03
皇清經解一千四百卷　首一卷　附續刻八卷/(清)阮元輯.--清咸豐十一年(1861)廣東學海堂刻本(補刻),362 冊

154900119　　090.8/968-2
皇清經解續編二百九種一千四百三十卷/(清)王先謙輯.--清光緒十四年(1888)南菁書院刻本,320 冊

154900120　　090.8/968-2=2
皇清經解續編二百九種一千四百三十卷/(清)王先謙輯.--清光緒十四年(1888)南菁書院刻本,320 冊

154900121　　093.12/827
詩經集傳八卷/(宋)朱熹集傳.--清光緒十一年(1885)掃葉山房刻本,4 冊

154900122　　093.12/827=2
詩經集傳(奎壁詩經)八卷/(宋)朱熹集傳.--清光緒十八年(1892)成文堂刻本,4 冊

154900123　　093.3/433
詩小學三十卷　詩小學補一卷/(清)吳樹聲撰.--清同治七年(1868)壽光官廨刻本,12 冊

154900124　　094.1/169
周禮精義六卷　首一卷/(清)黄淦纂.--清嘉慶十六年(1811)翼經堂刻本,1 冊

154900125　　094.32/827
禮記訓纂四十九卷/(清)朱彬輯.--清咸豐元年(1851)宜祿堂刻本,8 冊

154900126　　097.1/370=2
[四書]不分卷/(宋)朱熹輯.--清末刻本,1 冊

154900127　　097.37/998-04
大學衍義四十三卷/(宋)真德秀撰.--清同治十一年(1872)浙江書局刻本,5 冊
存二十四卷(一至二十四)

154900128　　097.37/998-05
大學衍義四十三卷/(宋)真德秀撰.--清同治十三年(1874)金陵書局刻本,8 冊

154900129　　097.5/115
四書朱子本義匯參四十三卷　首四卷/(清)王步青輯.--清乾隆十年(1745)敦復堂刻本,30 冊

154900130　　097.52/117
四書釋文不分卷/(清)王賡言編.--清道光刻本,6 冊

154900131　　097.52/717
御製繙譯四書六卷/(清)鄂爾泰譯.--清乾隆二十年(1755)寶名堂刻本,6 冊

154900132　　098.1/938
古經解彙函十六種　附小學彙函十四種/(清)鍾謙鈞等輯.--清同治十二年(1873)粵東書局刻本,63 冊
缺一種三卷(春秋啖趙集傳纂例四至六)

154900133　　098.1/938=2
古經解彙函十六種　附小學彙函十四種/(清)鍾謙鈞等輯.--清同治十二年(1873)粵東書局刻本,14 册
存九種四十八卷(周易集解六卷,周易口訣義六卷,易緯乾坤鑿度二卷、易緯乾鑿度二卷、易緯稽覽圖上卷,春秋啖趙集傳纂例六卷,春秋微旨三卷,春秋啖趙二先生集傳辯疑十卷,語集解義疏十卷,論語筆解二卷,鄭志三卷補遺一卷)

154900134　　098.2/598
七經孟子考文並補遺二百卷/(日本)山井鼎輯,(日本)物觀纂修.--清嘉慶二年(1825)儀徵阮氏小琅嬛僊館刻本,16 册

154900135　　098.3/112
經義述聞三十二卷/(清)王引之撰.--清道光七年(1827)京師壽藤書屋刻本,12 册
存十七卷(一至十七)

154900136　　098.3/112=2
經義述聞三十二卷/(清)王引之撰.--清末刻本,8 册
存十六卷(十七至三十二)

154900137　　098.3/660
十三經客難五十五卷/(清)龔元玠著.--清道光二十六年(1846)西城龔氏刻本,24 册

154900138　　098.4/119
六經圖定本六卷/(宋)楊甲撰,(清)王皜校錄.--清乾隆五年(1740)六安王氏向山堂刻本,6 册

154900139　　098.4/977
六經圖二十四卷/(清)鄭之僑編輯.--清乾隆九年(1744)潮陽鄭氏述堂刻本,12 册

154900140　　098.5/158
羣經異字同聲考十三卷/(清)丁顯纂.--清光緒十六年(1890)刻本,5 册
存五卷(一至四、九)

154900141　　098.7/370
孔叢伯說經五稾五種　附一種/(清)孔廣林撰.--清光緒十六年(1890)刻本,5 册

154900142　　099.2/827
小學集註六卷/(宋)朱熹撰.--清光緒十五年(1889)山東書局刻本,2 册

154900143　　099.9/429-3
石經彙函十種四十五卷/(清)王秉恩編.--清光緒十六年(1890)尊經書局刻本,9 册
缺一種四卷(儀禮石經校勘記四卷)

154900144　　115/169
宋元學案一百卷　首一卷/(清)黄宗羲原本,(清)全祖望修定.--清光緒五年(1879)長沙寄廬刻本,34 册

154900145　　121.1/285
李文貞公全集三十九種一百五十九卷/(清)李光地撰編.--清乾隆元年至嘉慶六年(1736～1801)遞刻修補本,64 册

154900146　　121.1/827
周易本義四卷　圖說一卷　筮儀一卷　卦歌一卷/(宋)朱熹撰.--清光緒七年(1881)江蘇書局刻本,2 册

154900147　　121.1/827-2
周易本義辨證五卷/(清)惠棟撰.--清常熟蔣氏省吾堂刻本,1 册
存三卷(三至五)

154900148　　121.12/288=2
御纂周易折中二十二卷　首一卷/(清)李光地等撰.--清光緒十四年(1888)江南書局刻本,10 冊

154900149　　121.212/827=3
四書釋文不分卷/(清)王賡言編.--清道光刻本,6 冊

154900150　　121.22/899-03
論語註疏二十卷　附校勘記/(三國魏)何晏集解,(宋)邢昺疏.--清嘉慶二十年(1815)南昌府學刻本,6 冊

154900151　　121.222/115
四書朱子本義匯參四十三卷　首四卷/(清)王步青輯.--清乾隆十年(1745)敦復堂刻本,39 冊

154900152　　121.227/745
功順堂叢書十八種/(清)潘祖蔭輯.--清道光刻本,1 冊

154900153　　121.23/370
闕里文獻考一百卷　首一卷　末一卷/(清)孔繼汾撰.--清乾隆二十七年(1762)刻本,8 冊

154900154　　121.23/370=2
闕里文獻考一百卷　首一卷　末一卷/(清)孔繼汾撰.--清末刻本,8 冊

154900155　　121.267/199=4
孟子趙註十四卷/(漢)趙岐註　**音義二卷**/(宋)孫奭音義.--清乾隆曲阜孔氏微波榭刻本,4 冊

154900156　　121.271/115-03
荀子集解二十卷　附考證一卷/(清)王先謙撰.--清光緒十七年(1891)思賢講舍刻本,6 冊

154900157　　121.29/117-2
困學紀聞註二十卷　首一卷/(清)翁元圻輯,(清)廖玉湘編.--清光緒八年(1882)新都廖氏家塾刻本,14 冊

154900158　　121.29/379=2
養正遺規摘鈔一卷/(清)陳宏謀原編.--清同治七年(1868)崇文書局刻本,1 冊

154900159　　121.29/719=2
近思錄十四卷　附考訂朱子世家一卷　校勘記一卷/(宋)朱熹撰,(清)江永集註.--清同治八年(1869)江蘇書局刻本,4 冊

154900160　　121.29/719=4
近思錄十四卷　附考訂朱子世家一卷/(宋)朱熹撰,(清)江永集註.--清咸豐三年(1853)刻本,6 冊

154900161　　121.29/719=8
近思錄十四卷　附考訂朱子世家一卷　校勘記一卷/(宋)朱熹撰,(清)江永集註.--清光緒十五年(1889)掃葉山房刻本,6 冊

154900162　　121.31/112=2
老子道德經二卷/(周)李耳撰,(晉)王弼註　**音義一卷**/(唐)陸德明音義.--清光緒元年(1875)浙江書局刻本,1 冊

154900163　　121.82/362
平津館叢書六集三十八種/(清)孫星衍輯.--清嘉慶平津館刻本,1 冊

154900164　　125/164-04
宋元學案一百卷　首一卷/(清)黃宗羲原本,(清)黃百家纂輯.--清末刻本,40 冊

154900165　　125/288
御纂性理精義十二卷/(清)李光地承修.--清刻本,4 冊

154900166　　125/938
性理大全會通七十卷　續編四十二卷/(明)胡廣等編,(明)鍾人傑訂正.--清初光裕堂聚錦堂刻本,7 冊
存二十二卷(四十三至六十四)

154900167　　125.12/359
理學宗傳二十六卷/(清)孫奇逢輯.--清光緒六年(1880)浙江書局刻本,10 冊
存二十六卷(一至二十二、二十三至二十六)

154900168　　125.5/827=4
朱子語類一百四十卷/(宋)朱熹撰,(宋)黎靖德編.--清同治十一年(1872)應元書院刻本,31 冊
缺三十一卷(七十一至一百一)

154900169　　125.5/827-2
朱子遺書二刻六種/(宋)朱熹撰.--清康熙御兒吕氏寶誥堂刻本,12 冊

154900170　　125.7/998
西山先生真文忠公讀書記四十卷/(宋)真德秀撰.--清末刻本,11 冊
存九卷(二十七、三十至三十一、三十三至三十四、三十六至三十八、四十)

154900171　　126.1/566
讀書錄十一卷　續錄十二卷/(明)薛瑄撰.--清道光七年(1827)刻本,6 冊

154900172　　126.9/169=4
明儒學案六十二卷　附師説一卷/(清)黄宗羲著,(清)莫晉校刊.--清光緒十四年(1888)南昌縣學刻本,32 冊

154900173　　127.73/982
曾文正公全集十五種/(清)曾國藩撰輯.--清同治十二年至光緒二年(1873～1876)傳忠書局刻本,128 冊

154900174　　127.73/982-02
曾文正公全集十五種/(清)曾國藩纂,(清)李鴻章審訂.--清光緒二十九年(1903)鴻寶書局石印本,48 冊

154900175　　193.037/679=4
顔氏家訓七卷　附錄一卷/(北齊)顔之推撰,(清)趙曦明註.--清末民國崇新書局影印本,6 冊

154900176　　312.08/158
白芙堂算學叢書二十二種　附一種/(清)丁取忠輯.--清同治光緒長沙古荷花池精舍刻本,26 冊
缺八卷(筆算一卷,九章翼七種七卷(今有术一卷、分法一卷、开法一卷、平方各形术一卷、平圆各形图一卷、立方立圆术一卷、句股一卷))

154900177　　413/313=3
景岳全書六十四卷/(明)張介賓撰,(清)魯超訂.--清康熙刻本,34 冊
缺五卷(十八至十九、二十四、五十八至五十九)

154900178　　414.1/710
增訂本草備要四卷/(清)汪昂著輯,(清)汪桓参訂.--清崇文堂刻本,1 冊
存一卷(三)

154900179　　414.16/288=2
本草綱目五十二卷　首一卷　本草綱目圖三卷/(明)李時珍原著.--清同治十一年(1872)芥子園刻本,46 冊

154900180　　432/526
欽定授時通考七十八卷/(清)鄂爾泰,(清)張廷玉總裁,(清)蔣溥等纂.--清道六年(1826)刻本,23 冊
缺三卷(十三至十五)

154900181　　435.4/119=3
二如亭群芳譜二十八卷　首一卷/(明)王象晉纂輯.--明末清初刻本(補刻),1 冊
存三卷(卷首、天譜一至二)

154900182　　531.11/977=2
周禮六卷/(漢)鄭玄註,(唐)陸德明音義.--清嘉慶十一年(1806)張氏清芬閣刻本,5 冊
存五卷(二至六)

154900183　　531.17/827=2
儀禮節略二十卷/(清)朱軾撰.--清康熙五十八年(1719)浙江撫署刻雍正後印本,16 冊

154900184　　531.27/438
禮記纂言三十六卷/(元)吳澄纂,(清)朱軾重校.--清光緒二十三年(1897)朱衡刻本,7 冊
存十三卷(一至十三)

154900185　　531.9/102
五禮通考二百六十二卷　首一卷/(清)秦蕙田輯.--清光緒六年(1880)江蘇書局刻本,100 冊

154900186　　532/102-02
五禮通考二百六十二卷　首一卷/(清)秦蕙田輯.--清光緒六年(1880)江蘇書局刻本,100 冊

154900187　　532/436
讀禮通考一百二十卷/(清)徐乾學撰.--清光緒七年(1881)江蘇書局刻本,32 冊

154900188　　573.1/146
皇朝通志一百二十六卷/(清)嵇璜撰.--清光緒二十七年(1901)上海圖書集成局鉛印本,12 冊

154900189　　573.1/249＋
欽定續通典一百五十卷/(清)嵇璜等纂.--清光緒二十七年(1901)上海圖書集成局鉛印本,12 冊

154900190　　573.1/249＋2
皇朝通典一百卷/(清)嵇璜撰.--清光緒二十七年(1901)上海圖書集成局鉛印本,12 冊

154900191　　573.1/249=2
通典二百卷/(唐)杜佑撰.--清光緒二十七年(1901)上海圖書集成局鉛印本,16 冊

154900192　　573.1/416
文獻通考三百四十八卷　附考證三卷/(元)馬端臨撰.--清光緒二十七年(1901)上海圖書集成局鉛印本,44 冊

154900193　　573.1/416＋
欽定續文獻通考二百五十卷/(清)嵇璜等撰.--清光緒二十七年(1901)上海圖書集成局鉛印本,35 冊
缺六卷(十二至十七)

154900194　　573.1/416＋2
皇朝文獻通考三百卷/(清)嵇璜等撰.--清

光緒二十七年(1901)上海圖書集成局鉛印本,40 冊

154900195　　573.11/977=2
周禮六卷/(漢)鄭玄註.--清同治十一年(1872)山東書局刻本,6 冊

154900196　　573.115/382
周禮精華六卷/(清)陳龍標輯.--清道光六年(1826)光韙堂刻本,2 冊

154900197　　573.171/433
欽定大清會典事例一千二百二十卷/(清)李鴻章纂.--清光緒武英殿石印本,383 冊

154900198　　573.42/606
宦海指南五種/(清)許乃普輯.--清咸豐九年(1859)刻本,6 冊

154900199　　601/859-02
史通削繁四卷/(唐)劉知幾撰,(清)紀昀刪定.--清光緒翰墨園刻朱墨套印本,1 冊

154900200　　601.3/859=4
史通削繁四卷/(唐)劉知幾撰,(清)紀昀刪定.--清道光十三年(1833)兩廣節署刻朱墨套印本,1 冊

154900201　　601.30/892
史通通釋二十卷　附錄新唐書劉知幾本傳/(唐)劉知幾撰,(清)浦起龍釋.--清光緒十一年(1885)刻本,8 冊

154900202　　602/164.2
歷代紀元表一卷　附年號分韻錄一卷/(清)黃本驥編,(清)蔣環校.--清道光三長物齋刻本,1 冊

154900203　　602/164.2
郡縣分韻考十卷/(清)黃本驥編輯,(清)蔣環參校.--清道光二十七年(1847)三長物齋刻本,
存一卷(一)與 370000-1549-0000202 合冊

154900204　　608/863
史學叢書四十三種/(清)□□輯.--清光緒二十八年(1902)煥文書局石印本,16 冊
存二十五種一百五十三卷(後漢書註補正八卷、後漢書註又補一卷、後漢書補註續一卷、三史拾遺五卷、補三國疆域志二卷、補三國藝文志四卷、三國志辨疑三卷、三國志考證八卷、三國志旁證三十卷、三國職官表三卷、三國志補註續一卷、宋遼金元四史朔閏考二卷、晉書校勘記五卷、東晉疆域志四卷、晉宋書故一卷、補梁疆域志四卷、魏書校勘記一卷、新舊唐書互證二十卷、補宋書食貨志一卷、宋州郡志校勘記一卷、補遼金元藝文志一卷、十六國疆域志十六卷、讀史舉正八卷、諸史拾遺五卷、諸史考異十八卷)

154900205　　610/303-05/(1)
史記一百三十卷/(漢)司馬遷撰,(南朝宋)裴駰集解.--清光緒四年(1878)金陵書局刻本,16 冊

154900206　　610/303-05/(2)
漢書一百二十卷/(漢)班固撰.--清光緒四年(1878)金陵書局刻本,30 冊

154900207　　610/303-05/(3)
後漢書一百卷　續漢志三十卷/(南朝宋)范曄撰,(唐)李賢註.--清光緒四年(1878)金陵書局刻本,18 冊

154900208　　610/303-05/(4)
三國志六十五卷/(晉)陳壽撰,(南朝宋)裴

松之註.--清同治九年(1870)金陵書局刻本,8冊

154900209　　610/303-05/(5)
晉書一百三十卷/(唐)房玄齡撰.--清同治十年(1871)金陵書局刻本,30冊

154900210　　610/303-05/(6)
宋書一百卷/(南朝梁)沈約撰.--清同治十二年(1873)金陵書局刻本,20冊
存八十六卷(一至八十六)

154900211　　610/303-05/(7)
南齊書五十九卷/(南朝梁)蕭子顯撰.--清同治十三年(1874)金陵書局刻本,8冊

154900212　　610/303-05/(8)
梁書五十六卷/(唐)姚思廉撰.--清同治十三年(1874)金陵書局刻本,6冊

154900213　　610/303-05/(9)
陳書三十六卷/(唐)姚思廉撰.--清同治金陵書局刻本,3冊
存三十卷(七至三十六)

154900214　　610/303-05/(10)
魏書一百一十四卷/(北齊)魏收撰.--清同治十一年(1872)金陵書局刻本,24冊

154900215　　610/303-05/(11)
北齊書五十卷/(隋)李百藥撰.--清同治十三年(1874)金陵書局刻本,6冊

154900216　　610/303-05/(12)
周書五十卷/(唐)令狐德棻撰.--清同治十三年(1874)金陵書局刻本,6冊

154900217　　610/303-05/(13)
隋書八十五卷/(唐)魏徵撰.--清光緒四年(1878)金陵書局刻本,6冊
存五十四卷(三十二至八十五);八十五卷存十一葉(一至十一)

154900218　　610/303-05/(14)
南史八十卷/(唐)李延壽撰.--清同治十二年(1873)金陵書局刻本,16冊

154900219　　610/303-05/(15)
北史一百卷/(唐)李延壽撰.--清同治十一年(1872)金陵書局刻本,20冊
缺一卷(六十三);七十五卷缺一葉(一),一百卷存二十二葉(一至二十二)

154900220　　610/303-05/(16)
舊唐書二百四十卷/(五代)劉昫撰.--清同治十一年(1872)浙江書局刻本,40冊
存二百卷(一至二百);二十卷上存三十五葉(一至三十五),一百九十卷缺第五葉(五)

154900221　　610/303-05/(17)
新唐書二百二十五卷/(宋)歐陽修撰.--清同治十二年(1873)浙江書局刻本,48冊
卷一百八十六缺三葉(一至三)

154900222　　610/303-05/(18)
舊五代史一百五十卷/(宋)薛居正撰.--清同治十一年(1872)崇文書局刻本,8冊

154900223　　610/303-05/(19)
新五代史七十四卷/(宋)歐陽修著,(宋)徐無黨註.--清同治十一年(1872)崇文書局刻本,8冊

154900224　　610/303-05/(20)
宋史四百九十六卷　首一卷/(元)脱脱撰.--清光緒元年(1875)浙江書局刻本,92冊

缺四十卷(三百一十四至三百五十三)

154900225　　610/303-05/(21)
遼史一百一十五卷/(元)托克托修.--清同治十二年(1873)江蘇書局刻本,12 冊
七十卷缺二葉(一至二)

154900226　　610/303-05/(22)
金史一百三十五卷　欽定金國語解一卷/(元)托克托修.--清同治十三年(1874)江蘇書局刻本,20 冊

154900227　　610/303-05/(23)
元史二百一十卷/(明)宋濂撰.--清同治十三年(1874)江蘇書局刻本,32 冊
缺五十一卷(一百六至一百五十六);三十四卷缺三葉(十八至二十),七十二卷缺二葉(一至二)

154900228　　610/303-05/(24)
明史三百三十二卷/(清)张廷玉修.--清光緒三年(1877)崇文書局刻本,80 冊
缺九卷(二百三至二百三十八);一百九十八卷存二十葉(一至二十)

154900229　　610.13/782
皇朝通志一百二十六卷/(清)嵇璜等總裁,(清)曹仁虎等纂修.--清光緒八年(1882)浙江書局刻本,40 冊

154900230　　610.13/782-0
欽定續通志六百四十卷/(清)嵇璜等纂.--清光緒二十七年(1901)上海圖書集成局鉛印本,8 冊
存一百二十七卷(五百十四至六百四十)

154900231　　610.13/782-2
皇朝文獻通考三百卷/(清)嵇璜等總裁.--清光緒八年(1882)浙江書局刻本,150 冊

154900232　　610.13/973
通志二百卷　附考證三卷/(宋)鄭樵撰.--清光緒二十七年(1901)上海圖書集成局鉛印本,52 冊
存一百七十六卷(一至一百七十六);與《欽定續通志》合函

154900233　　610.21/747-2
竹書紀年校正十四卷　通考一卷/(南朝梁)沈約附註,(清)郝懿行校正.--清光緒五年(1879)東路廳署刻本,1 冊
存八卷(一至八)

154900234　　610.23/285
續資治通鑑長編五百二十卷/(宋)李燾撰.--清光緒七年(1881)浙江書局刻本,120 冊

154900235　　610.23/303-05
資治通鑑二百九十四卷　附釋文辨誤十二卷/(宋)司馬光撰,(元)胡三省音註.--清同治十年(1871)崇文書局刻本,104 冊

154900236　　610.23/471-01
續資治通鑑二百二十卷/(清)畢沅編集.--清光緒二十九年(1903)刻本,120 冊

154900237　　610.24/827-04
資治通鑑綱目前編二十五卷　正編五十九卷　續編二十七卷/(宋)朱熹等撰,(明)陳仁錫評閱.--清康熙四十年(1701)王公行刻本,96 冊

154900238　　610.24/827-2
資治通鑑綱目三編/(明)陳仁錫評閱.--清嘉慶九年(1804)姑蘇聚文堂刻本,130 冊

缺一編(前編)

154900239　　610.29/303=2
稽古錄二十卷　附校勘記一卷/(宋)司馬光撰.--清光緒五年(1879)江蘇書局刻本,4冊

154900240　　610.4/411
繹史一百六十卷　世系圖一卷　年表一卷/(清)馬驌撰.--清康熙九年(1670)刻本,36冊

154900241　　610.5/745
廿一史四譜五十四卷/(清)沈炳震鈔.--清同治十年(1871)武林吳氏清來堂刻本,20冊

154900242　　610.5/863
八史經籍志十種/(日本)□□輯.--清光緒九年(1883)刻本,17冊

154900243　　610.5/863=2
八史經籍志十種/(日本)□□輯.--清光緒九年(1883)刻本,16冊

154900244　　610.7/767=2
南北史識小錄二十八卷/(清)沈銘蕣,(清)朱昆田原輯,(清)張應昌補正.--清同治十年(1871)武林吳氏清來堂刻本,8冊

154900245　　610.81/111
讀史漫錄十四卷/(明)于慎行著,(明)郭應寵編次.--明萬曆四十二年(1614)福建于緯刻本,6冊

154900246　　610.81/219
讀史管見三十卷　目錄二卷/(宋)胡寅著,(明)張溥閱.--清康熙五十三年(1714),8冊

存十六卷(目錄二卷,一至十四)

154900247　　610.81/311
歷代史論十二卷　附四種/(明)張溥等論正.--清光緒八年(1882)裴氏刻朱墨套印本,8冊

154900248　　610.81/311=2
歷代史論十二卷/(明)張溥等論正.--清光緒十三年(1887)掃葉山房刻本,8冊

154900249　　610.83/115=2
十七史商榷一百卷/(清)王鳴盛述.--清乾隆五十二年(1787)洞涇艸堂刻本,24冊

154900250　　621.03/803
聖武記十四卷/(清)魏源撰.--清道光二十四年(1844)京都琉璃廠刻本,10冊

154900251　　621.1/803
書古微十二卷　首一卷/(清)魏源著.--清光緒四年(1878)淮南書局刻本,4冊

154900252　　621.7/288
春秋左氏傳賈服註輯述二十卷/(清)李貽德撰.--清光緒八年(1882)江蘇書局刻本,6冊

154900253　　621.7/392=3
左繡三十二卷　首一卷/(清)馮李驊(清)陸浩評輯　**春秋經傳集解三十卷**/(晉)杜預撰.--清光緒六年(1880)掃葉山房刻本,7冊
存十三卷(一至五、八至十五)

154900254　　621.7/547-2
春秋繁露十七卷/(漢)董仲舒撰,(明)程榮校.--明萬曆二十年(1592)程榮刻漢魏叢書本,2冊

154900255　　621.73/292

曲江書屋新訂批註左傳快讀十八卷　首一卷/(晉)杜預註,(唐)陸德明音義.--清乾隆五十四年(1789)三益堂刻本,15 冊

存十七卷(一至十四、十六至十八)

154900256　　622.101/124-09

漢書一百卷/(漢)班固撰,(唐)顏師古註.--清光緒十三年(1887)金陵書局刻本,16 冊

154900257　　622.2/533-012

後漢書一百卷　續漢志三十卷/(南朝宋)范曄撰,(唐)李賢註.--清同治八年(1869)金陵書局刻本,20 冊

154900258　　622.301/377

三國志六十五卷/(晉)陳壽撰,(南朝宋)裴松之註.--清光緒十三年(1887)江南書局刻本,8 冊

154900259　　623.501/292-05

南史八十卷/(唐)李延壽撰.--清同治十一年(1872)金陵書局刻本,16 冊

154900260　　623.54/994-01

陳書三十六卷/(唐)姚思廉撰.--清同治十一年(1872)金陵書局刻本,4 冊

154900261　　623.6/292

北史一百卷/(唐)李延壽撰.--明萬曆二十一年(1593)南京國子監刻本(補版),20 冊

154900262　　623.6/801-01

魏書一百一十四卷/(北齊)魏收撰.--清同治十一年(1872)金陵書局刻本,20 冊

154900263　　623.64/285

北齊書五十卷/(唐)李百藥撰.--明萬曆十七年(1589)南京國子監刻本(補版),8 冊

154900264　　623.64/285-01

北齊書五十卷/(唐)李百藥撰.--清同治十三年(1874)金陵書局刻本,4 冊

154900265　　623.7/805

隋書八十五卷　附校記/(唐)魏徵撰.--清同治十年(1871)淮南書局刻本,16 冊

154900266　　624.1/566

舊五代史一百五十卷　目錄二卷/(宋)薛居正撰,(清)陸錫熊編.--清刻本,15 冊

154900267　　625.04/119

東都事略一百三十卷/(宋)王稱撰.--清乾隆刻本,6 冊

存六十六卷(一至六十六)

154900268　　625.5/812

遼史一百一十六卷/(元)脱脱監修.--明嘉靖八年(1529)南監刻本(補刊),8 冊

154900269　　625.701/695

元史二百一十卷　附考證目錄二卷/(明)宋濂等修.--清光緒十四年(1888)上海圖書集成印書局影印本,24 冊

154900270　　625.703/384

元史紀事本末二十七卷/(明)陳邦瞻編輯,(明)張溥論正.--清同治十三年(1874)江西書局刻本,3 冊

154900271　　626.09/285

[天順]大明一統志九十卷/(明)李賢,(明)彭時,(明)吕原總裁,(明)萬安等纂修.--明萬曆萬壽堂刻本,32 冊

存六十二卷(二十九至九十)

154900272　　626.804/440=2
綏寇紀略十二卷　補遺三卷/(清)吳偉業纂輯,(清)鄒漪原訂.--清嘉慶九年(1804)照曠閣刻本,8冊

154900273　　626.81/217
欽定明鑑二十四卷　首一卷/(清)托津等纂.--清嘉慶兩淮鹽運使司刻本,12冊

154900274　　626.9/738
南疆繹史五十八卷　首二卷/(清)李瑤撰.--清末刻本,12冊
存三十二卷(卷首一、二;紀略一至六,列傳一至二十四)

154900275　　626.9/946
小腆紀傳六十五卷　附補遺及補遺考異/(清)徐鼒撰,(清)徐承禮補編.--清光緒十三年(1887)刻本,16冊

154900276　　627.01/285
國朝耆獻類徵初編四百八十四卷　總目二十卷/(清)李桓錄.--清光緒十年(1884)刻本,9冊
存四十八卷(一百五至一百五十二)

154900277　　627.09/141
大清一統志五百卷/(清)和珅等纂.--清光緒二十八年(1902)上海寶善齋石印本,60冊
存四百二十四卷(一至四百二十四)

154900278　　627.74/245
平定粵匪紀略十八卷　附記四卷/(清)杜文瀾撰.--清同治十年(1871)京都聚珍齋刻本,10冊

154900279　　629.27/311
[光緒]蜀典十二卷/(清)張澍編輯.--清光緒二年(1876)尊經書院刻本,4冊

154900280　　629.27/596
華陽國志十二卷/(晉)常璩撰.--清嘉慶十九年(1814)廖寅題襟館刻本,4冊

154900281　　639.23/105
皇朝藩部要略十八卷　附表四卷/(清)祁韻士纂,(清)毛嶽生編次.--清道光二十六年(1846)筠淥山房刻本,6冊

154900282　　639.23/313
蒙古遊牧記十六卷/(清)張穆撰.--清同治六年(1867)壽陽祁氏刻本,4冊

154900283　　639.235/105
皇朝藩部要略十八卷　附表四卷/(清)祁韻士纂.--清光緒十年(1884)浙江書局刻本,8冊

154900284　　641.3/719
中西紀事二十四卷/(清)夏燮撰.--清末刻本,8冊

154900285　　644.3/449
庚子海外紀事四卷/(清)吕海寰編次.--清光緒二十七年(1901)上海辦理商約行轅鉛印本,4冊

154900286　　652/196
歷代名臣奏議選三十卷/(清)趙承恩輯刊.--清光緒舊學山房刻本,27冊

154900287　　652.41/387
唐陸宣公翰苑集二十四卷/(唐)陸贄撰.--明萬曆陸基忠刻本,6冊

154900288　　652.76/257
林文忠公政書三十七卷/(清)林則徐撰.--清刻本,11冊

154900289　　652.76/257=2
林文忠公政書三十七卷/(清)林則徐撰.--清刻本,10 册
存二十五卷(東河奏稿一卷,江蘇奏稿八卷,湖廣奏稿五卷,使粵奏稿八卷,兩廣奏稿三卷(一至三))

154900290　　652.76/257=3
林文忠公政書三十七卷/(清)林則徐撰.--清刻本,5 册
存十五卷(兩廣奏稿四卷,陝甘奏稿一卷,雲貴奏稿十卷)

154900291　　652.76/257=3+
畿輔水利議不分卷/(清)林則徐編.--清光緒二年(1876)三山林氏刻本,1 册

154900292　　652.76/257=3+2
滇軺紀程一卷　荷戈紀程一卷　政書蒐遺一卷/(清)林則徐撰.--清光緒三至五年(1877～1879)長洲黄氏刻本,1 册

154900293　　652.771/422=2
駱文忠公奏議湘中稿十六卷　四川稿十一卷　附錄行狀神道碑銘輓言錄/(清)駱秉章撰.--清光緒四年(1878)花縣駱氏刻本,24 册

154900294　　652.771/754
潘方伯公遺稿六卷/(清)潘駿文撰.--清光緒二十二年(1896)都門涇縣潘氏刻本,6 册

154900295　　652.781/290
李肅毅伯奏議二十卷/(清)李鴻章撰,(清)章洪均,(清)吳汝綸編輯.--清光緒二十五年(1899)鴻文書局石印本,20 册

154900296　　660/112
九域志十卷/(宋)王存等撰.--清光緒八年(1882)金陵書局刻本,1 册

154900297　　660/424
輿地廣記三十八卷　附校勘札記二卷/(宋)歐陽忞撰.--清光緒六年(1880)金陵書局刻本,4 册

154900298　　660/573-03
太平寰宇記二百卷　目錄二卷/(宋)樂史撰.--清光緒八年(1882)金陵書局刻本,36 册
原缺十卷(四、一百一十三至一百一十九)

154900299　　660/754
方輿紀要簡覽三十四卷/(清)顧祖禹撰,(清)潘鐸輯錄.--清光緒二十八年(1902)經元書室刻本,8 册
存十五卷(一至十五)

154900300　　660/873=2
太平寰宇記二百卷　目錄二卷　補缺八卷/(宋)樂史纂,(清)陳蘭森輯.--清嘉慶八年(1803)刻本,13 册
存五十九卷(目錄二卷,文一至三、五至五十八)

154900301　　660/964-02
讀史方輿紀要一百三十卷/(清)顧祖禹輯.--清光緒二十七年(1901)上海圖書集成局鉛印本,32 册

154900302　　667.02/235
大清一統志表不分卷/(清)陳蘭森撰.--清乾隆五十八年(1793)萬廷蘭刻本,6 册

154900303　　667.081/987
皇朝藩屬輿地叢書六集二十八種/(清)文瑞樓主輯.--清光緒二十九年(1903)上海書

局石印本,48 册

154900304　　669.1/119
小方壺齋輿地叢鈔六十四卷　補編十二帙　再補編十二帙/(清)王錫祺輯,(清)丁萬寶校.--清光緒十七年(1891)上海著易堂鉛印本,83 册
缺一卷(四十七)

154900305　　669.1/630
山海經箋疏十八卷　圖讚一卷　訂譌一卷　敘録一卷/(晉)郭璞傳,(清)郝懿行疏.--清嘉慶十四年(1809)阮元琅嬛仙館刻本,4 册

154900306　　669.1/630-1
山海經廣註四卷/(清)吴志伊註.--清光緒十年(1884)掃葉山房刻本,4 册

154900307　　669.2/903
朔方備乘六十八卷　目録一卷　首十二卷/(清)何秋濤撰.--清咸豐十年(1860)刻本,8 册

154900308　　669.8/964
山東考古録一卷　續三十卷　首一卷/(清)顧炎武撰,(清)葉圭綬續.--清光緒八年(1882)山東書局刻本,6 册

154900309　　670.7/303
文獻通考三百四十八卷　附考證三卷/(元)馬端臨撰.--清光緒二十七年(1901)上海圖書集成局鉛印本,44 册

154900310　　670.7/303+
欽定續文獻通考二百五十卷/(清)嵇璜等撰.--清光緒二十七年(1901)上海圖書集成局鉛印本,36 册

154900311　　670.7/303=2
文獻通考三百四十八卷　附考證三卷/(元)馬端臨撰.--清光緒二十七年(1901)上海圖書集成局鉛印本,33 册
存二百七十二卷(一至七十二、一百四十九至二百六十三、二百六十四至三百四十八)

154900312　　670.7/782
皇朝文獻通考三百卷/(清)嵇璜等撰.--清光緒二十七年(1901)上海圖書集成局鉛印本,12 册
缺七十六卷(七十三至一百四十八)

154900313　　671.15/438
[同治]深州風土記二十二卷　附表五卷/(清)吴汝綸修.--清光緒二十六年(1900)深州文瑞書院刻本,8 册

154900314　　671.2/883
[雍正]山東通志三十六卷　首一卷/(清)岳濬,(清)法敏修,(清)杜詔纂.--清乾隆元年(1736)刻道光 17 年(1837)重修本,34 册
存二十六卷(一至十九、二十八至三十五)

154900315　　671.24/372
[光緒]增修登州府志六十九卷/(清)方汝翼,(清)賈瑚修,(清)周悦讓纂.--清光緒七年(1881)刻本,24 册

154900316　　671.24/372=2
[順治]登州府志二十二卷/(清)施閏章修,(清)楊奇烈纂.--清順治十七年(1660)刻康熙三十三年(1694)增刻本,8 册

154900317　　671.24/372=3
[光緒]增修登州府志六十九卷/(清)方汝翼,(清)賈瑚修,(清)周悦讓纂.--清光緒七年(1881)刻本,22 册

154900318　　671.24/453
[乾隆]諸城縣志四十六卷/(清)宫懋讓修,(清)李文藻纂.--清乾隆二十九年(1764)刻本,8册

154900319　　671.25/105
[道光]章邱縣志十六卷　首一卷　末一卷/(清)吳璋總纂,(清)曹楙堅纂修.--清道光十三年(1833)刻本,8册

154900320　　671.25/105=2
[道光]章邱縣志十六卷　首一卷　末一卷/(清)吳璋總纂,(清)曹楙堅纂修.--清道光十三年(1833)刻本,8册

154900321　　671.25/107
[康熙]鄒平縣志八卷/(清)程素期修,(清)程之芳纂.--清康熙三十五年(1696)刻本,4册

154900322　　671.25/111
[嘉慶]長山縣志十六卷　首一卷/(清)倪企望修,(清)鍾廷瑛纂.--清嘉慶六年(1801)刻本,10册

154900323　　671.25/115
[雍正]齊河縣志十卷　首一卷/(清)上官有儀修,(清)許琰纂.--清乾隆二年(1737)刻本(增刻),4册

154900324　　671.25/125
[乾隆]新泰縣志二十卷/(清)江乾達原修,(清)徐致愉增修.--清光緒十七年(1891)刻本(增刻),4册

154900325　　671.25/141
[乾隆]樂陵縣志八卷　首一卷　末一卷/(清)王謙益修,(清)鄭成中纂.--清乾隆二十七年(1762)刻本,8册

154900326　　671.25/143
[光緒]霑化縣志十六卷　首一卷/(清)聯印修,(清)張會一,(清)耿翔儀纂.--清光緒十七年(1891)刻本,4册

154900327　　671.25/149-02
[乾隆]青城縣志十二卷/(清)方鳳修,(清)戴文熾,(清)周珹纂修.--清乾隆二十四年(1759)刻本(增刻),4册

154900328　　671.25/155-02
[乾隆]博山縣志十卷　首一卷/(清)富申修,(清)田士麟纂.--清乾隆十八年(1753)刻本,4册

154900329　　671.25/201-03
[乾隆]濟寧直隸州志三十四卷　首一卷/(清)胡德琳修,(清)周永年纂.--清乾隆四十三年(1778)刻本(增刻),10册

154900330　　671.25/203
[光緒]滋陽縣志十四卷/(清)莫燨修,(清)黄恩彤纂.--清光緒十四年(1888)刻本,10册

154900331　　671.25/205
[乾隆]曲阜縣志一百卷/(清)潘相纂修.--清乾隆三十九年(1774)刻本,12册

154900332　　671.25/205=2
[乾隆]曲阜縣志一百卷/(清)潘相纂修.--清乾隆三十九年(1774)刻本,8册

154900333　　671.25/209
[康熙]鄒縣志三卷/(清)婁一均修,(清)周翼纂.--清康熙五十五年(1716)刻本,4册

154900334　　671.25/215
[萬曆]汶上縣志八卷/(明)栗可仕修,(明)王命新纂　**[康熙]續修汶上縣志六卷**/(清)聞元炅纂修.--明萬曆三十六年(1608)刻清康熙五十六年(1717)補刻本,4冊

154900335　　671.25/229
[嘉慶]續修郯城縣志十卷/(清)吴堦修,(清)陸繼輅纂.--清嘉慶十五年(1810)刻本,4冊

154900336　　671.25/235
[嘉慶]莒州志十六卷　首一卷/(清)許紹錦纂修.--清嘉慶元年(1796)刻本,6冊

154900337　　671.25/247
[乾隆]定陶縣志十卷　首一卷/(清)雷宏宇修,(清)劉珠纂.--清光緒二年(1876)刻本(補刻),4冊

154900338　　671.25/251=2
[康熙]鄆城縣志八卷/(清)張盛銘修,(清)趙肅纂.--清康熙五十五年(1716)刻本,4冊

154900339　　671.25/305
[道光]博平縣志六卷/(清)楊祖憲修,(清)烏竹芳纂.--清道光十一年(1831)刻本,6冊

154900340　　671.25/307
[康熙]茌平縣志五卷/(清)王世臣修,(清)孫克緒纂.--清康熙四十九年(1710)刻本,5冊

154900341　　671.25/323
[道光]武城縣志續編十四卷　首一卷/(清)厲秀芳纂修.--清道光二十一年(1841)刻本,4冊

154900342　　671.25/333
[乾隆]平原縣志十卷　首一卷/(清)黄懷祖纂修.--清乾隆十四年(1749)刻本,4冊

154900343　　671.25/345
[嘉慶]平陰縣志二十九卷/(清)喻春林修,(清)朱續孜纂.--清嘉慶十三年(1808)刻本,4冊
缺一卷(一)

154900344　　671.25/349
[康熙]壽張縣志八卷/(清)滕永禎修,(清)馬衍纂.--清康熙五十六年(1717)刻本,4冊

154900345　　671.25/351
[宣統]濮州志八卷/(清)高士英修,(清)榮相鼎纂.--清宣統元年(1909)刻本,8冊

154900346　　671.25/407
[乾隆]棲霞縣志十卷/(清)衛萇纂修　**[光緒]棲霞縣續志十卷　首一卷**/(清)黄麗中纂輯.--清乾隆十九年(1754)刻清光緒五年(1879)增刻本,8冊

154900347　　671.25/407=2
[康熙]棲霞縣志八卷/(清)胡璘重修,(清)牟國玠纂輯.--清康熙十一年(1672)刻本(增修),3冊
存三卷(五至七)

154900348　　671.25/409
[順治]招遠縣志十二卷/(清)張作礪修,(清)張鳳羽纂.--清順治十七年(1660)刻本,4冊

154900349　　671.25/423
[乾隆嘉慶道光光緒]掖縣全志八卷　首一卷/(清)張思勉修,(清)于始瞻纂.--清光緒十九年(1893)刻本,16 冊

154900350　　671.25/425
[道光]重修平度州志二十七卷/(清)保忠修,(清)李圖纂.--清道光二十八年(1848)刻本,8 冊

154900351　　671.25/429
[乾隆]昌邑縣志八卷/(清)周來邰纂修.--清乾隆七年(1742)刻本,4 冊

154900352　　671.25/435
[光緒]高密縣志十卷　首一卷　末一卷/(清)傅賫予修,(清)李勷運等纂.--清光緒二十二年(1896)刻本,5 冊

154900353　　671.25/437
[乾隆]即墨縣志十二卷　首一卷/(清)尤淑孝修,(清)李元正纂.--清乾隆二十九年(1764)刻本,6 冊

154900354　　671.25/439
[光緒]益都縣圖志五十四卷/(清)張承燮,(清)李祖年修,(清)法偉堂纂.--清光緒三十三年(1907)刻本,16 冊

154900355　　671.25/449
[康熙]臨朐縣誌四卷/(清)屠壽征修,(清)尹所遴纂.--清康熙十一年(1672)刻本,4 冊

154900356　　671.25/455
[光緒]日照縣志十二卷　首一卷/(清)陳懋修,(清)張庭詩,(清)李埼嚴纂.--清光緒十二年(1886)刻本,6 冊

154900357　　671.25/486
[雍正]齊河縣志十卷　首一卷/(清)上官有儀修,(清)許琰纂.--清乾隆二年(1737)刻本(增刻),5 冊

154900358　　681.5/106
[道光]新疆識略十二卷　首一卷/(清)松筠纂.--清光緒二十年(1894)積山書局石印本,16 冊

154900359　　685/964-02
天下郡國利病書一百二十卷/(清)顧炎武撰,(清)龍萬育訂.--清光緒二十七年(1901)上海圖書集成局鉛印本,28 冊

154900360　　731.31/172=4
日本國志四十卷　首一卷/(清)黃遵憲編.--清光緒二十四年(1898)浙江書局刻本,10 冊

154900361　　782.2/827.4
歷代循吏傳八卷/(清)張福昶纂.--清光緒二十三年(1897)刻本,4 冊

154900362　　782.2/827.4=2
歷代循吏傳八卷/(清)張福昶纂,(清)朱軾同訂.--清同治三年(1864)古唐朱氏古懽齋刻本,4 冊

154900363　　782.21/112
海岱史略一百四十卷/(清)王馭超編.--清光緒二十二年(1896)刻本,24 冊
缺一卷(一百八)

154900364　　782.21/285-01
國朝先正事略六十卷　續先正事略八卷/(清)李元度纂.--清光緒二十五年(1899)上海圖書集成印書局鉛印本,12 冊

154900365　　782.21/285-05
國朝先正事略六十卷/(清)李元度撰.--清光緒二十八年(1902)益元書局刻本,22 冊

154900366　　782.21/827
歷代名臣言行錄二十四卷/(清)朱桓撰.--清嘉慶十二年(1807)蔚齋刻本,30 冊
缺四卷(十四至十七)

154900367　　782.21/827=5
歷代名臣言行錄二十四卷/(清)朱桓編輯.--清光緒二十六年(1900)文瀾書局石印本,8 冊

154900368　　782.21/827-204
歷代名臣言行錄二十四卷　首一卷/(清)朱桓編輯.--清光緒二十六年(1900)湖南書局刻本,24 冊

154900369　　782.24/712=3
史姓韻編六十四卷/(清)汪輝祖編.--清同治九年(1870)金陵書局木活字本,1 冊

154900370　　782.3/169
明儒學案六十二卷/(清)黄宗羲著.--清道光元年(1821)會稽莫氏刻本,16 冊
六十二卷存八十葉(一至八十)

154900371　　782.6/628
武林人物新志六卷/(清)施朝幹輯.--清道光乙未年(1835)刻本,2 冊

154900372　　782.87/177.2
御賜詩章一卷/(清)朱軾撰.--清乾隆刻朱文端公藏書本,1 冊

154900373　　782.951/827
朱夫子年譜二卷　前錄二卷　後錄二卷/(清)朱烈編.--清乾隆刻本,1 冊

154900374　　782.951/827-2
朱子年譜四卷　考異四卷　附錄二卷/(清)王懋竑纂.--清道光三年(1823)四砭齋刻本,4 冊

154900375　　793.081/832-2
校經山房叢書二十六種/(清)朱記榮輯.--清光緒三十年(1904)吳縣朱氏槐廬刻本,32 冊

154900376　　793.1/994
中州金石目四卷　補遺一卷/(清)姚晏撰.--清光緒九年(1833)歸安姚氏刻本,1 冊

154900377　　793.3/526
亦政堂重修宣和博古圖錄三十卷/(宋)王黼撰.--明萬曆三十一年(1603)寶古堂刻清乾隆十七年(1752)亦政堂得版改刻印本,13 冊
存二十二卷(一至二十二)

154900378　　793.5/115
泊如齋重修宣和博古圖錄三十卷/(宋)王黼等撰.--明萬曆十六年(1588)泊如齋刻本,16 冊

154900379　　793.7/362=2
京畿金石考二卷/(清)孫星衍撰.--清光緒十二年(1886)行素草堂刻本,1 冊

154900380　　794.5/115
碑版文廣例十卷/(清)王芑孫撰.--清道光二十一年(1841)長州王氏刻本,4 冊

154900381　　794.5/201
補寰宇訪碑錄五卷　失編一卷/(清)趙之謙撰.--清光緒十二年(1886)行素草堂刻

本,2 冊

154900382　　794.5/732

金石稱例四卷　續一卷　附石經閣金石跋文/(清)梁廷枏撰.--清光緒十三年(1887)行素草堂刻本,1 冊

154900383　　802.11/630=2

爾雅三卷/(晉)郭璞註.--清光緒八年(1882)巴陵方氏刻本,1 冊

154900384　　802.112/209-08

爾雅義疏二十卷/(晉)郭璞註,(清)郝懿行撰.--清同治四年(1865)刻本,8 冊

154900385　　802.16/990

韻雅一卷/(清)俞樾撰.--清末民國抄本,1 冊

154900386　　802.166/627=3

通雅五十二卷　首三卷/(清)方以智撰.--清光緒六年(1880)桐城方氏刻本,10 冊

154900387　　802.21/821

說文通訓定聲補遺十八卷　檢韻一卷　說雅十九篇古今韻準一卷/(清)朱駿聲撰.--清光緒八年(1882)臨嘯閣刻本,24 冊

154900388　　802.225/119

說文繫傳校錄三十卷/(清)王筠撰,(清)劉燿椿參訂.--清咸豐七年(1857)王彥侗刻本,4 冊

154900389　　802.225/119-06

說文釋例二十卷/(清)王筠撰.--清光緒十三年(1887)積山書局石印本,6 冊

154900390　　802.28/302

類篇四十五卷/(宋)司馬光修纂.--清康熙四十五年(1706)揚州使院刻本,10 冊

存二十四卷(二十二至四十五)

154900391　　802.295/327

隸篇十五卷　續十五卷　再續十五卷/(清)翟雲升輯.--清道光十七至十八年(1837～1838)刻本,10 冊

154900392　　802.3/306-03

康熙字典十二集三十六卷　總目一卷　檢字一卷　等韻一卷　辨似一卷　補遺一卷　補考一卷/(清)張玉書等纂修.--清道光七年(1827)刻本,40 冊

154900393　　802.42/362-2

唐寫本唐韻殘卷/(唐)孫愐撰.--清光緒三十四年(1908)國粹學報館影印本,1 冊

154900394　　802.44/156

佩文韻府一百六卷　韻府拾遺一百六卷/(清)蔡升元輯.--清末民初掃葉山房石印本,100 冊

154900395　　802.44/382

切韻考六卷/(清)陳澧撰.--清光緒刻本,2 冊

154900396　　802.51/934

輶軒使者絕代語釋別國方言箋疏十三卷/(清)錢繹撰集.--清光緒十六年(1890)紅蝠山房刻本,6 冊

154900397　　823.1/851

冰蠶詞一卷/(清)承齡撰.--清光緒十六年(1890)江陰金氏刻本,1 冊

154900398　　823.11/522-1

詞律二十卷　首一卷　拾遺八卷　補遺一卷/(清)萬樹撰,(清)杜文瀾校刊.--清光

緒二年(1876)石印本,12 冊

154900399　　　823.11/522-101
詞律二十卷　首一卷　目錄一卷/(清)萬樹撰,(清)吳興祚鑒定.--清康熙二十六年(1687)堆絮園刻本,12 冊

154900400　　　830/117
湖海文傳七十五卷/(清)王昶輯.--清道光十七年(1837)經訓堂刻本,16 冊
缺一卷(二)

154900401　　　830/313
正誼堂全書六十三種首一卷/(清)張伯行編.--清同治五年(1866)正誼書院刻本,18 冊
缺七種(李延平先生文集四卷、朱子學的二卷、楊龜山先生集六卷、周濂溪先生全集十三卷、續近思錄十四卷、諸葛武侯文集四卷、濂洛風雅九卷);缺卷首

154900402　　　830/994=7
古文辭類篹七十五卷　序目一卷　附錄一卷　校勘記一卷/(清)姚鼐輯.--清光緒二十七年(1901)李承淵求要堂刻本,10 冊

154900403　　　830/994=8
古文辭類篹七十五卷　序目一卷　附錄一卷　校勘記一卷/(清)姚鼐輯.--清光緒二十七年(1901)李承淵求要堂刻本,10 冊

154900404　　　831.11/303-2
毛詩傳箋通釋三十二卷/(清)馬瑞辰撰.--清光緒十四年(1888)廣雅書局刻本,12 冊

154900405　　　831.11/384=2
詩毛氏傳疏三十卷　附七卷/(清)陳奐疏.--清光緒十年(1884)吳門南園校經成記陳氏刻本,12 冊

154900406　　　831.11/977
毛詩註疏三十卷　考證一卷　毛詩譜一卷/(漢)鄭玄箋,(唐)陸德明音義.--清同治十年(1871)刻本,18 冊

154900407　　　832.1/254
楚辭燈四卷　附楚懷襄二王在位事蹟考一卷　屈原列傳一卷/(清)林雲銘撰.--清刻本,2 冊

154900408　　　832.2/462-02
文選六十卷/(南朝梁)蕭統輯,(唐)李善註.--清同治八年(1869)崇文書局刻本,18 冊
缺六卷(五十五至六十)

154900409　　　837.3/339
八旗文經五六卷　作者考三卷　敘錄一卷/(清)盛昱,(清)楊鍾羲編.--清光緒二十七年(1901)刻本,12 冊

154900410　　　840.24/158
曹集銓評十卷　附逸文一卷　年譜一卷/(三國魏)曹植撰,(清)丁晏纂.--清同治十一年(1872)金陵書局刻本,1 冊

154900411　　　843/399-01
陶淵明集十卷/(晉)陶潛撰.--清宣統元年(1909)上海著易堂書局影印本,4 冊

154900412　　　844.1/290-3
玉谿生詩箋註三卷　首一卷　樊南文集詳註八卷/(唐)李商隱撰,(清)馮浩編訂.--清嘉慶元年(1796)德聚堂刻本,8 冊

154900413　　　845.2/190
絜齋集二十四卷　附宋儒袁正獻公從祀

錄六卷/(宋)袁燮撰.--清同治十一年(1872)四明袁氏進修堂刻本,8 冊

154900414　　847/117

王陽明先生全集十六卷/(明)王守仁撰,(清)王貽樂編.--清道光六年(1826)麗順刻本,20 冊

154900415　　846/273-02

楊忠愍公全集四卷/(明)楊繼盛撰,(清)章鈺輯.--清光緒十九年(1893)味菜廬刻本,4 冊

154900416　　846.1/627-402

方正學先生遜志齋集二十四卷　拾補一卷/(明)方孝孺撰.--清同治十二年(1873)任有容齋刻本,16 冊

154900417　　847/377

左海全集十種/(清)陳壽祺撰.--清道光三山陳氏刻本,12 冊

存三種十八卷(左海文集十卷、絳跗堂詩集六卷、左海乙集騈體文二卷)

154900418　　847/994

惜抱軒全集/(清)姚鼐撰.--清光緒三十三年(1907)上海校經山房刻本,16 冊

154900419　　847.3/827

朱文端公文集四卷/(清)朱軾撰.--清刻本,4 冊

154900420　　847.4/375-2

揅經室集一集十四卷　二集八卷　三集五卷　四集文二卷　詩十一卷　外集五卷/(清)阮元撰.--清道光揚州阮氏文選樓刻本,20 冊

154900421　　847.4/682-1=2

大雲山房文稿初集四卷　二集四卷/(清)惲敬撰.--清光緒十四年(1888)湖北官書處刻本,8 冊

缺一卷(一)

154900422　　847.4/937-03

嘉定錢氏潛研堂全書二十一種/(清)錢大昕撰.--清光緒十年(1884)長沙龍氏刻本,10 冊

154900423　　847.5/290-02

李氏五種合刊/(清)李兆洛輯.--清光緒十四年(1888)掃葉山房刻本,9 冊

缺二種二卷(歷代地理沿革圖一卷、皇朝一統輿地圖一卷)

154900424　　847.6/352

左文襄公全集十三種一百三十三卷/(清)左宗棠撰.--清光緒十六至二十三年(1890～1897)刻本,108 冊

154900425　　847.6/660

龔定盦全集十三卷/(清)龔自珍撰.--清宣統元年(1909)上海國學扶輪社鉛印本,7 冊

154900426　　847.7/214=2

胡文忠公遺集八十六卷　首一卷/(清)胡林翼撰,(清)鄭敦謹,(清)曾國荃編輯.--清同治六年(1867)黃鶴樓刻本,32 冊

154900427　　847.7/566

庸盦全集六種二十一卷/(清)薛福成撰.--清光緒二十七年(1901)上海書局石印本,6 冊

存三種十卷(文編四卷、續編二卷、外編四卷)

154900428　　851.3/117
湖海詩傳四十六卷/(清)王昶輯.--清嘉慶八年(1803)三泖漁莊刻本,20 冊

154900429　　851.3/117=2
湖海詩傳四十六卷/(清)王昶輯.--清同治四年(1865)刻本,20 冊

154900430　　851.3/285
小學弦歌八卷/(清)李元度輯.--清光緒五年(1879)平江李氏刻本,4 冊

154900431　　851.357/962
元詩選三集/(清)顧嗣立集.--清康熙長洲顧氏秀野草堂刻本,16 冊
存十三集[二集戊集(五峰集、居竹軒集、梅花庵藁、大癡道人集)、己至壬集];三集甲至壬集(目錄原無丁集)

154900432　　851.4/554
蘇文忠詩合註五十卷　首一卷/(宋)蘇軾撰,(清)馮應榴合註.--清眉山三蘇祠刻本,10 冊
存二十八卷(二十三至五十)

154900433　　857.46/433=6
西遊真詮一百回/(清)陳士斌詮解.--清末刻本,20 冊

154900434　　*011.67/859=4
欽定四庫全書簡明目錄二十卷/(清)紀昀等撰.--清光緒五年(1879)墨潤堂活字本,10 冊
存十六卷(一、四至七、十至二十)

154900435　　*012.5/303
資治通鑑目錄三十卷/(宋)司馬光撰.--清光緒二十五年(1899)上海蜚英館石印本,4 冊

154900436　　*041/311
增廣策學總纂大成四十六卷/(清)張寶琪重校.--清光緒鉛印本,3 冊
存二十二卷(二十二至二十九、三十七至五十)

154900437　　*041/438
子史精華一百六十卷/(清)吳襄等纂.--清光緒十三年(1887)上海積山書局石印本,8 冊
存一百二十八卷(一至六十四、八十一至一百一十二、一百二十九至一百六十)

154900438　　*041/505
[藝學答問]□卷/(清)□□輯.--清末刻本,5 冊
存五卷[二(經學)、卷四(史學)、卷五(史學、三史、史漢、綱目、史志、史評、歷代史註、諸子、兵書、小學)、卷七(駢體、詩學、詩派、律詩、星象、歲時、三正、地理、水利、海洋、心法、士習)、卷八(士習、儉德、講讀、學校、選舉、官職、考課、吏治)]

154900439　　*041/509
詩賦駢字類珠□□卷/(清)蕭熿輯.--清末刻本,1 冊
存五卷(二至六)

154900440　　*041/843
策學淵萃四十六卷/(清)□□輯.--清末刻本,1 冊
存三卷(十五至十七)

154900441　　*041.7/923
四書人物類典串珠四十卷/(清)臧志仁編輯.--清光緒七年(1881)登州文會成刻本,2

册

存四卷(一至二、十四至十五)

154900442　　　*041.7/923=2

四書人物類典串珠四十卷/(清)臧志仁編輯.--清末刻本,4 册

存九卷(五至七、十三至十五、二十至二十一、二十五)

154900443　　　*041.7/923=3

四書人物類典串珠四十卷/(清)臧志仁編輯.--清末刻本,1 册

存三卷(十七至十九)

154900444　　　*041.72/994

類林新詠三十六卷/(清)姚之駰撰.--清刻本,1 册

存二卷(十三至十四)

154900445　　　*041.74/719

四書古人典林十二卷/(清)江永撰.--清末石印本,1 册

存十二卷(一至十二)

154900446　　　*041.74/994

類腋四部五十五卷　補遺一卷/(清)姚培謙,(清)張卿雲同輯.--清末刻本,2 册

存七卷(人部四至七,物部一至三)

154900447　　　*041.74/994=2

類腋四部五十五卷　補遺一卷/(清)姚培謙,(清)張卿雲同輯.--清末務本堂刻本,1 册

存四卷(物部卷十四至十六,補遺一卷)

154900448　　　*041.75/119

續廣事類賦三十卷/(清)王鳳喈撰.--清末刻本,1 册

存一卷(十三)

154900449　　　*041.75/433

廣廣事類賦三十二卷/(清)吳世旃撰.--清嘉慶二十二年(1817)山淵堂刻本,6 册

154900450　　　*041.78/212

四書五經類典集成三十四卷/(清)戴兆春輯.--清光緒十四年(1888)同文書局石印本,14 册

存十七卷(一至三、八至九、十三至十八、二十四至二十五、二十八至二十九、三十二至三十三)　三十三卷存一至七十七、八十至一百四十四葉

154900451　　　*041.78/212=2

四書五經類典集成三十四卷/(清)戴兆春輯.--清光緒二十二年(1896)慎記書莊石印本,1 册

存一卷(一)

154900452　　　*041.78/212=3

增廣四書五經類典集成三十四卷/(清)戴兆春輯.--清光緒石印本,2 册

存三卷(二十八、三十至三十一)

154900453　　　*042/791

寄傲山房塾課新增幼學故事瓊林四卷首一卷/(清)程允升撰,(清)鄒聖脈增補.--清光緒刻本,1 册

存一卷(二)

154900454　　　*042/901

分類字錦六十四卷/(清)何焯選輯,(清)張廷玉校勘.--清刻本,1 册

存一卷(二十五)

154900455　　　*043.72/563

佩文韻府一百六卷　韻府拾遺一百六卷/

(清)蔡升元輯.--清末民初上海掃葉山房石印本,100 冊

154900456　　*043.72/563-2
佩文韻府一百六卷/(清)蔡升元纂修.--清末刻本,8 冊
存八卷(五十四至五十七、六十至六十三)

154900457　　*043/180
增廣詩句題解彙編四卷/(清)本局主人編.--清光緒十七年(1891)上海鴻寶齋石印本,3 冊
存三卷(一至二、四)

154900458　　*046.7/377
憑山閣增輯留青新集三十卷/(清)陳枚選,(清)陳德裕增輯.--清刻本,5 冊
存五卷(十八至二十、二十二至二十三)

154900459　　*046.7/377=2
憑山閣增輯留青新集三十卷/(清)陳枚選,(清)陳德裕增輯.--清刻本,6 冊
存八卷(十六至二十三)

154900460　　*071.52/117
困學紀聞集證二十卷　首一卷　末一卷/(宋)王應麟撰,(清)萬希槐綴輯.--清嘉慶八年(1803)會友堂刻本,1 冊
存二卷(十一下、十二上下)

154900461　　*071.52/117-2
困學紀聞註二十卷/(宋)王應麟撰,(清)翁元圻註.--清道光五年(1825)餘姚守福堂刻本,1 冊
存二卷(一至二)

154900462　　*071.52/117-3
困學紀聞二十卷　附編目二十卷　續編目六卷/(宋)王應麟撰,(清)翁元圻輯註.--清末石印本,1 冊
存四卷(十七至二十)

154900463　　*071.52/117-4
經香紆紫□□卷/(宋)王應麟著,(清)張羅澄編輯.--清末夢孔山房石印本,2 冊
存六卷(四至九)

154900464　　*071.52/117-4=2
經香紆紫□□卷/(宋)王應麟著,(清)張羅澄編輯.--清末夢孔山房石印本,1 冊
存一卷(十一)

154900465　　*071.7/311
洋務備考十六卷/(清)張之洞撰.--清光緒石印本,1 冊
存三卷(十二至十四)

154900466　　*072.7/754
康濟譜二十五卷/(明)潘游龍輯撰,(清)金俊明評.--清道光七年(1827)安康張鵬飛刻本,1 冊
存一卷(種植卷十)

154900467　　*075.78/345
皇朝經世文新編□□卷/(清)麥仲華輯.--清光緒二十七年(1901)上海日新社石印本,1 冊
存一卷(十五上)

154900468　　*082/331=2
皇朝經世文編一百二十卷/(清)賀長齡輯.--清光緒二十二年(1896)上海掃葉山房石印本,1 冊
存七卷(六十七至七十三)

154900469　　*082/331-2
皇朝經世文三編八十卷/(清)陳忠倚輯.--

清光緒石印本,2 冊
存十卷(一至五、三十一至三十五)

154900470　　　＊082/331-3
皇朝經世文四編五十二卷/(清)何良棟輯.--清光緒二十八年(1902)石印本,4 冊
存十九卷(一至九、十五至十九、二十三至二十七)

154900471　　　＊082.7/832
槐廬叢書五編四十六種/(清)朱記榮輯.--清光緒三至十五年(1877～1889)吳縣朱氏槐廬刻本,80 冊

154900472　　　＊082.72/433
說鈴前集二十九種　後集十七種　續集七種/(清)吳震方輯.--清雍正刻本,1 冊

154900473　　　＊089.526/117
姓氏急就篇二卷/(宋)王應麟撰.--玉海(元刊明修本)附刻,1 冊

154900474　　　＊089.72/964
亭林遺書二十二種　附三種/(清)顧炎武撰.--清光緒十四年(1888)上海校經山房影印本,24 冊

154900475　　　＊089.78/946
春秋釋地韻編五卷　首一卷/(清)徐壽基編輯.--清光緒十二年(1886)傳經堂刻本,2 冊
存二卷(一至二)

154900476　　　＊089.78/946-2
志學齋集七種/(清)徐壽基編撰.--清光緒十一至十三年(1885～1887)武進徐氏刻本,1 冊
存一種五卷(經義懸解卷一至五)

154900477　　　＊090.2/112-04=2
宋本十三經註疏　附校勘記.--清光緒十三年(1887)脈望仙館石印本,5 冊
存周禮,儀禮,禮記

154900478　　　＊090.7/117
十三經策案二十二卷/(清)王謨彙輯,(清)喻祥麟編次.--清末石印本,1 冊
存六卷(十七至二十二)

154900479　　　＊090.8/160
五經經解萃精/(清)□□輯.--清光緒十五年(1889)上海點石齋石印本,2 冊
存易經、書經

154900480　　　＊090.8/160.2
五經鴻裁□□卷/(清)□□編.--清末刻本,1 冊
存一卷(詩經一)

154900481　　　＊090.8/160.3
五經合纂大成/(清)□□編.--清光緒十一年(1885)上海同文書局石印本,5 冊

154900482　　　＊090.8/160.4
五經體註□□卷/(清)□□註.--清光緒二十三年(1897)上海醉六堂石印本,2 冊
存七卷(書經體註大全合參四至六,詩經體註大全合參一至四)

154900483　　　＊090.8/160.4=2
五經體註□□卷/(清)□□註.--清光緒二十三年(1897)上海醉六堂石印本,1 冊
存三卷(書經體註大全合參四至六)

154900484　　　＊090.8/765
五經集解□□卷/(清)馮世瀛輯.--清同治八年(1869)刻本,2 冊

存二卷(周易集解二至三)

154900485　　　＊090.8/813.2=2
五經揭要□□卷/(清)周蕙田輯錄.--清末刻朱墨套印本,4 冊
存十一卷(詩經揭要二、書經揭要一至六、春秋三傳揭要一至三)。

154900486　　　＊090.8/813.2=3
五經揭要□□卷/(清)周蕙田輯錄.--清末刻本,6 冊

154900487　　　＊090.8/813.2=4
五經揭要□□卷/(清)周蕙田輯錄.--清末自怡軒刻本,3 冊

154900488　　　＊090.8/968＋
皇清經解敬修堂編目十六卷/(清)陶治元輯.--清光緒十二年(1886)吳縣陶氏石印本,2 冊
存七卷(一至三、八至十一)

154900489　　　＊090.8/990
四書六經經義新編七卷/(清)俞樾選,(清)張之洞鑑定.--清光緒二十八年(1902)刻本,3 冊
存四卷(一(缺二十六至六十四葉)、四至六)

154900490　　　＊092.2/927
尚書離句六卷/(清)錢在培輯解.--清有益堂刻本,1 冊
存三卷(四至六)

154900491　　　＊092.2/927=2
尚書離句六卷/(清)錢在培輯解.--清刻本,2 冊
存二卷(三至四)

154900492　　　＊092.2/927=3
尚書離句六卷/(清)錢在培輯解.--清末刻本,1 冊
存一卷(四)

154900493　　　＊093.12/641
詩經體註大全體要八卷/(清)高朝瓔撰.--清末刻本,1 冊
存二卷(四至五)

154900494　　　＊093.12/641=2
詩經融註大全體要八卷/(清)高朝瓔撰.--清末刻本,1 冊
存三卷(六至八)

154900495　　　＊093.27/842
寄傲山房塾課纂輯書經備旨蔡註捷錄七卷/(清)鄒聖脉纂輯.--清光緒五年(1879)海陵書屋刻本,1 冊
存一卷(一)

154900496　　　＊093.27/842=2
寄傲山房塾課纂輯書經備旨蔡註捷錄七卷/(清)鄒聖脉纂輯.--清末刻本,1 冊
存二卷(六至七)

154900497　　　＊095.47/813
春秋三傳揭要六卷/(清)周蕙田輯錄.--清末刻本,1 冊

154900498　　　＊095.47/813=2
春秋三傳揭要六卷/(清)周蕙田輯錄.--清末刻本,2 冊

154900499　　　＊097/311
張謇批選四書義六卷　續四書義六卷/(清)張謇評選.--清光緒三十一年(1905)上海書局石印本,5 冊

存六卷(一、二、五,續二至四)

154900500　　　＊097/311=2

張謇批選四書義六卷　續四書義六卷/(清)張謇評選.--清光緒二十八年(1902)申江石印本,3冊

存六卷(一至四,續五至六)

154900501　　　＊097.3/354

大學.--清末刻本,1冊

存五十葉(五十一至一百)

154900502　　　＊097.3/384

增補四書精繡圖像人物備考十二卷/(明)陳仁錫增定.--清刻本,1冊

存一卷(一)

154900503　　　＊097.5/115=2

四書本義匯參/(清)王步青撰.--清末煥文書局石印本,1冊

存論語集註本義匯參

154900504　　　＊097.5/714

四書題鏡不分卷/(清)汪鯉翔纂述.--清光緒十年(1884)上海同文書局石印本,1冊

存孟子

154900505　　　＊097.52/117=2

四書釋文不分卷/(清)王賡言編.--清末刻本,1冊

存四書字辨、四書句辨、大學章句,中庸章句

154900506　　　＊098.1/170

經義大醇初編　二編不分卷/(清)黃彝編.--清末刻本,7冊

存初編易經下、詩經上、書經下、禮經上、春秋上,二編詩經、書經

154900507　　　＊098.1/297

皇朝五經彙解二百七十卷　附五種/(清)抉經心室原纂.--清光緒石印本,4冊

存三十二卷(一百二十七至一百三十五、一百五十三至一百六十、二百零二至二百十一、二百二十二至二百二十六)

154900508　　　＊098.1/440

經學輯要二十四卷　首一卷/(清)吳潁炎編.--清光緒十四年(1888)上海點石齋石印本,8冊

存十一卷(一至十一)

154900509　　　＊098.1/668

欽定七經匯纂二百九十四卷/(清)□□編.--清光緒石印本,6冊

存四十三卷(欽定書經傳說彙纂十四至二十一,詩經傳說彙纂十八至二十一,欽定禮記義疏八至十五、六十至八十二)

154900510　　　＊098.1/861

經義文郛不分卷.--清末刻本,2冊

存書經上下。

154900511　　　＊098.1/938=3

古經解彙函　附小學彙函　續附十種/(清)鍾謙鈞輯.--清光緒十四年(1888)上海蜚英館石印本,2冊

存十一種(第五至十三、十六至十七種)易緯八種、尚書大傳、春秋繁露存八卷(十至十七)、春秋釋例存六卷(一至六)

154900512　　　＊098.3/765

雪樵經解三十卷　附錄三卷/(清)馮世瀛撰.--清光緒宣統鉛印本,2冊

存十卷(十二至十五、十九至二十四)

154900513　　　＊098.5/160
[五經文字音韻合註].--清刻本,1 冊
存四十二葉(四十一至八十二)

154900514　　　＊121.1/805
周易參同契分章註解三卷/(漢)魏伯陽撰,(元)陳致虛註解.--清光緒二年(1876)敦仁堂刻本,1 冊

154900515　　　＊121.1/816
周易四卷.--清光緒五年(1879)紫文閣刻本,1 冊
存三卷(二至四)

154900516　　　＊121.1/816=2
周易四卷.--清末刻本,1 冊
存三卷(二至四)

154900517　　　＊121.12/288
御纂周易折中二十二卷　首一卷/(清)李光地撰.--清末刻本,2 冊
存五卷(九至十、十三至十五)

154900518　　　＊121.12/827
周易四卷　首一卷/(宋)朱熹本義.--清光緒六年(1880)成文信刻本,4 冊

154900519　　　＊121.12/827=2
周易四卷　首一卷/(宋)朱熹本義.--清末刻本,3 冊
存四卷[一(第三十至七十四葉)至四]

154900520　　　＊121.12/827=3
周易四卷　首一卷/(宋)朱熹本義.--清末刻本,1 冊
存一卷(二)

154900521　　　＊121.12/827=4
周易不分卷/(宋)朱熹本義.--清刻本,1 冊
存上經第三十一至七十四葉

154900522　　　＊121.17/382
易義萃精/(清)陳洪冠纂輯.--清末石印本,1 冊
存一卷(四)

154900523　　　＊121.21/987
四書味根錄□□卷/(清)金澂撰.--清光緒七年(1881)京都明道堂刻本,9 冊
存二十三卷(大學一卷,論語一至十六,孟子三至四、九至十二)

154900524　　　＊121.21/987=2
四書味根錄□□卷/(清)金澂撰.--清光緒十一年(1885)掃葉山房刻本,6 冊
存十九卷(大學一卷,中庸一卷,論語一至七、十一至二十)

154900525　　　＊121.21/987=3
四書味根錄□□卷/(清)金澂撰.--清末刻本,8 冊
存十九卷(論語十七至二十,孟子十四卷首一卷)

154900526　　　＊121.21/987=4
四書味根錄□□卷/(清)金澂撰.--清末刻本,1 冊
存二卷(孟子十一至十二)

154900527　　　＊121.21/987=5
四書味根錄□□卷/(清)金澂撰.--清末石印本,2 冊
存十一卷(論語十四至二十,孟子八至十一)

154900528　　　＊121.21/987=6
四書味根錄□□卷/(清)金澂撰.--清末石印本,1 冊

存四卷(孟子七至十)

154900529　　＊121.212/482
四書古註群義彙解.--清光緒十九年(1893)上海積山書局石印本,8册
存六種(論語集解義疏一至五,論語正義七至二十四,孟子正義一至五、二十一至三十,論語札記,孟子札記,大學古本說)

154900530　　＊121.212/482-2
四書古註九種群義彙解.--清光緒十九年(1893)上海同文書局石印本,10册
存八種(論語集解義疏一至五,論語正義一至十一、十八至二十四,孟子正義一至十五、二十一至三十,中庸章段,中庸餘論,論語札記,孟子札記,大學古本說)

154900531　　＊121.212/827
四書十九卷/(宋)朱熹集註.--清同治六年(1867)湖北崇文書局刻本,5册
存十七卷(論語集註一至十、孟子集註一至七)

154900532　　＊121.217/984
重校鉛板四書合講□□卷/(清)翁復編次.--清光緒五年(1879)四明茹古齋鉛印本,3册
存十二卷(大學、中庸、論語一至十)

154900533　　＊121.22/890
論語正義二十四卷　附錄一卷/(清)劉寶楠著.--清末石印本,1册
存六卷(七至十二)

154900534　　＊121.23/114
孔子家語十卷/(魏)王肅註.--清道光元年(1821)寶華樓刻本,2册

154900535　　＊121.29/379-3
訓俗遺規五卷/(清)陳宏謀編輯.--清末培遠堂刻本,1册

154900536　　＊125/288=2
御纂性理精義十二卷/(清)李光地承修.--清中期刻本,1册
存三卷(二至四)

154900537　　＊192.1/934
新訂解人頤廣集八卷/(清)錢德蒼輯.--清末刻本,1册
存四卷(一至四)

154900538　　＊192.6/705
救生船四卷/(清)空靈子編.--清光緒刻本,1册
存一卷(四)

154900539　　＊192.9/119
文昌孝經註不分卷/(清)王德瑛註.--清末刻本,1册

154900540　　＊192.9/122
玉曆鈔傳警世/(□)□□撰.--清刻本,1册

154900541　　＊192.9/164
配命錄/(清)黄正元輯.--清同治二年(1863)刻本,1册

154900542　　＊192.9/208
赦罪寶懺/(□)□□撰.--清末明善書局石印本,1册

154900543　　＊192.9/340
感應篇試帖□卷.--清末刻本,1册
存一卷(下)

154900544　　＊192.9/350
傳家寶三集/(清)石成金撰著.--清末刻

本,2 冊
存二卷(七至八)

154900545　　　＊192.9/350-2
家寶全集三十二卷/(清)石成金撰.--清刻本,6 冊
存六卷(初集一、四、六、八,二集四,三集一)

154900546　　　＊192.9/739
暗室燈二卷/(清)深山居士輯.--清光緒十九年(1893)刻本,1 冊

154900547　　　＊192.9/739=2
暗室燈二卷/(清)深山居士輯.--清宣統元年(1909)上海廣益書局刻本,2 冊

154900548　　　＊192.9/816
增訂敬信錄四卷/(清)周鼎臣輯.--清末刻本,1 冊
存一卷(一)

154900549　　　＊192.9/924
慾海慈航一卷/(清)□□撰.--清同治二年(1863)刻本,1 冊

154900550　　　＊221/348
佛母大孔雀明王經三卷/(唐)不空譯.--清乾隆刻本,1 冊
存中卷五開半

154900551　　　＊231/354
太上感應篇直講不分卷/(□)□□撰.--清咸豐二年(1852)石印本,1 冊

154900552　　　＊241.1/627
舊約問四十章/(美國)方振義著,(清)王法蓮訂.--清光緒二十四年(1898)濰陽樂道院鉛印本,1 冊

154900553　　　＊241.5/656
新約聖書路加福音二十四章/.--清宣統二年(1910)漢口蘇格蘭聖經會銅版印本,1 冊

154900554　　　＊279/119
理數合解□卷/(清)王覺一撰.--清光緒八年(1882)刻本,2 冊
存四卷(一至二一貫探原、三三易探源、四學庸解)

154900555　　　＊279/296
坤道必讀/(□)□□撰.--清末民国誠文信鉛印本,1 冊

154900556　　　＊290.1/329
皇極經世書八卷　首一卷/(宋)邵雍撰,(清)王植輯錄.--清乾隆二十一年(1756)刻本,4 冊
存二卷(七至八)

154900557　　　＊290.1/896
皇極經世易知八卷　首一卷/(清)何夢瑤輯釋.--清道光十三年(1833)孔氏刻本,3 冊
存三卷(二至四)

154900558　　　＊292/456
選時□卷/(清)問萬珍編.--清刻本,1 冊
存一卷(二)

154900559　　　＊293.1/329
鐵板神數十四卷/(宋)邵雍撰.--清末刻本,1 冊
存卯集

154900560　　　＊293.1/377
河洛理數七卷/(宋)陳搏著,(明)史應選重訂.--清刻本,1 冊

存一卷(二下)

154900561　　＊294/125
入地眼全書十卷/(宋)釋靜道撰.--清刻本,2 冊
存三卷(三、七至八)

154900562　　＊294/203
地理五訣八卷/(清)趙廷棟著,(清)王庸弼參著.--清刻本,1 冊
存一卷(三第一至二十葉)。

154900563　　＊294/306
重鐫官板地理天機會元□□卷/(宋)張子微撰.--清末刻本,2 冊
存四卷(正篇體用括要五至七、續篇雜錄備覽二十)

154900564　　＊294/504
地理六經註六卷/(清)葉泰註.--清末刻本,1 冊
存一卷(三)

154900565　　＊294/504-2
理氣三訣三卷/(清)葉泰輯.--清末刻本,1 冊
存二卷(一、二上)

154900566　　＊294/506
地理正宗□卷/(明)蕭克撰,(清)金六吉解.--清末民國石印本,2 冊
存四卷(四至八)

154900567　　＊294/658
心眼指要四卷/(清)章仲山纂.--清末刻本,1 冊

154900568　　＊294.1/798
陽宅大成□卷/(清)魏青江纂訂.--清刻本,1 冊

154900569　　＊294.1/994
陽宅集成八卷/(清)姚廷鑾撰.--清乾隆刻本,1 冊

154900570　　＊294.2/951
重刊人子須知資孝地理心學統宗三十九卷/(明)徐善繼,(明)徐善述同著.--清末刻本,1 冊
存六卷(三十四至三十九)

154900571　　＊311.9/719
天算策學通纂十卷/(清)江衡輯.--清末石印本,1 冊
存三卷(八至十)

154900572　　＊312/846
新鐫算法全書四卷/(清)□□撰.--清光緒刻本,1 冊
存一卷(三)

154900573　　＊320/946
高厚蒙求四集/(清)徐朝俊撰.--清嘉慶刻本,1 冊

154900574　　＊320/946=2
高厚蒙求四集□卷/(清)徐朝俊撰.--清光緒二十六年(1900)刻本,3 冊
存五卷(一至二、六至八)

154900575　　＊327.39/939
大清道光二十六年歲次丙午時憲書/(清)欽天監編.--清道光二十五年(1845)北京欽天監刻本,1 冊

154900576　　＊334/478
聲學八卷/(英國)田大里輯,(英國)傅蘭雅口譯.--清光緒二十二年(1896)小倉山房石

印本,1 冊

154900577　　*350/651

地質學/(清)□□編.--清末京師大學校農科鉛印本,1 冊

154900578　　*413/288

醫宗必讀十卷/(明)李中梓撰.--清咸豐元年(1851)桐石山房刻本,1 冊

存二卷(四至五)

154900579　　*413/313

景岳全書六十四卷/(明)張介賓撰.--清同文堂刻本,19 冊

存四十五卷(一至十、八至十二、二十四至三十八、四十至四十一、四十五至四十九、五十二至五十三、五十七至五十八、六十一至六十四)

154900580　　*413.11/117

補註黄帝内經素問二十四卷/(唐)王冰註.--清末刻本,1 冊

存二卷(二十至二十一)

154900581　　*414.16/288

本草綱目□□卷/(明)李時珍撰.--清末刻本,1 冊

存一卷(十八下)

154900582　　*435.4/119

二如亭群芳譜□□卷/(明)王象晉纂輯.--清刻本,1 冊

存一卷(天譜卷二)

154900583　　*435.4/119=2

二如亭群芳譜□□卷/(明)王象晉纂輯.--清末刻本,1 冊

存一卷(果譜一)

154900584　　*523.9/306

普通學歌訣一卷/(清)張一鵬撰.--清光緒二十六年(1900)山東書局鉛印本,1 冊

154900585　　*531.2/169

禮記精義六卷/(清)黄淦纂.--清嘉慶刻本,2 冊

154900586　　*531.2/382

全本禮記體註十卷/(元)陳澔集說,(清)范翔原定.--清末刻本,3 冊

存七卷(四至十)

154900587　　*532/808

[稱謂手冊]一卷/(□)□□輯.--清末刻本,1 冊

154900588　　*537.7/124

白虎通四卷/(漢)班固撰.--清刻本,1 冊

存二卷(三下、四上)

154900589　　*548.319/989

闔郡官紳捐款.--清光緒二十二年(1896)湖南岳州府刻本,1 冊

154900590　　*567.92/477

賦役全書.--清末刻本,1 冊

存二十七葉(濟南府新城縣第四至三十葉)

154900591　　*573.07/719

重訂時務新策十二卷/(清)□□編.--清光緒十九年(1893)上海江左書林石印本,2 冊

154900592　　*573.1/416=2

文獻通考二十四卷　首一卷/(宋)馬端臨著.--清光緒二十五年(1899)上海點石齋石印本,6 冊

存十一卷(一至十一)

154900593　　　＊573.11/167
周禮節訓六卷/(清)黄崑圃原本,(清)姚培謙重訂.--清末刻本,1 册
存四卷(三至六)

154900594　　　＊573.11/167=2
周禮節訓六卷/(清)黄崑圃原本,(清)姚培謙重訂.--清末刻本,1 册
存三卷(四至六)

154900595　　　＊573.11/167=3
周禮節訓六卷/(清)黄崑圃原本,(清)姚培謙重訂.--清末刻本,1 册
存三卷(一至三)

154900596　　　＊573.11/167=4
周禮節訓六卷/(清)黄崑圃原本,(清)姚培謙重訂.--清末刻本,1 册
存二卷(一至二)

154900597　　　＊573.11/382
周禮精華六卷/(清)陳龍標編輯.--清末刻本,3 册
存三卷(三至四、六)

154900598　　　＊573.11/382=2
周禮精華六卷/(清)陳龍標編輯.--清末刻本,1 册
存一卷(五)

154900599　　　＊573.115/136
周官精義十二卷/(清)連斗山編次.--清刻本,2 册
存六卷(一至三、六至九)

154900600　　　＊573.115/136=2
周官精義十二卷/(清)連斗山編次.--清嘉慶二十三年(1818)晉介書業德記刻本,3 册
存七卷(一至三、六至七、九至十)

154900601　　　＊573.115/136=3
周官精義十二卷/(清)連斗山編次.--清刻本,1 册
存二卷(十至十一)

154900602　　　＊573.35/238
小試新學準繩初編□□卷/(清)求是齋主人選輯.--清光緒宣統刻本,1 册
存一卷(二)

154900603　　　＊573.35/656
新選直省鄉闈策論全璧□□卷.--清末石印本,8 册
存八卷(二至四、六至十)

154900604　　　＊573.35/959
新政應試必讀六種□□卷/(清)顧厚焜鑒定.--清光緒石印本,4 册
存四卷(二至三、五至六)

154900605　　　＊573.4/428
新增宦鄉要則/(清)味蘭室主人編.--清光緒十一年(1885)滬上刻本,1 册

154900606　　　＊573.4/688
宦鄉要則二卷/(清)□□撰.--清光緒刻本,1 册
存上卷

154900607　　　＊573.53/109
欽定禮部則例二百二卷/(清)仁宗顒琰敕修.--清刻本,5 册
存四十二卷(五至十、九十三至一百三、一百十一至一百十六、一百六十九至一百八十、一百九十六至二百二)

154900608　　*573.53/133
欽定吏部驗封司章程五卷/(清)吏部撰.--清同治北京刻本,2 冊
存二卷(一、五)

154900609　　*573.53/939
欽定六部處分則例五十二卷.--清光緒刻本,3 冊
存十八卷(十七至二十八、四十七至五十二)

154900610　　*573.53/939=2
欽定六部處分則例五十二卷.--清末刻本,6 冊
存十二卷(四十一至五十二)

154900611　　*574/212
列國政要一百三十二卷　首一卷　附譯名對照表/(清)戴鴻慈,(清)端方同輯.--清光緒石印本,1 冊
存三卷(八十七至八十九)

154900612　　*578.285/486
中外約章纂新十卷/(清)上海時中書局編輯.--清光緒鉛印本,1 冊
存一卷(十)

154900613　　*578.285/762
各國約章纂要六卷　首一卷　附錄一卷/(清)勞乃宣纂.--清光緒十八年(1892)上海圖書集成印書局鉛印本,1 冊
存二卷(六、附錄)

154900614　　*582.8/129
大清律例□□卷/(清)刑部纂修.--清中期刻本,1 冊
存二卷(十八至十九)

154900615　　*582.8/994
大清律例增修統纂集成四十卷/(清)姚潤纂輯,(清)任則珊重輯.--清光緒鉛印本,1 冊
存一卷(二十三)

154900616　　*582.8/994=2
大清律例增修統纂集成四十卷/(清)姚潤輯.--清光緒刻本,1 冊
存三卷(二十至二十二)

154900617　　*607/526
三才略不分卷/(清)蔣德鈞輯.--清末刻本,1 冊

154900618　　*610/117
廿四史策案十二卷/(清)王鍌撰.--清光緒十三年(1887)上海大同書局石印本,1 冊
存六卷(一至六)

154900619　　*610.13/100
三通考詳節七十六卷/(清)尊史閣主人等輯.--清光緒二十八年(1902)天津開文書局石印本,3 冊
存十卷(文獻通考詳節目錄十五至二十四)

154900620　　*610.13/309
文獻通考輯要□□卷/(清)張羅澄編輯.--清末夢孔山房石印本,1 冊
存三卷(十五至十六)

154900621　　*610.13/416+
文獻通考詳節二十四卷/(宋)馬端臨撰,(清)嚴虞惇節錄.--清末煥文書局石印本,1 冊
存八卷(一至八)

154900622　　*610.13/416+1=2
文獻通考詳節二十四卷/(清)嚴虞惇.--清

光緒鉛印本,3 冊
存十二卷(十三至二十四)

154900623　　＊610.13/782-2=2
皇朝文獻通考詳節/(清)嵇璜等撰.--清末石印本,3 冊
存五卷(三至五、十、二十)

154900624　　＊610.23/112
重訂王鳳洲先生綱鑑會纂七十三卷/(清)王世貞纂,(清)陳仁錫訂.--清末刻本,4 冊
存八卷(五至十二)

154900625　　＊610.23/112=2
重訂王鳳洲先生綱鑑會纂七十三卷/(清)王世貞纂,(清)陳仁錫訂.--清末刻本,1 冊
存一卷(二十八)

154900626　　＊610.23/112=3
重訂王鳳洲先生綱鑑會纂七十三卷/(清)王世貞纂,(清)陳仁錫訂.--清末石印本,1 冊
存六卷(二編十八至二十三)

154900627　　＊610.23/185
新刊趙田了凡袁先生編纂古本歷史大方綱鑑補三十九卷/(明)袁黄撰.--清末刻本,5 冊
存五卷(五、十、二十一、二十八、三十存六十九葉)

154900628　　＊610.23/185=2
鼎鍥趙田了凡袁先生編纂古本歷史大方綱鑑補三十九卷/(明)袁黄輯.--清末刻本,1 冊
存一卷(八)

154900629　　＊610.23/303-2
資治通鑑二百九十四卷　附釋文辨誤十二卷　外紀十卷　續資治通鑑二百二十卷/(宋)司馬光撰,(元)胡三省音註.--清光緒十四年至十六年(1888～1890)上海積山書局石印本,48 冊

154900630　　＊610.237/906
分類歷代通鑑輯覽六十四卷/(清)陳善撰,(清)曹錦春校.--清末石印本,3 冊
存三卷(四、十一、十三)

154900631　　＊610.237/906=2
分類歷代通鑑輯覽六十四卷/(清)陳善撰,(清)曹錦春校.--清末石印本,1 冊
存一卷(四)

154900632　　＊610.24/313
御撰資治通鑑綱目三編四卷/(清)張廷玉等撰.--清光緒十三年(1887)上海點石齋石印本,2 冊

154900633　　＊610.29/214
讀史兵略四十六卷/(清)胡林翼纂.--清末民國石印本,3 冊
存三卷(六、八、十二)

154900634　　＊610.29/440
芸居樓綱鑑易知錄九十二卷/(清)吳乘權等輯.--清光緒四年(1878)羊城芸居樓刻本,5 冊
存十卷(七、二十二至二十三、二十六至二十七、三十七至三十八、六十六至六十八)

154900635　　＊610.29/440=2
緯文堂綱鑑易知錄九十二卷/(清)吳乘權等輯.--清末刻本,3 冊
存七卷(十二至十八)

154900636　　　＊610.29/440=3
太文堂綱鑑易知錄九十二卷/(清)吳乘權等輯.--清末刻本,2冊
存四卷(十二至十三、五十五至五十六)

154900637　　　＊610.29/440=4
尺木堂綱鑑易知錄九十二卷/(清)吳乘權等輯.--清末刻本,1冊
存二卷(五十六至五十七)

154900638　　　＊610.29/440=5
尺木堂綱鑑易知錄九十二卷/(清)吳乘權等輯.--清末石印本,2冊
存五卷(九至十、十六至十八)

154900639　　　＊610.29/462
鑑撮四卷/(清)曠敏本編.--清光緒二十八年(1902)亦西齋石印本,1冊
存二卷(一至二)

154900640　　　＊610.3/641
左傳紀事本末五十三卷/(清)高士奇編輯,(清)閔萃祥點勘.--清光緒石印本,2冊
存二十卷(十二至三十一)

154900641　　　＊610.5/292
紀元編三卷　末一卷/(清)李兆洛撰,(清)六承如編.--清末石印本,1冊
存三卷(中、下,卷末)

154900642　　　＊610.63/198
廿二史劄記三十六卷　補遺一卷/(清)趙翼撰.--清光緒二十六年(1900)上海書局石印本,1冊
存四卷(二十五至二十八)

154900643　　　＊610.63/198=2
廿二史劄記三十六卷　補遺一卷/(清)趙翼撰.--清末石印本,1冊
存六卷(七至十二)

154900644　　　＊610.74/119
王先生十七史蒙求十六卷/(宋)王令撰.--清末刻本,1冊
存五卷(十二至十六)

154900645　　　＊610.74/850
史鑑節要便讀六卷/(清)鮑東里編輯.--清末刻本,1冊
存三卷(一至三)

154900646　　　＊610.81/112
史論正鵠二集四卷/(清)王振聲輯.--清光緒二十四年(1898)石印本,1冊
存一卷(一)

154900647　　　＊610.81/303
通鑑論三卷　附稽古錄論一卷/(宋)司馬光撰,(清)伍耀光輯錄.--清光緒二十七年(1901)上海文淵山房石印本,1冊
存一卷(三)

154900648　　　＊610.81/311=3
歷代史論正編十二卷/(明)張溥著.--清末石印本,1冊
存二卷(三至四)

154900649　　　＊610.81/311=4
歷代史論三種附二種二十二卷/(明)張溥等論正.--清末石印本,1冊
存二卷(左傳史論一至二)

154900650　　　＊610.81/311=5
歷代史論三種附二種二十二卷/(明)張溥等論正.--清末石印本,3冊
存十一卷(歷代史論三至九、明史論一至

四)

154900651　　　＊610.81/987
歷代史事政治論三百八卷/(清)金詠榴等編.--清光緒石印本,8冊
存七十二卷(目錄一卷,卷十三至二十八、四十一至七十五、一百五十一至一百六十二、二百七十八至二百八十五)

154900652　　　＊610.83/927
廿二史考異二十三卷/(清)錢大昕撰.--清光緒石印本,2冊
存八卷(四至九、十九至二十)

154900653　　　＊610.9/109
禮賢書院歷史課/(□)□□編.--清末民國石印本,1冊

154900654　　　＊610.9/582
史學講義不分卷/(清)□□編.--清末山東高等學堂石印本,1冊
存西晉至五代十國。

154900655　　　＊621.1/112
欽定書經傳說彙纂二十一卷　首二卷　書序一卷/(清)王頊齡總裁.--清中期刻本,4冊
存七卷(卷首二卷,卷五至六、八、二十一,書序一卷)

154900656　　　＊621.1/169
書經精義四卷　首一卷　末一卷/(清)黃淦纂.--清嘉庆九年(1804)刻本,2冊

154900657　　　＊621.1/535
書經體註大全合參六卷/(清)范翔鑒定.--清末刻本,1冊

154900658　　　＊621.1/561
書經集傳六卷/(宋)蔡沈集傳.--清道光二十六年(1846)鄧氏刻本,3冊

154900659　　　＊621.1/561=2
書經集傳六卷/(宋)蔡沈集傳.--清雍正刻本,1冊
存二卷(二至三)

154900660　　　＊621.1/561-2
重訂監本書註周書/(宋)蔡沈集傳.--清末刻本,1冊
存二卷(五至六)

154900661　　　＊621.75/993
春秋體註十四卷/(清)好古齋纂輯.--清光緒二十三年(1897)上海醉六堂石印本,2冊

154900662　　　＊621.81/850
戰國策十卷/(宋)鮑彪校註,(元)吳師道重校.--清乾隆二十七年(1762)文盛堂刻本,1冊
存二卷(一至二)

154900663　　　＊621.81/850=2
戰國策十卷/(宋)鮑彪校註,(元)吳師道重校.--清刻本,2冊
存二卷(四、六)

154900664　　　＊622.1/124
漢書列傳□□卷/(漢)班固撰.--清刻本,1冊
存四卷(三十至三十三)　卷三十缺前二葉半、卷三十三存二十二葉

154900665　　　＊622.301/377=2
三國志六十五卷/(晉)陳壽撰,(南朝宋)裴松之註.--清末刻本,1冊

存二卷(魏志二十九至三十)

154900666　　　＊623.53/994
梁書五十六卷/(唐)姚思廉撰.--清同治十三年(1874)金陵書局刻本,6冊

154900667　　　＊626.2/830
明鑑易知録十五卷/(清)朱國標撰,(清)吳乘權輯.--清末刻本,5冊
存九卷(三至十一)

154900668　　　＊626.2/830=2
明鑑易知録十五卷/(清)朱國標撰,(清)吳乘權輯.--清末上海錦章圖書局石印本,2冊
存八卷(八至十五)

154900669　　　＊627.02/119
十朝東華録五百二十五卷　附同治東華續録一百卷/(清)王先謙編.--清光緒二十五年(1899)石印本,88冊
缺二十六卷(雍正東華録一至二十六)

154900670　　　＊627.02/119-2
[乾隆]東華續録一百二十卷/(清)王先謙編.--清光緒十三年(1887)上海圖書集成印書局鉛印本,1冊
存八卷(五十至五十七)

154900671　　　＊710/803
海國圖志一百卷/(清)魏源撰.--清光緒石印本,3冊
存三十五卷(八至四十二)

154900672　　　＊781/313
泰西各國名人言行録十六卷/(清)張兆蓉編纂.--清末明達聖教會石印本,4冊
存十一卷(一至十一)

154900673　　　＊782/832
史略八十七卷/(清)朱坤輯.--清光緒二十四年(1898)上海蜚英館石印本,3冊
存四十七卷(二十九至六十八、八十一至八十七)

154900674　　　＊782/832=2
史略八十七卷/(清)朱坤輯.--清光緒十三年(1887)上海積山書局石印本,1冊
存十卷(一至十)

154900675　　　＊782.17/762
[光緒丙申冬季]大清搢紳全書/(清)□□編.--清光緒二十二年(1896)京都松竹齋、榮寶齋刻本,2冊
存第二冊、第四冊

154900676　　　＊782.17/762=2
[光緒甲辰冬季]大清搢紳全書/(清)□□編.--清光緒三十年(1904)京都榮禄堂刻本,1冊
存第一冊

154900677　　　＊782.21/285
國朝先正事略六十卷/(清)李元度纂.--清光緒二十五年(1899)上海圖書集成印書局鉛印本,1冊
存五卷(十至十四)

154900678　　　＊782.21/285=2
國朝先正事略六十卷/(清)李元度纂.--清末鉛印本,2冊
存九卷(十五至十八、三十三至三十七)

154900679　　　＊782.21/426
滿漢名臣傳八十卷/(清)國史館撰.--清末刻本,5冊

存四卷(滿洲名臣傳卷三十五、四十二至四十五)

154900680　　＊782.876/273
皇清邑庠生顯考石厓府君行述[楊興宛]一卷/(清)楊業增述.--清道光十年(1830)刻本,1冊

154900681　　＊782.878/583
敕封文林郎議敘知縣同治壬戌恩科并補行咸豐辛酉正科舉人先考文慎府君行述[崔毓桐]一卷/(清)任象益撰.--清光緒三十二年(1906)刻本,1冊

154900682　　＊782.99/292
皇朝尚友錄□卷/(清)□□編.--清末石印本,3冊
存六卷(三至八)

154900683　　＊789.2/158
[山東黄縣]丁氏家譜/(清)丁元鵬纂修.--清乾隆山東黄縣丁氏刻本,1冊

154900684　　＊802.17/375
經籍纂詁五卷/(清)阮元撰.--清光緒九年(1883)上海點石齋石印本,6冊
存四卷(一上平聲一東至五微、三上聲、四去聲、五入聲一屋至六月補遺)

154900685　　＊802.17/375=2
經籍纂詁一百六卷　首一卷/(清)阮元撰.--清光緒二十年(1894)上海鴻寶齋石印本,4冊
存三十二卷(五至九、二十三至五十九)

154900686　　＊802.212/953
說文解字通釋四十卷/(宋)徐鍇傳釋.--清末刻本,1冊
存十八卷(一至十八)

154900687　　＊802.28/279
字彙十二卷　首一卷　末一卷/(明)梅膺祚撰.--清刻本,8冊
存八卷(子、丑、寅、卯、巳、午、未、酉集)

154900688　　＊802.28/279=2
字彙十二卷　首一卷　末一卷/(明)梅膺祚撰.--清刻本,1冊
存戌集

154900689　　＊802.28/279=3
字彙十二卷　首一卷　末一卷/(明)梅膺祚撰,(清)劉永懋重訂.--清末刻本,1冊
存卯集

154900690　　＊802.3/306-03=2
康熙字典十二集　補遺一卷　備考一卷/(清)張玉書等纂修.--清末刻本,1冊
存卯集中

154900691　　＊802.41/879
六書音韻表/(清)段玉裁撰.--清末刻本,2冊

154900692　　＊802.41/885
四書五經音韻/(清)劉柏撰.--清光緒八年(1882)東昌鮑乾元刻本,1冊

154900693　　＊802.43/400
新增說文韻府羣玉二十卷/(元)陰時夫編輯,(元)陰中夫編註.--明末刻本,1冊
存一卷(四)

154900694　　＊802.44/112
佩文韻府提綱二卷/(清)王士環輯.--清光緒二年(1876)成文信刻本,2冊

154900695　　＊802.44/112=2
佩文韻府提綱二卷/(清)王士環輯.--清光緒刻本,1 冊
存一卷(下)

154900696　　＊802.44/392
增訂韻辨摘要不分卷/(清)徐郙撰.--清光緒二十二年(1896)慎記書莊刻本,1 冊

154900697　　＊802.44/736
詩韻合璧五卷/(清)湯文潞編.--清光緒鉛印本,1 冊
存一卷(五)

154900698　　＊802.79/667
增註寫信必讀十卷/(清)唐再豐撰.--清光緒鉛印本,1 冊
存三卷(三至五)

154900699　　＊802.81/266
訓蒙四字經讀本二卷/(清)楊臣諍增訂,(清)楊緜昌編次.--清末刻本,1 冊
存一卷(下)

154900700　　＊802.81/387
初學導先集/(清)陸建瀛著.--清光緒二年(1876)刻本,1 冊
存十八葉

154900701　　＊802.81/827
小學集註六卷　附御註忠孝經/(宋)朱熹撰,(明)陳選註.--清末上海錦章圖書局石印本,2 冊
存五卷(一至五)

154900702　　＊802.81/827=2
小學集註六卷/(宋)朱熹輯,(明)陳選註.--清末石印本,1 冊
存二卷(四至五)

154900703　　＊802.81/827=3
小學集註六卷/(宋)朱熹輯,(明)陳選註.--清末石印本,1 冊
存二卷(四至五)

154900704　　＊802.81/827-2
小學纂註六卷　文公朱夫子年谱一卷　朱子小學總論一卷/(宋)朱熹撰,(清)高愈纂註.--清末刻本,2 冊
存四卷(五至六,文公朱夫子年谱一卷,朱子小學總論一卷)

154900705　　＊802.81/863
繪圖改良五言雜字/(清)□□編.--清末民國廣益書局石印本,1 冊

154900706　　＊802.81/863=2
繪圖改良五言雜字/(清)□□編.--清末民國廣益書局石印本,1 冊

154900707　　＊821.18/164
香石詩話四卷/(清)黄培芳撰.--清嘉慶十五年(1810)嶺海樓刻本,1 冊
存二卷(三至四)

154900708　　＊821.37/985
詩韻集成十卷/(清)余照輯.--清末刻本,1 冊
存二卷(三至四)

154900709　　＊821.875/185
隨園詩話十六卷　補遺四卷/(清)袁枚撰.--清末金谷園石印本,4 冊
存五卷(一至三、六至七)

154900710　　＊824/306
金臺殘淚記三卷/(清)張際亮著.--清光緒

刻本,1 冊

154900711　　　＊825.9/313
分類賦學□□卷/(清)張維城編.--清光緒十二年(1886)上海點石齋石印本,1 冊
存四卷(九至十二)

154900712　　　＊825.9/337
[歷代賦題解]不分卷/(清)□□撰.--清石印本,1 冊
存四十五葉(四十五至八十九)

154900713　　　＊825.9/664
分類賦鵠十二卷/(清)廣百宋齋主人編.--清光緒十二年(1886)上海同文書局石印本,2 冊
存二卷(二至三)

154900714　　　＊830/513-2
文選六十卷　考異十卷/(南朝梁)蕭統撰,(唐)李善註.--清光緒二十一年(1895)寶文書局石印本,1 冊
存一卷(一)

154900715　　　＊830/513-2=2
文選六十卷　考異十卷/(南朝梁)蕭統撰,(唐)李善註.--清末民國上海鴻文書局石印本,1 冊
存十二卷(三十八至四十八)

154900716　　　＊830/513-3
重訂文選集評十五卷　首一卷　末一卷/(清)于光華編次.--清末刻本,8 冊
存九卷(八至十五、卷末)

154900717　　　＊830.6/443
明文明初集/(清)路德註釋.--清光緒刻本,3 冊
存一百六十八葉(第六十三至二百三十葉)

154900718　　　＊830.6/443-2
明文明二集/(清)路德註釋.--清光緒八年(1882)上海掃葉山房刻本,4 冊
存一百六十葉(第一至一百六十葉)

154900719　　　＊830.7/144
校經堂初集四卷/(清)曹鴻勛撰.--清光緒十一年(1885)刻本,1 冊
存二卷(三至四)

154900720　　　＊831/616
新鐫五言千家詩箋註二卷　增補重訂千家詩註解二卷/(清)王相選註,(宋)謝枋得選.--清道光十五年(1835)同德堂刻本,1 冊

154900721　　　＊831/915
增補重訂千家詩註解二卷/(明)任來吉選,(清)王相註.--清末刻本,1 冊
存二卷(三至四)

154900722　　　＊831/915=2
增補重訂千家詩註解二卷/(明)任來吉選,(清)王相註.--清末刻本,1 冊
存二卷(三至四)

154900723　　　＊831.4/747
唐詩別裁集引典備註二十卷/(清)沈德潛編,(清)俞汝昌增註.--清末刻本,1 冊
存一卷(二)

154900724　　　＊831.41/384
唐詩三百首補註八卷/(清)陳婉俊輯.--清末刻本,1 冊
存二卷(七至八)

154900725　　　＊831.41/941
御選唐宋詩醇四十七卷　目錄二卷/(清)高宗弘曆選,(清)梁詩正等編.--清末刻本,2 冊
存四卷(三十八至三十九、四十四至四十五)

154900726　　　＊831.41/941=2
御選唐宋詩醇四十七卷　目錄二卷/(清)高宗弘曆選,(清)梁詩正等編.--清末刻本,1 冊
存二卷(十三至十四)

154900727　　　＊831.41/941=3
御選唐宋詩醇四十七卷　目錄二卷/(清)高宗弘曆選,(清)梁詩正等編.--清末刻本,1 冊
存二卷(十至十一)

154900728　　　＊831.7/613
詠史集成試帖詳註/(清)許紹沆編輯註釋.--清末刻本,1 冊
存一卷(二)

154900729　　　＊831.74/290
少鶴内集十卷/(清)李憲喬撰,(清)童毓靈編.--清中期刻本,1 冊

154900730　　　＊831.74/859
庚辰集五卷　附唐人試律説一卷/(清)紀昀編.--清道光二十二年(1896)石室山房刻本,4 冊
存四卷(二、卷四至五,唐人試律説)

154900731　　　＊831.74/859=2
庚辰集五卷　附唐人試律説一卷/(清)紀昀編.--清末經綸堂刻本,2 冊
存三卷(唐人試律說,一至二)

154900732　　　＊831.77/306
七家詩合註七種八卷/(清)張熙宇輯評,(清)王植桂輯註.--清末書業德刻本,4 冊
存四卷(三至五、七)

154900733　　　＊831.77/306=2
七家詩合註七種八卷/(清)張熙宇輯評,(清)王植桂輯註.--清末刻本,3 冊
存三卷(二、五、七)

154900734　　　＊831.77/306=3
七家詩合註七種八卷/(清)張熙宇輯評,(清)王植桂輯註.--清末刻本,3 冊
存三卷(四、六至七)

154900735　　　＊831.77/306=4
七家詩選七種/(清)張熙宇輯評.--清道光十二年(1832)三和堂刻朱墨套印本,1 冊
存二卷(一至二)

154900736　　　＊831.77/384
春明盍簪集試帖□卷/(清)陳德壽輯撰.--清同治元年(1862)刻本,5 冊
存五卷(一至三,卷六至七)

154900737　　　＊831.78/112
棣萼山房試帖三卷/(清)王葆修撰,(清)程典註.--清光緒五年(1879)安邑務本堂刻本,2 冊
存二卷(一至二)

154900738　　　＊831.78/117
可自怡齋試帖輯註/(清)顧文彬撰,(清)王祿書註釋.--清末刻本,1 冊

154900739　　　＊831.78/273
分韻試帖青雲集合註四卷/(清)楊逢春

輯,(清)葉祺昌註.--清光緒十四年(1888)成文堂刻本,2冊
存二卷(一、四)

154900740　　　＊831.78/273=2
分韻試帖青雲集合註四卷/(清)楊逢春輯,(清)葉祺昌註.--清末成文堂刻本,1冊
存一卷(四)

154900741　　　＊831.78/273=3
分韻試帖青雲集合註四卷/(清)楊逢春輯,(清)葉祺昌註.--清末刻本,1冊
存一卷(三)

154900742　　　＊831.78/906
古褉潭館試帖初編不分卷/(清)傅鍾麟編.--清光緒七年(1881)傅鍾麟刻本,5冊

154900743　　　＊832.2/278
本朝賦範不分卷/(清)杭世駿輯.--清乾隆二十三年(1758)刻本,1冊
存一冊

154900744　　　＊832.2/519
夢華廬賦海三十卷/(清)夢華廬主人選.--清光緒石印本,1冊
存三卷(四至六)

154900745　　　＊832.7/214
國朝律賦新機續鈔四卷/(清)葛其仁,(清)胡玉樹,(清)王寶仁編註.--清嘉慶刻本,1冊
存一卷(一)

154900746　　　＊832.9/285
賦學正鵠集釋十一卷/(清)李元度輯.--清光緒十八年(1892)上海煥文書局石印本,1冊
存四卷(一至四)

154900747　　　＊832.9/285=2
賦學正鵠集釋十一卷/(清)李元度輯.--清光緒十八年(1892)上海淩雲閣石印本,1冊
存四卷(一至四)

154900748　　　＊835/112
選訂詳註古文初集□卷/(清)王相選註,(清)鄭漢校梓.--清末三讓堂刻本,1冊
存一卷(四)

154900749　　　＊835/254
古文析義初編六卷　二編八卷/(清)林雲銘評註.--清末刻本,1冊
存一卷(四)

154900750　　　＊835/254=2
古文析義初編六卷　二編八卷/(清)林雲銘評註.--清末刻本,1冊
存三卷(十二至十四)

154900751　　　＊835/382
新增金臚策楷一卷/(清)陳冠生等撰.--清光緒十六年(1890)上海蜚英館石印本,1冊

154900752　　　＊835/440
古文觀止十二卷/(清)吳乘權,(清)吳大職手錄.--清末刻本,2冊
存四卷(九至十二)

154900753　　　＊835/440=2
古文觀止十二卷/(清)吳乘權,(清)吳大職手錄.--清末刻本,1冊
存二卷(七至八)

154900754　　　＊835/946
古文淵鑒六十四卷/(清)聖祖玄燁選,(清)徐乾學等編註.--清雍正尊經閣刻本,2冊

存六卷(一至六)

154900755　　　　＊835/946=2

古文淵鑒六十四卷/(清)聖祖玄燁選,(清)徐乾學等編註.--清雍正刻本,1 冊

存二卷(四十一至四十二)

154900756　　　　＊835/988

桂芳齋重訂古文釋義新編八卷/(清)余誠評註.--清同治六年(1867)緯文堂刻本,1 冊

存二卷(一至二)

154900757　　　　＊835/988=2

重訂古文釋義新編八卷/(清)余誠評註.--清光緒二十四年(1898)烟台成文信堂刻本,1 冊

存一卷(一)

154900758　　　　＊835/988=3

重訂古文釋義新編八卷/(清)余誠評註.--清末成文堂刻本,1 冊

存一卷(二)

154900759　　　　＊835/988=4

書業堂重訂古文釋義新編八卷/(清)余誠評註.--清末刻本,3 冊

存三卷(五、六、八)

154900760　　　　＊835/988=5

重訂古文釋義新編八卷/(清)余誠評註.--清末刻本,1 冊

存一卷(三)

154900761　　　　＊835/988=6

重訂古文釋義新編八卷/(清)余誠評註.--清末刻本,1 冊

存一卷(三)

154900762　　　　＊835/988=7

重訂古文釋義新編八卷/(清)余誠評註.--清末刻本,2 冊

存二卷(五、八)

154900763　　　　＊835/994

正續古文辭類纂一百八卷/(清)姚鼐纂.--清光緒三十三年(1907)上海商務印書館鉛印本,5 冊

存四十四卷(古文辭類纂二十一至五十、六十一至七十四)

154900764　　　　＊835/994=2

正續古文辭類纂一百八卷/(清)姚鼐纂.--清光緒三十三年(1907)上海商務印書館鉛印本,4 冊

存三十五卷(古文辭類纂一至八、十七至三十四,續古文辭類纂八至十六)

154900765　　　　＊835/994-2

古文辭類纂七十四卷/(清)姚鼐纂.--清道光合河康氏刻本,1 冊

存四卷(五十四至五十七)

154900766　　　　＊835/994-3

續古文辭類纂三十四卷/(清)王先謙續纂.--清光緒上海商務印書館鉛印本,2 冊

存五卷(十四至十五、二十六至二十八)

154900767　　　　＊835.7/115

格致書院課藝/(清)王韜編.--清光緒二十四年(1898)上海圖書集成印書局石印本,1 冊

154900768　　　　＊835.7/115=2

格致書院課藝/(清)王韜編.--清光緒石印本,1 冊

154900769　　　＊835.7/852
各省課藝匯海/(清)擷雲腴山館主人輯.--清光緒十一年(1885)上海同文書局石印本,2 冊
存上中下孟

154900770　　　＊835.7/971
尊經課藝三刻.--清末成都尊經書院刻本,1 冊

154900771　　　＊835.9/433=2
八家四六文註八卷　補註一卷/(清)吳鼒輯,(清)許貞幹註.--清光緒十八年(1892)鉛印本,2 冊
存三卷(三、八下,補註)

154900772　　　＊845.1/424-2
六一居士全集錄五卷　外集錄二卷/(宋)歐陽修撰.--清康熙四十二至四十四年(1703～1705)江蘇宜興歙縣吳蔚起遺清堂刻本,1 冊
存一卷(三)

154900773　　　＊846.9/169
陶菴全集/(明)黃淳耀撰,(清)陶應鯤輯補.--清乾隆刻本,1 冊
存七卷[陶菴文集二卷(表、策),陶菴語錄五卷(吾師錄一卷,陶菴自監錄四卷)]

154900774　　　＊847/443/(1)
仁在堂時藝話不分卷/(清)路德選.--清末刻本,1 冊

154900775　　　＊847/443/(2)
時藝核不分卷/(清)路德選.--清末大文堂刻本,2 冊
存九十九葉(第一至九十九葉)

154900776　　　＊847/443/(3)
時藝核續編不分卷/(清)路德選.--清末刻本,1 冊
存五十九葉(第一百二十六至一百八十四葉)

154900777　　　＊847/443/(4)
文藝金鍼不分卷/(清)路德選.--清末大文堂刻本,1 冊
存六十葉(第十集第一至六十葉)

154900778　　　＊847/443-2
仁在堂時藝階不分卷/(清)路德選.--清道光二十四年(1844)□□堂刻本,1 冊

154900779　　　＊847/443-3
時藝階不分卷/(清)路德選.--清光緒十年(1884)上洋江左書林刻本,6 冊
存六卷(一、四至八)

154900780　　　＊847.2/359
溉堂詩餘二卷/(清)孫枝蔚撰.--清刻本,1 冊
存一卷(二第一至十一葉)

154900781　　　＊847.2/384
陳檢討集二十卷/(清)陳維崧撰,(清)程師恭註.--清刻本,1 冊
存三卷(三至五)

154900782　　　＊847.2/690
安雅堂文集二卷/(清)宋琬著.--清康熙三十八年(1699)刻本,1 冊
存一卷(二)

154900783　　　＊847.2/690-2
安雅堂未刻稿八卷/(清)宋琬著.--清乾隆三十一年(1766)刻本,1 冊

存二卷(一至二)

154900784　　　　*847.2/690-2=2
安雅堂未刻稿八卷/(清)宋琬著.--清乾隆三十一年(1766)刻本,1 冊
存一卷(五)

154900785　　　　*847.4/185
小倉山房詩集三十一卷　補遺一卷　附錄一卷/(清)袁枚撰.--清末三餘堂刻本,6 冊
存二十四卷(一至九、十四至二十八)

154900786　　　　*847.4/185-2
倉山文集不分卷/(清)袁枚著.--清末三餘堂刻本,3 冊
存第一至二百二十葉

154900787　　　　*847.4/705
省吾齋稿不分卷/(清)竇光鼐撰.--清道光刻本,1 冊
存五十八葉(第九十六至一百五十三葉)

154900788　　　　*847.5/440
有正味齋詩集十六卷　駢體文二十四卷　外集五卷　詞集八卷/(清)吳錫麒撰.--清末刻本,4 冊
存十一卷(詩集七至八、十二至十四,詞集五至八,外集四至五)

154900789　　　　*847.6/860
詳註嚶求集二卷/(清)繆艮撰.--清光緒十六年(1890)上海積山書局石印本,1 冊
存一卷(上)

154900790　　　　*847.8/119
近科分韻館詩初集九卷/(清)王先謙原編,(清)范多玨重編.--清光緒二年(1876)刻本,9 冊

154900791　　　　*847.8/392
沅湘攬秀集六卷/(清)陸寶忠輯.--清光緒刻本,2 冊
存第一冊(四書文)、第七冊(經解、說文)。

154900792　　　　*851.3/112
古唐詩合解十二卷/(清)王堯衢註.--清道光二十一年(1841)蘇州桐石山房刻本,3 冊
存六卷(一至二、五至八)

154900793　　　　*851.3/112=2
古唐詩合解十二卷/(清)王堯衢註.--清光緒十一年(1885)成文信刻本,3 冊
存六卷(一至六)

154900794　　　　*851.3/112=3
古唐詩合解十二卷/(清)王堯衢註.--清光緒十一年(1885)膠州成文堂刻本,1 冊
存二卷(一至二)

154900795　　　　*851.3/112=4
古唐詩合解十二卷/(清)王堯衢註.--清末李光明莊刻本,1 冊
存三卷(五至七)

154900796　　　　*851.3/112=5
古唐詩合解十二卷/(清)王堯衢註.--清末慎遠堂刻本,2 冊
存四卷(三至四、八至九)

154900797　　　　*851.3/112=6
古唐詩合解十二卷/(清)王堯衢註.--清末刻本,1 冊
存三卷(四至六)

154900798　　　　*851.3/112=7
古唐詩合解十二卷/(清)王堯衢註.--清末

刻本,1 册
存二卷(五至六)

154900799　　＊851.3/112=8
古唐詩合解十二卷/(清)王堯衢註.--清末刻本,1 册
存二卷(十一至十二)

154900800　　＊851.3/112=9
古唐詩合解十二卷/(清)王堯衢註.--清末刻本,1 册
存二卷(三至四)

154900801　　＊851.3/112=10
古唐詩合解十二卷/(清)王堯衢註.--清末刻本,1 册
存三卷(十至十二)

154900802　　＊851.3/112=11
古唐詩合解十二卷/(清)王堯衢註.--清末刻本,1 册
存四卷(一至四)

154900803　　＊851.3/112=12
古唐詩合解十二卷/(清)王堯衢註.--清末刻本,2 册
存四卷(九至十二)

154900804　　＊853.57/934
綴白裘十二集四十八卷/(清)錢德蒼輯.--清末刻本,2 册
存四卷(第三集一至四)

154900805　　＊853.57/934=2
綴白裘十二集四十八卷/(清)錢德蒼輯.--清末刻本,1 册
存一卷(第十二集三)

154900806　　＊856.1/112
續分類尺牘備覽八卷/(清)王振芳輯.--清末石印本,6 册
存六卷(二至七)

154900807　　＊856.1/112=2
續分類尺牘備覽八卷/(清)王振芳輯.--清末石印本,1 册
存一卷(三)

154900808　　＊856.1/756
分類緘腋□卷/(明)涂謙撰.--清末刻本,3 册
存二卷(二至三)

154900809　　＊856.2/982-2
曾文正公書札三十三卷/(清)曾國藩撰.--清末石印本,1 册
存三卷(十六至十八)

154900810　　＊856.7/100
三朝墨準新編不分卷.--清光緒鉛印本,1 册
存五十六葉(第九十九至一百五十四葉)

154900811　　＊856.7/115
塾課小題分編八集/(清)王步青評,(清)王士鼇編.--清芸生堂刻本,7 册
存三集(五集精詣三册、六集大觀三册、八集別情一册)

154900812　　＊856.7/115=2
塾課小題分編八集/(清)王步青評,(清)王士鼇編.--清敦復堂刻本,3 册
存二集[四集參變一册(上集)、五集精詣二册]

154900813　　　＊856.7/115=3
塾課小題分編八集/(清)王步青評,(清)王士鼇編.--清文光堂刻本,1冊
存二集(七集老境下集、八集别情)

154900814　　　＊856.7/119
鄉墨聯珠同治癸酉科/(清)王綍等評選,(清)蔡槑鑒定.--清同治十二年(1873)刻本,1冊
存江西

154900815　　　＊856.7/119-2
直省鄉墨聯珠全集同治癸酉科/(清)王綍等評選.--清同治十二年(1873)北京琉璃廠善成堂刻本,3冊
存五卷(一至二、十四至十六)

154900816　　　＊856.7/167
江左校士錄不分卷/(清)黄體芳編.--清光緒十一年(1885)鉛印本,1冊
存五十二葉(第四十八葉至九十九葉)

154900817　　　＊856.7/238
求是齋墨醇不分卷.--清末刻本,2冊
存一百二十八葉(第五十五至一百八十二葉)

154900818　　　＊856.7/238-2
小題三萬選不分卷/(清)求是齋主人輯.--清光緒石印本,4冊
存下論、中孟

154900819　　　＊856.7/285
分類文腋八卷/(清)李楨選,(清)李煒批註.--清末刻本,1冊
存一卷(二)

154900820　　　＊856.7/285.2
評點小題正鵠初集二集三集/(清)李元度編輯.--清末刻本,1冊
存二集,三集

154900821　　　＊856.7/285.2-2
小題正鵠三集/(清)李元度編輯.--清末鉛印本,1冊

154900822　　　＊856.7/285.3
江左校士錄四卷/(清)李殿林輯.--清光緒石印本,2冊
存二卷(二至三)

154900823　　　＊856.7/285.4
[道光甲辰恩科]直省鄉墨清醇/(清)李霖澤評選.--清道光二十四年(1844)刻本,1冊

154900824　　　＊856.7/288
國朝名文春霆集/(清)李鳴謙,(清)吳承緒輯.--清光緒五年(1879)金陵芸香閣鉛印本,2冊

154900825　　　＊856.7/292
鋤經堂搭題文二集不分卷/(清)李緗選.--清末刻本,1冊

154900826　　　＊856.7/304
貫易先生墨譜不分卷/(清)司徒德進講,(清)司徒修註.--清道光二年(1822)刻本,1冊
存九十葉(第一至第九十葉)

154900827　　　＊856.7/305
[光緒]己卯直墨.--清末刻本,1冊
存四川、廣東、廣西

154900828　　＊856.7/337
歷代名稿彙選不分卷/(清)□□選.--清末石印本,2 冊
存上孟、下孟

154900829　　＊856.7/354
大題文府不分卷.--清末石印本,9 冊
存大學、中庸、下論、下孟

154900830　　＊856.7/354=2
大題文府不分卷.--清末石印本,1 冊
存一百一葉(上論第一百二至二百二葉)

154900831　　＊856.7/354=3
大題文府不分卷.--清末石印本,1 冊
存一百二十四葉(下論第一至一百二十四葉)

154900832　　＊856.7/354.2
大題三萬選.--清末同文書局石印本,1 冊
存七十一葉(下孟第七十三至一百四十三葉)

154900833　　＊856.7/372
[光緒癸巳恩科各省鄉試闈墨].--清光緒刻本,4 冊
存湖北、湖南、河南;山东、山西、陕西、甘肃;四川、广东、广西;云南、贵州

154900834　　＊856.7/438
八銘塾鈔初集五卷　二集五卷/(清)吳懋政編次,(清)李文山註釋.--清光緒六年(1880)掃葉山房刻本,9 冊
存九卷(初集卷一至五,二集卷二至五)

154900835　　＊856.7/438=2
八銘塾鈔初集五卷　二集五卷/(清)吳懋政編次,(清)李文山註釋.--清光緒六年(1880)掃葉山房刻本,1 冊
存一卷(初集一)

154900836　　＊856.7/438=3
八銘塾鈔初集五卷/(清)吳懋政編次.--清末刻本,3 冊
存三卷(初集二至四)

154900837　　＊856.7/438=4
八銘塾鈔初集五卷/(清)吳懋政編次.--清末刻本,1 冊
存一卷(初集三)

154900838　　＊856.7/438=5
八銘塾鈔初集一百三十二篇/(清)吳懋政編次,(清)葉畹蘭註釋.--清末玉振堂刻本,1 冊
存三十六篇(大學十三篇,論語二十三篇)

154900839　　＊856.7/438=6
八銘塾鈔初集二集/(清)吳懋政編次.--清末三讓堂刻本,4 冊
存初集下論、中庸、下孟,二集大學、上論、上孟

154900840　　＊856.7/438=7
八銘塾鈔初集二集不分卷/(清)吳懋政編次,(清)李文山註釋.--清光緒十四年(1888)學庫山房刻本,5 冊
存初集上論、下論,二集大學、中庸、上論、下論

154900841　　＊856.7/462
[時文集覽].--清刻本,1 冊

154900842　　＊856.7/482
[四書文彙編].--清末石印本,1 冊
存孟子之滕文公、離婁

154900843　　　＊856.7/482.2
[四書文].--清末刻本,3冊
存三百二十五葉(孟子七十一至二百五十一葉、論語一百五十一至二百九十四葉)

154900844　　　＊856.7/484
墨韻二編.--清同治刻本,2冊

154900845　　　＊856.7/484.2
墨譜□卷.--清刻本,1冊
存二卷(三至四)

154900846　　　＊856.7/500
杉屋時文稿不分卷/(清)步際桐著.--清光緒十五年(1889)刻本,1冊
存一百四葉(一至一百四葉)

154900847　　　＊856.7/505
藝林珠玉不分卷/(清)□□編.--清末刻本,1冊
存六十三葉(孟子第二百七至二百六十九葉)

154900848　　　＊856.7/505=2
藝林珠玉不分卷/(清)□□編.--清末刻本,1冊
存二十葉(孟子第三百八十一至四百四十葉)

154900849　　　＊856.7/505-2
藝林珠玉二編不分卷/(清)□□編.--清道光二十四年(1844)刻本,1冊
存中庸

154900850　　　＊856.7/582
山東鄉試硃卷七種.--清乾隆三十六年至嘉慶二十一年(1771～1816)刻本,1冊

154900851　　　＊856.7/582-2
[同治癸酉科]山東鄉試硃卷(祝敬熙)/(清)祝敬熙撰.--清同治十二年(1873)刻本,1冊

154900852　　　＊856.7/582-3
[光緒己丑恩科]山東鄉試硃卷(王塾)/(清)王塾撰.--清光緒十五年(1889)刻本,1冊

154900853　　　＊856.7/582-4
[光緒己丑恩科、壬午科遺墨、己卯科、己丑恩科]山東鄉試硃卷(蔣忠樾)/(清)蔣忠樾撰.--清光緒十五年(1889)刻本,1冊

154900854　　　＊856.7/582-5
[光緒癸巳恩科]山東鄉試硃卷(楊永年)/(清)楊永年撰.--清光緒十九年(1893)刻本,1冊

154900855　　　＊856.7/582-6
[光緒癸巳恩科]山東鄉試硃卷(丁寶珊)/(清)丁寶珊撰.--清光緒十九年(1893)刻本,1冊

154900856　　　＊856.7/582-7
[光緒丁酉科]山東鄉試硃卷(王淇)/(清)王淇撰.--清光緒二十三年(1897)刻本,1冊

154900857　　　＊856.7/582-8
[光緒壬寅補行庚子辛丑恩正并科]山東鄉試中卷(徐春官)/(清)徐春官撰.--清光緒二十八年(1902)刻本,1冊

154900858　　　＊856.7/582.2
山東鄉試全墨.--清光緒二十六年(1900)石印本,1冊

存下册。

154900859　　　＊856.7/595

[光緒癸卯恩科直省闈墨].--清光緒二十九年(1903)圖書集成局鉛印本,3册

存順天、江西、湖北

154900860　　　＊856.7/595-2

[光緒癸卯恩科直省闈墨].--清光緒二十九年(1903)上海文寶書局石印本,2册

154900861　　　＊856.7/596

急悃齋評選癸卯鄉墨/(清)常堉璋評選.--清光緒二十九年(1903)急悃齋鉛印本,3册

154900862　　　＊856.7/598

小題拆字不分卷.--清末刻本,2册

存上下論,中庸,上下孟

154900863　　　＊856.7/598=2

小題拆字不分卷.--清末刻本,1册

存下論,中庸,上下孟

154900864　　　＊856.7/598.2

小題鴻寶不分卷.--清末石印本,6册

存第二十五至二十六册(上孟二百四十一至三百九十六葉),第二十八至三十册(下孟七十六至三百),第三十二册(下孟三百八十一至四百六十三葉)

154900865　　　＊856.7/598.3

小題四萬選不分卷.--清光緒石印本,7册

154900866　　　＊856.7/613

許竹篔時文/(清)許景澄撰.--清末刻本,1册

154900867　　　＊856.7/627

欽定本朝四書文不分卷/(清)方苞選評.--清刻本,2册

154900868　　　＊856.7/627=2

欽定啓禎四書文不分卷/(清)方苞選評.--清刻本,2册

存大學、論語上、論語下、中庸

154900869　　　＊856.7/655

[光緒]辛卯鄉墨.--清光緒十七年(1891)刻本,4册

154900870　　　＊856.7/658

三十三章範圍□卷/(清)章敦元選訂.--清光緒四年(1878)刻本,4册

154900871　　　＊856.7/658.2

童試錄初刻二刻三刻/(清)□□輯.--清光緒十一年(1885)四寶堂刻本,4册

154900872　　　＊856.7/677

文苑集成□□卷.--清末刻本,1册

存二卷(中庸三至四)

154900873　　　＊856.7/682

直省鄉墨權輿不分卷/(清)惲毓鼎評選.--清光緒二十八年(1902)京都博文齋刻本,4册

154900874　　　＊856.7/714

明文初學讀本不分卷/(清)汪份選.--清刻本,1册

存大學、中庸、孟子。

154900875　　　＊856.7/719

[光緒]江西闈墨.--清光緒刻本,1册

154900876　　　＊856.7/719.2

[光緒]江南闈墨.--清光緒刻本,1册

154900877　　　＊856.7/723

湖南試牘不分卷.--清末刻本,1册

存五十九葉(第八十九葉至一百四十七葉)

154900878　　　＊856.7/724
[癸卯恩科]浙江闈墨.--清光緒石印本,1 冊

154900879　　　＊856.7/724.2
湘琳試牘不分卷/(清)□□編.--清末刻本,1 冊
存第一冊五十五葉(一至五十五)

154900880　　　＊856.7/724.3
濯柳軒鈔讀小題智巧.--清道光二十八年(1848)刻本,1 冊

154900881　　　＊856.7/747
鉄網珊瑚二集不分卷/(清)沈鏡堂輯.--清光緒元年(1875)濯纓山房刻本,1 冊

154900882　　　＊856.7/765
增批直省闈墨□卷/(清)馮一梅,(清)劉鯤校訂.--清末上海煥文書局石印本,3 冊
存三卷(二至四)

154900883　　　＊856.7/765=2
增批直省闈墨不分卷/(清)馮一梅,(清)劉鯤校訂.--清末石印本,4 冊
存江南、山東、甘肅、福建、浙江、江西、廣東、廣西

154900884　　　＊856.7/765=3
增批直省闈墨不分卷/(清)馮一梅,(清)劉鯤校訂.--清末石印本,1 冊
存廣東、顺天、江南、江西、湖北

154900885　　　＊856.7/770
戊子科直省鄉墨精萃十七卷/(清)馮文蔚評選.--清光緒十四年(1888)刻本,3 冊
存七卷(一至二、七至八、十、十六至十七)

154900886　　　＊856.7/770-2
[光緒戊子科]直省鄉墨精萃/(清)馮文蔚評選.--清光緒十四年(1888)京都同文會刻本,2 冊
存一百六十八葉(一至八十葉、二百二十二至二百九十四葉,試帖精萃一至十五葉)

154900887　　　＊856.7/781
壬午鄉墨正風.--清光緒刻本,1 冊

154900888　　　＊856.7/865
[光緒乙酉科]順天鄉試硃卷(丁述曾)/(清)丁述曾撰.--清光緒十一年(1885)刻本,1 冊

154900889　　　＊856.7/865-2
[光緒乙酉恩科]順天鄉試硃卷(李世芳)/(清)李世芳撰.--清光緒十一年(1885)刻本,1 冊

154900890　　　＊856.7/865-3
[光緒己丑恩科]順天鄉試硃卷(周式度)/(清)周式度撰.--清光緒十五年(1889)刻本,1 冊

154900891　　　＊856.7/865-4
[光緒己丑恩科]順天鄉試硃卷(汪馨)/(清)汪馨撰.--清光緒十五年(1889)刻本,1 冊

154900892　　　＊856.7/865-5
[光緒癸巳恩科]順天鄉試硃卷(陳公恕)/(清)陳公恕撰.--清光緒十九年(1893)刻本,1 冊

154900893　　　＊856.7/890
星橋制藝小題初編二編不分卷/(清)劉清源著.--清咸豐元年(1851)桐蔭書屋刻本,5 冊
缺初編上論第一至四十葉

154900894　　　＊856.7/890-2
蓬山塾課不分卷/(清)劉清源撰.--清末刻

本,2 冊
存一百四十四葉(上論六十五至一百三十九葉,下論七十一至一百三十九葉)

154900895　　　＊856.7/895
制藝觀海集四十二卷/(清)倚雲書屋選.--清光緒五年(1879)鉛印本,5 冊
存五卷(上論卷一至四、六)

154900896　　　＊856.7/914
經畬堂自訂全稿/(清)儲在文撰.--清光緒刻本,1 冊

154900897　　　＊856.7/926
鈍菴集覽□卷/(清)□□撰.--清刻本,1 冊
存一卷(二)

154900898　　　＊856.7/987
金臺書院課士録二集/(清)金臺書院輯.--清末北京金臺書院刻本,1 冊
存六十九葉(第一百九至一百七七葉)

154900899　　　＊856.7/989
[乾隆庚戌恩科]會試硃卷(牟昌裕)/(清)牟昌裕撰.--清乾隆五十五年(1790)刻本,1 冊

154900900　　　＊856.7/989-2
[道光乙巳恩科]會試硃卷(于醇儒)/(清)于醇儒撰.--清道光二十五年(1845)刻本,1 冊

154900901　　　＊856.7/989-3
[咸豐己未科]會試硃卷(于蔭霖)/(清)于蔭霖撰.--清咸豐九年(1859)刻本,1 冊

154900902　　　＊856.7/989-4
[光緒壬辰科]會試硃卷(王樹中)/(清)王樹中撰.--清光緒十八年(1892)刻本,1 冊

154900903　　　＊856.7/989.2
會試闈墨.--清咸豐二年(1852)聚奎堂刻本,1 冊

154900904　　　＊856.7/994
山左校士編□卷/(清)姚丙然輯.--清光緒二十四年(1898)刻本,1 冊
存一卷(一)

154900905　　　＊857.1/922
蝶仙小史二卷　附來蝶軒詩/(清)延清輯.--清光緒二十三年(1897)鉛印本,1 冊
存一卷(一)

154900906　　　＊857.274/859
新式標點閱微草堂筆記二十四卷/(清)紀昀撰.--清末民國石印本,1 冊
存二卷(十一至十二)

154900907　　　＊857.4/293
增註繪圖官場現形記五編六十卷/(清)李寶嘉撰.--清末石印本,2 冊
存八卷(第五編四十五至五十二)

154900908　　　＊857.44/989
新輯繪圖彭公案□□卷□□回/(清)貪夢道人撰.--清末民國石印本,1 冊
存一卷十一回(三第五十一至六十一回)

154900909　　　＊857.446/482
第一才子書□□卷□□回/(明)羅貫中撰(清)毛宗崗評.--清末刻本,1 冊
存三卷(一至三)

154900910　　　＊857.446/482=2
第一才子書□□卷□□回/(明)羅貫中撰,(清)毛宗崗評.--清末刻本,2 冊
存四卷(四十三至四十四、五十九至六十)

154900911　　　＊857.446/482=3
第一才子書□□卷□□回/(明)羅貫中

撰,(清)毛宗崗評.--清聚錦堂刻本,2 冊
存二卷(卷首,十二)

154900912　　＊857.446/482=4
第一才子書□□卷□□回/(明)羅貫中撰,(清)毛宗崗評.--清末中新書局鉛印本,3 冊
存三卷(二、九、十二)

154900913　　＊857.446/482=5
第一才子書六十卷一百二十回/(明)羅貫中撰,(清)毛宗崗評.--清末鉛印本,2 冊
存八卷(二十一四十一回至二十八五十六回)

154900914　　＊857.446/482=6
第一才子書□□卷□□回/(明)羅貫中撰,(清)毛宗崗評.--清末國光書局鉛印本,1 冊
存二卷(二十一至二十二)

154900915　　＊857.446/613
新刻鍾伯敬先生批評封神演義十九卷一百回/(明)許仲琳撰,(明)鍾惺評.--清末刻本,1 冊
存一卷(十三)

154900916　　＊857.446/768
東周列國全志二十三卷一百八回　首一卷/(明)馮夢龍撰,(清)蔡傲評.--清乾隆三十二年(1767)星聚堂刻本,1 冊
存一卷(卷首(目錄、地圖考、讀法))

154900917　　＊857.446/768=2
東周列國全志□□卷一百八回/(明)馮夢龍撰,(清)蔡界評點.--清宣統二年(1910)上海天寶書局石印本,1 冊
存一卷(一第一至八回)

154900918　　＊857.446/951
繡像京本雲合奇蹤玉茗英烈全傳十卷八十回/(明)徐渭撰.--清末刻本,1 冊
存二卷(三至四)

154900919　　＊857.447/348
野叟曝言二十卷一百五十四回/(清)夏敬渠撰.--清石印本,1 冊
存一卷六回(十八第一百三十五至一百四十回)

154900920　　＊857.447/628
繡像八續施公案清烈傳□卷□□回/(清)□□撰.--清末石印本,1 冊
存一卷二十三回(三第十八回至四十回)

154900921　　＊857.447/628-2
續施公案四十卷一百回/(清)□□撰.--清末刻本,2 冊
存四卷(十四至十七)

154900922　　＊857.447/633
繪圖濟公傳二集八卷一百二十回/(清)郭小亭撰.--清光緒石印本,1 冊
存二卷五十五回(後集七至八第六十三回至一百一十七回)

154900923　　＊857.447/633=2
新刊繡像評演濟公傳二集八卷一百二十回/(清)郭小亭撰.--清光緒上海廣益書局石印本,1 冊
存二卷二十回(正集卷七至八第六十一至八十回)

154900924　　＊857.447/945
後紅樓夢三十二回/(清)□□撰.--清末刻本,1 冊
存四回(第十八回至二十一回)

154900925　　　＊857.447/991

繪圖說唐後傳演義八卷五十八回/(清)鴛湖漁叟訂.--清光緒石印本,1 冊

存一卷二十一回(說唐薛家府傳卷一第一至二十一回)

154900926　　　＊857.46/433

西遊真詮一百回/(元)邱處機撰,(清)陳士斌詮解.--清同志堂刻本,1 冊

存六回(第五十至五十五回)

154900927　　　＊997.12/100

百局象棋譜八卷/(清)三樂居士撰.--清刻本,1 冊

青島市博物館
古籍普查登記目錄

古籍收藏單位代碼：1582

158200001
殷墟安阳小屯甲骨文/.--商代后期,42 片

158200002　　书画 00001
敦煌经卷大般涅槃經□□卷/(□)□□撰.--南北朝寫本,一卷
存一卷(二)

158200003　　书画 20103
敦煌经卷四分律□□卷/(□)□□撰.--南北朝寫本,一卷
存一卷(三十一)

158200004　　书画 20104
敦煌经卷妙法蓮華經□□卷/(□)□□撰.--唐寫本,一卷
存一卷(八)

158200005　　书画 20105
敦煌经卷佛名經十六卷/(□)□□撰.--吐蕃歸義軍時期寫本,一卷
存一卷(七)

158200006　　书画 20105
敦煌经卷光讚經十五卷/(□)□□撰.--唐寫本,一卷
存一卷(十五)

158200007　　书画 20107
敦煌经卷維摩詰所說經義記一卷/(□)□□撰.--唐寫本,一卷

158200008　　书画 20108
敦煌经卷殘片/(□)□□撰.--唐寫本,1 册 16 片

158200009　　32625
明拓秦泰山刻石拓本/(秦)李斯撰.--明拓本,1 册

158200010　　00001
春秋四傳三十八卷　綱領一卷　提要一卷　東坡地理圖說一卷　諸國年表一卷　諸國興廢說一卷/(明)陳允升校.--南宋種德堂刻本,8 册
存二十四卷(一至二十四)

158200011　　00002
續資治通鑑前集十八卷/(宋)李燾撰.--元雲衢張氏刻本,1 册
存二卷(十至十一)

158200012　　00003
晉書一百三十卷/(唐)房玄齡等撰　**音義三卷**/(唐)何超撰.--元刻本明正德十年(1515)司禮監、嘉靖萬曆南京國子監遞修本,8 册
存三十五卷(五十八至九十二)

158200013　　00004
經史證類大觀本草三十一卷/(宋)唐慎微撰.--元大德六年(1302)宗文書院刻本明重修本,29 册
缺二卷(二、三十一)

158200014　　00006
鶴軒筆札(清康熙九年十月初三至年終)不分卷/(清)蒲松齡撰.--清稿本,2 册

158200015　　00007
晦庵先生朱文公文集一百卷/(宋)朱熹撰.--元刻本,1 册
存一卷(六十五)

158200016　　00008
晦庵先生朱文公文集一百卷/(宋)朱熹撰.--元遞修本,1 册
存一卷(二)

158200017　　00009

臨川先生文集一百卷/(宋)王安石撰.--宋紹興二十一年(1151)兩浙西路轉運司王玨刻本元明遞修本,24册

158200018　　00010

篆文六經四書六十一卷/(清)李光地等校.--清康熙内府刻本,16册

存六十卷(周易一至十、尚書一至四、毛詩一至四、周禮一至六、儀禮一至十七、春秋一、大學一、論語一至十、孟子一至七)

158200019　　00011

六經圖六卷/(宋)楊甲撰(宋)毛邦翰等補.--明萬曆四十三年(1615)熙春樓摹刻宋本,6册

158200020　　00012

九經補韻一卷/(宋)楊伯嵒集.--明刻百川學海本,1册

158200021　　00013

經典釋文三十卷/(唐)陸德明撰(明)李長春校.--明萬曆十四年(1586)刻本,1册

存一卷(一)

158200022　　00015

御纂周易折中二十二卷　首一卷/(清)李光地等纂.--清康熙五十四年(1715)刻本,10册

158200023　　00016

易筌六卷　易筌附論一卷/(明)焦竑撰.--明萬曆戴惟孝刻本,6册

158200024　　00017

四易大意約不分卷/(清)楊方樫撰.--清抄本,5册

158200025　　00018

李氏易傳十七卷　釋文一卷　鄭氏周易三卷/(唐)李鼎祚集解.--清雅雨堂刻本,7册

158200026　　00019

書傳大全十卷/(明)胡廣等撰.--朝鮮復刊明永樂五經大全本,6册

存六卷(一至四、七、十)

158200027　　00020

尚書日記十六卷/(明)王樵著,(明)王肯堂編.--明萬曆十年(1582)刻本,6册

158200028　　00021

書經註疏大全合纂三十四卷/(明)張溥纂.--明刻本,16册

存十九卷(一至十六、三十二至三十四)

158200029　　00022

毛詩註疏二十卷/(漢)鄭玄箋,(唐)孔穎達疏.--明嘉靖刻本,17册

158200030　　00023

毛詩註疏二十卷/(漢)鄭玄撰,(唐)孔穎達疏.--明汲古閣刻本,10册

158200031　　00024

詩集傳二十卷　詩傳綱領一卷　詩圖一卷　詩序辨説一卷/(宋)朱熹集傳.--明刻本,24册

158200032　　00026

韓詩外傳十卷/(漢)韓嬰撰.--明末刻本,4册

158200033　　00027

周禮節訓不分卷/(清)黄叔琳撰.--清初抄本,2册

158200034　00028
考工記二卷/(明)郭正域評.--明刻朱墨套印本,1册

158200035　00029
周禮註疏刪翼三十卷/(明)葉培恕定,(明)王志長輯.--明崇禎十二(1639)年刻本,20册

158200036　00030
儀禮註疏十七卷/(漢)鄭玄註,(唐)賈公彥疏,(明)會朝節,(明)周應賓等校.--明萬曆二十一年(1593)北京國子監刻十三經註疏本,10册

158200037　00031
禮記集説三十卷/(元)陳澔撰.--明刻本,8册

158200038　00032
禮記二十卷/(漢)鄭玄註.--清乾隆刻本,6册

158200039　00033
儀禮義例不分卷/(清)王筠抄.--清抄本,1册

158200040　00034
春秋左傳三十卷/(晉)杜預註,(明)鍾伯敬評.--明崇禎四年(1631)毛氏汲古閣刻本,18册

158200041　00035
春秋左傳不分卷/(周)左丘明撰,(明)孫鑛批點.--明萬曆四十四年(1616)吳興閔氏朱墨套印本,12册

158200042　00036
春秋穀梁傳註疏二十卷/(晉)范甯集解,(唐)楊士勛疏.--明刻本,6册

158200043　00038
潁濱先生春秋集解十二卷/(宋)蘇轍集解.--明萬曆刻本,4册

158200044　00039
春秋取義測十二卷/(清)法坤宏撰.--清乾隆五十九年(1794)粵省西湖街六書齋刻本,4册

158200045　00040
五經正文七卷/(□)□□撰.--明嘉靖三十一年(1552)翁溥刻本,8册

158200046　00041
春秋不分卷/(□)□□撰.--清抄本,5册

158200047　00042
春秋經傳集解三十卷/(晉)杜預撰.--明刻本(卷七、十至十一配清抄本),8册

158200048　00043
論語集註大全十六卷/(明)胡廣等撰.--朝鮮復刊明永樂刻本,6册

158200049　00044
論語集註十卷/(宋)朱熹集註.--明初內府刻本,5册

158200050　00045
孟子集註十四卷/(宋)朱熹集註.--明初內府刻本,6册
存十二卷(一至八、十一至十四)

158200051　00046
孟子集註大全十四卷/(明)胡廣等撰.--朝鮮復刊明永樂五經大全本,7册

158200052　00047
孟子註疏解經十四卷/(漢)趙岐,(宋)孫

奭撰.--明刻本,14 册

158200053　　00049
大學衍義四十三卷/(宋)真德秀彙撰,(明)陳仁錫評閲.--明末刻本,5 册
存十七卷(一至四、八至十一、二十一至二十四、三十九至四十三)

158200054　　00050
大學衍義卷補一百六十卷/(明)邱濬撰,(明)陳仁錫評閲.--明末陳仁錫刻本,48 册

158200055　　00051
大學衍義四十三卷/(宋)真德秀撰.--明毛氏汲古閣刻本,10 册

158200056　　00052
大學章句大全一卷/(明)胡廣等撰.--朝鮮復刊明永樂五經大全本,1 册

158200057　　00053
中庸章句大全一卷/(明)胡廣等纂.--朝鮮復刊明永樂五經大全本,2 册

158200058　　00054
四書集註大全/(明)胡廣等撰.--明刻本,20 册

158200059　　00055
金石韻府五卷/(明)朱雲輯撰.--明嘉靖刻朱印本,5 册

158200060　　00056
古今韻會舉要三十卷　禮部韻略七音三十六母通考一卷/(元)熊忠撰.--明嘉靖十五年(1536)秦鉞、李舜臣刻十七年(1538)劉儲秀補刻本,10 册

158200061　　00057
菉友先生說文解字句讀未完稿(初稿)不分卷/(清)王筠撰.--清道光稿本,2 册

158200062　　00058
六書正為五卷/(元)周伯琦撰.--明崇禎胡正言十竹齋刻套印本,2 册

158200063　　00059
六書正為五卷/(元)周伯琦撰.--明崇禎胡正言十竹齋刻套印本,5 册

158200064　　00060
六書通十卷/(明)閔齊伋撰.--清康熙刻本,5 册

158200065　　00061
爾雅註疏十一卷/(晉)郭璞註,(宋)邢昺疏.--明崇禎元年(1628)毛氏汲古閣刻十三經註疏本,4 册

158200066　　00062
說郛一百二十卷/(元)陶宗儀輯.--清順治三年(1646)李際期宛委山堂刻本,1 册
存一卷(八十五)

158200067　　00063
金石韻府五卷/(明)朱雲輯撰.--明嘉靖刻朱印本,5 册

158200068　　00064
廣金石韻府五卷/(清)林尚葵,(清)李根同撰.--清康熙刻本,4 册

158200069　　00065
金石韻府五卷/(明)朱雲輯撰.--明嘉靖刻朱印本,5 册

158200070　　00066
說文解字一卷　啓蒙一卷/(漢)許慎著.--清抄本,6 册

158200071　　00068
重刊許氏說文解字五音韻譜十二卷/(宋)李燾撰.--明弘治十四年(1501)車玉刻本,4册

158200072　　00069
重刊許氏說文解字五音韻譜十二卷/(宋)李燾撰,(宋)徐鉉等校.--明刻本卷一配抄本,8册

158200073　　00070
洪武正韻十六卷/(明)樂韶鳳,(明)宋濂等撰.--明初刻本,10册

158200074　　00071
漢隸字源五卷/(宋)婁機撰.--明汲古閣重刊本,6册

158200075　　00072
大明正德乙亥重刊改並五音類聚四聲篇十二卷/(金)韓道昭撰.--明正德十五年(1520)刻本嘉靖三十八年(1559)重修本,6册

158200076　　00073
大明正德乙亥重刊改並五音集韻十五卷/(金)韓道昭撰.--明正德十年(1515)刻本,5册

158200077　　00074
大明正德乙亥重刊改並五音類聚四聲篇十五卷　五音集韻十五篇/(金)韓道昭改並重編.--明正德十年(1515)重刻本,5册
存十四卷(二至十五)

158200078　　00075
大明正德乙亥重刊改並五音類聚四聲篇十五卷/(金)韓道昭撰.--明正德十年(1515)刻嘉靖三十八年(1559)補修本,5册
存十三卷(二至十四)

158200079　　00076
隸辨八卷/(清)顧藹吉撰.--清康熙項氏玉淵堂刻本,8册

158200080　　00077
韻略匯通二卷/(明)蘭芳輯,(明)畢拱辰編定.--明崇禎十五年(1642)刻本,2册

158200081　　00078
交泰韻一卷/(明)呂坤撰.--明萬曆呂知畏、呂知思刻清同治光緒重修呂新吾全集本,1册

158200082　　00080
欽定春秋傳說彙纂三十八卷/(□)□□撰.--清康熙六十年(1721)内府刻本,24册

158200083　　00083
史記一百三十卷/(漢)司馬遷撰,(明)馮夢禎等校.--明萬曆二十四年(1596)南監刻明清修本,20册

158200084　　00084
史記一百三十卷/(漢)司馬遷撰.--明萬曆刻本,15册
缺三十卷(一至四、十一至十四、十九至三十六、四十一至四十四)

158200085　　00085
史記一百三十卷/(唐)張守節撰.--明嘉靖震澤王延喆刻本,24册

158200086　　00086
史記一百三十卷/(漢)司馬遷撰,(唐)司馬貞補撰.--明萬曆二十四年(1596)馮夢楨刻本,40册

158200087　　　00087
前漢書一百二十卷/(漢)班固撰,(唐)顔師古註.--明嘉靖八年至九年(1529～1530)南京國子監刻本,12 册
存四十八卷(二十一至六十八)

158200088　　　00088
前漢書一百二十卷/(漢)班固撰.--明毛氏汲古閣刻本(總目配手抄),24 册

158200089　　　00089
前漢書一百二十卷/(漢)班固撰.--明刻本,11 册
存五十四卷(四十六至九十九)

158200090　　　00090
後漢書一百三十卷/(宋)范曄撰,(唐)李賢註.--明崇禎毛氏汲古閣刻十七史本,24 册
存一百二十卷(帝紀一至十、志一至三十、傳一至八十)

158200091　　　00091
後漢書一百三十卷/(宋)范曄撰.--明崇禎十六年(1643)汲古閣刻本,18 册
存一百二十卷(帝紀一至十、志一至三十、傳一至八十)

158200092　　　00092
漢書一百二十卷/(漢)班固撰,(唐)顔師古註.--明正統八年(1443)刻本,1 册
存四卷(傳四十二至四十五)

158200093　　　00093
漢書一百二十卷/(漢)班固撰,(唐)顔師古註.--明崇禎十五年(1642)汲古閣刻清順治十一年(1654)修十七史本,24 册
存一百卷(一至一百)

158200094　　　00094
後漢書一百三十卷/(宋)范曄撰,(明)淩濛初纂.--明刻本,8 册
存八卷(四至十一)

158200095　　　00096
三國志六十五卷/(晉)陳壽撰,(南朝宋)裴松之註.--宋刻元明嘉靖遞修本(卷三十六至四十一為手抄本,卷五十四配手抄),9 册
存三十三卷(二十九至四十一、四十六至六十六)

158200096　　　00097
三國志六十五卷/(晉)陳壽撰.--明萬曆二十四年(1594)刻按順治、康熙、乾隆遞修本,20 册

158200097　　　00098
晉書一百三十卷/(唐)房玄齡等撰.--明刻本(卷八十八、五十六、五十一、四十九、八十九、九十、六十八、三十六、四十配手抄),60 册

158200098　　　00099
晉書一百三十卷/(唐)房玄齡等撰　**晉書音義三卷**/(唐)何超撰.--明萬曆二十四年(1594)刻本,30 册
存一百二十六卷(五至一百三十)

158200099　　　00100
晉書一百三十卷/(唐)房玄齡等撰.--元刊明正德司禮監嘉靖萬曆國子監遞修本,28 册
缺五卷(十六至二十)

158200100　　　00101
宋書一百卷/(唐)沈約撰.--明萬曆二十二年(1594)刻清順治、康熙遞修本,24 册

158200101　　00102
宋書一百卷/(唐)沈約撰.--明萬曆二十二年(1594)刻南監本,24 册

158200102　　00103
南齊書五十九卷/(南朝梁)蕭子顯撰,(明)蕭雲舉,(明)李騰芳校.--明萬曆三十三年(1605)監本,10 册

158200103　　00104
南齊書四十卷/(南朝梁)蕭子顯撰.--明萬曆十七年(1589)刻本,8 册

158200104　　00105
南齊書五十九卷/(南朝梁)蕭子顯撰.--明萬曆十八年(1590)南監刻本,10 册

158200105　　00106
南齊書五十九卷/(南朝梁)蕭子顯撰.--明汲古閣刻十七史本,8 册

158200106　　00107
魏書一百四十卷/(北齊)魏收撰.--明萬曆二十四年(1596)刻本,12 册
缺五十五卷(五十九至一百零五、一百零七至一百一十四)

158200107　　00108
梁書五十六卷/(唐)姚思廉撰.--明萬曆三年(1575)南京國子監刻清順治康熙遞修本,6 册

158200108　　00109
陳書三十六卷/(唐)姚思廉撰.--明崇禎毛氏汲古閣刻本,4 册

158200109　　00110
陳書三十六卷/(唐)姚思廉撰.--明萬曆十六年(1588)刻本,6 册

158200110　　00111
魏書一百十四卷/(北齊)魏收撰.--明萬曆二十四年(1596)刻清順治十六年(1659)增修本,6 册
存二十七卷(四至十二,十九至二十七,六十八至七十一,一百零八至一百一十二)

158200111　　00112
魏書一百十四卷/(北齊)魏收撰.--宋刻元明遞修本(卷六十七、九十一補配手抄),24 册

158200112　　00113
北齊書五十卷/(隋)李百藥撰.--明崇禎毛氏汲古閣刻十七史本,6 册

158200113　　00114
北齊書五十卷/(隋)李百藥撰,(明)趙用賢(明)張一桂校.--明萬曆十六年至十七年(1588～1589)刻本南監本,6 册

158200114　　00115
北齊書五十卷　周書五十卷/(唐)李百藥,(唐)令狐德棻撰.--明毛氏汲古閣刻十七史本,7 册

158200115　　00116
北齊書五十卷/(唐)李百藥撰.--明崇禎毛氏汲古閣刻本,6 册

158200116　　00118
周書五十卷/(唐)令狐德棻等撰.--明萬曆三十二年(1604)刻本,10 册

158200117　　00119
周書五十卷/(唐)令狐德棻撰.--明毛氏汲古閣刻本,6 册

158200118　　00120
隋書三十五卷/(唐)魏徵撰(明)季道統校.--明萬曆南監刻本,20册

158200119　　00121
隋書詳節二十卷/(隋)慎獨齋校.--清抄本,2册

158200120　　00122
南史八十卷/(唐)李延壽撰.--明萬曆南監重刻明清遞修本,12册

158200121　　00123
南史八十卷/(唐)李延壽撰(明)趙用賢(明)張一桂校.--明萬曆十七年(1589)刻本,24册

158200122　　00124
南史八十卷/(唐)李延壽撰(明)張溥閱.--明末張溥刻本,12册

158200123　　00125
南史八十卷/(唐)李延壽撰.--明萬曆南監重刻明清遞修本,20册

158200124　　00126
南史詳節二十五卷/(唐)李延壽撰.--清抄本,4册

158200125　　00127
南唐書十八卷/(宋)陸遊撰.--清抄本,5册

158200126　　00128
唐書二百卷/(五代)劉昫等撰.--明嘉靖十四年(1535)聞人詮刻本,32册
存一百七十卷(唐志十至三十、唐傳一至一百五十)

158200127　　00129
唐書二百二十五卷/(宋)歐陽修撰.--明萬曆二十三年(1595)刻本(卷三為配手抄本),50册

158200128　　00130
新唐書一百五十卷/(宋)歐陽修撰.--明萬曆刻本,44册

158200129　　00131
新唐書二百二十五卷/(宋)歐陽修撰.--清康熙刻本,50册

158200130　　00132
宋史四百九十六卷/(元)脱脱等撰.--明萬曆二十七年(1599)北京國子監二十一史刻本,35册
存一百六十卷(一至六、四十八至五十一、六十二至七十二、八十九至九十九、一百零七至一百一十二、一百二十四至一百五十七、二百一十至二百三十八、二百五十至二百六十九、三百六十至三百六十三、三百八十三至四百、四百二十七至四百四十三)

158200131　　00133
宋史四百九十六卷/(元)脱脱等撰.--明萬曆二十七年(1599)北京國子監二十一史刻本,10册
存四十四卷(二百七十六至三百一百九)

158200132　　00134
宋史四百九十六卷/(元)脱脱等修.--明成化刻嘉靖萬曆順治遞修本,10册
存五十四卷(三百四十五至三百九十八)

158200133　　00135
遼史一百十六卷/(元)脱脱等撰.--明萬曆三十四年(1606)刻本,殘存11册
缺九卷(一至九)

158200134　　00136
遼史一百十六卷/(元)脱脱等撰.--明嘉靖八年(1529)南監刻清順治康熙三十九年(1700)遞修本,8册

158200135　　00138
金史一百三十五卷/(元)托克托撰.--明嘉靖八年(1529)刻本,18册
存一百零五卷(三十至一百三十四)

158200136　　00139
元史二百十卷　目録二卷/(明)宋濂等撰.--明洪武三年(1370)内府刻嘉靖萬曆遞修本,50册

158200137　　00140
元史二百十卷/(明)宋濂等撰.--明洪武内府刻本遞修本,12册
存八十四卷(紀一至四、志八至五十三、表一至六、傳一至二十九)

158200138　　00141
元史二百十卷　附録二卷/(明)宋濂等撰.--明洪武三年(1370)内府刻本、嘉靖萬曆遞修本,12册
存八十四卷(列傳一至二十九、志八至五十三、表一至六、紀一至四、目録二卷)

158200139　　00142
史懷十七卷/(明)鍾惺撰,(清)陶珽評.--明崇禎刻本,8册

158200140　　00143
兩漢循史類編/(清)侯登岸纂.--清抄本,2册

158200141　　00144
續資治通鑑綱目二十七卷/(明)商輅等撰.--明成化十二年(1476)内府刻本,10册

158200142　　00145
資治通鑑二百九十四卷　通鑑釋文辯誤十二卷/(宋)司馬光撰,(明)陳仁錫評閲,(元)胡三省撰.--明天啓五年(1625)刻本,100册

158200143　　00146
資治通鑑綱目全書一百十三卷/(宋)朱熹等撰.--明萬曆刻本,100册

158200144　　00147
資治通鑑一百十一卷　綱目五十九卷　前編二十五卷　續編二十七卷/(宋)司馬光撰.--明崇禎三年(1630)姑蘇聚文堂刻本,86册

158200145　　00148
訂正資治綱鑒正史大全七十四卷　卷首一卷/(明)鍾惺撰.--明刻本,23册

158200146　　00149
世史正綱三十二卷/(明)邱濬撰.--明嘉靖刻本,10册

158200147　　00150
資治通鑑綱目不分卷/(宋)司馬光撰.--明刻本,9册

158200148　　00151
歷代世系/(□)□□撰.--宣紙紅格抄本,1册

158200149　　00152
元經薛氏傳十卷/(隋)王通經,(唐)薛收傳,(宋)阮逸註,(明)程榮校.--明萬曆刻本,2册

158200150　　00153

建文年譜二卷/(明)趙士喆撰. --清順治十五年(1658)刻本,2 册

158200151　　00154

黄清開國方略三十二卷/(清)奉敕撰. --清乾隆刻本,16 册

158200152　　00155

通鑑紀事本末二百三十九卷/(宋)袁樞撰. --明刻本(卷一、五、六、八配民國抄本),22 册

存二十一卷(一至十、二十二至三十二)

158200153　　00156

通鑑紀事本末四十二卷/(宋)袁樞撰. --明萬曆二年(1574)李栻刻本,16 册

存十四卷(二十九至四十二)

158200154　　00157

宋史紀事本末一百零九卷/(明)陳邦瞻撰,(明)張溥訂正. --明崇禎刻本,14 册

158200155　　00158

吴逆始末不分卷/(清)許鴻磐撰. --清抄本,1 册

158200156　　00159

聖安本紀六卷/(清)顧炎武撰. --清抄本,2 册

158200157　　00160

逸周書十卷/(晉)孔晁註,(明)程榮校. --明刻本,1 册

158200158　　00161

國語二十一卷/(吳)韋昭解. --明萬曆張一鯤刻本,6 册

158200159　　00162

四大奇書第一種六十卷一百二十回/(清)金聖歎外書,(清)毛宗崗評. --清順治元年(1644)芥子園刻本,19 册

158200160　　00163

函史上編八十二卷/(明)鄧元錫撰. --清順治刻本,28 册

存八十卷(三至八十二)

158200161　　00164

越絕書十五卷/(漢)袁康撰. --明刻本,2 册

158200162　　00165

素王正宗四卷/(清)楊方樫輯. --清抄本,4 册

158200163　　00166

米襄陽志林十三卷　米襄陽遺集一卷　海嶽名言一卷　寶章待訪録一卷　研史一卷/(宋)米芾撰,(明)范明泰輯. --明萬曆范氏刻本,6 册

存十卷(一至十)

158200164　　00167

高密三李日記不分卷/(清)李懷民等撰. --清末抄本,12 册

158200165　　00168

李氏藏書名臣六十卷/(明)李贄撰. --明萬曆刻本,19 册

存四十七卷(十二至二十三、二十六至六十)

158200166　　00169

古今烈女傳三卷/(明)解縉撰. --明永樂元年(1403)内府刻本,3 册

158200167　　00170
歷代帝王姓系統譜六卷　氏族博攷十四卷/(明)淩迪知撰.--明萬曆七年(1579)刻本,6册

158200168　　00171
高密張氏家傳一卷/(清)劉青芝等撰.--清抄本,1册

158200169　　00173
師資論統口口卷/(宋)何去非等撰.--明刻本,3册
存十一卷(十五至二十一、二十五至二十八)

158200170　　00174
貴耳集三卷/(宋)張端義撰.--明崇禎毛氏汲古閣刻津逮祕書本,3册

158200171　　00175
勝國遺民録四卷/(清)侯登岸輯.--清抄本,2册

158200172　　00176
酒人傳三卷/(清)侯登岸著.--清抄本,1册

158200173　　00177
鄉裡景芳路四卷/(清)侯登岸輯.--清嘉慶抄本,2册

158200174　　00178
明高士傳不分卷/(清)侯登岸著.--清抄本,1册

158200175　　00179
國朝海岱文士小傳三卷/(清)侯登岸纂.--清抄本,1册

158200176　　00180
縣誌採訪録一卷/(清)王鈍園輯.--清抄本,1册

158200177　　00181
元史闡幽一卷/(明)許浩撰.--明弘治十七年(1504)錢如京刻本(四庫底本),1册

158200178　　00182
東萊先生北史詳節二十八卷/(宋)吕祖謙輯.--清抄本,4册

158200179　　00183
歷代史纂左編七十卷/(明)唐順之撰.--明萬曆刻本,33册
存七十四卷(三至六,八至十二,十四至五十四,五十七至七十)

158200180　　00184
諸儒唐書詳節六十卷/(宋)歐陽修,(宋)祁同撰,(清)倪家驥抄.--清抄本,8册

158200181　　00185
東萊先生西漢書詳節三十卷/(漢)班固著.--清抄本,5册

158200182　　00186
孫月峰先生評史記一百三十卷/(漢)司馬遷撰.--明崇禎刻本,24册

158200183　　00187
歷朝捷録百家評林八卷/(明)顧充撰,(明)王世貞等輯評.--明萬曆十六年(1588)舒用中刻本,2册

158200184　　00188
史記題評一百三十卷/(明)李元陽輯.--明嘉靖胡氏刻本,30册

158200185　　00189
史通二十卷/(唐)劉知幾撰.--明嘉靖十四年(1535)陸深刻本,4册

158200186　　00190
文獻通考三百四十八卷/(元)馬端臨撰. --明嘉靖内府刻本,100 册

158200187　　00191
大明會典一百八十卷/(明)徐溥等撰,(明)李東陽等輯,(明)黄之善跋. --明正德内府刻本(目録配明抄本),100 册
存一百四十九卷(一至七、十至十三、十五至三十六、三十八至五十七、六十至八十三、八十五至九十六、一百至一百二十三、一百二十五至一百二十九、一百三十二至一百三十五、一百三十八至一百五十二、一百七十至一百八十,目録一卷)

158200188　　00193
文獻通考三百四十八卷/(宋)馬端臨著. --明内府刻本,1 册
存一卷(八十三)

158200189　　00194
南巡盛典一百二十卷/(清)高晉等撰. --清乾隆三十六年(1771)刻本(初刻初印本),24 册
存五十九卷(一至五十九)

158200190　　00195
高密全城記一卷/(明)何平撰. --清抄批校本,1 册

158200191　　00196
[刑兵吏工戸等部說帖]不分卷/(□)□□撰. --清紅格抄本,8 册

158200192　　00197
皇明名臣記三十卷/(明)鄭曉撰. --明萬曆刻本,9 册
存二十八卷(一至十四、十七至三十)

158200193　　00198
政績遺録一卷/(明)張福臻撰. --明抄本,1 册

158200194　　00199
名臣奏議略十八卷/(清)周翕鐄撰. --清道光二十二年(1842)清稿本,3 册

158200195　　00200
少保於公奏議十卷/(明)于謙撰. --明初刻本,10 册

158200196　　00201
廣輿記二十四卷/(明)陸應陽撰. --明末刻本,6 册

158200197　　00202
疏草三卷/(明)黄宗昌撰. --清康熙間抄本,5 册

158200198　　00205
宋丞相李忠定公奏儀六十九卷　附録九卷/(宋)李綱撰. --明正德刻本,4 册

158200199　　00206
日涉編十二卷/(明)陳堦輯. --明萬曆三十九年(1611)徐口量刻本,13 册

158200200　　00207
歲華紀麗四卷/(唐)韓鄂撰. --明萬曆刻秘册彙函本,2 册

158200201　　00208
陸宣公奏議二十二卷/(唐)陸贄撰. --清雍正光裕堂翻刻明吳繼武校刊本,6 册

158200202　　00209
西湖遊覽志餘二十四卷/(明)田汝成撰. --明萬曆商浚刻本,7 册

存十八卷(七至二十四)

158200203　　00210
大明一統志九十卷/(□)□□撰.--明嘉靖刻本,6 册
存十卷(二十四至二十七、三十二至三十七)

158200204　　00211
齊乘六卷/(元)于欽纂.--明末抄本,3 册

158200205　　00213
西域紀八卷/題(清)椿園撰.--清抄本,3 册

158200206　　00214
高密縣誌稿一卷/(清)儀君實撰.--清抄本,1 册

158200207　　00215
新疆紀畧二卷/題(清)椿園撰.--清抄本,2 册

158200208　　00216
掖海雜誌八卷/(清)侯登岸撰.--清抄本,4 册

158200209　　00217
岱史十八卷/(明)查志隆輯,(清)張縉彦重訂.--明刻清順治康熙遞修本,8 册

158200210　　00218
闕里誌二十四卷/(明)陳鎬著.--清康熙刻本,10 册

158200211　　00219
名山巖洞泉石古蹟十六卷/(明)慎蒙撰.--明嘉靖慎氏家刻本,殘存 7 册
十卷存十四卷(三至十六)

158200212　　00220
水經註箋四十卷/(明)朱謀撰.--明萬曆四十三年(1615)刻本,8 册

158200213　　00221
亦政堂重修宣和博古圖録三十卷　古玉圖二卷/(宋)王黼撰.--清乾隆十七年(1752)亦政堂重刻本,31 册

158200214　　00222
泊如齋重修宣和博古圖録三十卷/(宋)王黼等撰.--明萬曆十六年(1588)泊如齋刻本,15 册

158200215　　00223
南北朝存石目十卷/(清)王懿榮輯.--清抄本,2 册

158200216　　00224
金石苑不分卷/(清)劉喜海輯.--清道光刻本,6 册

158200217　　00225
益都金石記四卷　附已亡金石目録一卷　益都金石略二卷/(清)段松芩輯.--清乾隆抄本,3 册

158200218　　00226
怡靜齋輯録稿一卷/(清)孫星衍,(清)邢澍撰.--清王懿榮抄、王蘭溪批校本,1 册

158200219　　00227
考古圖十卷/(宋)吕大臨撰,(元)羅更翁考訂.--明萬曆刻本,4 册

158200220　　00228
東巡金石録八卷/(清)高宗弘曆纂.--清乾隆刻本,2 册

158200221　　00229
金石古文十四卷/(明)楊慎輯.--明嘉靖十

八年(1539)刻本,1 册

158200222　　00230

秦漢瓦當文字便覽一卷/(清)王功後輯.--清拓本,1 册

158200223　　00231

古陶拓本不分卷/(清)陳簠齋輯藏.--清光緒原拓本,8 册

158200224　　00232

嘉蔭簃古泉隨筆八卷　古泉苑目錄一卷/(清)劉喜海撰.--清抄本,1 册

158200225　　00233

泉滙訂偽一卷　竹葉碑釋文一卷/(清)王緒祖著.--原稿本,1 册

158200226　　00234

古泉彙攷一卷/(清)王錫棨著.--清稿本,1 册

158200227　　00235

秦漢印統八卷/(明)羅王常編.--明萬曆吳氏樹滋堂刻本,8 册

158200228　　00236

谷圖印譜四卷/(清)許容篆刻　**韞光樓印譜二卷**/(清)許容摹.--清康熙鈐拓本,6 册

158200229　　00237

古印初集二卷/(清)孔廣燡編.--清乾隆鈐印本,2 册

158200230　　00238

周句鑃齋印選不分卷/(清)王緒祖輯.--清白紙鈐拓本,8 册

158200231　　00239

鐵琴銅劍樓藏書目録二十四卷/(清)瞿鏞輯.--清抄本,12 册

158200232　　00241

澹生堂藏書目不分卷/(明)祁承撰,(清)劉喜海題跋.--清藝芸書舍抄本,8 册

158200233　　00242

十七子一百三卷/(明)黄之寀校.--明刻本,20 册

缺七卷(揚子一、荀子一至六)

158200234　　00243

新鍥百大家評註再廣曆子品粹十二卷/(明)湯賓尹輯,(明)百大方評.--明萬曆二十五年(1597)余象斗刻本,8 册

158200235　　00244

菉友課藝不分卷/(清)王筠撰.--清抄本,2 册

158200236　　00245

中説十卷/題(隋)王通撰,(宋)阮逸註.--明嘉靖十二年(1533)世德堂刻本,2 册

158200237　　00246

御纂性理精義十二卷/(清)聖祖玄燁.--清康熙五十六年(1717)刻本,5 册

158200238　　00247

王海纂二十二卷/(宋)王應麟輯.--清刻本,8 册

存一至十卷

158200239　　00248

清遠樓稿不分卷/(清)王元默撰.--清王菉友手抄本,2 册

158200240　　00249

斐園課草不分卷/(清)王筠撰.--稿本,2 册

158200241　　00250
小學六卷/(宋)朱熹撰.--清初抄本,4 册

158200242　　00251
呻吟語六卷/(明)吕坤著.--明萬曆二十一年(1593)刻本,8 册

158200243　　00252
孔子家語八卷/(三国魏)王肅纂註(明)何孟春補註(□)孔尚達參訂.--明正德刻本,4 册

158200244　　00253
慈溪黄氏日抄分類古今紀要十五卷/(宋)黄震撰.--明初刻本(補配卷二至九),12 册

158200245　　00254
說苑二十卷/(漢)劉向著(明)程榮校.--明嘉靖刻本,1 册
存七卷(十四至二十)

158200246　　00255
鹽鐵論十二卷/(漢)桓寬著.--明末刻本,1 册

158200247　　00256
新書十卷/(漢)賈誼著.--明末刻本,2 册

158200248　　00257
潛夫論十卷　附録一卷/(漢)王符著(明)程榮校.--明萬曆程氏刻漢魏叢書本,4 册

158200249　　00258
分類經進近思録集解十四卷/(宋)葉采集進,(明)吳中珩校閱.--明萬曆吳勉學刻本,6 册

158200250　　00259
南華真經副墨八卷/(明)陸西星撰,(明)孫大綬重校.--明萬曆刻本,4 册

158200251　　00260
南華真經十卷/(晉)郭象註,(唐)陸德明音義.--明嘉靖十二年(1533)顧春世堂刻六字書本,10 册

158200252　　00261
南華真經註疏□□卷/(晉)郭象註,(唐)成玄英疏.--清抄本,10 册
存十卷(十六、十七、十九至二十六)

158200253　　00262
管子二十四卷/(春秋)管仲撰,(唐)房玄龄註.--明萬曆十年(1582)趙用賢刻本,8 册

158200254　　00264
論衡三十卷/(漢)王充著.--明刻本,5 册

158200255　　00265
新纂门目五臣音註揚子法言十卷/(漢)揚雄撰,(晉)李軌,(唐)柳宗元註,(宋)宋咸等重添註.--明刻本,2 册

158200256　　00266
金湯借箸十二籌十二卷　目錄一卷/(明)李盤等撰.--清抄本,6 册

158200257　　00267
百金方十四卷　目録十四卷/(□)□□撰.--清抄本,16 册

158200258　　00268
尉繚子直解五卷/(明)劉寅撰.--明成化刻本,1 册

158200259　　00269
齊民要術十卷/(北魏)賈思勰撰.--明萬曆刻本,5 册

158200260　　00270
王菉友校勘馬首農言記一卷/(清)王筠

撰.--清抄本,1 册

158200261　　00271

脉經六卷/(晉)王叔和撰.--明吳勉學刻本,1 册

158200262　　00272

月令大意約一卷/(清)楊方樫輯著.--清抄本,1 册

158200263　　00273

石渠隨筆八卷/(清)阮元撰.--清精抄本,4 册

158200264　　00274

賞奇軒四種合編不分卷/(□)□□撰.--明正德十年(1515)刻本,4 册

158200265　　00275

書畫鑑真未刊稿本六卷　畫友録草稿六卷/(清)陶恩培纂輯.--清稿本,12 册

158200266　　00276

集古印藪四卷/(明)王常編,(明)顧從德校.--明萬曆三年(1575)顧氏芸閣刻本,4 册

158200267　　00277

賴古堂印譜四卷/(清)周亮工輯.--清康熙鈐印本,4 册

158200268　　00278

蘇氏印略不分卷/(明)蘇宣篆并輯.--明萬曆鈐拓本,4 册

158200269　　00281

棋經十三篇一卷/(宋)張擬撰.--元至正九年(1349)刻本,1 册

158200270　　00284

重修正文對音捷要真傳琴譜大全十卷/(明)楊表正撰.--明萬曆十三年(1585)刻本,10 册

158200271　　00285

至大重修宣和博古圖録三十卷/(宋)王黼等撰.--明刻本,2 册

存二卷(二十四、二十五)

158200272　　00287

古玉圖譜八卷/(宋)龍大淵等纂.--清抄本,4 册

158200273　　00288

泊如齋重修宣和博古圖録三十卷/(宋)王黼等辑.--明萬曆十六年(1588)泊如齋刻本,20 册

158200274　　00289

欣賞編五集/(明)沈津輯.--明萬曆刻本,4 册

158200275　　00290

二如亭群芳譜二十八卷　首一卷/(明)王象晉辑,(明)毛鳳苞校.--明崇禎刻本,28 册

158200276　　00291

茶疏一卷/(明)許次紓撰　**岕茶牋一卷**/(明)馮可賓著　**觴政一卷**/(明)袁宏道撰　**瓶史一卷**/(明)袁宏道撰　**缾花譜一卷**/(明)張謙德著　**藝花譜一卷**/(明)高濂著　**藝菊一卷**/(明)黃省會著　**蘭譜**/(明)高濂著　**種樹書**/(明)俞宗本輯　**花疏**/(明)王世懋著.--明萬曆刻廣百川學海本,1 册

158200277　　00292

淮南子二十一卷/(漢)劉安撰,(漢)劉向

校. --明萬曆吳勉學刻二十子本,4 册

158200278　　　　00293
廣百川學海十集續百川學海十集/(明)馮可賓輯,(明)吳永輯. --明刻本,40 册

158200279　　　　00295
容齋隨筆十六卷　續筆十六卷　三筆十六卷　四筆十六卷　五筆十卷/(宋)洪邁撰. --明刻本,6 册
缺十六卷(隨筆一至十六卷)

158200280　　　　00296
白虎通德論二卷/(漢)班固撰,(明)程榮校. --明嘉靖刻本,1 册

158200281　　　　00297
穆天子傳六卷/(晉)郭璞註,(明)程榮校
西京雜記六卷/(晉)葛洪集. --明萬曆二十年(1592)程榮刻漢魏叢書本,1 册

158200282　　　　00298
鶡冠子解三卷/(宋)陸佃撰,(明)王宇等評. --明天啓刻本,1 册

158200283　　　　00299
白虎通德論四卷/(漢)班固撰,(明)郎壁金訂. --明天啓六年(1626)堂策檻刻本,1 册
存二卷(一至二)

158200284　　　　00300
李涪刊誤二卷/(唐)李涪撰. --明刻本,1 册

158200285　　　　00301
頊陽子啓劄七卷/(明)劉一相撰. --明萬曆十三年(1584)刻本,2 册

158200286　　　　00302
方苞遺稿一卷/(清)方苞撰. --清高密單為聰抄本,1 册

158200287　　　　00303
讀餘札錄八卷/(清)侯登岸著. --清抄本,4 册

158200288　　　　00305
理辯之十倫五卷/(比利時)南懷仁集述. --清康熙抄本,5 册
存三卷(一、四、五)

158200289　　　　00306
淮南鴻烈解二十一卷/(漢)劉安撰,(明)茅坤等評. --明刻套印本,8 册

158200290　　　　00307
雪堂韻史不分卷/(明)王道焜輯. --明末刻本,7 册

158200291　　　　00308
百川學海十集/(宋)左圭輯. --明刻本,10 册
存五集(甲至戊)

158200292　　　　00309
越絕書十五卷/(漢)袁康撰,(明)鍾惺評. --明刻本,1 册

158200293　　　　00310
說苑二十卷/(漢)劉向著,(明)鍾惺評. --明刻本,2 册

158200294　　　　00311
風俗通義十卷/(漢)應劭著,(明)鍾惺評. --明刻本,1 册

158200295　　　　00312
新序十卷/(漢)劉向著,(明)鍾惺評. --明刻本,1 册

158200296　　00313

鹽鐵論十二卷/(漢)桓寬著,(明)鍾惺評.--明嘉靖三十三年(1554)張氏猗蘭堂刻本,1册

158200297　　00314

孔叢子四卷/(漢)孔鮒著,(明)鍾惺評.--明刻本,1册

158200298　　00315

韓詩外傳十卷/(漢)韓嬰著,(明)鍾惺評.--明刻本,1册

158200299　　00316

大戴禮記十三卷/(漢)戴德著,(明)鍾惺評.--明刻本,1册

158200300　　00317

春秋繁露十七卷/(漢)董仲舒著,(明)鍾惺評.--明刻本,1册

158200301　　00318

白虎通德論二卷/(漢)班固撰,(明)程榮校.--明萬曆刻本,2册

158200302　　00319

讀書敏求記四卷/(清)錢曾撰.--清雍正刻本,4册

158200303　　00320

困學紀聞二十卷/(宋)王應麟撰.--明刻本,6册

158200304　　00321

知聖道齋讀書跋尾二卷/(清)彭元瑞撰.--清抄本,1册

158200305　　00322

釋名四卷/(漢)劉熙著(明)鍾惺評.--明刻本,1册

158200306　　00323

尊聞錄一卷/(清)蔣其崙輯.--清咸豐年間抄本,1册

158200307　　00324

秘傳天錄閣寓言外史八卷/(漢)黃憲撰,(明)王鏊評,(明)朱養和輯訂.--明隆慶四年(1570)沈松石留春書館刻本,2册

158200308　　00325

庚子銷夏記八卷/(清)孫承澤撰.--清刻本,4册

158200309　　00326

老學庵筆記十卷/(宋)陸遊撰.--明崇禎毛氏汲古閣刻津逮秘書本,4册

158200310　　00327

李叔白日記一卷(乾隆四十三年四月十六日至十二月初六)/(清)李憲暠撰.--朱批稿本,1册

158200311　　00328

青溪暇筆二十卷/(明)姚福撰.--明抄本,8册

158200312　　00329

學古適用編九十一卷/(明)呂純如撰,(□)黃紹羲校.--明崇禎四年(1631)刻本,12册

158200313　　00330

少鶴先生日記不分卷(乾隆五十七年閏四月十一日至六月二十五日、乾隆五十八年五月十一日至六月十八日、嘉慶元年十二月初二至嘉慶二年二月十一日、嘉慶二年年三月十八日至五月十一日)/(清)李憲喬撰.--清嘉慶元年(1796)稿本,2册

158200314　　00331
玉暉堂隨筆八卷/(□)方崖周輯.--清抄本,5册
缺三卷(三、六、七)

158200315　　00332
堯山堂外紀一百卷/(明)蔣一葵編.--明萬曆三十四年(1606)刻本,18册

158200316　　00333
蘇長公小品四卷/(宋)蘇軾撰,(明)王聖俞評選.--明萬曆淩氏刻套印本,4册

158200317　　00334
休夏集一卷/(明)薛鼎輔等校.--明刻本,1册

158200318　　00335
壬子咨疑集一卷/(明)李文燁等校.--明刻本,1册

158200319　　00336
睦堂家訓一卷/(清)趙擢彤撰.--清嘉慶十九年(1814)抄本,1册

158200320　　00337
□竹居筆記一卷/(清)趙擢彤著.--清抄本,1册

158200321　　00338
論古雜集一卷/(清)王維樸集.--清同治五年(1866)顧奎抄本,1册

158200322　　00339
小窗艷紀不分卷/(明)吳從先辑.--明刻小窗四紀本,8册

158200323　　00340
搜神記二十卷/(晉)干寶撰　**搜神後記十卷**/(晉)陶淵明撰.--明崇禎毛氏汲古閣刻津逮秘書本,10册

158200324　　00341
山海經十八卷/(晉)郭璞撰.--明刻本,4册

158200325　　00342
山海經釋義十八卷/(晉)郭璞撰,(明)王崇慶釋義.--明刻本,4册

158200326　　00343
歸潛志十四卷/(元)劉祁撰.--清乾隆武英殿活字印聚珍版叢書本,4册

158200327　　00344
宣室志十卷/(唐)張讀著.--明萬曆刻本,2册

158200328　　00345
焦氏易林四卷/(漢)焦延壽撰.--明崇禎毛氏汲古閣刻津逮秘書本,16册

158200329　　00346
焦氏易林四卷/(漢)焦延壽撰.--明毛氏汲古閣刻本,3册

158200330　　00347
焦氏易林四卷/(漢)焦延壽撰,(明)鍾惺評.--明刻本,2册

158200331　　00348
白虎通德論四卷/(漢)班固纂,(明)鍾惺評.--明刻本,1册

158200332　　00349
天元玉曆不分卷/(□)□□撰.--清抄本,10册

158200333　　00350
楊子太元經大意約三卷/(清)楊方樫輯

著.--清抄本,3冊

158200334　　00351
丹鉛總録二十七卷/(明)楊慎著.--明嘉靖三十三年(1554)刻本,6冊

158200335　　00352
御製金剛般若波羅蜜經集註一卷/(後秦)釋鳩摩羅什譯,(明)成祖朱棣集註.--明永樂二十一年(1423)刻大字本,1冊

158200336　　00353
水月齋指月錄三十二卷/(明)瞿汝稷撰.--明萬曆刻本,1冊
存二卷(三十一、三十三)

158200337　　00354
佛說大阿彌陀經二卷/(宋)王日休校.--明崇禎十七年(1644)抄本,1冊

158200338　　00355
若愚直指捷徑門法一卷/(明)釋若愚輯.--明隆慶刻本,1冊

158200339　　00356
四家語錄六卷/(唐)道一大寂禪師,(唐)懷海大智禪師,(唐)希運斷際禪師,(唐)義玄惠照禪師撰.--明萬曆二十八年(1600)刻本,3冊

158200340　　00357
景德傳燈錄三十卷/(宋)釋道原纂.--明萬曆三十四年(1606)刻本,4冊
存八卷(十七至二十四)

158200341　　00358
大佛頂如來密因脩證了義諸菩薩萬行首楞嚴經十卷/(唐)釋般剌密帝譯,(唐)釋彌伽釋迦譯語.--明刻本,10冊

158200342　　00359
指月録三十二卷/(明)瞿汝稷集.--明崇禎刻本,10冊
存三十卷(一至三十)

158200343　　00360
教外別傳十六卷/(明)郭正中撰.--清康熙四年(1665)刻本,6冊

158200344　　00361
妙法蓮華經七卷/(後秦)釋鳩摩羅什譯.--明刻本,2冊
存二卷(三、四)

158200345　　00362
大佛頂如來密因修證了義諸菩薩萬行首楞嚴經十卷/(唐)釋般剌密帝譯,(唐)釋彌伽釋迦譯語.--明萬曆三十九年(1611)徑山寂照庵刻本,2冊

158200346　　00363
大藏聖教法寶標目十卷/(元)王古撰.--明秀山徑房刻本,10冊

158200347　　00364
歷代三寶紀十五卷/(隋)費長房撰.--明刻本,9冊
存九卷(二至十)

158200348　　00365
大唐內典錄十卷/(唐)釋道宣撰.--明刻本,3冊
存三卷(八至十)

158200349　　00366
正信除疑無修證自在經一卷/(□)□□撰.--明萬曆刻本,1冊

158200350　　00367
姚秦三藏西天取清解論一卷/(□)□□撰.--明萬曆四十年(1612)刻本,1 册

158200351　　00368
慈悲道場懺法十卷/(□)□□撰.--明刻本,5 册
缺五卷(一至三、六、九)

158200352　　00369
妙法蓮華經七卷/(後秦)釋鳩摩羅什譯.--明刻本,4 册
存四卷(二至四、七)

158200353　　00370
阿毗達磨發智論□□卷/(天竺)迦多衍尼子造,(唐)釋玄奘譯.--明正統五年(1440)刻本,1 册
存一卷(一)

158200354　　00371
佛頂心大陀羅尼經三卷/(□)□□撰.--清刻本,1 册
存一卷(三)

158200355　　00372
妙法蓮華經觀世音菩薩普門品經一卷/(後秦)釋鳩摩羅什譯.--清雍正十三年(1735)刻本,1 册

158200356　　00373
妙法蓮華經觀世音菩薩普門品經一卷/(後秦)釋鳩摩羅什譯.--清雍正十三年(1735)刻本,1 册

158200357　　00374
續大唐内典録一卷/(□)□□撰.--明刻本,1 册

158200358　　00375
慈悲蘭盆目連懺法道場三卷/(□)□□撰.--明萬曆四十二年(1614)刻本,3 册

158200359　　00376
妙法蓮華經七卷/(後秦)釋鳩摩羅什譯.--明萬曆四十二年(1614)刻本,7 册

158200360　　00377
大佛頂如來密因修證了義諸菩薩萬行首楞嚴經十卷/(唐)釋般剌密帝譯(唐)釋彌伽釋迦譯語.--明萬曆刻本,10 册

158200361　　00378
妙法蓮華經七卷/(後秦)釋鳩摩羅什譯.--清抄本,7 册

158200362　　00379
三劫三千佛緣起一卷/(南朝宋)釋畺良耶舍譯　**過去莊嚴劫千佛名經一卷**/(□)□□譯**現在賢劫千佛名經一卷**/(□)□□譯　**未來星宿劫千佛名經一卷**/(□)□□譯.--明刻,3 册

158200363　　00380
大方便佛報恩經七卷/(□)□□譯.--明正統五年(1440)刻本,7 册

158200364　　00381
破邪顯證鑰匙經二卷/(明)羅清撰.--明萬曆刻本,1 册

158200365　　00382
金剛般若波羅蜜經一卷/(後秦)釋鳩摩羅什譯.--明萬曆刻本,1 册

158200366　　00383
佛說梵網經不分卷/(後秦)釋鳩摩羅什譯.--明萬曆刻本,1 册

158200367　　00384
苦功悟道卷一卷/(明)羅清撰.--明萬曆六年(1578)刻本,1册

158200368　　00385
苦功悟道卷一卷/(明)羅清撰.--明萬曆刻本,1册

158200369　　00386
銷釋淨空三十四分鐵餕餡一卷/(□)□□譯.--明萬曆刻本,1册

158200370　　00387
摩诃般若波罗蜜多心經一卷/(□)□□譯　**金剛般若波羅蜜經一卷**/(□)□□譯　**妙法蓮華經觀世音菩薩普門品一卷**/(□)□□譯　**佛說阿彌陁經一卷**/(□)□□譯　**藥師瑠璃光如來本願功德經一卷**/(□)□□譯　**佛說錦綸佛頂大威德熾盛光如來陀羅尼經一卷**/(□)□□譯　**佛說三十五佛名經一卷**/(□)□□譯　**大佛頂首楞嚴神咒一卷**/(□)□□譯　**放光如來宣說神咒一卷**/(□)□□譯　**大悲圓滿無礙大陀羅神咒一卷**/(□)□□譯　**消灾吉祥陀羅尼神咒一卷**/(□)□□譯　**無量壽佛神咒一卷**/(□)□□譯　**佛說佛母準提神咒一卷**/(□)□□譯　**佛說功德寶山神咒一卷**/(□)□□譯　**佛說解寃釋結神咒一卷**/(□)□□譯　**佛說如意寶輪王神咒一卷**/(□)□□譯.--明成化十三年(1477)刻本,1册

158200371　　00388
地藏菩薩本願經三卷/(唐)釋實叉難陀譯.--清雍正十三年(1735)刻本,3册

158200372　　00389
佛說梵綱經不分卷/(後秦)釋鳩摩羅什譯.--明萬曆刻本(卷末配手抄本),1册

158200373　　00390
大方廣佛華嚴經八十卷/(唐)釋實叉難陀譯.--明刻本,58册
缺二十二卷(二十一、二十三、二十六至三十、四十一至四十三、四十六、四十七、五十、六十一至六十九)

158200374　　00391
南華真經新傳二十九卷　拾遺一卷/(宋)王雱撰.--清刻本,4册
存十卷(十一至二十)

158200375　　00392
南華真經十卷/(晉)郭象註,(唐)陸德明音義.--明嘉靖十二年(1533)顧氏世德堂刻六子書本,10册

158200376　　00393
太上感應篇八卷/(宋)李昌齡傳.--明萬曆三年(1575)重刻本,4册

158200377　　00394
莊子南華真經不分卷/(宋)劉辰翁點校.--明刻本,4册

158200378　　00395
道德經集義二卷/(明)周如砥纂集.--明萬曆周氏家刻本,2册

158200379　　00396
老子道德經二卷/(宋)劉辰翁點校.--明刻本,2册

158200380　　00397
巍巍不動太山深根結果寶卷一卷/(明)羅

清撰. --明萬曆元年(1673)刻本,1 册

158200381　　　00398

新刊監本册府元龜一千卷/(宋)王欽若等辑. --明抄本,142 册

存七百零二卷(二十五至七十四、一百六十一至二百、二百二十六至三百、三百一十至三百九十五、四百零一至六百、六百五十一至八百四十八、八百七十一至八百九十五、九百五十一至九百七十八)

158200382　　　00399

新刊監本册府元龜一千卷/(宋)王欽若等辑. --明抄本,74 册

存三百四十八卷(九十七至一百零一、一百一十一至一百一十八、一百二十九至一百三十二、一百四十二至一百四十四、一百八十六至二百、二百二十五至二百四十一、二百七十二至二百七十六、二百八十二至二百九十、三百零九至三百一十三、三百二十三至三百三十二、三百五十一至三百五十四、三百七十二至三百八十五、四百四十二至四百四十七、四百五十九至四百六十六、四百九十四至五百零二、五百一十六至五百七十二、五百八十四至五百八十八、六百零五至六百零九、六百一十五至六百三十八、六百四十六至六百五十二、六百五十八至六百七十九、六百九十至六百九十三、七百零二至七百二十一、七百二十七至七百三十五、七百七十、七百七十一、七百七十六至七百八十七、七百九十五至八百、八百零七至八百一十一、八百四十五至八百四十九、八百九十四至九百零一、九百二十七至九百五十七、九百六十三至九百六十八、九百八十二至九百八十七)

158200383　　　00400

初學記三十卷/(唐)徐堅等撰. --明嘉靖十三年(1534)晉府虚益堂刻本,12 册

158200384　　　00401

錦繡萬花谷前集四十卷/(□)□□撰. --明嘉靖刻本,5 册

158200385　　　00402

詩雋類函一百五十卷/(明)俞安期彙纂,(明)梅鼎祚增定,(明)曹學佺訂校. --明萬曆刻本,15 册

存八十六卷(一至五十、一百一十至一百四十五)

158200386　　　00403

焦氏類林八卷/(明)焦竑輯,(明)王元貞校. --明萬曆刻本,1 册

存二卷(一、二)

158200387　　　00404

藝文類聚一百卷/(唐)歐陽詢撰,(明)王元貞校. --明萬曆已任堂刻本,20 册

158200388　　　00405

聲律發蒙五卷/(元)祝明撰. --明嘉靖四十五年(1566)刻本(卷二第六頁補配手抄),1 册

158200389　　　00406

説略三十卷/(明)顧起元輯. --明萬曆四十一年(1613)刻本,9 册

存二十二卷(一至三、六至二十四)

158200390　　　00407

唐類函二百卷　目錄二卷/(明)俞安期彙纂,(明)徐顯卿校訂. --明萬曆三十一年(1603)刻本,40 册

158200391　　00408
性理大全會通七十卷/(明)胡廣等編,(明)鍾人傑訂正.--清康熙十二年(1673)内府刻本,40冊

158200392　　00409
成唯識論直指九卷/(唐)釋玄奘譯　**成唯識論直指科□□卷**/(□)□□撰.--明崇禎二年(1629)刻本,9冊
缺一卷(一)

158200393　　00410
寂音尊者智證傳十卷/(宋)釋覺慈編.--明萬曆刻本,1冊
存五卷(一至五)

158200394　　00411
維揚語録二卷/(明)大慧禅师編著,(明)節菴糸集,(明)松山校梓.--明成化刻本,1冊
存一卷(下)

158200395　　00412
大方廣佛華嚴經八十卷/(唐)釋實叉難陀譯.--清康熙五十年(1711)抄本,45冊
存三十四卷(一至二十、二十二、三十四、三十五、三十九、四十一至五十)

158200396　　00413
文苑英華一千卷　目録二卷/(宋)李昉輯.--明隆慶元年(1567)胡維新、戚繼光刻本(目録補配抄本),160冊

158200397　　00414
文體明辯六十一卷　首一卷　目録六卷　附録十四卷　目録二卷/(明)徐師曾纂.--明萬曆八年(1580)壽檜堂刻本,42冊

158200398　　00415
晞髪吟集五卷/(宋)謝翱著,(明)潘是仁輯　**雪巖詩集三卷**/(宋)宋伯仁著,(明)潘是仁輯　**戴東埜詩集五卷**/(宋)戴昺著,(明)潘是仁輯　**王梅溪詩集六卷**/(宋)王十朋著,(明)潘是仁輯　**張蜕菴詩集四卷**/(元)張翥著,(明)潘是仁輯　**陸湖峯詩集一卷**/(元)陸景龍著,(明)潘是仁輯　**宋林和靖先生詩集六卷**/(宋)林逋著,(明)潘是仁輯.--明萬曆刻本,10冊

158200399　　00416
唐詩品彙九十卷　唐詩拾遺十卷/(明)高棅編輯,(明)張恂重訂.--明刻本,8冊
存四十卷(唐詩品彙二十九至四十五、六十四至七十、七十六至八十二,唐詩拾遺一至十)

158200400　　00417
文選十二卷/(南朝梁)蕭統選,(明)張鳳翼纂註.--明萬曆刻本,12冊

158200401　　00418
文選六十卷/(南朝梁)蕭統選,(唐)李善註.--明嘉靖四年(1525)晉府養德書院刻本,8冊
存二十二卷(一至七、十一至十六、二十三至二十五、二十九、三十、三十五至三十八)

158200402　　00420
新刊文選考註前集十五卷　後集十五卷　新刊文選前集列卷音釋一卷/(南朝梁)蕭統撰輯,(唐)李善等考註,(明)郭明龍校.--明萬曆刻本,15冊

158200403　　00421
聖賢像贊三卷/(□)□□撰.--明崇禎刻本,4冊

158200404　　00422
文選補遺四十卷/(宋)陳仁子輯,(宋)譚紹烈纂.--明茶陵東山書院刻本,16冊

158200405　　00423
六臣註文選六十卷/(南朝梁)蕭統選,(唐)李善等註.--明萬曆梅墅石渠閣刻本,10冊
存十六卷(一至三、七至十九)

158200406　　00425
西山先生真文忠公續文章正宗二十卷/(宋)真德秀集.--明刻本,9冊
存十八卷(二至十九)

158200407　　00426
文章正論二十卷/(明)劉祜輯.--明萬曆十九年(1591)徐圖刻本,10冊
存十七卷(四至二十)

158200408　　00427
樂府詩集一百卷　目録二卷/(宋)郭茂倩編次.--明崇禎毛氏汲古閣刻本,16冊

158200409　　00428
[唐宋八大家文钞]一百六十四卷/(明)茅坤輯.--明萬曆茅一桂刻本,59冊
存一百一十卷(韓文一至十六、柳文四至九、歐文一至三十二、王文一至十六、曾文一至十、蘇文一至二十)

158200410　　00429
文選六十卷/(南朝梁)蕭統選,(唐)李善註.--明嘉靖四年(1525)晉府養德書院刻本,1冊
存三卷(二十至二十二)

158200411　　00430
先太常公像贊一卷/(清)戴蒼寫真,(清)聞起靜抄.--清抄本,1冊

158200412　　00431
唐雅二十六卷/(明)張之象編.--明刻本,19冊
存二十二卷(一至七、十、十三至十六)

158200413　　00432
唐詩絕句類選二卷/(明)敖英批評,(明)吳勉學校正.--明嘉靖十一年(1532)刻本,1冊

158200414　　00433
唐詩類苑二百卷/(明)張之象纂輯,(明)趙應元編次,(明)王徹補訂.--明萬曆二十九年(1601)刻本,64冊

158200415　　00434
國朝山左詩鈔六十卷/(清)盧見曾纂.--清乾隆二十三年(1758)德州盧見曾雅雨堂刻本,20冊
缺十卷(十四、十五、三十一至三十六、四十一、四十二)

158200416　　00435
明山左文存不分卷/(明)李仁等著.--清抄本,8冊

158200417　　00436
山左古文續钞一卷/(□)陳玉霏等著.--清抄本,1冊

158200418　　00438
國朝昌陽詩綜十卷　外集首一卷/(清)王先聲纂.--清咸豐四年(1854)稿本,5冊

158200419　　00439
楚辭後語六卷　辯證二卷/(宋)朱熹撰.--明嘉靖十四年(1535)袁氏仿宋刻本,4冊

158200420　　00440

楚辭十七卷/(漢)王逸敘,(元)陳深批點　**楚騷附録一卷**/(漢)司馬遷撰　**辨騷一卷**/(南朝梁)劉勰撰.--明萬曆淩毓枏刻套印本,4 册

158200421　　00442

楚辭五卷/(漢)王逸章句,(宋)朱熹集註.--明崇禎十一年(1638)刻本,4 册

158200422　　00444

潘黄門集六卷/(晉)潘嶽撰,(明)呂兆禧校.--明萬曆新安汪氏刻漢魏諸名家集本,1 册

158200423　　00445

江文通文集十卷/(南朝梁)江淹撰,(明)汪士賢校.--明萬曆刻本,4 册

158200424　　00446

選賦六卷　名人世次爵里一卷/(南朝梁)蕭統撰,(明)郭正域評點.--明淩氏刻套印本,6 册

158200425　　00447

李義山文集箋註十卷/(唐)李商隱撰,(清)徐樹穀箋,(清)徐炯註.--清康熙四十七年(1708)刻本,4 册

158200426　　00448

唐詩别裁集十卷/(清)沈德潛,(清)陳培脉選.--清康熙刻本,6 册

158200427　　00449

李賀詩集不分卷/(唐)李賀撰.--明萬曆刻本,2 册

158200428　　00450

新刊唐陸宣公集二十二卷/(唐)陸贄撰.--明刻本,8 册

158200429　　00451

昌黎先生集四十卷　外集十卷　遺文一卷/(唐)韓愈撰.--明崇禎十一年(1638)東吴徐氏刻本,12 册

158200430　　00452

唐大家柳柳州文鈔十二卷/(唐)柳宗元撰,(明)茅坤批評.--明萬曆七年(1579)茅一桂刻唐宋八大家文抄本,4 册

158200431　　00454

駱丞集註四卷/(唐)駱賓王撰,(明)颜文選補註.--明萬曆四十三年(1615)刻本,2 册

158200432　　00455

韋蘇州集十卷　拾遺一卷/(唐)韋應物撰.--明刻本,4 册

158200433　　00456

孫可之集十卷/(唐)孫樵撰.--明末毛氏汲古閣刻本,1 册

158200434　　00457

朱文公校昌黎先生文集四十卷　外集十卷　集傳一卷　遺文一卷　遺詩一卷/(唐)韓愈撰,(宋)朱熹考異,(宋)王伯大音釋.--明萬曆朱崇沐刻本,16 册

158200435　　00459

分類補註李太白詩二十五卷/(唐)李白撰,(宋)楊齊賢集註,(元)蕭士贇補註　**唐翰林李太白年譜一卷**/(宋)薛仲邕編.--明萬曆許自昌刻本,6 册

158200436　　00460

杜子美詩集二十卷/(唐)杜甫撰,(宋)劉辰翁評點.--明刻本(補配手抄摘錄宋胡宗愈

序),4 册

158200437　　00461
分類補註李太白詩二十五卷/(唐)李白撰,(宋)楊齊賢集註,(元)蕭士贇補註　**分類編次李太白文五卷**/(唐)李白撰,(明)郭雲鵬編次.--明嘉靖二十二年(1543)郭雲鵬寶善堂刻本,8 册
缺十五卷(分類補註李太白詩一、三至六、九、十、十三至十五、二十一至二十五)

158200438　　00462
集千家註杜工部詩集二十卷　附錄一卷　杜工部文集二卷/(唐)杜甫撰.--明嘉靖十五年(1536)刻本,12 册

158200439　　00463
元氏長慶集六十卷　補遺六卷/(唐)元稹撰,(明)馬元調校.--明萬曆三十二年(1604)馬元調刻本,3 册

158200440　　00464
昌黎先生集四十卷　外集十卷/(唐)韓愈撰.--明萬曆徐氏東雅堂刻本,14 册
缺一卷(昌黎先生集四十)

158200441　　00465
杜律五言集解四卷　七言集解二卷/(唐)杜甫撰,(明)邵傅集解,(明)陳學樂校.--明萬曆刻本,6 册

158200442　　00466
集千家註杜工部詩集二十卷　杜工部文集二卷/(唐)杜甫撰.--明萬曆許自昌刻本,12 册

158200443　　00467
韓文四十卷　外集十卷　集傳一卷　遺集一卷/(唐)韓愈撰,(明)莫如士重校.--明嘉靖三十五年(1556)莫如士刻韓柳文本,6 册

158200444　　00469
集千家註分類杜工部二十五卷/(唐)杜甫撰,(宋)黄鶴補註.--明初刻本,19 册
缺五卷(一、二、四、十一、十八)

158200445　　00470
歐陽文忠公集一百五十三卷　附錄五卷/(宋)歐陽修撰.--明初刻遞修本,24 册
存七十三卷(歐陽文忠公集八十六至一百五十三,附錄一至五)

158200446　　00471
東坡先生全集一百十五卷/(宋)蘇軾撰.--明萬曆刻本,26 册
存六十五卷(一至四十七、五十至六十三、六十八至七十一)

158200447　　00472
簡齋集十六卷/(宋)陳與義撰.--清乾隆武英殿聚珍板,4 册

158200448　　00473
江湖長翁文集四十卷/(宋)陳造撰,(明)李之藻校.--明萬曆四十六年(1618)李之藻刻本,24 册

158200449　　00475
東坡後集二十卷/(宋)蘇軾撰.--明嘉靖十三年(1534)江西市政司刻本,6 册

158200450　　00476
分類補註李太白詩二十五卷/(唐)李白撰,(宋)楊齊賢集註,(元)蕭士贇補註.--明嘉靖郭雲鵬刻本,4 册

存七卷(一、四、九、十三至十五)

158200451　　00477
孫尚書内簡尺牘編註十卷/(宋)孫覿撰,(宋)李祖堯註.--明嘉靖三十六年(1557)顧名儒刻本,4 册

158200452　　00478
杜少陵集十卷/(唐)杜甫撰.--明正德刻本,8 册

158200453　　00479
昌黎先生詩集註十一卷　年譜一卷/(唐)韓愈撰,(清)顧嗣立刪補.--清康熙三十八年(1699)秀野草堂刻本,4 册

158200454　　00480
攻媿集一百十二卷/(宋)樓鑰撰.--清乾隆武英殿聚珍版叢書本,36 册
缺十一卷(三十三、三十四、三十七至三十九、六十四至六十六、一百零六至一百零八)

158200455　　00481
陸放翁全集六種一百五十七卷/(宋)陸遊撰.--明毛氏汲古閣刻本,40 册

158200456　　00482
臨川先生文集一百卷　目録二卷/(宋)王安石撰.--明刻本,12 册
存五十三卷(一至二十八、六十至八十四)

158200457　　00483
文山先生全集二十八卷/(宋)文天祥撰,(明)鄢懋卿編次.--明嘉靖刻本,5 册
存十四卷(一至十四)

158200458　　00484
華陽集四十卷/(宋)王珪撰.--清乾隆武英殿聚珍版書本,12 册

158200459　　00485
毘陵集十六卷/(宋)張守撰.--清乾隆武英殿聚珍版書本,6 册

158200460　　00486
豫章黄先生别集二十卷　外集十四卷/(宋)黄庭堅撰.--明嘉靖刻本,8 册

158200461　　00487
豫章黄先生文集三十卷/(宋)黄庭堅撰.--明嘉靖刻本,6 册

158200462　　00488
豫章黄先生文集三十卷/(宋)黄庭堅撰.--明嘉靖五年(1526)徐岱刻本,1 册
存七卷(一至七)

158200463　　00489
竹齋先生詩集三卷　附録一卷/(宋)裘萬頃撰.--清康熙刻本,1 册

158200464　　00490
欒城集五十卷　後集二十四卷　三集十卷　應詔集十二卷/(宋)蘇轍撰.--明萬曆刻本,24 册

158200465　　00491
溫飛卿詩集七卷　别集二卷/(唐)溫庭筠撰,(明)曾益註,(清)顧予咸補註,(清)顧嗣立重校.--清康熙三十六年(1697)顧氏秀野草堂刻本,4 册

158200466　　00493
司馬文正公集略三十一卷　詩集七卷/(宋)司馬光撰.--明嘉靖刻本,13 册
存二十卷(司馬文正公集略八至十二、十五、十六、十八至二十三、二十七至三十,詩

集一至三)

158200467　　00494

合諸名家評註三蘇文定十八卷/(宋)蘇洵,(宋)蘇軾,(宋)蘇轍撰,(明)楊慎原選,(明)李維楨評註.--明崇禎五年(1632)白下稽古齋刻本,12 册

158200468　　00495

合諸名家評註三蘇文定十八卷/(宋)蘇洵,(宋)蘇軾,(宋)蘇轍撰,(明)楊慎原選,(明)李維楨評註.--明崇禎刻本(卷十一補配清抄本),10 册

缺一卷(十二)

158200469　　00496

宋大家歐陽文忠公文鈔三十二卷/(宋)歐陽修撰,(明)茅坤批評.--明末刻本,6 册

存十四卷(一至四、十八至二十、二十三、二十四、二十八至三十二)

158200470　　00497

伊川擊壤集二十卷/(宋)邵雍撰.--明刻本,8 册

158200471　　00498

渭南文集五十卷/(宋)陸遊撰.--明末毛氏汲古閣刻陸放翁全集本,6 册

158200472　　00499

劍南詩稿八十五卷　渭南文集五十卷　放翁逸稿二卷　附續添二十首/(宋)陸遊撰.--明末毛氏汲古閣刻本,24 册

缺十七卷(劍南詩稿一至十三、三十二至三十五)

158200473　　00500

西山先生真文忠公文章正宗二十四卷/(宋)真德秀輯.--明嘉靖刻本,1 册

存二卷(三、四)

158200474　　00502

遺山先生詩集二十卷/(金)元好問撰.--明毛氏汲古閣刻本,12 册

158200475　　00503

倪雲林詩集六卷/(元)倪瓚撰,(明)潘是仁輯校.--明萬曆刻本,4 册

158200476　　00504

元詩選六卷　補遺一卷/(清)顧奎光選輯,(清)陶瀚,(清)陶玉禾評.--清乾隆刻本,2 册

158200477　00505

郝文忠公陵川文集三十九卷　附録一卷/(元)郝經撰,(清)王鏐編訂.--清乾隆刻本,10 册

158200478　　00506

倪雲林先生詩集六卷　目録一卷　附録一卷/(元)倪瓚撰,(明)毛清訂.--明汲古閣刻本,6 册

158200479　　00507

中麓山人拙對三卷/(明)李開先著.--明嘉靖刻本(卷上補配抄本),2 册

存二卷(上、中)

158200480　　00509

白雪樓詩集十二卷　目録一卷/(明)李攀龍撰.--明隆慶四年(1570)刻本(目録、卷一、二補配明抄本),12 册

158200481　　00510

朋鶴草堂集不分卷/(明)林時躍撰.--清抄本,6 册

158200482　　　00511

解脱集四卷/(明)袁宏道撰,(明)江盈科校. --明萬曆刻本,4册

158200483　　　00512

周季平先生文集三十二卷/(明)周如砥著,(明)公鼐校. --明刻本,10册

158200484　　　00513

文草摘鈔不分卷/(明)張世則撰. --明萬曆刻本,2册

158200485　　　00514

空同集六十四卷/(明)李夢陽撰. --明萬曆二十九年(1601)李思孝刻本,16册

158200486　　　00515

經義輯録□□卷/(明)張世則等著. --明萬曆刻本,3册

存三卷(三至五)

158200487　　　00516

貂璫史鑒六卷/(明)張世則撰. --明萬曆刻本,4册

存四卷(一至四)

158200488　　　00517

來禽館集二十九卷/(明)邢侗著. --清道光九年(1892)刻光緒十七年(1891)補修本,12册

158200489　　　00518

袁中郎全集四十卷/(明)袁宏道撰. --明刻本,12册

158200490　　　00519

皇明文徵七十四卷/(明)何喬遠輯. --明萬曆刻本,32册

存五十七卷(十一、十二、二十至七十四)

158200491　　　00520

趙忠毅公文集十八卷　诗集六卷/(明)趙南星撰. --明崇禎十一年(1638)刻本,12册

158200492　　　00521

古庵毛先生文集十卷/(明)毛憲撰,(明)葉金編. --明嘉靖四十二年(1563)永思堂刻本,6册

158200493　　　00522

長水先生石林蕢草不分卷/(明)沈懋孝撰,(明)王廷賓校. --明天啓刻本,23册

158200494　　　00523

甫田集三十五卷　目録三十五卷/(明)文徵明撰. --明刻本,4册

存四卷(甫田集一至四、目録一至四)

158200495　　　00524

周季平先生文集三十二卷/(明)周如砥著,(明)公鼐校. --明天啓刻本,12册

158200496　　　00525

周季平先生青藜館集四卷/(明)周如砥撰,(明)公鼐校. --明崇禎刻本,4册

158200497　　　00526

來禽館集二十九卷/(明)邢侗著. --清道光九年(1829)刻光緒十七年(1891)補修本,12册

158200498　　　00527

來禽館集二十九卷/(明)邢侗著. --清道光九年(1829)刻光緒十七年(1891)補修本,12册

158200499　　　00528

梅花集詠一卷/(明)楊光溥撰,(明)劉璋校. --明弘治三年(1490)楊東野刻本,1册

158200500　　00529

弇州山人續稿一百三十四卷/(明)王世貞撰.--明萬曆刻本,35 册

缺二十四卷(一至二十四)

158200501　　00530

新刻張太岳先生詩集四十六卷　目録一卷　行實一卷/(明)張居正撰,(明)馬啓圖等校.--明萬曆四十年(1612)唐國達刻本,16 册

158200502　　00531

太子少保王忠銘先生文集天池草重編二十六卷/(明)王弘誨撰,(明)王懋重編.--清康熙刻本,6 册

存二十一卷(一、四至八、十二至二十六)

158200503　　00532

西坡類稿五十卷/(清)宋犖撰.--清康熙五十九年(1720)毛扆刻本,36 册

158200504　　00533

賴古堂尺牘新鈔三選結隣集十六卷/(清)周在浚等輯.--清康熙九年(1670)刻本,10 册

158200505　　00534

迂齋學古編四卷/(清)法坤宏撰.--清乾隆海上廬寫刻本,4 册

158200506　　00535

漁洋山人詩集二十二卷/(清)王士禛撰.--清康熙刻本,6 册

存二十二卷(一至二十二)

158200507　　00536

謝子象詩集十五卷　附録一卷/(明)謝子象撰.--明嘉靖二十二年(1543)謝少南刻本,3 册

存十二卷(一至十二)

158200508　　00537

御製詩初集四十四卷/(清)高宗弘曆撰.--清乾隆刻本,11 册

存四十卷(一至八、十三至四十四)

158200509　　00538

退思軒詩稿一卷/(清)張惟赤撰.--清趙擢彤抄本,1 册

158200510　　00539

友竹居未定草一卷/(□)□□撰.--清趙擢彤抄本,1 册

158200511　　00540

感舊集十六卷/(清)王士禛撰,(清)盧見曾補傳.--清乾隆十七年(1752)刻本,6 册

158200512　　00541

堯峰文鈔五十卷/(清)汪琬撰.--清康熙林佶寫刻本,10 册

158200513　　00542

迂齋學古編四卷/(清)法坤宏撰.--清乾隆海上廬刻本,2 册

158200514　　00543

[高密文存]不分卷/(清)單若魯等撰.--清抄本,2 册

158200515　　00544

列朝詩集乾集二卷　甲集前編十一卷　甲集二十二卷　乙集八卷　丙集十六卷　丁集十六卷　閏集六卷/(清)錢謙益輯.--清刻本,20 册

存四十三卷(甲集前編二至十一、甲集一至二十二、乙集一至八、丙集一至三)

158200516　　00545
問天詞一卷/(清)蒲松齡撰.--清抄本,1册

158200517　　00546
青要集十二卷/(清)吕謙恒撰(清)范咸編.--清雍正十三年(1735)刻本,2册

158200518　　00547
蜀道詩存稿一卷/(□)□□撰.--清抄本,1册

158200519　　00548
友竹居詩草一卷/(□)□□撰.--清趙擢彤抄本,1册

158200520　　00549
峨山集一卷/(清)李巘撰.--清抄本,1册

158200521　　00550
睦堂學詩一卷/(清)趙擢彤撰.--清抄本,1册

158200522　　00551
□㕂集一卷/(清)趙起梴撰.--清抄本,1册

158200523　　00552
寒蛩集一卷/(清)侯登岸著.--清抄本,1册

158200524　　00553
蛩吟草一卷/(清)趙起杭撰.--清抄本,1册

158200525　　00554
及菴偶吟稿一卷/(清)趙時撰.--清抄本,1册

158200526　　00555
青柯亭詩稿一卷/(清)趙起杭撰.--清抄本,1册

158200527　　00556
寶芝堂詩稿一卷/(清)趙時撰.--清抄本,1册

158200528　　00557
有懷堂文稿二十二卷　詩稿六卷/(清)韓菼撰.--清初刻本,8册

158200529　　00558
鐵硯齋詩二卷　附錄一卷/(清)趙貫撰.--清趙國遴抄本,2册

158200530　　00559
綠槐軒詩四卷/(清)趙悂撰.--清趙國遴抄本,2册

158200531　　00560
養桂軒詩草一卷/(清)趙鸞孫撰.--清抄本,1册

158200532　　00561
安雅堂文集六卷/(清)宋茘裳撰.--清乾隆刻本,6册

158200533　　00562
錢牧齋先生尺牘不分卷/(清)錢謙益撰.--清康熙刻本,2册

158200534　　00563
畊經詩稿一卷/(清)趙鈍盦撰.--清抄本,1册

158200535　　00564
出都詩草一卷/(□)□□撰.--清趙擢彤抄本,1册

158200536　　00565
青柯亭詩稿一卷/(清)李元睿撰.--清乾隆抄本,1册

158200537　　00566
樵蘇唫稿一卷/(清)趙春庭撰.--清抄本,1

册

158200538　　00567
針餘草一卷/(清)趙香蓴撰.--清光緒抄本,1 册

158200539　　00568
趙氏塤篪集四卷/(清)王壽甫輯.--清抄本,4 册

158200540　　00569
慎餘堂詩稿一卷/(清)趙瞰撰.--清抄本,1 册

158200541　　00570
坦庵詞不分卷/(宋)趙師使撰.--明汲古閣刻宋明家詞本,2 册

158200542　　00571
龍洲詞不分卷/(宋)劉過,(宋)葛立芳撰.--明汲古閣刻本,2 册

158200543　　00572
散花菴詞不分卷/(宋)黄昇撰.--明汲古閣刻本,2 册

158200544　　00573
蘆川詞不分卷/(宋)張元幹撰.--明汲古閣刻本,2 册

158200545　　00574
小山詞不分卷/(宋)晏幾道撰.--明汲古閣刻本,2 册

158200546　　00575
酒邊詞二卷/(宋)向子諲撰.--明汲古閣刻本,2 册

158200547　　00576
小山詞不分卷/(宋)晏幾道撰.--明汲古閣刻本,3 册

158200548　　00577
逃禪詞不分卷/(宋)楊無咎撰.--明汲古閣刻本,2 册

158200549　　00578
山谷詞不分卷/(宋)黄庭堅撰.--明汲古閣刻本,2 册

158200550　　00579
龍川詞不分卷/(宋)陳亮撰　**出寮詞不分卷**/(宋)王安石撰　**竹坐詩餘不分卷**/(宋)黄機撰.--明汲古閣刻本,3 册

158200551　　00580
和清真詞不分卷/(宋)方千里撰.--明汲古閣刻本,2 册

158200552　　00581
書舟詞不分卷/(宋)程垓撰.--明汲古閣刻本,2 册

158200553　　00582
石林詞不分卷/(宋)葉夢得撰.--明汲古閣刻本,2 册

158200554　　00583
中興以來絕妙詞選十卷/(宋)黄昇撰.--明刻本,4 册

158200555　　00584
山中白雪詞八卷/(宋)張炎撰.--清初抄本,4 册

158200556　　00585
草堂詩餘四卷/題(宋)武陵逸使编次.--明萬曆刻本,2 册

158200557　　00586
赤牘清裁十一卷/(明)楊慎輯　**赤牘清裁**

補遺四卷/(明)楊慎輯.--明刻本,2 册

158200558　　00587

類選箋釋草堂詩餘六卷/(明)顧從敬類選,(明)陳繼儒重校,(明)陳仁錫參訂　**類編箋釋續選草堂詩餘二卷**/(明)錢允治箋釋,(明)陳仁錫校閲　**類編箋釋國朝詩餘五卷**/(明)錢允治編,(明)陳仁錫釋.--明刻本,4 册

158200559　　00589

牡丹亭還魂記二卷/(明)湯顯祖撰.--明萬曆二十六年(1598)刻本,4 册

158200560　　00590

琴清閣詞一卷/(清)楊雲撰　**生香館詞一卷**/(清)李佩金撰.--清抄本,1 册

158200561　　00591

天籟集一卷　再集一卷　三集一卷　静樂菴續詩草一卷　課藝一卷/(清)空空子撰.--稿本,4 册

158200562　　00593

蓬萊宴七回/(清)蒲松齡著.--清抄本,1 册

158200563　　00594

香南雪北詞一卷/(清)吳藻撰.--清抄本,1 册

158200564　　00596

堯山堂偶雋七卷/(明)蔣一葵撰.--明萬曆刻本,2 册

158200565　　00598

雅趣藏書不分卷/(清)錢書撰.--清康熙崇文堂刻本,2 册

158200566　　00599

水簾館新編芍藥記二卷/(□)□□撰.--明萬曆刻本,1 册

158200567　　00600

紅樓夢散套十六卷/(清)黃兆魁填詞.--清蟾波閣刻本,6 册

158200568　　00601

楊升庵先生批點文心雕龍音註十卷/(梁)劉勰撰,(明)梅慶生註.--明天啓二年(1622)刻本,4 册

158200569　　00602

趙睦堂自述一卷/(清)趙擢彤撰.--清抄廬鄉從書本,1 册

158200570　　00604

詩家全體十四卷/(明)李之用輯.--明萬曆刻清康熙遞修本,6 册

158200571　　00605

津逮秘書□□集/(唐)段成式撰.--明汲古閣刻本,32 册

存三集(三、八、十)

158200572　　00606

韻湖詩草不分卷/(□)□□撰.--清抄本,2 册

158200573　　00608

呂新吾先生閨範圖説四卷/(明)呂坤撰.--清嘉慶刻本,6 册

158200574　　00609

古畫品録三卷/(南朝齊)謝赫撰　**後畫品録一卷**/(南朝陳)姚最撰　**續畫品録一卷**/(唐)李嗣真撰.--明刻本,2 册

158200575　　00610

四書集註大全四十三卷/(□)□□撰.--明

永樂刊本,15 册
存三十卷(大學章句大全一卷、大學或問一卷、中庸或問一卷、中庸章句大全一卷、論語集註大全卷一至二十、孟子集註大全一至六)

158200576　　　00611
道藏五千三百五卷/(□)□□撰.--明正統十年(1445)刻萬曆二十七年(1599)官印本,4524 册
存四千九百四十六卷

158200577　　　00612
大方廣佛華嚴經八十一卷/(唐)釋實叉難陁譯.--明永樂十七年(1419)刻本,66 册
缺十五卷(六至八、十、四十一、四十六、四十八、四十九、六十一、七十六至八十一)

158200578　　　00613
大方廣佛華嚴經八十一卷/(唐)釋實叉難陁譯.--明永樂十七年(1419)刻本,71 册
缺十三卷(一、六、三十一、三十四、三十五、三十七、三十九、四十、六十二、六十五、六十七、六十八、七十八)

158200579　　　00614
大方廣佛華嚴經八十一卷/(唐)釋實叉難陁譯.--明正統五年(1440)刻本萬曆十二年(1584)印本,10 册
存十卷(十一至二十)

158200580　　　00615
大方廣佛華嚴經八十一卷/(唐)釋實叉難陁譯.--抄本,4 册
存四卷(七十六至八十)

158200581　　　00616
大方廣佛華嚴經八十一卷/(唐)釋實叉難陁譯.--1 册
存一卷(二)

158200582　　　00617
大般涅槃經□□卷/(北涼)釋曇無讖譯.--明正德十六年(1521)刻本,35 册
存三十五卷(一至十四、十七至十八、二十二、二十五至四十二)

158200583　　　00618
大般涅槃經□□卷/(北涼)釋曇無讖譯.--明永樂十七年(1419)刻本,1 册
存一卷(十六)

158200584　　　00619
大方便佛報恩經七卷/(□)□□撰.--明永樂十七年(1419)十二月刻本,11 册

158200585　　　00620
金光明最勝王經十卷/(唐)釋義淨譯.--正德十六年(1521)刻本,11 册

158200586　　　00621
大乘本生心地觀經□□卷/(唐)釋般若等譯.--明嘉靖印本,4 册
存四卷(四、五、七、八)

158200587　　　00622
大乘本生心地觀經□□卷/(唐)釋般若等譯.--明天順八年(1464)印本,8 册
存八卷(一至八)

158200588　　　00623
地藏菩薩本願經三卷/(□)法燈譯.--3 册

158200589　　　00624
貝葉經/(□)□□撰.--唐宋(待鑒定),32 葉

158200590　　00625

貝葉經/(□)□□撰.--明(待鑒定),3 葉

158200591　　0002

經義考二百九十七卷/(清)朱彝尊錄.--清光緒刻本,50 册

158200592　　0003

四書五經六十四卷/(宋)朱熹等集註.--清光緒二十一年(1895)刻本,38 册

158200593　　0004

經義述聞三十二卷/(清)王引之撰.--清嘉慶刻本,16 册

158200594　　0005

欽定十三經一百二十九卷/(清)穆宗載淳纂.--清同治十一年(1872)刻本,66 册

158200595　　0006

十三經古註二百八十九卷/(三國魏)王弼等註.--清刻本,48 册

158200596　　0007

欽定十三經一百二十九卷/(清)穆宗載淳纂.--清同治十一年(1872)刻本光緒十七年(1891)重校民國十四年(1925)重印本,68 册

缺五卷(論語一至五)

158200597　　0008

皇清經解□□卷/(清)孫志祖撰.--清刻本,60 册

存三百二十九卷(四百九十七至五百二十三、五百四十八至六百三十六、九百四十九至一千一百五十五)

158200598　　0009

皇清經解□□卷/(清)孫志祖撰.--清刻本,327 册 39 類

158200599　　0011

九經古義十六卷/(清)惠棟撰　**春秋左傳補註六卷**/(清)惠棟撰.--清刻本,6 册

158200600　　0012

經典釋文二十八卷/(唐)陸德明撰.--清刻本,3 册

存十卷(一至四、八至十、十八至二十)

158200601　　0014

經籍跋文不分卷/(清)陳鱣撰.--清刻本,2 册

158200602　　0015

經讀考異八卷　句讀敘述二卷/(清)武億編.--清乾隆刻本,2 册

158200603　　0016

九經古義十六卷/(清)惠棟撰.--清刻本,2 册

158200604　　0017

九經五十卷/(清)秦鏷訂正.--清末刻本,8 册

存四十一卷(孝經一卷、論語二卷、孟子七卷、周禮六卷、春秋十至十七卷、禮記六卷、詩經四卷、周易三卷、書經四卷)

158200605　　0018

御纂周易折中二十二卷　首一卷/(清)聖祖玄燁纂.--清同治十年(1871)刻本,12 册

158200606　　0019

周易正義十四卷/(唐)孔穎達撰.--清嘉業堂劉氏刻本,6 册

158200607　　0020

周易解九卷/(清)牛運震撰.--清刻本,3 册

158200608　　0021
御纂周易述義十卷/(清)傅恒纂.--清乾隆刻本,6册

158200609　　0022
周易乾鑿度二卷/(漢)鄭玄註.--清乾隆刻本,1册

158200610　　0023
周易禪解十卷/(清)釋智旭撰.--清刻本,3册

158200611　　0024
周易四卷/(宋)程頤著.--清刻本,3册

158200612　　0025
周易四卷/(宋)朱熹本義.--清修文堂刻本,4册

158200613　　0026
周易四卷/(宋)程頤著.--清刻本,4册

158200614　　0027
欽定書經圖說二十卷/(清)孫家鼐修纂.--清光緒刻本,16册

158200615　　0028
欽定書經圖說五十卷/(清)孫家鼐修纂.--清光緒刊本,16册

158200616　　0029
欽定書經傳說彙纂二十一卷　首二卷/(清)王頊齡等纂.--清同治刻本,12册

158200617　　0030
尚書十三卷/(漢)孔安國撰.--清乾隆四十八年(1783)刻本,4册

158200618　　0031
易經八卷/(宋)程頤傳.--清同治五年(1866)刻本,3册

158200619　　0032
尚書十三卷/(漢)孔安國撰.--清乾隆刊本,4册

158200620　　0033
尚書彙纂必讀不分卷/(清)陸士楷纂.--清抄本,2册

158200621　　0034
毛詩稽古編三十卷/(清)陳啓源撰.--清刻本,8册

158200622　　0035
欽定詩經傳說彙纂二十一卷/(清)王鴻緒等纂.--清雍正五年(1727)刻本,24册

158200623　　0036
詩經精義彙鈔四卷　首一卷/(清)陸錫璞輯.--清道光十八年(1838)刻本,7册

158200624　　0037
御纂詩義折中二十卷/(清)高宗弘曆纂.--清刻本,10册

158200625　　0038
奎壁詩經八卷/(宋)朱熹集傳.--清光緒刻本,4册

158200626　　0040
毛詩雙聲疊韻說一卷/(清)王筠撰.--清同治刻本,1册

158200627　　0041
毛詩二十卷/(漢)鄭玄箋,(唐)陸德明釋文.--清涵芬樓影印本,4册

158200628　　0042
詩觸五卷/(南朝梁)鍾嶸撰　**漁洋詩話二**

卷/(清)王阮亭撰 **說詩晬語二卷**/(清)王阮亭撰.--清道光四年(1824)刻本,4 册

158200629 0043

欽定周官義疏四十八卷 首一卷/(清)鄂爾泰等撰.--清乾隆刻本,20 册

158200630 0044

周官聯事表/(清)寧緗述.--清光緒刻本,2 册

158200631 0045

禮記體註大全四卷/(清)范翔纂.--清光緒三十年(1904)重刻本,4 册

158200632 0046

禮記十卷/(清)汪紱章句.--清光緒二十一年(1895)刻本,10 册

158200633 0047

禮記十卷/(元)陳澔集說.--清敬文堂刻本,10 册

158200634 0048

禮記體註四卷/(清)范翔參訂.--清刻本,4 册

158200635 0049

周官精義十二卷/(清)連斗山編.--清刻本,8 册

158200636 0050

儀禮私箋八卷/(清)鄭珍撰.--清同治刻本,2 册

158200637 0051

周禮折衷四卷/(宋)魏了翁撰.--清宣統刻本,2 册

158200638 0052

禮記易讀二卷/(清)志遠堂主人輯.--清光緒三年(1877)成文堂刻本,2 册

158200639 0053

欽定周官義疏四十八卷 首一卷/(清)鄂爾泰等撰.--清同治十年(1871)刻本,28 册

158200640 0054

呂叔簡先生四禮翼一卷/(明)呂坤撰.--清同治刻本,1 册

158200641 0055

呂叔簡先生四禮翼一卷/(明)呂坤撰.--清同治刻本,1 册

158200642 0056

呂叔簡先生四禮翼一卷/(明)呂坤撰.--清同治刻本,1 册

158200643 0057

呂叔簡先生四禮翼一卷/(明)呂坤撰.--清同治刻本,1 册

158200644 0058

呂叔簡先生四禮翼一卷/(明)呂坤撰.--清同治刻本,1 册

158200645 0059

呂叔簡先生四禮翼一卷/(明)呂坤撰.--清同治刻本,1 册

158200646 0060

呂叔簡先生四禮翼一卷/(明)呂坤撰.--清同治刻本,1 册

158200647 0061

儀禮十七卷/(漢)鄭氏註.--清同治刻本,6 册

158200648 0062

禮記十卷/(元)陳澔集說.--清刻本,10 册

158200649　　0063
禮記體註大全四卷/(清)范翔參訂.--清刻本,4 册

158200650　　0064
禮記體註大全四卷/(清)范翔參訂.--清刻本,4 册

158200651　　0065
春秋左傳三十卷/(晉)杜預註.--清同治刻本,12 册

158200652　　0066
春秋三傳十六卷　首一卷　釋文音義十六卷/(□)□□輯(唐)陸德明音義.--清嘉慶十年(1805)刻本,16 册

158200653　　0067
春秋經傳集解三十卷/(晉)杜預撰,(宋)林堯叟註,(唐)陸元朗音釋.--清刻本,16 册

158200654　　0068
左傳事緯十二卷/(清)馬驌撰.--清光緒刻本,12 册

158200655　　0069
春秋左氏傳賈服註輯述二十卷/(清)李貽德撰.--清同治五年(1866)刻本,6 册

158200656　　0070
左傳經世鈔□□卷/(清)魏禧評點(清)彭家屏參訂.--清刻本,6 册
存十一卷(三至十一、二十二、二十三)

158200657　　0071
左傳易讀六卷/(清)司徒修輯註.--清刻本,6 册

158200658　　0072
欽定春秋左傳讀本三十卷/(清)英和等撰.--清刻本,16 册

158200659　　0073
春秋公羊經傳解詁十二卷/(漢)何休撰.--清刻本,2 册

158200660　　0074
呂氏春秋二十六卷/(秦)吕不韋撰.--清乾隆刻本,4 册

158200661　　0075
春秋經傳集解三十卷/(晉)杜預撰,(唐)陸德明釋文.--清刻本,15 册

158200662　　0076
春秋傳十二卷/(清)牛運震撰,(清)張魯文校刊.--清刻本,4 册

158200663　　0078
春秋取義測十二卷/(清)法坤宏撰.--清刻本,4 册

158200664　　0079
孝經註疏九卷　正義一卷/(宋)邢昺校.--清汲古閣刻本,1 册

158200665　　0080
校正今文孝經一卷　二十四孝考一卷/(清)李璋煜著.--清道光愛吾鼎齋刻本,1 册

158200666　　0081
四書集註十九卷/(宋)朱熹集註.--清刻本,6 册

158200667　　0082
四書會解十三卷/(宋)朱熹集註,(清)綦澧輯.--清嘉慶五年(1800)刻本,12 册

158200668　　0083

新訂四書補註備旨十卷/(明)鄧林撰.--清刻本,5 册

存四卷(大学一卷、中庸一卷、孟子一卷、上谕一卷)

158200669　　0084

四書近指十七卷/(清)孫奇逢撰,(清)孫世玟校.--清同治刻本,4 册

158200670　　0085

四書十九卷/(宋)朱熹撰.--清刻本,10 册

158200671　　0086

大學衍義補輯要十二卷　首一卷/(明)丘濬撰,(清)陳弘謀纂輯.--清道光刻本,12 册

158200672　　0087

四書大全不分卷　附錄一卷/(清)汪份輯.--清刻本,8 册

158200673　　0088

四書大全不分卷　附錄一卷/(清)汪份輯.--清刻本,12 册

158200674　　0089

駁呂留良四書講義不分卷/(清)朱軾等撰.--清雍正刻本,8 册

158200675　　0090

大學一卷　中庸一卷　論語十卷　孟子七卷　四書字辨一卷　疑字辨一卷　四書句辨詳訂一卷/(宋)朱熹章句.--清刻本,4 册

158200676　　0091

監本四書十九卷/(宋)朱熹集註.--崇道堂刻本,6 册

158200677　　0092

孟子集註大全十一卷/(清)汪份輯.--清刻本,8 册

158200678　　0093

孟子論文七卷/(清)牛運震撰.--清刻本,2 册

158200679　　0094

論語隨筆二十卷/(清)牛運震撰.--清刻本,4 册

存十八卷(一至九、十一至十九)

158200680　　0095

新訂四書補註備旨六卷/(明)鄧林撰.--清光緒刻本,3 册

158200681　　0099

康熙字典不分卷/(清)張玉書等纂.--清道光刻本,40 册

158200682　　0100

字典考證三十六卷/(清)奕繪等輯.--清光緒二年(1876)刻本,6 册

158200683　　0101

康熙字典/(清)張玉書等總閱.--清刻本,6 册

158200684　　0102

說文釋例二十卷/(清)王筠撰.--清刻本,10 册

缺一卷(一)

158200685　　0103

說文釋例二十卷/(清)王筠撰.--清同治刻本,10 册

158200686　　0104

說文釋例二十卷/(清)王筠撰.--清同治刻

本,10 册

158200687　　0105

說文解字三十二卷/(清)段玉裁撰.--清刻本,16 册

158200688　　0106

說文繫傳校釋三十卷/(清)王筠撰.--清咸豐刻本,4 册

158200689　　0107

說文繫傳校釋三十卷　釋例補正廿卷　文字蒙求四卷/(清)王筠撰.--清刻本,4 册

158200690　　0109

說文解字篆韻譜五卷　附錄一卷/(宋)徐鉉撰.--清乾隆刻本,2 册

158200691　　0110

說文解字三十二卷/(清)段玉裁註.--清同治崇文書局刻本,18 册

158200692　　0111

重刊許氏說文解字五音韻譜十二卷/(漢)許慎著.--明天啓七年(1627)世裕堂刻本,6 册

158200693　　0112

說文解字十五卷　說文通檢十四卷　末一卷/(漢)許慎著,(清)黎永椿編.--清同治十二年(1873)刻本,10 册

158200694　　0113

說文段註訂補十四卷/(清)王紹蘭撰.--清嘉業堂劉氏刻本,4 册

158200695　　0115

說文籀補十四卷　附錄一卷/(清)吳大徵撰.--清光緒重刻本,2 册

158200696　　0116

說文古籀補補十四卷　附錄一卷/(清)丁佛言撰.--清影印本,4 册

158200697　　0117

殷代文字不分卷/(□)□□撰.--清本原拓本,7 册

158200698　　0118

說文字原集註十六卷/(清)蔣和撰.--清刻本,7 册

158200699　　0119

說文字原集註十六卷/(清)蔣和撰.--清乾隆刻本,4 册

158200700　　0120

說文字原集註八卷/(清)蔣和撰.--清乾隆刻本,4 册

158200701　　0121

說文字原不分卷　六書正譌/(元)周伯琦撰.--清刻本,6 册

158200702　　0122

段氏說文註訂八卷　說文新附考六卷　續考二卷/(清)鈕樹王著.--清同治刻本,4 册

158200703　　0123

說文外編十六卷/(清)雷浚撰　**劉氏碎金**/(清)劉禧延撰.--清光緒刻本,4 册

158200704　　0124

說文外編十六卷/(清)雷浚撰　**劉氏碎金**/(清)劉禧延撰.--清光緒刻本,2 册

158200705　　0125

隸篇十五卷　續十五卷　再續十五卷/

(清)翟雲升撰.--清道光十七年(1837)刻本清道光十八年(1838)印本,10 册

158200706　　0126

隸篇十五卷　續十五卷　再續十五卷/(清)翟雲升撰.--清道光十七年(1837)刻本清道光十八年(1838)印本,10 册

158200707　　0127

隸篇十五卷　續十五卷　再續十五卷/(清)翟雲升撰.--清道光十七年(1837)刻本清道光十八年(1838)印本,10 册

158200708　　0128

隸篇十五卷　續十五卷　再續十五卷/(清)翟雲升撰.--清道光十七年(1837)刻本清道光十八年(1838)印本,10 册

158200709　　0130

隸韻十卷　攷證二卷/(宋)劉球撰.--清嘉慶十五年(1810)刻本,6 册

158200710　　0131

隸韻十卷　攷證二卷/(宋)劉球撰.--清嘉慶刻本,8 册

158200711　　0132

正字通十二集/(清)張自烈撰,(清)廖文英輯.--清刻本,34 册

缺三集(子集上、下,巳集上,申集中、下)

158200712　　0133

爾雅郭註義疏二十卷/(清)郝懿行撰.--清光緒十三年(1887)刻本,8 册

158200713　　0134

通雅五十二卷　首一卷/(清)方以智輯,(清)姚文燮校.--清康熙刻本,7 册

存二十三卷(一至二十三)

158200714　　0135

爾雅註疏十一卷/(晉)郭璞註,(宋)邢昺疏.--明崇禎汲古閣刻本,3 册

158200715　　0136

爾雅註疏十一卷/(晉)郭璞註,(宋)邢昺疏.--明崇禎刻本,1 册

存三卷(三至五)

158200716　　0137

疊雅十三卷　雙名錄一卷/(清)史夢蘭撰.--清同治刻本,4 册

158200717　　0139

古籀拾遺二卷　宋政咊禮器文字攷一卷/(清)孫詒讓輯.--清末刻本,1 册

158200718　　0140

佩觿三卷/(宋)郭忠恕撰.--清光緒影印本,1 册

158200719　　0141

字鑑五卷/(元)李文仲撰,(清)許蓮訂正.--清道光五年(1825)刻本,2 册

158200720　　0142

文字蒙求四卷/(清)王筠撰.--清刻本,1 册

158200721　　0143

文字蒙求四卷/(清)王筠撰.--清道光刻本,1 册

158200722　　0144

文字蒙求四卷/(清)王筠撰.--清道光刻本,1 册

158200723　　0145

草書集成五卷/(清)莊門熙纂輯.--清光緒十二年(1886)上海書局石印本,4 册

158200724　　0146
音學五書三十八卷/(清)顧炎武撰.--清周希刻本,14 册

158200725　　0147
屈宋古音義三卷　毛詩古音攷五卷/(明)陳第輯,(清)徐時作重訂.--清張氏刻本,5 册

158200726　　0148
音韻同異辨八卷/(清)單可琪輯.--清嘉慶八年(1803)刻本,4 册

158200727　　0150
菉友先生篆書集錦不分卷/(清)王筠撰.--清抄本,1 册

158200728　　0151
六書分類六卷　首一卷/(清)傅世垚輯,(清)傅世磊参訂.--清康熙四十四年(1705)聽松閣刻本,6 册

158200729　　0153
五經文字二卷　五經文字疑一卷　右五經文字三卷/(唐)張參撰.--清紅櫚書屋印本,2 册

158200730　　0154
新加九經字樣一卷/(唐)元度撰.--清乾隆紅桐書屋刻本,1 册

158200731　　0155
重訂六書通十卷/(清)畢宏述訂.--清光緒二十一年(1895)上海鴻寶齋石印本,5 册

158200732　　0156
殷墟書契考釋小箋一卷/(清)陳邦懷撰.--清刻本,1 册

158200733　　0157
聊齋日用俗字一卷/(清)蒲松齡纂.--清抄本,1 册

158200734　　0158
附釋文互註禮部韻略五卷/(宋)毛晃增註.--清光緒二年(1876)川東官舍重刻本,5 册

158200735　　0159
六書音韻表五卷/(清)段玉裁撰.--清刻本,2 册

158200736　　0160
字義聲韻辨異五卷　首一卷/(清)楊維增編.--清光緒二十一年(1895)刻本,2 册

158200737　　0161
六書音韻表五卷/(清)段玉裁撰.--清同治十一年(1872)重刻本,2 册

158200738　　0162
經韻集字析解二卷/(清)彭良敞集註,(清)熊守謙訂.--清道光十年(1830)刻本,2 册

158200739　　0163
吴縣王仁俊讀爾雅日記一卷/(清)王仁俊撰.--清末刻本,1 册

158200740　　0164
異同韻辨六卷/(清)王籌辑.--清光緒十三年(1887)刻本,6 册

158200741　　0165
倉頡篇輯補斠證三卷　說文解字引漢律攷二卷　說文解字載漢律令考攷坿錄二卷　附漢律考證一卷/(清)王仁俊撰.--清光緒三十二年(1906)王氏刻本,1 册

158200742　　0166

古今韻考四卷/(清)李因篤撰　**校刻古今韵考附記一卷**/(清)楊傳第撰.--清光绪六年(1880)天壤阁合刻本,1冊

158200743　　0168

徐氏三種/(清)徐士業增補.--清光緒二十三年(1897)刻本,3冊

158200744　　0169

徐氏三種/(清)徐士業增補.--清光緒二十三年(1897)刻本,3冊

158200745　　0170

李氏音鑑六卷　首一卷/(清)李汝珍撰,(清)劉駿發音義.--清同治七年(1868)寶善堂刻本,4冊

158200746　　0171

詩韻含英四卷/(清)劉文蔚輯.--清刻本,2冊

158200747　　0172

二十四史三千二百六十六卷/(□)□□撰.--清同治八年(1869)武英殿刻本,840冊

158200748　　0173

二十四史□□卷/.--清光緒四年(1878)金陵書局刻本,540冊

158200749　　0174

史記一百三十卷/(漢)司馬遷撰,(南朝宋)裴駰集解　**史記正義**/(唐)張守節撰.--清同治五年至九年(1866～1870)金陵書局刻本,20冊

158200750　　0175

史記一百三十卷/(漢)司馬遷撰,(南朝宋)裴駰集解,(唐)司馬貞補并註　**史記補一卷**/(唐)司馬貞撰.--清金陵蘊古堂刻本,18冊

存八十一卷(一至二十八、三十四至三十九、六十七至七十一、八十一至九十六、一百零六至一百三十)

158200751　　0176

史記一百三十卷/(漢)司馬遷撰,(南朝宋)裴駰集解.--清光緒二年(1876)武昌張氏校刻本,10冊

存四十七卷(一至四十七)

158200752　　0177

前漢書一百二十卷/(漢)班固撰,(唐)顏師古註.--清同治十年(1871)刻本,20冊

存五十七卷(一至五十七)

158200753　　0179

後漢書一百九十卷/(南朝宋)范曄撰,(唐)李賢註　**志註補三十卷**/(晉)司馬彪撰,(南朝梁)劉昭補.--清同治十年(1871)成都書局刻本,28冊

158200754　　0180

前漢書一百卷/(漢)班固撰,(唐)顏師古註.--清同治十二年(1873)嶺東使署刻本,16冊

158200755　　0181

後漢書九十卷/(南朝宋)范曄撰,(唐)李賢註　**志註補三十卷**/(晉)司馬彪撰,(南朝梁)劉昭補.--明崇禎十六年(1643)毛氏刻本,22冊

存一百零八卷(志一至二十二、傳五至八十)

158200756　　0182

前漢書一百卷/(漢)班固撰,(唐)顏師古

註.--明崇禎十五年(1642)琴川毛氏刻本,23 册
缺八卷(十二至十九)

158200757　　0183
三國志六十五卷/(晉)陳壽撰,(南朝宋)裴松之註.--清同治九年(1870)金陵書局刻本,8 册

158200758　　0184
三國志六十五卷/(晉)陳壽撰,(南朝宋)裴松之註,(明)陳仁錫評.--明雲林積秀堂刻本,21 册
缺十卷(魏書十五至十七、二十三至二十五,蜀書五至七,吳書二十)

158200759　　0185
五代史記註七十四卷　目錄一卷/(宋)歐陽修撰,(宋)徐無黨原註.--清道光八年(1828)刻本,40 册

158200760　　0186
五代史七十四卷/(宋)歐陽修撰,(宋)徐無黨原註.--清同治十一年(1872)湖北崇文書局刻本,8 册

158200761　　0187
五代史七十四卷/(宋)歐陽修撰,(宋)徐無黨原註.--明刻本,8 册

158200762　　0188
晉書略不分卷/(□)□□撰.--清抄本,1 册

158200763　　0190
南唐書三十卷/(宋)馬令編　**南唐書音譯一卷**/(清)蔣國祥,(清)蔣國祚校.--清同治十三年(1874)盱南三餘書屋補刻本,4 册

158200764　　0191
南唐書十八卷/(宋)陸遊撰.--清同治十三年(1874)刻本,2 册

158200765　　0192
唐書二百二十五卷/(宋)歐陽修撰.--清毛氏汲古閣刻本,48 册

158200766　　0194
欽定明鑑二十四卷　首一卷/(清)胡敬等撰.--清同治九年(1870)李參湖北崇文書局刻本,8 册

158200767　　0195
潛庵先生擬明史稿二十卷/(清)湯斌撰,(清)田蘭芳評.--清刻本,9 册

158200768　　0196
明史稿三百十卷/(清)王鴻緒撰.--清康熙敬慎堂刻本,32 册
存一百四十六卷(一至七十五、二百四十至三百十)

158200769　　0197
碑傳集一百六十卷　首二卷　末二卷/(清)錢儀吉纂,(清)貴築,(清)黃彭年編訂.--清光緒十九年(1893)江蘇書局刻本,60 册

158200770　　0198
碑傳集一百六十卷　首二卷　末二卷/(清)錢儀吉纂,(清)黃彭年編訂.--清光緒刻本,24 册
存六十四卷(一百至一百六十、六十一、卷末二卷)

158200771　　0199
國朝先生事略六十卷/(清)李元度纂.--清

同治五年(1866)循陔草堂刻本,22 册
缺三卷(二十至二十二)

158200772　　0200
續碑傳集八十六卷　首二卷/(清)繆荃孫纂.--清宣統刻本,30 册

158200773　　0202
碑傳集一百六十卷　首二卷　末二卷/(清)錢儀吉纂,(清)黄彭年編訂.--清光緒十九年(1893)刻本,36 册
存九十九卷(一至九十九)

158200774　　0203
續碑傳集八十六卷　首二卷/(清)繆荃孫纂.--清宣統江楚編譯書局刻本,24 册

158200775　　0204
增補綱鑑輯要四十卷　首一卷/(明)袁黄編纂.--清光緒十三年(1887)玉尺山房刻本,24 册

158200776　　0205
資治通鑑全書八種/(宋)司馬光撰,(清)胡元常輯校.--清光緒二十七年(1901)印本,106 册
存三百七十九卷(一至九十二、一百一十五至二百九十四、其他一百零七)

158200777　　0206
御批歷代通鑑輯覽一百二十卷/(清)傅恒等編.--清同治十年(1871)浙江書局重刻本,48 册

158200778　　0207
御批通鑑輯覽一百二十卷/(清)高宗弘曆批.--清光緒五年(1879)刻本,58 册

158200779　　0208
資治通鑑綱目五十九卷　首一卷/(宋)朱熹撰,(明)陳仁錫輯評　**前編二十五卷**/(元)陳桱撰,(明)陳仁錫輯評　**續編一卷**/(明)南軒編,(明)陳仁錫輯評　**續資治通鑑綱目二十七卷**/(明)商輅等撰,(明)陳仁錫輯評.--清刻本,160 册

158200780　　0209
資治通鑑二百九十四卷　通鑑釋文辨誤十二卷/(宋)司馬光撰,(元)胡三省音註.--清嘉慶二十一年(1816)鄱陽胡氏仿元重刻本,95 册
缺十五卷(二百四十五至二百五十六、二百六十六至二百六十八)

158200781　　0210
御批歷代通鑑輯覽一百二十卷/(清)傅恒等編.--清光緒二十年(1894)湖南澹雅書局重刻本,80 册

158200782　　0211
尺木堂綱鑒易知錄九十二卷/(清)吳乘權等輯.--清光緒八年(1882)尺木堂刻本,48 册

158200783　　0212
御批資治通鑑綱目十五卷/(宋)朱熹等撰.--清刻本,11 册
存十二卷(四至十五)

158200784　　0213
司馬溫公稽古錄二十卷/(宋)司馬光撰.--清同治十一年(1872)湖北崇文書局刻本,4 册

158200785　　0214
湯睡庵先生歷朝綱鑑全史六十八卷　首

一卷/(明)湯賓尹等纂,(明)陳繼儒註釋.--清名世堂吳吉徵刻本,29 册

158200786　　0215
合鍥綱鑑通紀今古合錄註斷論策題旨大全二十卷　首一卷/(明)王世貞輯.--清刻本,7 册
存十四卷(一至十四)

158200787　　0216
資治通鑑考異三十卷/(宋)司馬光編.--清上海涵芳樓影印本,6 册

158200788　　0217
御批資治通鑑輯覽一百三十卷/(清)高宗弘曆批.--清光緒九年(1883)同文書局刻本,16 册

158200789　　0218
新刊翰林攷正綱目點音少微通鑑節要會成二十卷/(宋)江贄撰.--明萬曆十六年(1588)張裔軒刻本,4 册
存十五卷(六至十二、十七至二十、三十九至四十二)

158200790　　0219
東華錄一百五十九卷　續錄三百九十九卷/(清)王先謙撰.--清光緒十年(1884)鉛刻本,116 册

158200791　　0220
東華錄十六卷/(清)蔣良騏編.--清乾隆抄本,16 册

158200792　　0221
東華錄三十二卷/(清)蔣良騏編.--清刻本,6 册
存十四卷(十九至三十二)

158200793　　0223
東華錄三十二卷/(清)蔣良騏編.--清刻本,4 册
存八卷(二十五至三十二)

158200794　　0224
間窻史略一卷/(清)杜延間著.--清乾隆刻本,1 册

158200795　　0225
通鑑紀事本末一百四十六卷/(明)沈朝陽等著.--清刻本,80 册

158200796　　0226
通鑑紀事本末五百零八卷/(宋)袁樞輯.--清同治十二年(1873)江西書局刻本,136 册

158200797　　0227
繹史一百六十卷/(清)馬驌編.--清康熙刻本,45 册
存一百四十六卷(缺二十五至三十八)

158200798　　0228
繹史一百六十卷/(清)馬驌編.--清刻本,8 册
存三十七卷(一百零四至一百四十)

158200799　　0229
平定粵匪紀略十二卷/(清)杜文瀾撰.--清同治十年(1871)刻本,6 册

158200800　　0230
蜀道驛程記二卷/(清)王士禛撰.--清康熙刻本,1 册

158200801　　0231
秦蜀道驛程後記二卷/(清)王士禛撰.--清刻本,1 册

158200802　　0232
伸雪奇冤錄二卷/(清)彭名湜撰.--清光緒刻本,2 册

158200803　　0233
南匯誌畧一卷/(清)高辛元撰.--清光緒刻本,1 册

158200804　　0234
冤案始末記一卷/(□)□□撰.--清宣統二年(1910)刻本,1 册

158200805　　0235
南渡録四卷/(宋)辛棄疾述.--清光緒六年(1880)刻本,2 册

158200806　　0236
函史上編八十一卷　下編二十一卷/(明)鄧元錫撰.--清刻本,20 册
存六十三卷(上編二十二至二十四、三十九至六十四、六十八至七十七,下編八至二十一)

158200807　　0237
國語校註本三種二十九卷/(清)汪遠孫撰.--清道光二十六年(1846)汪氏振綺堂刻本,6 册

158200808　　0238
史通通釋二十卷　附録一卷/(清)浦起龍撰.--清翰墨園刻本,6 册

158200809　　0239
國語三君註輯存四卷　國語發正二十一卷　國語明道本攷異四卷/(清)汪遠孫輯.--清道光二十六年(1846)汪氏振綺堂刻本,6 册

158200810　　0240
南朝史精語十卷/(宋)洪邁撰.--清光緒江陰繆氏對雨樓叢書黃岡陶子麟刻本,1 册

158200811　　0241
奉天事蹟志八卷/(□)□□撰.--清末抄本,8 册

158200812　　0243
蒙古史二卷/(日本)河野元三述,(清)歐陽端驊譯.--清宣統三年(1911)江南圖書館印本,2 册

158200813　　0244
五代史闕文一卷/(清)王禹稱撰.--清刻本,1 册

158200814　　0245
戰國策三十三卷/(漢)高誘註　**重刻剡川姚氏本戰國策劄記三卷**/(清)黄丕烈撰.--清嘉慶八年(1803)秋吳門黄氏讀未見書齋影摩宋本重刻本,6 册

158200815　　0246
戰國策三十三卷　策劄三卷/(漢)高誘註,(宋)姚宏校註,(清)黄丕烈劄記.--清光緒三年(1877)永康退補齋刻本,6 册

158200816　　0247
王先生十七史蒙求十六卷/(宋)王令撰.--清刻本,2 册

158200817　　0248
中華歷史會纂二卷/(□)□□撰.--清抄本,2 册

158200818　　0249
先秦鸿文五卷/(明)顧瑞屏評選.--清刻本,2 册

存四卷(二至五)

158200819　　0250
石渠餘紀六卷/(清)王慶雲纂.--清光緒刻本,6册

158200820　　0251
石渠餘紀六卷/(清)王慶雲纂.--清光緒十四年(1888)寧鄉黄氏刻本,6册

158200821　　0252
石渠餘紀六卷/(清)王慶雲纂.--清光緒十四年(1888)寧鄉黄氏刻本,6册

158200822　　0253
欽定勝朝殉節諸臣錄十二卷/(清)紀昀等撰.--清嘉慶二年(1797)刻本,5册

158200823　　0254
大清順治三年進士題名碑錄不分卷/(□)□□撰.--清刻本,10册

158200824　　0255
新刊古列女傳八卷/(漢)劉向撰.--清道光揚州阮氏刻本,6册

158200825　　0256
濂學編三卷　首一卷/(清)黄嗣東輯.--清光緒二十二年(1896)刻本,3册

158200826　　0257
自述年略七卷/(清)易佩紳.--清光緒刻本,4册

158200827　　0258
宗寶王公功績表傳五卷/(□)□□撰.--清刻本,6册

158200828　　0259
金石學錄四卷/(清)李遇孫輯.--清道光四年(1824)西泠印社刻本,2册

158200829　　0260
繹史卹謚攷八卷/(清)李瑤輯.--清刻本,1册

158200830　　0261
於越先賢像傳贊二卷/(清)王齡撰　**高士傳三卷**/(晉)皇甫謐撰.--清咸豐八年(1858)刻本,4册

158200831　　0262
霞庠名宦小傳/(□)全溶撰.--清乾隆十二年(1747)刻本,1册

158200832　　0263
卹贈朝議大夫李公遺事錄不分卷/(清)李毓昌撰.--清道光刻本,1册

158200833　　0264
顧亭林年譜一卷　閻潛丘年譜一卷/(清)張穆撰.--清道光二十四年(1844)刻本,2册

158200834　　0265
黄蕘圃先生年譜二卷/(清)江標輯.--清光緒刻本,2册

158200835　　0266
藝風老人年譜/(清)繆荃孫撰.--清光緒二年(1876)刻本,1册

158200836　　0267
韓文類譜三卷/(宋)吕大防撰　**柳先生年譜一卷**/(□)□□撰.--清雍正七年(1729)小玲瓏山館仿宋刻本,2册

158200837　　0268
顧亭林先生年譜一卷/(清)吳映奎重輯

亭林先生餘集一卷/(明)顧炎武撰.--清道光刻本,2 册

158200838　　0269

瞿木夫先生自訂年譜/(清)繆荃孫校.--清嘉業堂刻本,1 册

158200839　　0270

駱文忠公自訂年譜二卷/(清)駱秉章撰.--清光緒二十一年(1895)思賢書局重刻本,2 册

158200840　　0271

滄來自記年譜一卷/(清)于鼇圖編,(清)于定保續編.--清刻本,1 册

158200841　　0272

皇清誥授榮禄大夫太子少保兵部尚書都察院右都御史閩浙總督賞戴花翎晉贈太子太師諭賜祭葬予謚文靖顯考平叔府君年譜一卷/(清)孫慧惇,(清)孫慧翼編.--清刻本,1 册

158200842　　0273

萬清軒先生年譜一卷/(清)張鼎元編.--清光緒三十二年(1906)叠山書院刻本,1 册

158200843　　0274

萬清軒先生年譜一卷/(清)張鼎元編.--清光緒三十二年(1906)叠山書院刻本,1 册

158200844　　0277

出使英法義比四國日記六卷(光緒十六年正月十一日至光緒十七年二月三十日)/(清)薛福成撰.--清光緒二十年(1894)孫谿校經堂刻本,6 册

158200845　　0279

讀書日記六卷/(清)劉源渌著.--清宣統刻本,4 册

158200846　　0280

光緒丙午歲奉天巡警總局治事日記一卷　光緒丁未奉天巡警總局治事日記一卷(光緒三十二至三十三年)/(□)□□撰.--清光緒手抄本,2 册

158200847　　0282

即墨周氏家乘一卷　附錄一卷/(清)周志訥纂.--清同治八年(1869)刻本,1 册

158200848　　0283

藍氏族譜遠代世表一卷　近代世表一卷/(□)邢世英撰.--清宣統二年(1910)刻本,1 册

158200849　　0284

孔孟志略三卷/(清)張承燮纂.--清光緒二十七年(1901)聽雨何時軒刻本,3 册

158200850　　0285

吳氏世德錄四卷/(清)吳重熹輯.--清光緒九年(1883)刻本,4 册

158200851　　0286

即墨周氏家乘不分卷/(清)周翕鐄.--清乾隆抄本,3 册

158200852　　0287

宋元以來畫人姓氏錄三十六卷　目錄一卷/(清)魯駿輯.--清刻本,15 册

158200853　　0288

歷代名臣言行錄二十四卷/(清)朱拙存輯.--清光緒二十六年(1900)湖南書局刻本,21 册

158200854　　0289

國朝御史題名/(清)戴璐輯.--清道光四年

(1824)刻本,3 册

158200855　　0290

摭言十五卷/(五代)王定保撰.--清乾隆二十一年(1756)刻本,4 册

158200856　　0291

綠墅堂精訂分類百將全傳三十二卷/(清)夏仲齡撰.--清康熙四十八年(1709)刻本,16 册

158200857　　0292

國朝先正事略六十卷　首一卷/(清)李元度纂.--清光緒十三年(1887)鉛印本,8 册

158200858　　0293

日下舊聞四十二卷/(清)朱彝尊輯,(清)朱昆田補遺.--清刻本,16 册

158200859　　0294

養吉齋業錄二十六卷　餘錄十卷/(清)吳振棫纂.--清光緒刻本,8 册

158200860　　0295

八史經籍志/(漢)班固,(唐)孫無忌等撰.--清光緒八年(1882)刻本,12 册

158200861　　0296

遼文萃七卷　藝文志補證一卷　西夏文綴二卷　藝文志一卷/(清)王仁俊輯.--清光緒三十年(1904)刻本,1 册

158200862　　0297

欽定遼金元三史語解四十六卷/(清)高宗弘曆敕撰.--清道光四年(1824)刻本,16 册

158200863　　0298

史記評林一百三十卷/(明)淩稚隆輯,(明)李光縉增補.--清刻本,23 册

158200864　　0299

空山堂史記評註十二卷/(清)牛運震撰.--清刻本,8 册

158200865　　0300

讀史糾謬十五卷/(清)牛運震撰,(清)張桂林校刊.--清空山堂刻本,6 册

158200866　　0301

歷朝捷錄百家評林九卷/(明)顧充編著.--明吳及泉刻本,3 册

存六卷(一至三、六至九)

158200867　0302

史記節錄不分卷/(□)□□撰.--清抄本,3 册

158200868　　0303

唐書直筆四卷/(宋)呂夏卿撰,(清)吳壽昌撰修.--清武英殿刻本,2 册

158200869　　0304

欽定大清會典一百卷　首一卷　欽定大清會典圖二百七十卷　首一卷/(□)□□撰.--清末刻本,109 册

158200870　　0305

欽定大清會典事例一千二百二十卷　目錄八卷/(□)□□撰.--清光緒內府刻本,383 册

158200871　　0306

皇朝續文獻通考三百二十卷/(清)劉錦藻纂.--清光緒三十一年(1905)堅匏盦鉛印本,50 册

存 177 卷(一、二、七至七十九、九十四至一百十九、一百二三至一百三五、一百五十七至一百六十四、一百六十八至一百七十二、

一百九十五至二百十二、二百二十二至二百三十六、二百四十三至二百五十五、二百九十三至三百零八)

158200872　　0307

文獻通考紀要二卷　首一卷/(清)張承燮重校.--清光緒十七年(1891)膠州聽雨何時軒刻本,2 册

158200873　　0308

皇朝經世文編一百二十卷/(清)賀長齡撰.--清道光刻本,80 册

158200874　　0309

呂公實政錄七卷/(明)趙文炳撰.--清刻本,8 册

158200875　　0311

重刊救荒補遺書二卷/(宋)董煟撰,(元)張光大增,(明)朱熊補遺,(明)王崇慶釋斷.--清同治八年(1869)崇文書局刻本,2 册

158200876　　0312

荒政輯要九卷/(清)汪志伊纂.--清同治八年(1869)楚北崇文書局刻本,2 册

158200877　　0313

熙朝紀政四卷/(清)王慶雲述.--清光緒刻本,4 册

158200878　　0315

南巡盛典一百二十卷/(清)高晉等撰.--清刻本,23 册

存六十一卷(六十至一百二十)

158200879　　0316

欽定禮部則例一百九十四卷/(□)□□撰.--清乾隆刻本,16 册

158200880　　0317

刑幕要略不分卷　學治臆說兩卷/(清)汪輝祖著.--清光緒刻本,2 册

158200881　　0318

湖北簡明官册/(□)□□撰.--清光緒刻本,4 册

158200882　　0319

湖北簡明官册不分卷/(□)□□撰.--清光緒刻本,4 册

158200883　　0320

名宦鄉賢錄不分卷/(□)□□撰.--清光緒十四年(1888)刻本,2 册

158200884　　0322

湖南現任候補官册/(□)□□撰.--清光緒刊,3 册

158200885　　0323

大清縉紳全書不分卷/(□)□□撰.--清光緒三十年(1904)榮錄堂刻本,4 册

158200886　　0324

大清縉紳全書一卷/(□)□□撰.--清榮錄堂刻本,1 册

158200887　　0325

約章分類輯要三十八卷　首一卷/(清)蔡乃煌等纂.--清光緒二十六(1900)湖南商務局刻本,30 册

158200888　　0326

約章分類輯要三十八卷/(清)蔡乃煌等纂.--清光緒二十六(1900)湖南商務局刻本,30 册

158200889　　0327

約章分類輯要三十八卷/(清)蔡乃煌等

纂.--清光緒二十六(1900)湖南商務局刻本,30冊

158200890　　0328
約章分類輯要三十八卷　首一卷/(清)蔡乃煌等纂.--清光緒二十六(1900)湖南商務局刻本,30冊

158200891　　0329
約章分類輯要三十八卷　首一卷/(清)蔡乃煌等纂.--清光緒二十六(1900)湖南商務局刻本,30冊

158200892　　0330
約章分類輯要三十八卷　首一卷/(清)蔡乃煌等纂.--清光緒二十六(1900)湖南商務局刻本,30冊

158200893　0331
約章成案匯覽甲篇十卷　乙編四十二卷/(清)北洋洋務局輯.--清光緒上海點石齋石印本,33冊

158200894　　0332
各省收發電文不分卷/(□)□□撰.--清手抄本,3冊

158200895　　0333
上諭閣鈔一卷/(□)□□撰.--清手抄本,1冊

158200896　　0334
本省收發電文不分卷/(□)□□撰.--清手抄本,1冊

158200897　　0335
各部各國來往電文一卷/(□)□□撰.--清手抄本,1冊

158200898　　0336
通商各國條約/(□)□□撰.--清末鉛印,21冊

158200899　　0337
通商約章類纂三十卷/(□)□□撰.--清刻本,12冊
存二十二卷(九至三十)

158200900　　0338
欽定康濟錄四卷/(清)陸曾禹撰,(清)倪國璉釐正.--清同治八年(1869)崇文書局刻本,4冊

158200901　　0339
平叛記二卷/(清)毛霦撰.--清刻本,4冊

158200902　　0340
戚南塘三種合刻/(明)戚繼光撰.--清道光刻本,12冊

158200903　　0341
權制八卷/(清)陳澹然撰.--清光緒二十六年(1900)長沙徐崇立刻本,4冊

158200904　　0342
川省陸軍關於軍需軍械成案不分卷/(□)□□撰.--清宣統抄本,4冊

158200905　　0343
咄咄吟二卷/(清)貝青橋撰.--清吳興劉氏嘉業堂刻本,1冊

158200906　　0344
軍事花二卷/(清)陳渠珍撰.--清抄本,2冊

158200907　　0345
聖武記十四卷/(清)魏源撰.--清光緒二十八年(1902)山東書局石刻本,8冊

158200908　　0346

聖武記十四卷/(清)魏源撰.--清刻本,12册

158200909　　0347

硃批上諭不分卷/(□)□□撰.--清刻本,112册

158200910　　0348

上諭不分卷/(□)□□撰.--清刻本,64册

158200911　　0349

諭摺彙存錄不分卷/(□)□□撰.--清光緒刻本,54册

158200912　　0350

閣鈔彙編不分卷/(□)□□撰.--清光緒鉛印本,31册

158200913　　0351

漢文歸卷二十卷/(清)鍾惺伯選.--清刻本,10册

158200914　　0352

駱文忠公奏議十六卷　奏稿十一卷　輓言錄一卷/(清)駱秉章撰.--清刻本,28册

158200915　　0353

彭剛直公奏稿八卷　詩集八卷/(清)彭汝麟撰.--清光緒十七年(1891)刻本,8册

158200916　　0354

中山奏議四卷/(清)郝浴著.--清刻本,2册

158200917　　0355

上諭詮解不分卷/(清)單務嘉撰.--清康熙刻本,1册

158200918　　0356

故唐律疏議三十卷/(唐)長孫無忌等撰.--清光緒刻本,12册

158200919　　0357

經徵成案彙編目錄/(□)□□撰.--清刻本,4册

158200920　　0358

歐美政治要義十八章/(清)戴鴻慈,(清)端方輯.--清光緒刻本,4册

158200921　　0359

刺字條例/(清)嵩崑輯.--清光緒二十一年(1895)黔南撫署活字印本,1册

158200922　　0360

庸吏庸言二卷/(清)劉衡纂輯.--清同治七年(1868)江蘇書局重刻本,1册

158200923　　0361

庸吏庸言不分卷/(清)劉衡纂輯.--清道光三十年(1850)重刻本,2册

158200924　　0362

律法須知二卷/(清)吕芝田著.--清光緒刻本,2册

158200925　　0363

安順書牘摘鈔三卷/(清)易佩紳撰.--清光緒刻本,1册

158200926　　0364

大清律例總類/(清)刑部修,(清)郎汝琳增輯,(清)陳瑞茹等校訂.--清光緒九年(1883)臬署補刊雁門郎氏本,8册

158200927　　0365

平時國際公法/(清)盧夔麒編述.--清光緒刻本,16册

158200928　　0366

大清律例新修統纂集成四十卷/(清)沈之

奇註,(清)姚潤輯,(清)章鉞增修　**督捕則例附纂二卷**/(□)□□撰.--清道光二十五年(1845)刻本,12册
存二十八卷(四至十七、二十至二十二、三十八至四十)

158200929　　0367
經征成案彙編不分卷/(□)□□撰.--清光緒刻本,4册

158200930　　0368
賦役全書不分卷/(□)□□撰.--清嘉慶刻本,1册

158200931　　0370
濰縣誌六卷　首一卷/(清)張耀璧撰.--清乾隆刻本,6册

158200932　　0373
掖縣全志八卷　首一卷/(清)張思勉輯.--清光緒十九年(1893)刻本,16册

158200933　　0375
掖縣誌八卷　首一卷/(清)張思勉輯.--清乾隆刻本,8册

158200934　　0376
掖縣誌八卷　首一卷/(清)張思勉輯.--清刻本,8册

158200935　　0377
掖縣志八卷　首一卷　續掖縣志四卷　首一卷　再續掖縣志二卷　首一卷　三續掖縣志四卷　首一卷/(清)張思勉輯.--清光緒十九年(1893)刻本,16册

158200936　　0378
掖縣誌八卷　首一卷/(清)張思勉輯.--清刻本,8册

158200937　　0389
即墨縣誌十二卷/(清)林溥輯.--清同治十二年(1873)刻本,8册

158200938　　0390
即墨縣誌十二卷/(清)林溥輯.--清同治十二年(1873)刻本,4册

158200939　　0391
即墨縣誌十二卷/(清)林溥輯.--清同治十二年(1873)刻本,8册

158200940　　0392
即墨縣誌十二卷/(清)林溥輯.--清同治十二年(1873)刻本,8册

158200941　　0394
重修膠州志四十卷/(清)張同聲撰.--清道光二十五年(1845)刻本,8册
存三十一卷(一至三十一)

158200942　　0396
嶗山志□□卷/(□)□□撰.--手抄本,1册

158200943　　0398
續嶗山志□□卷/(□)□□撰.--手抄本,1册

158200944　　0403
勞山志□□卷/(□)□□撰.--清光緒二十四年(1898)抄本,1册

158200945　　0407
高密縣志十卷/(清)傅賫予撰.--清刻本,8册

158200946　　0409
高密縣志十六卷/(清)王照青纂.--清光緒刻民國二十四年(1935)續修本,1册

158200947　　0410

高密縣志十卷/(清)張浩等纂.--清刻本,4冊

158200948　　0411

高密縣鄉土志一卷/(清)王夢松撰.--清光緒石印本,1冊

158200949　　0412

高密縣志十卷/(清)張寅威等輯.--清康熙刻本,4冊

158200950　　0414

重修平度州志二十七卷/(清)保忠,(清)吳慈修.--清刻本,8冊

158200951　　0415

重修平度州志□□卷/(□)□□撰.--清刻本,2冊

存九卷(五至十三)

158200952　　0418

重修平度州志二十七卷/(清)李圖等纂.--清刻本,6冊

存十八卷(一至四、十四至二十七)

158200953　　0421

重修平度州志二十七卷/(□)□□撰.--清刻本,10冊

158200954　　0423

諸城縣志四十八卷/(清)李文藻等纂.--清刻本,8冊

158200955　　0424

增修諸城縣續志二十二卷/(清)苑棻池,(清)邱浚恪等纂.--清光緒刻本,6冊

158200956　　0427

黃縣志十二卷/(清)袁中立撰.--清刻本,4冊

158200957　　0428

黃縣志十四卷/(□)□□撰.--清同治刻本,4冊

158200958　　0429

黃縣志十二卷/(清)袁中立纂.--清刻本,4冊

158200959　　0430

萊州府志十六卷/(清)嚴有禧纂.--清刻本,8冊

158200960　　0435

青州府志六十四卷/(清)毛永柏纂.--清刻本,16冊

158200961　　0438

增修登州府志六十九卷/(清)周悅讓等纂.--清刻本,1冊

存四卷(七至十)

158200962　　0439

棲霞縣志十卷/(清)于如川(清)衛萇等纂.--清光緒刻本,8冊

158200963　　0440

棲霞寺志二卷/(清)孟亮揆等撰.--清同治刻本,2冊

158200964　　0442

蓬萊縣志十四卷/(清)王文燾修纂.--清刻本,8冊

158200965　　0445

安東衛志六卷/(清)趙自修等纂.--清康熙十二年(1673)刻本,2冊

158200966　　0447

日照縣志十二卷/(清)趙國華撰.--清刻

本,4 册

158200967　　0453
泰山道裡記一卷/(清)聶劍光撰. --清光緒刻本,1 册

158200968　　0454
泰山道裡記一卷/(清)聶劍光撰. --清光緒刻本,1 册

158200969　　0455
泰山小史一卷/(清)蕭協中撰. --清乾隆刻本,1 册

158200970　　0456
泰山道裡記一卷/(清)聶劍光撰. --清光緒刻本,1 册

158200971　　0457
鉅野縣志二十四卷/(清)黄維翰纂. --清道光二十六年(1846)刻本,16 册

158200972　　0460
莒志約鈔一卷/(□)□□撰. --清抄本,1 册

158200973　　0462
南遊記不分卷/(清)汪庚輯. --清嘉慶刻本,2 册

158200974　　0464
光緒臨朐縣志十六卷/(清)姚延福等纂. --清光緒刻本,6 册

158200975　　0468
使粵集一卷/(清)王士禎撰. --清刻本,1 册

158200976　　0470
浯溪考二卷/(清)王士禎撰. --清康熙刻本,1 册

158200977　　0472
瀛環志畧十卷/(清)徐繼畬著. --清同治刻本,6 册

158200978　　0473
海道圖說十五卷/(英國)金約翰輯. --清刻本,10 册

158200979　　0476
海岱日記一卷/(清)張榕端著. --清刻本,1 册

158200980　　0477
華陽國志不分卷/(晉)常璩撰. --清刻本,2 册

158200981　　0478
莫愁湖志六卷/(清)馬士國撰. --清光緒刻本,1 册
存四卷(一至四)

158200982　　0479
畿輔通志一百二十卷/(□)□□撰. --清刻本,48 册
缺一卷(一)

158200983　　0480
西湖志四十八卷/(清)傅王露撰. --清刻本,20 册

158200984　　0482
安化县志三十四卷/(□)□□撰. --清刻本,17 册
缺三卷(一、二十一、二十二)

158200985　　0483
問津院志六卷/(清)王會鳌纂. --清末刻本,5 册

158200986　　0484
西域记八卷/(清)椿園著(清)盧浙參訂. --清嘉慶十九年(1814)味經堂刻本,2册

158200987　　0485
乾隆府廳州縣圖志五十卷/(清)洪亮吉撰. --清嘉慶刻本,16册

158200988　　0486
武夷山志二十四卷/(清)史貽直撰. --清道光刻本,8册

158200989　　0487
常德府志四十八卷　序一卷/(清)陈楷礼著. --清嘉慶刻本,20册

158200990　　0489
江西全省輿圖十四卷/(□)□□撰. --清刻本,14册

158200991　　0490
華嶽志八卷/(清)李榕蔭纂. --清刻本,4册

158200992　　0491
絳縣志十四卷/(清)刘斌撰. --清光緒刻本,6册

158200993　　0494
厦門志十六卷/(清)周凱总纂. --清刻本,12册

158200994　　0495
湘潭縣志十二卷/(清)陈嘉榆撰. --清光緒刻本,10册

158200995　　0496
三水縣志十五卷/(清)郑玟修輯. --清康熙刻本,6册

158200996　　0497
山東通志三十六卷/(清)岳濬等監修. --清刻本,42册

158200997　　0501
金索六卷　首一卷　石索六卷/(清)馮雲鵬等輯. --清道光元年(1821)邃古齋藏刻本,12册

158200998　　0502
金索六卷　首一卷　石索六卷/(清)馮雲鵬等輯. --清道光元年(1821)邃古齋藏刻本,12册

158200999　　0503
金索六卷　石索六卷/(清)馮雲鵬等輯. --清道光元年(1821)邃古齋藏刻本,12册

158201000　　0504
金石聚十二卷/(清)張德容著錄. --清同治刻本,12册

黄島區圖書館

古籍普查登記目録

古籍收藏單位代碼：4503

450300001　　33

前漢書一百卷/(漢)班固撰　**後漢書一百卷**/(南朝宋)范曄撰　**續漢書三十卷**/(晉)司馬彪撰.--清同治八年(1869)金陵書局刻本,16 册

存一百零二卷(前漢書十五、二十一至二十五、三十五至四十四、五十五至八十一、九十二至一百,後漢書一至四、十一至十七、二十六至四十五、五十四至六十七、八十六至九十)

450300002　　34

前漢書一百卷/(漢)班固撰　**後漢書一百卷**/(南朝宋)范曄撰.--清汲古閣刻本,12 册

存二十四卷(前漢書一至二十四)

450300003　　35

康熙字典十二集三十六卷/(清)張玉書等編.--清光緒三十二年(1693)刻本,6 册

450300004　　36

監本四書二十九卷/(宋)朱熹集注.--清刻本 6 册

450300005　　37

朱文公校昌黎先生集傳四十卷　外集十卷　遺文一卷/(唐)韓愈撰(宋)朱熹考異.--清刻本,1 册

存五卷(集傳末,遺文一,外集一至三)

450300006　　38

易經八卷/(宋)程頤傳.--清刻本,1 册

存一卷(一)

450300007　　42

禮記體注大全合彖四卷/(清)范翔纂輯.--清光緒十年(1884)成文堂刻本,4 册

450300008　　43

禮記易讀二卷/(清)志遠堂主人注.--清咸豐八年(1858)刻本,2 册

題名拼音、古籍普查登記編號對應索引

C

D

E

G

H

M

N

O

P

Q

R

T